U0513203

·新出公文紙本古籍紙背文獻整理與研究·

新見明代南京倉場文書

天一閣藏公文紙本《國朝諸臣奏議》紙背文獻整理與研究

宋坤 編著

上海書店出版社

二〇一五年度國家社會科學基金青年項目結項成果（15CZS005）

國家出版基金資助項目

二〇二三年上海市促進文化創意産業發展財政扶持資金成果資助項目成果

河北省燕趙黄金臺聚才計劃骨干人才專項（教育平臺）（HJYB202534）資助成果

作者簡介

宋坤，一九八三年生，河北南皮人，現爲河北師範大學歷史文化學院教授、博士生導師，入選河北省燕趙黄金臺聚才計劃骨干人才專項（教育平臺）（HJYB202534）資助。主要研究方向爲黑水城漢文文獻、公文紙本古籍紙背文獻整理與研究。參與編著《中國藏黑水城漢文文獻的整理與研究》《新發現古籍紙背明代黄册文獻復原與研究》等。

天一閣博物院藏《國朝諸城奏議》紙背文獻圖例

領狀

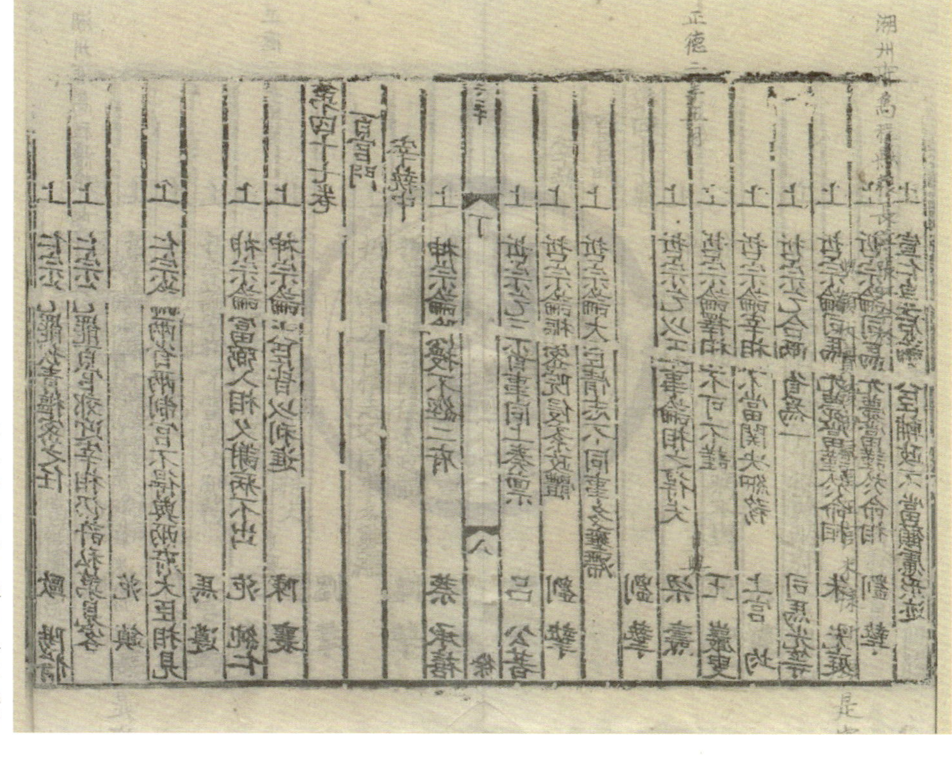

第一册乙集目録第八葉紙背

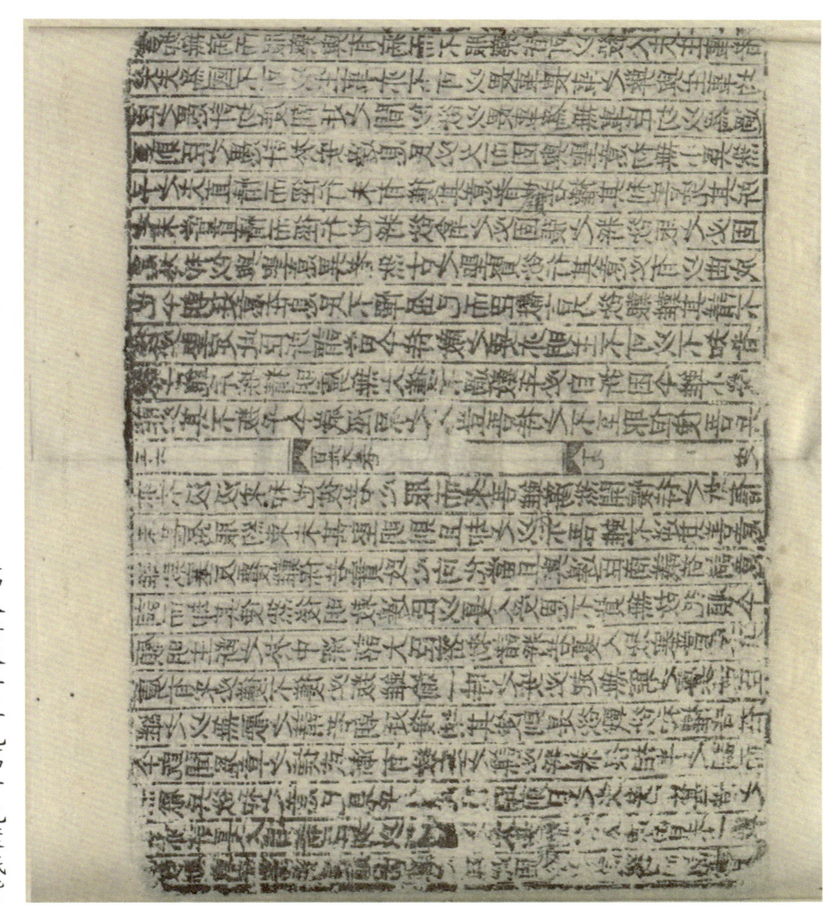

第八册卷一三九第十九葉紙背

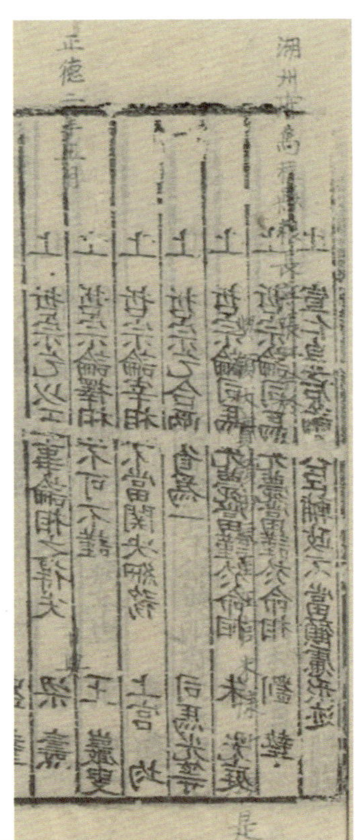

綴合之明正德二年（一五〇七）五月浙江湖州府烏程縣糧長蔣張江與領狀爲領回原呈在官米樣事

申狀

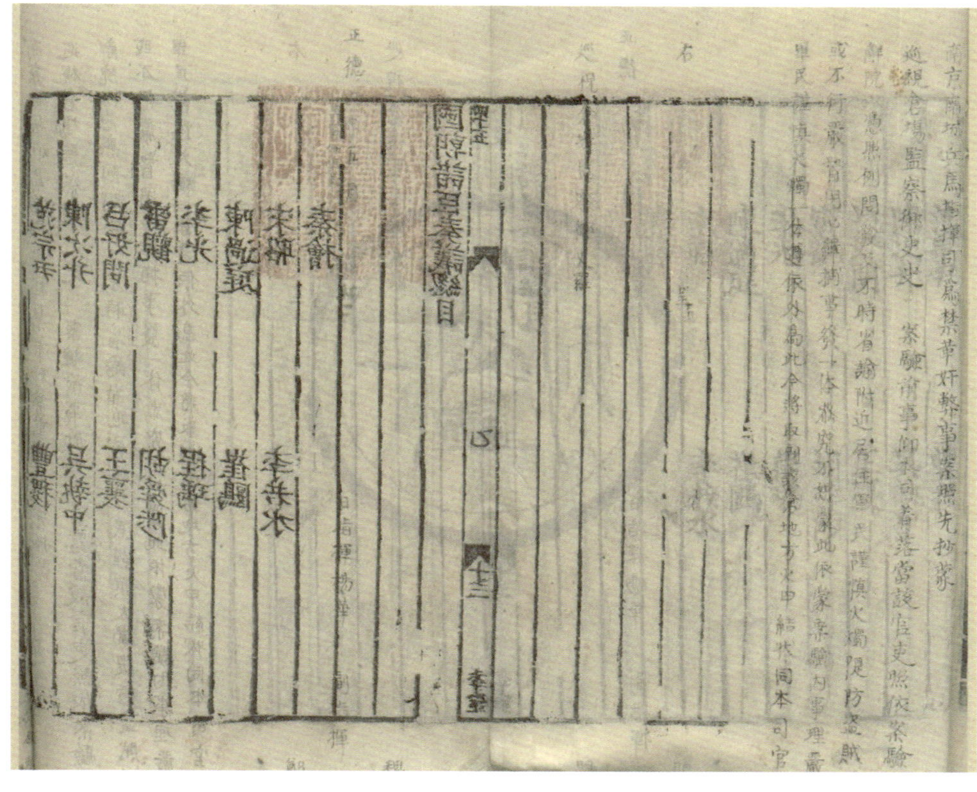

第一册總目第十三葉紙背

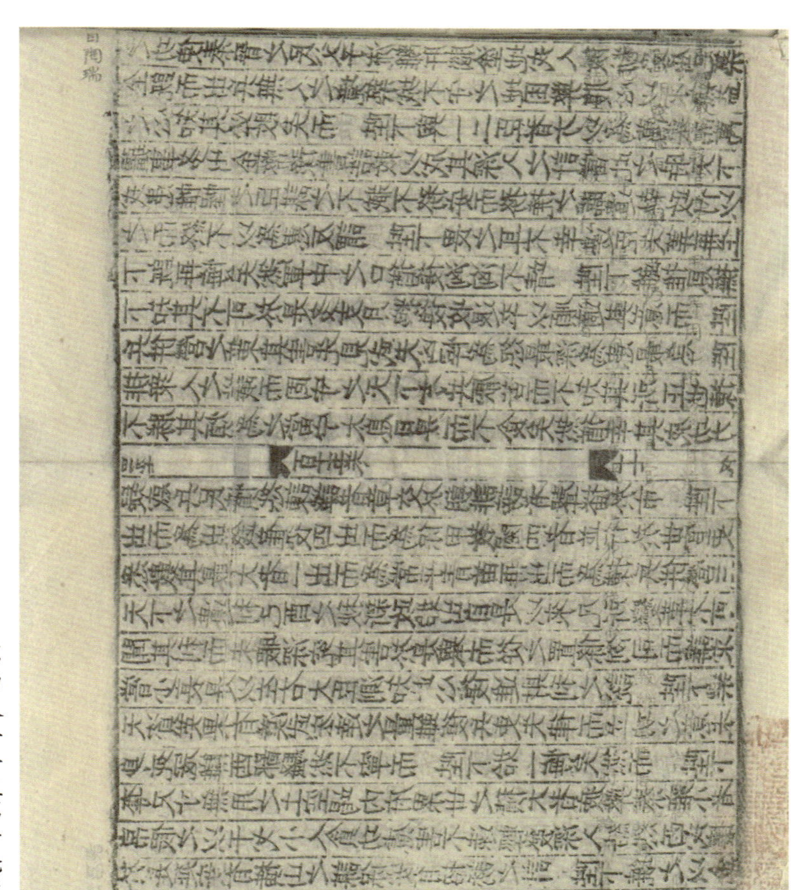

第四卷一一五第十七葉

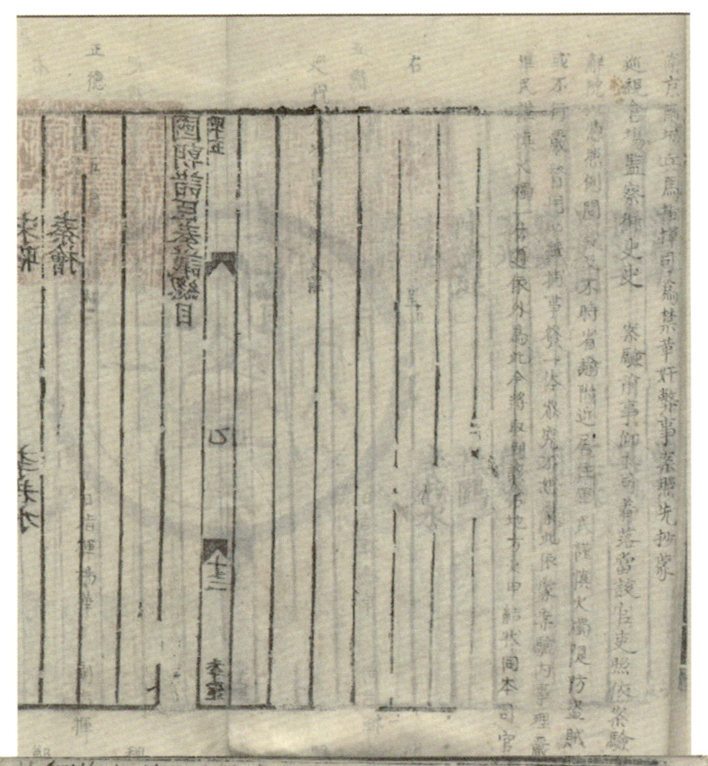

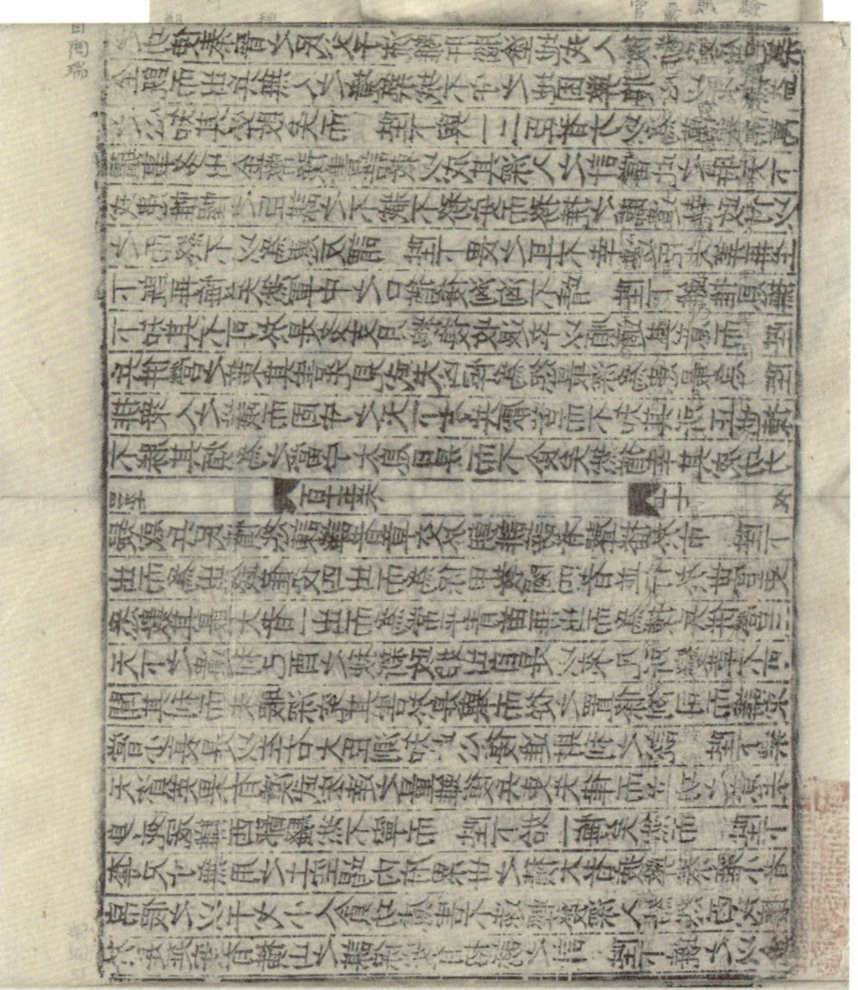

綴合之明正德二年（一五〇七）五月南京南城兵馬指揮司呈巡視倉場監察御史羅狀爲禁革奸弊事

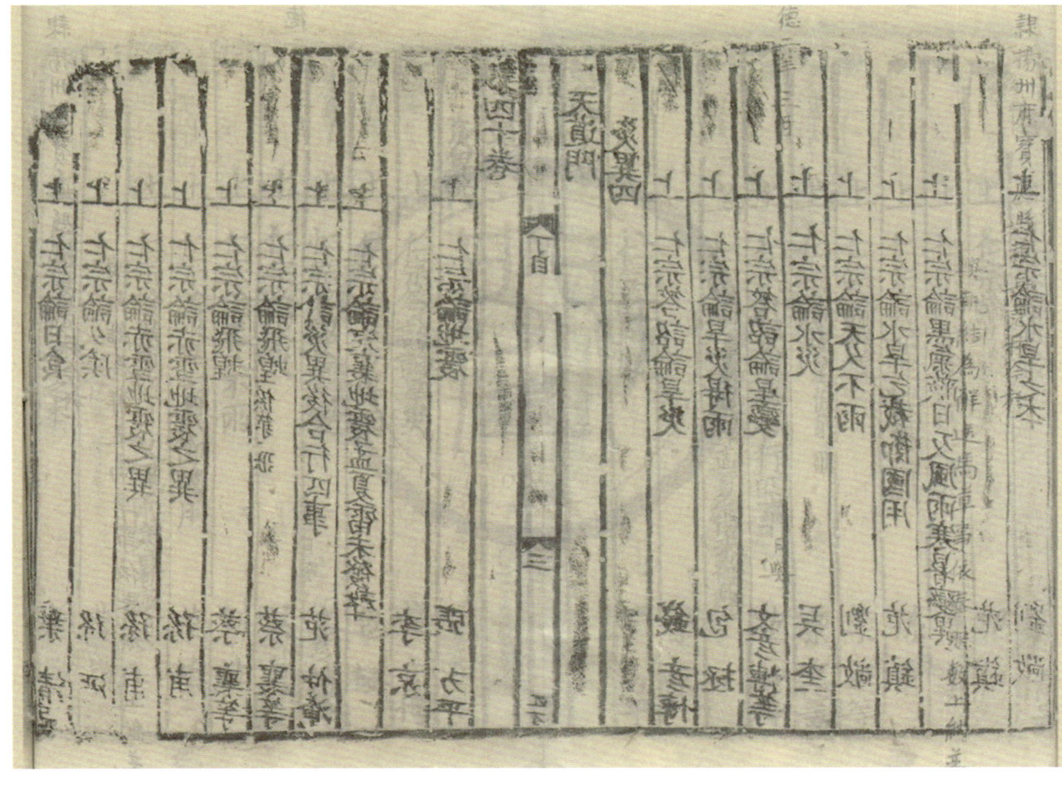

第一册乙集目録第三葉紙背

第一册丁集目録第三葉紙背

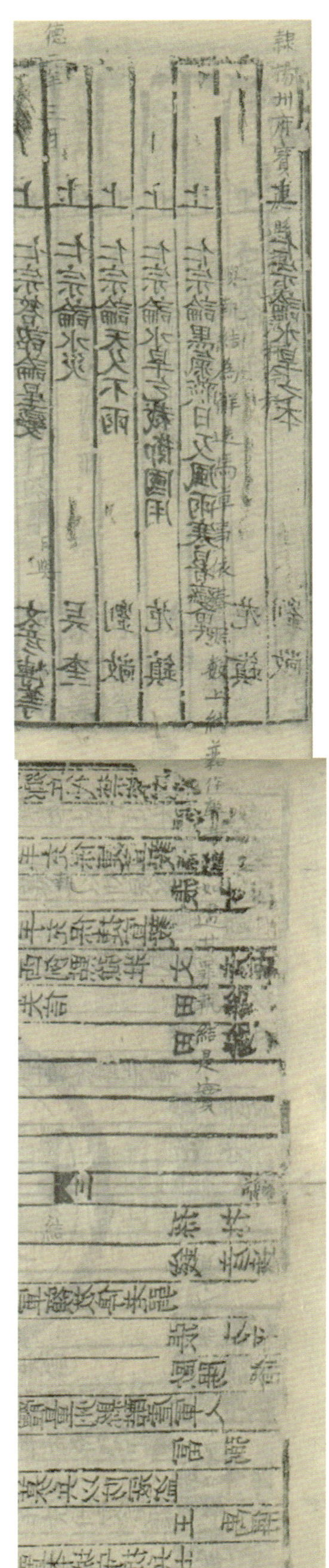

綴合之明正德二年（一五〇七）三月直隸揚州府高郵州寶應縣糧長范林與執結爲解送馬草事

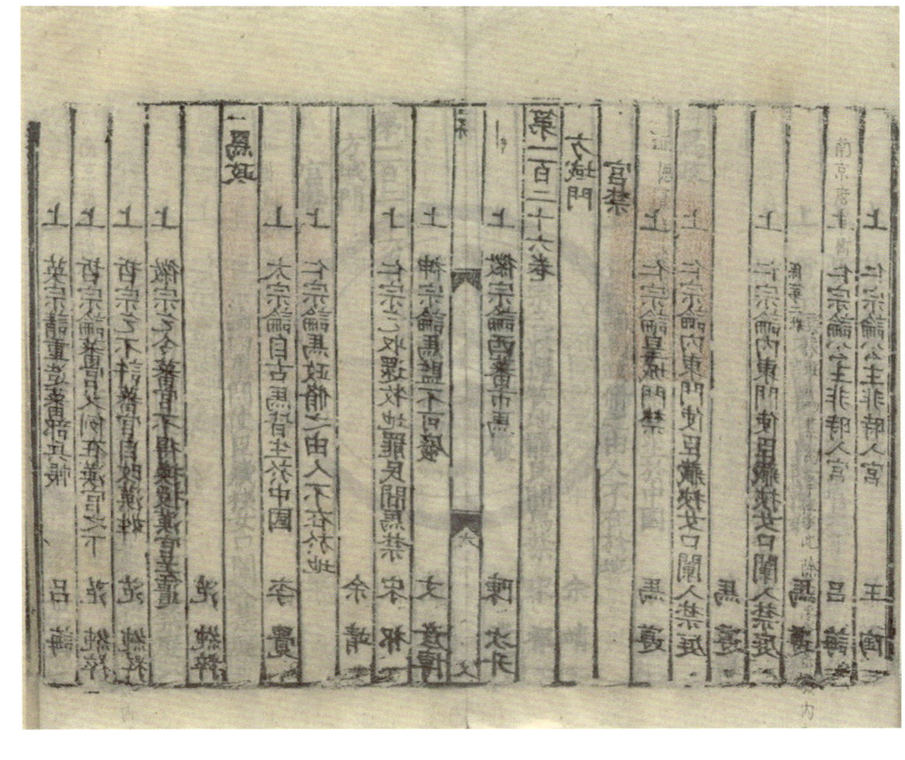

第一册丁集目録第六葉紙背
明正德二年（一五〇七）三月南京府軍衛命與依准爲禁約事残件

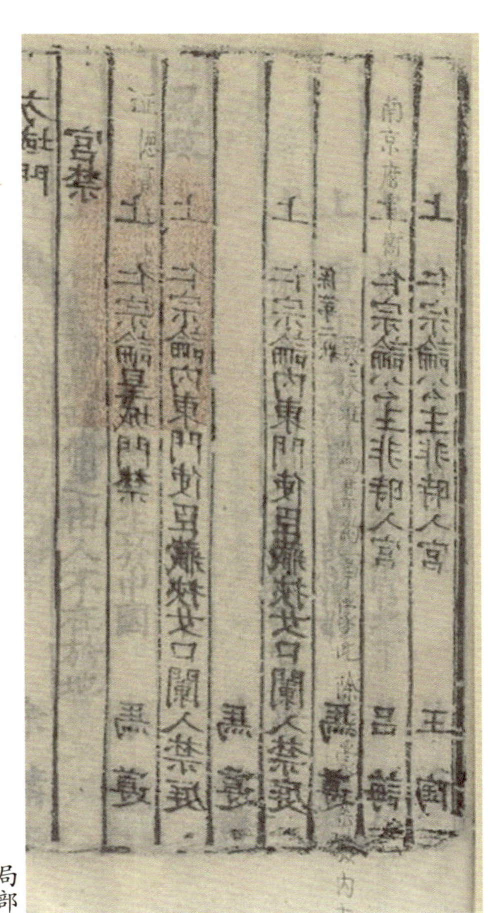

局部

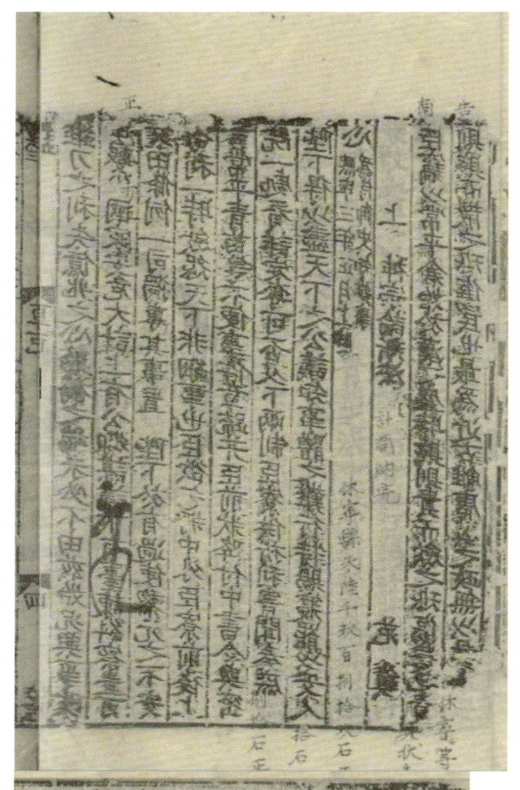

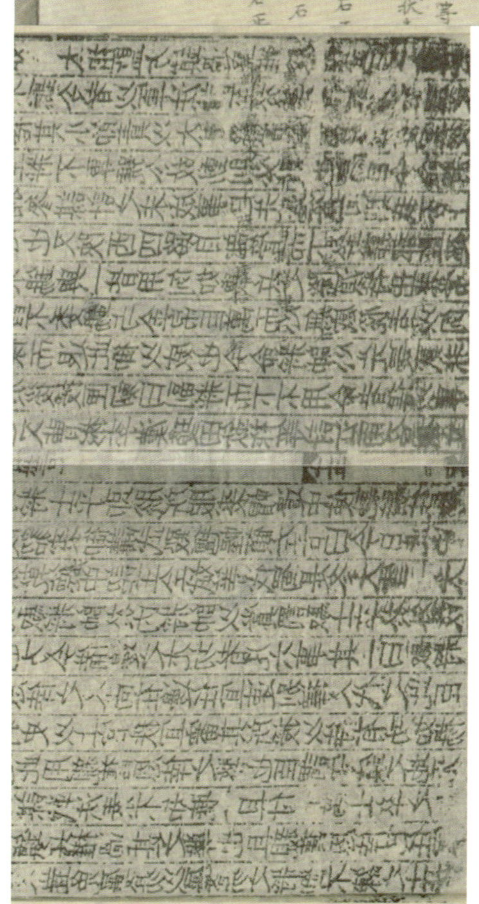

第四册卷一一一第四葉紙背與第六册卷一三三第十五葉紙背綴合之明正德二年（一五〇七）五月直隸徽州府照磨所照磨范英告完狀爲送納休寧等陸縣弘治十八年（一五〇五）份秋糧米事

叢書總序

『新出公文紙本古籍紙背文獻整理與研究』叢書是我們古籍紙背文獻研究團隊推出的最新成果。古籍紙背文獻，主要是指位於册子類古籍書葉背面，以寫本爲主要構成的各類公私文檔賬册簿籍等文獻，就目前的發現而言，其基本類型包括内文紙背文獻、封皮裱紙文獻、拓本裱紙文獻和内文襯紙文獻等四種。李偉國先生曾指出，古籍紙背所承載的各類檔案文書，『未經任何删汰概括加工，比方志、會要、法典、編年史、雜史、正史等原始得多』，『即使片紙隻字，亦被珍同球璧』。

本叢書共計六種，分别是《上海圖書館藏明代公文紙本古籍紙背文獻整理》《新見宋元明公牘：五種古籍紙背文獻整理與研究》《稀見南宋書簡：公文紙本〈王文公文集〉紙背文獻整理與研究》《新見明代南京倉場文書：天一閣藏公文紙本〈國朝諸臣奏議〉紙背文獻整理與研究》《『百石齋』藏新出宋元買地券整理與研究》《西夏書法繫年要録》。其中《上海圖書館藏明代公文紙本古籍紙背文獻整理》《新見宋元明公牘：五種古籍紙背文獻整理與研究》《稀見南宋書簡：公文紙本〈王文公文集〉紙背文獻整理與研究》《新見明代南京倉場文書：天一閣藏公文紙本〈國朝諸臣奏議〉紙背文獻整理研究》四種與叢書名實相符，均屬紙背文獻整理研究的範疇，而《『百石齋』藏新出宋元買地券整理與研究》和《西夏書法繫年要録》兩種雖非紙背文獻整理，因爲恰與四種紙背文獻整理成果同時完成，且同是國家社科基金項目，同屬新出文獻整理研究的範疇，所以一併收録於本叢書之中。

本叢書以整理爲主，兼顧研究。當然各書有所不同。《上海圖書館藏明代公文紙本古籍紙背文獻整理》主旨是公布文書圖版，刊布文書録文，以文獻整理爲主，其他五種書則是整理與研究並重，總體考慮是踐行學術爲天下公器的理念，儘快向學術界提供新材料。

我們從事古籍紙背文獻的整理研究已近二十年，感觸最深的是搜集公文紙本古籍的艱難，值此本叢書出版之際，内心喜悦自不待言，同時更想感謝的是爲我們搜集紙背文獻提供幫助和便利的、認識的或未曾謀面的各位師友和相關單位。

《上海圖書館藏明代公文紙本古籍紙背文獻整理》具有重要學術價值，堪稱全套叢書的重中之重，也是截至目前内容最豐富，我們整理最成功、最滿意的成果，因爲它包括了二十多種明代公文紙本古籍。上海圖書館提供的文書圖片均爲全彩掃描，我們高度贊賞館方在學術和文化視野上的前瞻性，並對黄顯功、吴建偉等先生所提供的熱情幫助表示衷心的感謝。

《新見宋元明公牘：五種古籍紙背文獻整理與研究》收録的五種古籍紙背文書分别是：國家圖書館藏宋刻本《洪氏集驗方》紙背文獻，内容爲南宋淳熙七年（一一八〇）至八年江南東路太平州文書；南京圖書館藏宋刻本《雲仙散録》紙背文獻，内容爲南宋嘉泰四年（一二〇四）至開禧元年（一二〇五）江南西路文書；南京博物院藏宋刻元修本《論衡》卷十四至卷十七和上海圖書館藏宋刻元修本《論衡》卷二十六至卷三十紙背文獻，内容爲元延祐六年（一三一九）至七年各機構呈浙東海右道肅政廉訪司公文殘件；瀋陽師範大學藏明刻本《文苑英華》封皮襯紙裱紙文獻，内容爲明萬曆三十六年（一六〇八）至四十一年福建各級官府公文殘件。其中，《洪氏集驗方》

紙背文書是據原書録文，並據愛如生網站公布的電子影印件核對，該書的借閲承蒙國家圖書館善本部薩仁高娃女士的積極協助；《雲仙散録》紙背文書是據原書和電子版録文，南京博物院藏宋刻元修本《論衡》卷十四至卷十七的紙背文書是據原書録文，該書的借閲、録文承蒙南京大學教授張學鋒先生、南京師範大學教授劉進寶先生（今爲浙江大學教授）及其博士生孫寧先生（今爲山西師範大學副教授）協助；上海圖書館藏宋刻元修本《論衡》卷二十六至卷三十紙背文書是據該館提供的彩色圖片録文；《文苑英華》裱紙文書是據手機拍攝的照片録文，該書的借閲、拍照承蒙瀋陽師範大學教授霍存福先生、馮學偉博士（今爲南開大學副教授）、圖書館館長王宇女士、副館長朱凡先生和東北大學秦皇島分校教授董劭偉先生等聯繫、允准和協助。此外，天一閣藏明刻本《國朝諸臣奏議》紙背文獻是據原書録文，該書的借閲、抄録承蒙中國社會科學院歷史研究所（今爲中國歷史研究院古代史研究所）黄正建先生、樓勁先生和天一閣博物院饒國慶先生積極聯繫和熱情協助。在此謹向以上提供幫助的各個單位和各位師友致以真誠的謝意。

《稀見南宋書簡：公文紙本〈王文公文集〉紙背文獻整理與研究》是據上海古籍出版社一九九〇年出版的《宋人佚簡》前四卷眷録，《宋人佚簡》則是據上海博物館藏宋刻本《王文公文集》紙背内容原大原色影印綫裝出版，内容與原本無異。感謝上海古籍出版社開風氣之先，率先影印我國歷史上第一部公文紙本古籍紙背文獻的資料專集。

此外，《『百石齋』藏新出宋元買地券整理與研究》收録新出北宋咸平六年（一〇〇三）至元至正十二年（一三五二）買地券等石刻二百四十四方。《西夏書法繫年要録》則依據二〇一九年前刊布的黑水城、西夏王陵、敦煌等地出土或發現的文字資料，按重要時事、書法、相關文化事件、考辨等，組織内容，把年代明確或已通過研究判定年代的西夏或與西夏有關的文獻作爲『書法』一一繫年，僅能判斷大致年代者則一般繫在相應時間段之末。本書爲國内第一部西夏文獻編年著作。

本叢書最大的特點爲其中關於紙背文獻整理研究的四種書籍，屬於學界首次對古籍紙背文獻進行大批量、系統性的整理公布，爲學界提供了一大批深藏於古籍紙背而不被學人所知的原始文獻。希望本叢書的出版，可以推動相關研究領域不斷深入，更希望可以引起古文獻學界、圖書館學界對於紙背文獻的高度重視，將公文紙本古籍紙背文獻的整理放在比簡單『保護』古籍更優先、更突出的地位，進而推動古籍紙背文獻學這一新興學科更好、更快發展。

本叢書的纂集和大量的編校工作以及繁瑣雜務主要由宋坤承擔，後期耿洪利也投入了相當的時間和精力，謹向二位致以謝意。

孫繼民

二〇二四年六月十五日

序

宋坤同志的《新見明代南京倉場文書：天一閣藏公文紙本〈國朝諸臣奏議〉紙背文獻整理與研究》就要出版了，筆者在爲他高興的同時，也想回顧一下自己十多年來從事古籍紙背文書整理研究的梗概，權且作爲宋坤推出專著的背景交代以及他在其中作用貢獻的説明。

二〇〇〇年以前，筆者的研究重點是敦煌吐魯番文書和隋唐史，二〇〇〇年以後，研究重點開始轉向黑水城文獻整理。黑水城文獻中有一批北宋末年鄜延路安撫使司、延安府、保安軍和第七將的文書，被稱爲『宋西北邊境軍政文書』。這批卷子裝的文書後來落入西夏人之手，被利用紙背來印刷西夏文字書，變成了蝴蝶裝的《文海寶韻》，直到蘇聯收藏機構（今俄羅斯科學院東方文獻研究所）整理這批文書時，纔將蝴蝶裝拆解恢復爲原有的卷子形式。因此，這批兩面有字的古籍——一面爲原始寫本文獻，一面爲次生印本文獻，即古籍版本學界所謂的『公文紙本古籍』，而《文海寶韻》背面的『宋西北邊境軍政文書』亦即公文紙本古籍的紙背文書。筆者從事黑水城文獻研究解讀的第一批文書就是『宋西北邊境軍政文書』，僅就這一角度而言，筆者從事紙背文書研究是與黑水城文獻研究同步開始的。

當然，筆者有意識地進行紙背文書的研究是從《宋人佚簡》開始的，其中的一個偶然因素是同事楊倩描先生提供的《王文公文集》爲宋代古籍刻本，紙背有當時文書的信息，引起了筆者的好奇和極大興趣。《宋人佚簡》係拆自上海博物館藏宋刻龍舒本《王文公文集》的紙背文獻專集，一九九〇年由上海古籍出版社出版。《王文公文集》即王安石文集，現存七十二卷（原本一百卷），共九百餘頁，其中大部分是利用公文紙刷印的，達七百八十餘頁，内容是南宋時期舒州的廢舊公文檔册和舒州知府向沟等官員文人的書啓，是研究宋代州級官府行政制度、公文制度、酒務行政管理制度和書信習俗以及財政史、經濟史的第一手資料，具有重要的史料價值。因此，筆者自二〇〇七年開始指導研究生對《宋人佚簡》進行整理研究，先後形成了專門以《宋人佚簡》爲整理研究對象的五篇碩士論文。筆者也先後發表了多篇有關《宋人佚簡》和公文紙本古籍的論文，最後形成了由本人主編、多人參加的《南宋舒州公牘佚簡整理與研究》一書，二〇一一年由上海古籍出版社出版。

至二〇一四年，筆者在原來主持的黑水城文獻整理的國家社科基金重大項目已經完成並陸續出版以後，隨即開始將研究重點轉向古籍紙背文書。同年，以『古籍公文紙本《洪氏集驗方》和《論衡》紙背所存宋元公牘文獻整理與研究』爲題，申請到國家社科基金重點項目；二〇一五年又以『上海圖書館藏明代古籍公文紙背文獻整理與研究』爲題，申請到國家社科基金重大招標項目。這以後的幾年，圍繞課題的推進展開，筆者主要進行了兩個方面的工作，一是公文紙本古籍的資源調查，二是古籍紙背文書的資料抄録。

公文紙本古籍資源的調查，嚴格地説應稱爲公文紙本古籍資源的再調查，因爲公文紙本古籍資源的初次調查，是由石家莊市圖書館的工作人員，也是筆者的學生魏琳女士多年前就進行的，她是整理研究《宋人佚簡》的第一批碩士論文作者之一。魏琳的初次調查主要通過目録書查詢的方式進行。她利用在圖書館古籍部門工作的便利，查閲了大量公開出版或内部發行的古籍目録學著作，形成了一份網羅國家圖書館、中國科學院圖書館、北京大學圖書館、南京圖書館、上海圖書館、上海博物館、復旦大學圖書館、浙江圖書館等大型圖書館已知收藏現存公文紙本古籍信息的目録，成爲筆者申報兩項公文紙本古籍國家社科基金項目和有關研究工作的主要憑藉。

與初次調查通過目録查詢的方式不同，公文紙本古籍資源的再調查，主要是通過走訪的方式進行。筆者先後帶領課題組成員，或由課題組成員自己，走訪了北京、上海、天津、遼寧、黑龍江、吉林、山東、山西、江蘇、浙江、安徽、福建、河南、湖北、廣東、廣西、海南、青海、寧夏、甘肅、陝西、新疆、重慶、四川等二十多個省市自治區五十多個城市的圖書館和博物館，持續進行了數年之久。當然，這些走訪對象的選擇難免帶有盲目性，因爲十年之前公文紙本古籍不僅對於一般文史學者是一個十分生疏的概念，即使在古籍版本學界也是知者甚少。除了幾個知名的大型圖書館、專業圖書館之外，其他圖書館所編目録都没有公文紙本古籍的著録，自然也没有相應的分類，甚至二〇〇七年開始第一次全國古籍普查時，也没有將公文紙本古籍的信息包括在普查登記之内。没有著録不等於公文紙本古籍不存在。没有著録的原因主要是多數圖書館的古籍管理人員缺乏有關公文紙本古籍的知識，所以没有著録的圖書館同樣存在新發現公文紙本古籍的可能性。這是我們在做出走訪各地調查公文紙本古籍資源決定時所依據的基本判斷，同時也是一個無奈的選擇。

我們走訪調查的結果一如事前預料，没有太多的直接收穫，但間接的收穫還是有的。例如，我們到訪圖書館古籍部時，如果詢問是否有公文紙本古籍，得到的回答往往是反問什麼是公文紙本。如果解釋綫裝書背面有文字的古籍就是公文紙本時，則在不少圖書館（如黑龍江省圖書館、哈爾濱市圖書館、山西省圖書館、陝西省圖書館、廣東省圖書館等）能得到肯定的回答；如果再進一步詢問具體書名，則往往稱不記其名。不過，直接的收穫也是有的，儘管數量太少。例如在烟臺市圖書館見到一種清代的公文紙本，在廈門大學圖書館見到一種襯紙型公文紙本，在廈門市圖書館見到一種拓本型公文紙本，在泉州市圖書館訪知有一種公文紙本，在柳州市圖書館訪知有一種公文紙本（當時該館正在準備搬遷新館，書已打包），在廣西師大圖書館見到一種公文紙本，在廣州暨南大學圖書館古籍部訪知廣東省圖書館有一種襯紙型公文紙本，在成都四川大學圖書館見到兩種襯紙型公文紙本，在河北大學圖書館訪知有兩種公文紙本。除了間接和直接的收穫之外，實際上還有些許文化和學術性的社會效益，通過我們與不少圖書館古籍管理人員的廣泛接觸、訪談，也在一定程度上傳播、普及了公文紙本古籍的知識，這既有利於提高古籍管理專業人員有關公文紙本的版本意識，也有助於呼籲有關部門在將來的第二次全國古籍普查時將公文紙本信息納入普查登記範圍之中。

古籍紙背文書的資料抄録，相對於公文紙本古籍資源的再調查要簡單許多，它不需要漫無目標地東西奔波，只在藏有公文紙本古籍的圖書館將紙背文書的内容抄録下來（起初是手工抄録，後來變爲録入筆記本電腦）即可。這是搜集紙背文書過程中最基礎也是最重要的環節，通常有兩個步驟：第一步是多人白天在圖書館抄録或者録入筆記本電腦；第二步是晚上回到賓館後再指定一人將白天多人抄録或録入的内容進行匯總，然後再根據匯總過程中發現的問題或需要注意的事項布置第二天的工作安排。這個工作看起來似乎簡單，其實長時間伏案工作，且用一種特殊的姿勢持續進行，對於任何人都不是一個輕鬆的任務。筆者清楚記得二〇一五年盛夏時節在重慶圖書館抄録紙背文書的情形，左手撐開綫裝書公文紙本《通志》的書葉，歪着頭側彎着上身，右手執筆謄録文字，没抄幾葉，就感到腰酸背疼，渾身難受，深感自己年届花甲的身體真是力不從心。年輕人的感覺可能不會像筆者一樣難以忍受，但其中的辛苦可想而知。

以上兩個方面的工作，參與其中的學生很多，像陳瑞青、杜立暉、李效傑、張重豔、宋坤、劉廣瑞、郭兆斌、張淮智、耿洪利、李橋、孟月、張恒、田琳、高丹、李哲坤、李燕、楊悦、楊振北等，都曾先後或多或少地參與，但宋坤跟我外出尋訪調研的次數最多，纍計的時間最長，到訪的地點最多，出力和貢獻也最大。抄録過程中每天晚上將白天衆人抄録内容的匯總、抄録結束後每種抄録的紙背文書的最後合成，也主要由宋坤承擔。後來兩項課題的結項，除了全書體例、整體結構、主要觀點、分歧裁定、内容選擇和各人分工由筆者確定以及研究編的作者各有歸屬之外，整理編各件文書要素的統一和規範，包括定名、題解、録文、標點、校注以及課題組成員之間的協調，全書的合成等，同樣主要由宋坤負責。總之，宋坤承擔了兩項課題從申報立項到組織實施直至結項出版全過程大量繁雜的日常事務，對身爲主持人的筆者幫助最大。筆者借此機會深表感謝。當然，宋坤的親歷親爲和超負荷付出也得到了相應的回報，使他對公文紙本信息掌握得最全面，對紙背文書内容瞭解得最清楚。我多次在相關場合稱他是『目前掌握公文紙本古籍和紙背文書信息最多的權威專家』，這對宋坤既是肯定，也是實録。

最後，筆者還想利用爲宋坤專著作序的機會，談一下古籍紙背文書整理的學科性質問題。

紙背文書屬於新史料，其學科性質如何判定，我們不妨先與其他學科性質明確的新史料加以比較，然後再加以説明。我們知道，近代以來發現的新史料甚夥，舉其要者大體有商周甲骨文、戰國秦漢魏晋簡牘、敦煌吐魯番文書、黑水城文獻、内閣大庫檔案、徽州文書以及近年引起注意的清水江文書、南部檔案、太行山文書、獲鹿檔案，等等。這些新史料的性質基本可以歸爲三類：第一類屬於考古發掘的新文獻，例如商周甲骨文、戰國秦漢魏晋簡牘、敦煌吐魯番文書、黑水城文獻等；第二類屬於歷代官府形成、收藏的檔案，例如内閣大庫檔案、南部檔案和獲鹿檔案等；第三類屬於原散存於民間後被研究機構收藏的各種歷代公私文書，例如徽州文書、清水江文書和太行山文書等。那麼，古籍紙背文書與以上三類新史料有什麼同異呢？它屬於什麼性質的新史料呢？

將紙背文書與甲骨文、簡牘文書、敦煌吐魯番文書、黑水城文獻進行比較，可以發現它們的相同點都屬於考古文物的大範疇，不同點是它們出自的母體不同：紙背文書主要出自古籍綫裝書的紙張背面，甲骨文、簡牘文書等出自考古的田野。它們的區别實際也是考古與文物的區别。甲骨文主要出自殷墟以及其他商周遺址，簡牘文書主要出自戰國秦漢魏晋遺址，敦煌文書主要出自莫高窟藏經洞，吐魯番文書主要出自墓葬，黑水城文獻出自黑城遺址，都屬於田野考古發掘的文物。紙背文書出自古籍綫裝書紙背，雖然不屬於田野考古發掘的文物，但古籍綫裝書多數也屬於文物。一個出自可移動的母體，一個出自不可移動的母體，這就是紙背文書與甲骨文、簡牘文書、敦煌吐魯番文書、黑水城文獻的不同點；但考古與文物屬於同一個大類，這也是紙背文書與甲骨文、簡牘文書、敦煌吐魯番文書、黑水城文獻的相同點。

將紙背文書與内閣大庫檔案、南部檔案、獲鹿檔案進行比較，可以發現它們的相同點是紙背文書的載體古籍綫裝書和内閣大庫檔案、南部檔案、獲鹿檔案都屬於傳世文獻。古籍綫裝書過去分别保存於官府各個機構和民間個人家庭等，現在主要收藏在各大公共圖書館，部分收藏於私人家庭；内閣大庫檔案收藏於明清皇宫，南部檔案和獲鹿檔案收藏於清代、民國地方官府、地方政府，所以説二者都屬於傳世文獻，具有相同點。它們的不同點是内閣大庫檔案、南部檔案、獲鹿檔案屬於内容可以利用的『已知』文獻，而古籍綫裝書的紙背文書屬於很少受人關注、基本不爲人知的『未知』文獻。

將紙背文書與徽州文書、清水江文書和太行山文書進行比較，可以發現它們的相同點都屬於不同時期官府和民間的實用文書，不同點是二者的來源匯聚途徑有異。徽州文書、清水江文書和太行山文書原來主要散存於民間，後來匯聚於研究機構，這決定了其來源途徑多元、中間環節複雜。紙背文書來源於古籍綫裝書，古籍綫裝書的刊刻、收藏和流傳過程往往在公私目録學著作中有著録或考訂，因此不少紙背文書流傳有序，易於溯源。古籍紙背文書相較於徽州文書、清水江文書和太行山文書，溯源性更强，可靠性更高。

通過以上紙背文書與三類新史料性質同異點的分析比較，可以得出三點基本認識：第一，紙背文書與以上三類性質的新史料雖然既不是簡單的相等關係，也不是簡單的相反關係，但就學科的親緣關係而言，紙背文書與考古類的新史料更接近。紙背文書出自古籍綫裝書，古籍本身就是文物，文物與考古又是共同構成大類的小類，所以説紙背文書與考古類新史料親緣關係更接近。

第二，紙背文書不僅與考古類新史料的學科親緣關係更接近，而且在學科研究方法上更相似。紙背文書是在古籍綫裝書正面已知文獻的背面揭示出未知文獻，而背面文獻是一次利用文獻，時間在前，正面文獻是二次利用文獻，時間在後，所以紙背文書整理的方法和過程頗類似於田野考古由近及遠、由今及古的溯源方法，尤其類似於文物考古在既有基礎上揭取、剥離新文獻或獲得新文物、新認識的過程。

第三，紙背文書的性質介於傳世文獻和考古文獻之間，具有兩重性。一方面，它是傳世典籍的一部分，附著於傳世古籍的紙背，是傳世古籍的附著物和附屬文獻，當然具有傳世古籍文獻構成部分的性質；另一方面，它又因爲主要位於傳世典籍正面文獻的背面，未被一般讀者注意或未被充分認識，因此經專業學者的規範整理和科學揭示，它也就具有了考古新發現文獻的性質。

正是基於以上三點認識，筆者傾向於認爲紙背文書基本性質屬於考古新發現史料的範疇，紙背文書整理的過程即爲古籍考古的過程，古籍紙背文書學亦即古籍考古學。

孫繼民

二〇二一年元月作於石門

前言

寧波天一閣所藏公文紙印本《國朝諸臣奏議》，爲宋淳祐十年（一二五〇）史季温福州刻、元明遞修本，其刊印所用紙張爲明正德二年（一五〇七）南京各衛倉場文書。關於這批明代文書，目前學界僅見有孔繁敏先生的簡要介紹。孔先生言：

> 南宋趙汝愚編輯《國朝諸臣奏議》，原有宋四川、福州刻印本，久已失傳。傳世的有宋刻元印本、宋刻明印本及明活字本、清四庫全書本。天一閣藏二部殘本：一爲范氏所藏二十八卷殘本，共六册（其中五册所含卷次爲一一一至一一六、一二三至一二九、一三〇至一三四、一三五至一三八、一三九至一四四。一册爲目録，分甲、乙、丙、丁集）；另一殘本爲藏書家馮貞群所捐，存十五卷，共二册（每册所含卷次爲五十四至六十、六十七至七十四）。兩部殘本皆宋刻明印，用白綿公文紙，框高23.2厘米，寬16.3厘米。散見此書（包括范氏所藏與馮貞群所捐的二部殘本）紙背的公文，用毛筆手寫，長者八、九行，短者一、二行，也有一部分空白紙。其時間集中在明武宗正德二年三、四、五月。[一]

一

筆者曾跟隨導師孫繼民先生前往天一閣博物院實際查閲，發現《國朝諸臣奏議》二部殘本版式相同，所用紙張相同，紙背文書内容相關，應爲同一版本，且爲同一批公文紙刊印的同一套書籍無疑。此外，通過實際查閲，另有以下幾點需要特別説明：

首先，孔先生所言該書「框高23.2厘米，寬16.3厘米」，是指書籍正面《國朝諸臣奏議》版式的框高及寬，紙背公文内容無框，單葉紙張總高29.8厘米，寬18.3厘米。

其次，孔先生言公文内容「散見此書（包括范氏所藏與馮貞群所捐的二部殘本）紙背」，實際情況是絶大部分文書位於《國朝諸臣奏議》的紙背，但也有少數幾葉，文書與《國朝諸臣奏議》位於同一面，即位於正面。例如第二册卷五十八第一葉正面存一行公文，第三册卷六十九第八葉正面存一行公文，第八册卷一四四第九葉正面存一行公文等。這些位於正面的文書内容一般字數較少，應爲印刷時未注意區分造成的。

[一] 孔繁敏：《明代南京倉場及殘存的公文資料》，《文獻》一九八八年第二期。

再次，有些書葉正背兩面均有公文內容。例如第一册丙集目録第二十一葉背面存公文三行，正面存公文一行，且正面地脚處存殘朱印，公文文字方向與《國朝諸臣奏議》文字方向成經緯狀；第四册卷一一五第十一葉背面存公文六行，正面天頭處存公文一行，正面地脚處存殘朱印。在紙張兩面均書寫有公文之時，一般都是選擇字數較少、對印刷影響較小的一面印刷書籍。

最後，部分書葉是由兩件文書殘件拼接粘連而成。例如第一册丁集目録第九葉，紙背右側公文紙殘存公文三行，爲一件公文的上半部分；左側公文紙殘存公文二行，爲另一件公文的下半部分。又如，第二册卷五十七第一葉，紙背右側公文紙殘存公文二行，爲一件公文上半部分；左側公文紙殘存公文一行，爲另一件公文的下半部分。

孔先生在文中共抄録了該書紙背的十六件公文，但通過實際查閲得見，天一閣現將二部殘本共八册進行了重新排序，各册葉碼總數及帶公文內容的紙張數目如下：

第一册（原范氏所藏）存跋二通（共十葉，公文紙二葉）、《乞進〈皇朝名臣奏議〉劄子》二通（共五葉，公文紙二葉）、總目一卷（共十三葉，公文紙三葉）、甲集目録一卷（共二十九葉，公文紙七葉）、乙集目録一卷（共三十六葉，公文紙十七葉）、丙集目録一卷（共二十九葉，公文紙八葉）、丁集目録一卷（共十九葉，公文紙十六葉）。總計一百四十一葉，公文紙五十五葉。

第二册（原馮貞群所捐）存卷五十四至卷六十，共七卷。其中，卷五十四共十九葉，公文紙十一葉；卷五十五共十七葉，公文紙十二葉；卷五十六共十四葉，公文紙九葉；卷五十七共十五葉，公文紙八葉；卷五十八共十一葉，公文紙七葉；卷五十九共十葉，公文紙二葉；卷六十共十八葉，公文紙十二葉。總計一百零四葉，公文紙六十一葉。

第三册（原馮貞群所捐）存卷六十七至卷七十四，共八卷。其中，卷六十七共十五葉，公文紙十葉；卷六十八共十葉，公文紙四葉；卷六十九共十七葉，公文紙十一葉；卷七十共十四葉，公文紙六葉；卷七十一共十三葉，公文紙十葉；卷七十二共十六葉，公文紙七葉；卷七十三共十葉，公文紙八葉；卷七十四共十葉，公文紙三葉。總計一百零五葉，公文紙五十九葉。

第四册（原范氏所藏）存卷一一一至卷一一六，共六卷。其中，卷一一一共十七葉，公文紙五葉；卷一一二共十九葉，公文紙九葉；卷一一三共二十一葉，公文紙七葉；卷一一四共十六葉，公文紙九葉；卷一一五共十九葉，公文紙五葉；卷一一六共十九葉，公文紙八葉。另本册內封紙二葉中存公文紙一葉。總計一百十三葉，公文紙四十四葉。

第五册（原范氏所藏）存卷一二三至卷一二九，共七卷。其中，卷一二三共二十葉，公文紙十二葉；卷一二四共二十葉，公文紙七葉；卷一二五共十三葉，公文紙六葉；卷一二六共十一葉，公文紙十葉；卷一二七共十三葉，公文紙十葉；卷一二八共十四葉，公文紙十二葉；卷一二九共十九葉，公文紙五葉。總計一百十葉，公文紙六十二葉。

第六册（原范氏所藏）存卷一三〇至卷一三四，共五卷。其中，卷一三〇共二十一葉，公文紙九葉；卷一三一共二十葉，公文紙十二葉；卷一三二共二十六葉，公文紙十二葉；卷一三三共二十三葉，公文紙十三葉；卷一三四共十八葉，公文紙十葉。總計一百零八葉，公文紙五十六葉。

第七册（原范氏所藏）存卷一三五至卷一三八，共四卷。其中，卷一三五共二十五葉，公文紙十葉；卷一三六共二十三葉，公文紙十二葉；卷一三七共二十四葉，公文紙六葉；卷一三八共二十葉，公文紙七葉。總計九十二葉，公文紙三十五葉。

第八册（原范氏所藏）存卷一三九至卷一四四，共六卷。其中，卷一三九共二十一葉，公文紙十葉；卷一四〇共二十二葉，公文紙六葉；卷一四一共十七葉，公文紙九葉；卷一四二共二十二葉，公文紙十葉；卷一四三共十四葉，公文紙八葉；卷一四四共十九葉，公文紙十一葉。另有内封二葉，其中公文紙一葉。總計一百十七葉，公文紙五十五葉。

綜上，天一閣藏《國朝諸臣奏議》全八册總計八百九十葉，其中帶有公文内容的紙張共四百二十七葉，約占百分之四十八左右。孔先生所抄録的十六件公文，僅占全部文書數量的百分之三點七左右。

二

天一閣藏《國朝諸臣奏議》紙背公文撰擬時間集中於明正德二年（一五〇七）二、三、四、五月，從撰擬主體來看，可大體分爲個人撰擬公文和機構撰擬公文兩大類，每大類又可細分爲幾個小類。

個人撰擬公文中，主要包含：（一）南直隸、浙江、湖廣、江西等所轄府州縣糧長、里長、解户、納户及地方官員交納税糧馬草的告到狀、執結狀、領狀、告完狀等，現存公文中保存了五十二個州縣名稱；（二）各衛所餘丁爲『馱到馬草』或是『賣到税糧』等事所出具的執結狀，此類執結狀應與明代税糧攬納有關；（三）南京各倉場副使、攢典的執結狀、供狀，其中執結狀大都與官軍俸糧放支及馬草支領等事相關，供狀則主要是爲副使、攢典的役滿考核給由事所出具；（四）南京倉場堆夫執結狀，主要涉及堆垛馬草等事；（五）鋪户領狀與執結狀，領狀主要爲領取賣與倉場的蘆席銀所出具，執結狀則是爲輓運地方糧長的税糧事所出具。除了以上公文之外，紙背公文中還保存了四葉『經紀』文書，但均殘損嚴重，僅存末尾一行，涉及事項待考。

機構撰擬公文的撰擬主體主要包含南京各倉場和南京五城兵馬指揮司，其中倉場公文現存南京長安門倉、錦衣衛烏龍潭倉、旗手衛東倉、旗手衛西倉、金吾後衛東倉、金吾後衛西倉、金吾後衛南倉、虎賁左衛倉、虎賁右衛倉、驍騎右衛倉、鷹揚衛倉、留守左衛倉、豹韜左衛倉、府軍衛倉、府軍右衛西倉、羽林右衛復成橋倉、羽林右衛養虎倉、横海衛倉、應天衛倉等十九倉及中軍都督府中和橋馬草場一個草場，共計二十個倉場；五城兵馬司文書則保存了南京南城兵馬指揮司和西城兵馬指揮司兩個指揮司文書。從文體來看，機構撰擬公文主要包括申狀、執結狀、依准狀三類，涉及事項包含禁約事、巡視倉場事、總督糧儲事、看守倉糧事、地方事及禁革奸弊事等。且從文書内容來看，涉及同一倉場同一事項的申狀與執結狀或依准狀應是同時上呈的。

結合全書紙背内容來看，這批明代公文涉及事項主要與倉場收納税糧馬草及日常管理事務相關，均與明代倉場管理制度密切相關。目前學界關於明代倉儲的研究成果大體集中在以下幾個方面：

（一）明代倉儲制度整體性研究。學界較早的倉儲制度論述成果是張鐵錚《中國倉儲制度》一文[一]和于佑虞《中國倉儲制度考》一書[二]，對於古代倉儲研究具有開創之功。而專門對明代倉儲進行整體探討的則有陳佐立《明代糧倉研究》[三]及其導師唐文基《明代糧食倉儲制度》[四]兩文。其中陳文分別從明代糧倉類型、倉儲糧用途和倉儲制度衰弛等角度對明代的倉儲問題進行探討，唐文則從明代糧倉類型、儲糧來源、糧儲管理、糧儲用途和制度損弛等五個部分對相關制度進行分析。此外，紀雯、賈衛蘭《明代糧食倉儲管理之歷史探源》一文還主要對明代糧食倉儲管理淵源進行了論述，認爲明代對糧倉的管理主要側重於糧儲的安全及盜取方面，並建立了糧食收支管理制度。[五]

（二）明代兩京倉研究。在已有關於明代倉場研究成果中，京、通二倉研究是學人關注較多的一個熱點，而南京倉研究成果相對較少。分別而言，京、通二倉已有研究成果中，以于光度《北京的官倉》[六]、高壽仙《明代京通二倉述略》[七]、梁科《明代京通倉儲制度研究》[八]、鍾行明《明代京通倉的管理運作》[九]等文較爲深入。其中，于文論述明代倉儲時主要涉及京通倉設立經過、倉庫建置維修、倉儲數額、組織機構等；高文則是學界迄今爲止論述明代京通倉儲最爲詳盡的一篇，對京通倉的設置沿革、管理制度、儲糧數額、倉糧用途等方面均作了詳細梳理；梁文主要從明代京通倉儲概況、管理人員設置、倉儲制度運作、倉儲制度特點與危機及解決嘗試等幾個方面對明代京、通二地倉儲制度提出了自己的觀點；鍾文則主要對明代京通倉的管理機構和官員設置以及京通倉的管理運作問題進行了分析探討。對南京倉場的研究則以胡鐵球《明代倉場中的歇家職能及其演化——以南京倉場爲例》[一〇]和謝文森《明代南京倉研究》[一一]兩文最有代表性。胡文着重分析了歇家在南京倉場當中所扮演的角色及其職能變化；謝文則從整體上對明代南京倉的設置、運作、管理機構與人員、危機與治理等問題進行了梳理。

[一] 張鐵錚：《中國倉儲制度》，《國民經濟建設月刊》一九三七年第二卷。

[二] 于佑虞：《中國倉儲制度考》，正中書局，一九四八年。

[三] 陳佐立：《明代糧倉研究》，福建師範大學碩士學位論文，二〇〇二年。

[四] 唐文基：《明代糧食倉儲制度》，《明史研究論叢》第六輯，黄山書社，二〇〇四年。

[五] 紀雯、賈衛蘭：《明代糧食倉儲管理之歷史探源》，《蘭臺世界》二〇一四年第十四期。

[六] 于光度：《北京的官倉》，《北京文物與考古》第一輯，一九八三年。

[七] 高壽仙：《明代京通二倉述略》，《中國史研究》二〇〇三年第一期。

[八] 梁科：《明代京通倉儲制度研究》，北京大學碩士學位論文，二〇〇五年。

[九] 鍾行明：《明代京通倉的管理運作》，《中國名城》二〇一一年第四期。

[一〇] 胡鐵球：《明代倉場中的歇家職能及其演化——以南京倉場爲例》，《史學月刊》二〇一二年第二期。

[一一] 謝文森：《明代南京倉研究》，遼寧師範大學碩士學位論文，二〇一八年。

（三）明代預備倉研究，也是明代倉儲研究的一個重點。其中，梁方仲《明代的預備倉》[一]是較早關於明代預備倉研究的專題著述，書中對明代預備倉設置、倉糧來源及定額、倉糧販放方式、倉儲虧空原因等問題進行較系統的探討。鍾永寧《明代預備倉述論》[二]一文，又在梁書基礎上對預備倉進行了較爲全面的梳理。顧穎《明代預備倉積糧問題初探》[三]一文主要對明代預備倉積糧問題進行了重點探討。李慶奎《明代預備倉研究》[四]一文則指出明代對於預備倉的管理，政府的控制呈集權化發展，而隨着官治的强化和吏治的腐敗，預備倉逐漸走向衰落。相關研究還有陳關龍《論明代的備荒倉儲制度》[五]、洪璞《試論明代蘇州地方倉廩的社會調控功能》[六]、汪火根《明代倉政與基層社會控制——以預備倉和社倉爲例》[七]、李菁《明代賑濟倉初探——以南直隸地區爲例》[八]、柴英昆《明代預備倉政若干問題研究》[九]、張煥育《明代預備倉研究》[一〇]等文，關注點均集中於地方預備倉和社倉的賑災救荒職能。

（四）其他明代經濟史專題研究論著中，也有部分對明代倉儲的附帶性研究。例如，明代經濟史研究中的一個重點是漕運史，而在漕運史的研究中往往涉及太倉和水次倉的相關論述。王培華《元明北京建都與糧食供應——略論元明人們的認識和實踐》[一一]一書中即對明代京通倉糧儲的來源及明政府對『京師積儲半在通倉』的憂慮等問題進行了闡述。鮑彦邦《明代漕運研究》[一二]中的部分篇章論述了漕糧和白糧的解運方式及危害、收糧加耗和運軍組織管理等問題，同樣涉及倉儲相關制度的探討。另外，在明代財政制度、賦税制度研究中所涉及的税糧徵收問題往往也與倉儲管理有關，如王毓銓《明代的軍屯》[一三]、梁方仲《梁方仲經濟史論文集》[一四]、唐文基《明代賦役制度史》[一五]、黃仁

[一] 梁方仲：《明代的預備倉》，《梁方仲經濟史論文集補編》，中州古籍出版社，一九八四年。
[二] 鍾永寧：《明代預備倉述論》，《學術研究》一九九三年第一期。
[三] 顧穎：《明代預備倉積糧問題初探》，《史學集刊》一九九三年第一期。
[四] 李慶奎：《明代預備倉研究》，中山大學碩士學位論文，一九九五年。
[五] 陳關龍：《論明代的備荒倉儲制度》，《求索》一九九一年第五期。
[六] 洪璞：《試論明代蘇州地方倉廩的社會調控功能》，《中國農史》一九九七年第四期。
[七] 汪火根：《明代倉政與基層社會控制——以預備倉和社倉爲例》，《龍岩師專學報》二〇〇四年第一期。
[八] 李菁：《明代賑濟倉初探——以南直隸地區爲例》，《中國建築史論彙刊》二〇一五年第一期。
[九] 柴英昆：《明代預備倉政若干問題研究》，河北大學碩士學位論文，二〇一〇年。
[一〇] 張煥育：《明代預備倉研究》，蘇州大學碩士學位論文，二〇一〇年。
[一一] 王培華：《元明北京建都與糧食供應——略論元明人們的認識和實踐》，文津出版社，二〇〇五年。
[一二] 鮑彦邦：《明代漕運研究》，暨南大學出版社，一九九五年。
[一三] 王毓銓：《明代的軍屯》，中華書局，一九六五年。
[一四] 梁方仲：《梁方仲經濟史論文集》，中華書局，一九八九年。
[一五] 唐文基：《明代賦役制度史》，中國社會科學出版社，一九九一年。

宇《十六世紀明代中國之財政與稅收》[一]、欒成顯《明代黄册研究》[二]、高壽仙《明代攬納考論——以解京錢糧物料爲中心》[三] 等論著當中均有相關論述，無疑可對拙著相關文書的解讀起到很好的幫助和啓發作用。

通過以上梳理可見，在學界已有研究成果中，對於明代倉場的專題研究，關注較多的是北京京、通二倉及預備倉，而對南京倉場研究成果較少；整體性倉場制度研究中，主要從宏觀方面進行描繪，對於倉場管理細節等問題則論述較少，例如涉及倉場管理人員設置之時，大都依據史籍簡要介紹，未曾深入探究。因此，對於明代倉場，尤其是南京倉場稅糧收納及日常管理，仍有較大研究空間。

三

天一閣藏《國朝諸臣奏議》紙背公文，均爲明正德二年（一五〇七）南京各倉場稅糧收納、日常管理的公文原件，屬極爲難得的第一手文獻資料，對於明代的倉儲管理及公文制度研究有着極爲重要的史料價值。簡要而言，其價值可大體歸納爲以下幾個方面：

（一）公文提供了研究明代稅糧交納程序的新資料。目前學界關於明代稅糧的研究大部分集中於稅糧制度、稅糧數量等方面，但是對於稅糧交納的具體程序，尤其是其中涉及相關公文的研究較少。由這批公文結合史籍記載來看，明代稅糧交納程序大體如下：其一，在將稅糧運到指定交納地點之後，運送人需先赴都察院提交告到狀；其二，在交納稅糧之時，納糧人需出具執結，即保證書，保證在所交納稅糧中無以次充好的行爲，如有則甘當官罪；其三，在納糧之前，還需先提供米樣，史籍中關於米樣制度的記載多爲漕運方面，但據這批公文可知，在各地納糧之時，也需事先提供米樣，所提供米樣在將稅糧核對完成入倉之後再由原納糧人領回，領回之時，納糧人出具領狀；其四，納糧之後所剩餘稻、碎米也由原納糧人出具領狀領回；其五，在納糧全部完成之後，收稅倉出具實收小票，由納糧人交過領狀之後領出，納糧人領取小票之後，還需向都察院呈交告完狀，之後回原籍與原籍官員所掌號簿比對銷繳，至此納糧程序纔全部完成。馬草的交納過程與稅糧基本相同。

（二）公文爲瞭解明代倉場的官吏設置及職能提供了新資料。目前學界關於明代倉場的研究成果中，凡是提及倉場官吏設置者，基本都是依據《明史》《明會典》等史籍記載，稱明代倉場每倉設『大使一員、副使一員』。但從《國朝諸臣奏議》紙背公文來看，涉及二十個倉場的四百多葉公文中，無一件公文出現『大使』，所有以倉場名義撰擬的公文末尾官吏署押均是副使和攢典。此現象不能用巧合來解釋，這證明最晚至正德年間，各倉場的大使已不常設，倉場工作應由副使負責。另外，由紙背公文可見，各倉副使不全部是一員，最多有設置四員者，且出現了『把門副使』『捉斛副使』等專職副使的稱呼。對其展開分析探討，無疑可進一步推動關於明代倉場管理的研究。

（三）公文爲研究明代倉場餘丁設置及職能提供了新資料。『餘丁』是相對於『正丁』和『正軍』而言的，是明代軍户丁員的重要組成

[一] 黄仁宇：《十六世紀明代中國之財政與稅收》，生活·讀書·新知三聯書店，二〇〇一年。

[二] 欒成顯：《明代黄册研究（增訂本）》，中國社會科學出版社，一九九八年。

[三] 高壽仙：《明代攬納考論——以解京錢糧物料爲中心》，《中國史研究》二〇〇七年第三期。

部分，屬於正軍的預備役。學界已有關於明代餘丁的研究中，大都關注衛所餘丁，對於倉場服役餘丁關注較少。而這批紙背公文中，既有衛所餘丁參與税糧馬草馱運攬納的文書，也有衛所餘丁看守倉糧的文書，無疑可爲研究明代餘丁在税糧解納及管理中的作用提供一批新資料，推動相關研究的進一步深入。

（四）公文爲研究明代的倉場監察提供了新資料。整體來看，《國朝諸臣奏議》紙背公文，無論是個人撰擬，還是機構撰擬，其呈文對象均爲『巡視倉場監察御史』，反映了巡倉御史對倉場的全面監察。學界關於明代監察御史研究，已有成果頗多，但其中關於『巡倉御史』的專題研究則僅見連啓元先生的專論《明代的巡倉御史》[一]。連先生在文中對明代巡倉御史的建制沿革進行了梳理，並對其職掌權限，從查核錢糧、催徵逋欠、清理河道、修繕倉廒、風憲糾劾等方面進行了論述，而關於巡倉御史在税糧收納、倉場日常管理等方面的監管職責涉及較少。通過紙背公文來看，明代巡倉御史的監察職責權限涉及税糧及倉場的方方面面，可以説，凡是與税糧徵收放支及倉場管理有關的事務，均屬其監察範疇。這無疑對我們進一步瞭解明代倉場的監察制度有所推進。

（五）公文還爲研究明代的税糧運解制度提供了新資料。這批公文中出現的關於明代税糧的解納，既有民解，又有官解。其中以民解爲主，官解僅出現三份公文，即徽州府照磨所照磨范英、嘉興府崇德縣典史王德誠、松江府華亭縣主簿吴鸞三人的告完狀。明代前期税糧的解運一直以民解爲主，但因當時交通條件較差，遠距離運輸實物不但耗費極大，且面臨許多風險。加上明代鄉村比較閉塞，鄉民一旦被僉點爲解户，需要長途跋涉，難免會産生畏難情緒，故而不少解户爲免奔波之苦，便將錢糧物料委托給他人，即包攬人員代輸。[二]但這些包攬人員往往營私舞弊，以次充好，或是不按時解運，明中後期屢有官員疏請改用官解，如嘉靖四十三年（一五六四），給事中張岳建議：『各府所屬錢糧，歲委賢能佐貳一人類解，不得更僉大户累民。』[三]萬曆元年（一五七三），『令凡遇起解一應錢糧，除陰、醫、武職、義民等官不許濫委，原係民解者，務選殷實大户，原係官解者，務選府州縣廉幹佐貳官員，酌量地理，定立期限前來』[四]。而這批公文中出現的官解公文屬於明代較早的官解材料，且其標準、内涵與明後期官員上疏建議基本一致，這無疑對研究明代税糧的解運有着極爲重要的意義。

除了以上幾點之外，公文還可爲研究明代基層公文制度提供一批寶貴的新資料。目前學界關於明代公文文體、制度的研究，關注較多的是皇帝詔敕、臣僚奏表及各中央機構的關牒公文，對於基層行政機構日常管理中所産生的各種公文則關注較少。這批公文均爲南京各衛倉場日常行政當中産生的實用公文，爲我們研究明代基層公文制度提供了不可多得的寶貴資料。當然，這批公文的價值意義絶非僅限於以上幾點，以上總結難免挂一漏萬。筆者相信隨着這批資料的公布，必然會對明代税糧解納、倉儲管理、公文流轉等相關研究起到較大的推進作用。

[一] 連啓元：《明代的巡倉御史》，《明史研究專刊》二〇〇三年第十四期。

[二] 高壽仙：《明代攬納考論——以解京錢糧物料爲中心》，《中國史研究》二〇〇七年第三期。

[三] 《明世宗實録》卷五四〇『嘉靖四十三年（一五六四）十一月戊午』條，臺灣『中央研究院』歷史語言研究所校印本，一九六二年，第八千七百四十二頁。

[四] 萬曆《明會典》卷二八《會計四·京糧》，《續修四庫全書》第七八九册，上海古籍出版社，一九九五年，第五百零六頁。

四

拙著分爲整理編和研究編兩大部分。

整理編主要是對天一閣藏公文紙本《國朝諸臣奏議》紙背公文進行了文獻學整理，在整理過程中借鑒了敦煌吐魯番文書整理規範，對每件公文進行了定名、題解、釋録、標點及校勘。其中，定名主要包括公文撰擬時代、撰擬主體、公文性質和事由等内容；題解則主要介紹了公文所在正面古籍頁碼、現存狀況、公文性質及與其他公文關係的判定等内容，以儘量保存文獻的原始信息；釋録主要是依據公文原有格式，以竪排繁体字的形式進行全文誊録和標點，以儘量接近文獻原貌；對於公文中的殘損内容，録文當中一般不補，但根據公文格式或前後文義可以推斷者，以脚注的形式在每頁左側予以説明，即爲校勘内容。

此外，《國朝諸臣奏議》爲公文紙印本，是使用官府廢棄公文紙張印刷而成。古人在使用廢棄公文紙張印刷書籍時，關注的均是所印書籍内容，對紙張原始文獻内容不會加以考慮，故而爲了適應所印書籍版式，往往會對紙張進行裁切。具體到《國朝諸臣奏議》而言，通過比對可知，在印刷之時應是將原來的一紙完整公文從中一裁爲二，分爲上下兩部分，各作爲一葉使用。同時，對於裁切後的紙張，在印刷之時不會專門注意其順序，這就導致原屬同一公文的兩葉紙張被分散到不同卷目，甚至到不同册，造成了大量錯簡問題。錯簡對於學者理解和利用這批公文文獻無疑會造成極大的困擾與不便。對錯簡進行綴合和復原，以最大限度展現文獻的原始、完整信息，是對公文紙本古籍中原始文書文獻展開研究的前提和基礎。因此，本書在整理過程中，極爲關注錯簡的綴合和復原，將可以確定綴合者均進行復原。同時，爲了能够儘量反映公文的現存狀態及本來面貌，整理編采取了以下方式：首先，『釋録篇』根據正面古籍原文順序，對每葉紙背公文進行單件釋録，並在每件可綴合公文的題解中對於其可與哪葉公文綴合進行詳細説明；其次，在對全部單葉公文釋録完成後，特加『綴合篇』，羅列全部綴合後公文，以反映文書原貌。具體整理規則在『凡例』中作進一步説明。

研究編主要收録了筆者及課題組成員近年來關於《國朝諸臣奏議》紙背公文的專題研究論文六篇，研究主要圍繞這批公文的性質及價值、紙背公文所見南京倉場位置復原、税糧馬草的收納、巡倉御史職能、軍户餘丁倉糧運輸及管理職能、五城兵馬指揮司倉場管理相關職能等問題展開。此外，本書還收録了筆者近年來關於其他公文紙本古籍紙背文獻的研究論文兩篇，因其同屬於軍事、賦役類紙背文獻研究範疇，故作爲附録收之於後。同時，因《國朝諸臣奏議》紙背倉場公文中出現人員、倉場較多，特編訂了《天一閣藏公文紙本〈國朝諸臣奏議〉紙背所見人員信息索引》和《天一閣藏公文紙本〈國朝諸臣奏議〉紙背所見倉場信息索引》兩表，附録於本書最後，以便於讀者檢索、使用。

對於所收研究論文的選擇，本書秉承精選原則，主要選取了一些研究較爲深入、提出了自己創見、可對相關研究有所推進的研究文章。這些文章當中既有已經公開發表的舊作，也有首次刊布的新論，由於形成時間不同，有些行文用語並不一致，有些内容也不免重複，在收入本書之時，除做了一些必要的内容增删修飾和文字統一處理之外，還儘量保持原文的面貌，以反映對公文認識和研究的歷程。這一點希望各位讀者鑒諒。

總之，雖然明代傳世史籍數量衆多，但公文檔案資料仍具有不可替代的史料價值。衆所周知，檔案是原始的歷史記録，兼具原始性與紀實性於一身，因而備受古今中外史學研究者的重視。檔案具有未經編輯和裁剪的特性，因而在印證歷史事實、糾正史籍訛誤等方面具有其他史料無可比擬的權威性。新檔案資料的發現，往往能够推動史學研究取得較大發展。近代以來，新發現的商周甲骨文、漢晋簡牘、敦煌文書、内閣大庫檔案等大都可視爲檔案資料，這些新發現的史料對於先秦、魏晋南北朝、隋唐及明清史的研究均産生了重大影響，形成了新的世界性學科，如敦煌學、簡牘學等。明代公文紙本古籍紙背文獻的數量及重要性，雖然不能與上述四大新材料相比肩，但仍有其獨到之處，同樣可對明史研究産生一定的推動作用，産生明史研究領域的一項新課題。

目録

乙集目録（共三十六葉）

丙集目録（共二十九葉，其中第二十六葉原版缺，補白紙一張）

第三册

第五册

卷第一三四（共十八葉，編號至十九，其中第七葉標碼爲十，後接八、九、十一葉）……二七一

卷一三七（共二十四葉，其中第二十葉原版缺，補白紙一張）……二九六

卷一三八（共二十葉）……三〇一

第八册……三〇七

内封（共二葉）……三〇七

卷一四四（共十九葉）

綴合篇

整理編

凡例

一、本編爲天一閣藏公文紙本《國朝諸臣奏議》紙背文書整理部分。

二、本編録文整理，先是根據天一閣博物院藏原書紙背内容全文誊録，之後在天一閣博物院網站下載了《國朝諸臣奏議》的電子圖版，進行了二次校核。

三、本編分爲『釋録篇』和『綴合篇』兩部分。『釋録篇』是對紙背文書的單葉釋録，其排序均與原書正面古籍順序一致，並按照文書原有格式釋録録文；『綴合篇』將可以綴合的文書按照綴合之後的文書内容及格式進行了釋録。

四、每件文書整理的内容包括文書定名（參照文物出版社《吐魯番出土文書》規則定名，如『某』作『厶』）、題解、録文及標點，校記和參考文獻五項内容。每件文書前三項内容必備，後二項内容無則缺。參考文獻不單獨列爲一項，附於題解之末。

五、凡確知爲同一件文書而散爲兩葉者，除在題解中加以説明外，在每一葉擬題中分標（一）（二），以標明其序位。

六、釋文以反映文書原始信息爲首要原則，嚴格按照文書原有格式釋録，並用數字標示行號。

七、原件殘缺，依殘缺位置用（前缺）（中缺）（後缺）表示。缺字用□表示，不能確知缺幾個字的，上缺用▭表示，中缺用▭表示，下缺用▭表示，一般占三格，但有時爲了保持原文格式，可適當延長，視具體情况而定。

八、缺字一般不補。原文殘損，但據殘存筆畫和上下文可推知爲某字者，徑補並加框：；無法擬補者，從缺字例：；字迹模糊無法辨識者，用□表示：，根據文書格式及前後文義可以推補者，原文不補，但出校注説明。

九、原件中的俗體字、異體字照録，並出校記説明。定名和題解中則基本采用通行繁體字。

一〇、原件中的筆誤和筆畫增減照録，並出校記説明。

一一、原件中所鈐印章，在題解中説明，並在文書相應位置標注『朱印』或『印章』。戳印文字，在録文中釋録戳文。簽押，在録文相應位置標注『簽押』二字。

釋録篇

第一册

《跋》（共十葉）、《乞進〈皇朝名臣奏議〉劄子》（共五葉）

一、明正德二年（一五〇七）三月厶與執結爲送納弘治十八年（一五〇五）份秋糧事殘件

【題解】

本件爲《國朝諸臣奏議》第一册史季温撰《國朝諸臣奏議跋》第五葉紙背文書，現存文字二行，前缺後全，上完下殘。從内容來看，本件應爲明正德二年厶爲送納弘治十八年份秋糧事所呈執結狀殘件。

【録文】

（前缺）[一]

1 與執結爲送納弘治十八年分秋粮事。依□

2 正德二年三月　　日與□

[一] 據其他同類文書可知，此處應缺文字一行，爲文書撰擬者。

二、明正德二年（一五〇七）公文殘件

【題解】

本件爲《國朝諸臣奏議》第一册趙希瀞撰《國朝諸臣奏議跋》第一葉紙背文書，現存文字一行，前後均全。從内容來看，本件原應書寫於公文紙背，爲説明公文未經改寫的保證性文字。

《國朝諸臣奏議》紙背文書均屬正德二年公文，故本件也應爲明正德二年公文殘件。又，本件文書中的『攢典吳朝』又見於丁集目録第一葉紙背文書。

【録文】

1　當該書寫攢典吳朝字無洗補

三、明正德二年（一五〇七）三月直隸常州府武進縣糧長蔣鎮告到狀爲送納正德元年份秋糧米事殘件

【題解】

本件爲《國朝諸臣奏議》第一册趙汝愚撰《乞進〈皇朝名臣奏議〉劄子》第一葉紙背文書，現存文字三行，前後均完，上全下殘。第三行具體日期『十九』二字字體粗大，墨色濃匀，爲二次書寫。從殘存内容來看，本件應爲明正德二年三月十九日直隸常州府武進縣糧長蔣鎮爲送納正德元年份秋糧米事所呈告到狀殘件。

『蔣鎮』一名又見於第一册趙汝愚撰《乞進〈皇朝名臣奏議〉劄子》第二葉紙背文書與第八册卷一三九第十四葉紙背文書綴合之正德二年三月蔣鎮爲送納正德元年份秋糧米事所呈執結狀、第六册卷一三一第一葉紙背文書與同卷第七葉紙背文書綴合之正德二年四月蔣鎮爲送納糧米豆事所呈告完狀。兹參考三件相關文書，擬定今題。

【録文】

1　告到狀人蔣鎮，係直隸常州府武進縣粮長，狀告送納正德元年□

2　南京國子監交納，理合具狀來告。

3 正德二年三月　十九　□[二]

四、明正德二年（一五〇七）三月直隸常州府武進縣糧長蔣鎮與執結爲送納正德元年份秋糧事（一）

【題解】

本件爲《國朝諸臣奏議》第一册趙汝愚撰《乞進〈皇朝名臣奏議〉劄子》第二葉紙背文書，現存文字三行，前後均完，上全下殘。

本件文書與第八册卷一三九第十四葉紙背文書字迹相同、内容相關，可以綴合。從綴合後内容來看，其應爲明正德二年三月直隸常州府武進縣糧長蔣鎮爲送納正德元年份秋糧事所呈執結狀。兹據綴合後擬定今題。另，『蔣鎮』一名又見於第一册趙汝愚撰《乞進〈皇朝名臣奏議〉劄子》第一葉紙背正德二年三月直隸常州府武進縣糧長蔣鎮爲送納正德元年份秋糧米事所呈告到狀殘件、第六册卷一三一第一葉紙背文書與同卷第七葉紙背文書綴合之正德二年三月蔣鎮爲送納糧米豆事所呈告完狀等。

【録文】

1 直隸常州府武進縣粮長蔣鎮今於

2 　與執結爲送納正德元年分秋粮□　□

3 正德二年三月　□[三]

[二] 據明代文書書寫格式可知，此處所缺文字應爲『日告　到　狀　人蔣鎮（背面簽押）』。

[三] 據明代文書書寫格式可知，此處所缺文字應爲『日與　執　結　人蔣鎮（背面簽押）』。

總目（共十三葉）

一、明正德二年（一五〇七）四月直隸蘇州府吴縣糧長張椿與執結爲送納正德元年份秋糧事殘件

【題解】

本件爲《國朝諸臣奏議》第一册總目第十一葉紙背文書，現存文字三行，前後均完，上全下殘。從殘存内容來看，本件應爲明正德二年四月直隸蘇州府吴縣糧長張椿爲送納正德元年份秋糧事所呈執結狀殘件。

本件文書中『張椿』一名又見於同册總目第十二葉紙背正德二年四月直隸蘇州府吴縣糧長張椿爲送納正德元年份秋糧事所呈告到狀殘件。

【録文】

1　直隸蘇州府吴縣粮長張椿今於

2　　與執結爲送納正德元年秋粮事。依奉照数告納□

3　正德二年四月□[一]

二、明正德二年（一五〇七）四月直隸蘇州府吴縣糧長張椿告到狀爲送納正德元年份秋糧事殘件

【題解】

本件爲《國朝諸臣奏議》第一册總目第十二葉紙背文書，現存文字四行，前後均完，上全下殘。文書第三行殘存一濃墨大字

[一] 據明代文書書寫格式可知，此處所缺文字應爲『日與　執　結　人張椿（背面簽押）』。

『一』，爲二次書寫；第四行具體日期『廿五』二字字體粗大，墨色濃匀，同爲二次書寫。從殘存内容來看，本件應爲明正德二年四月二十五日直隷蘇州府吳縣糧長張椿爲送納正德元年份秋糧事所呈告到狀殘件。

本件文書中『張椿』一名又見於同册總目第十一葉紙背正德二年四月直隷蘇州府吳縣糧長張椿爲送納正德元年份秋糧事所呈執結狀殘件。

【録文】

1 告到狀人張椿，係直隷蘇州府吳縣粮長，狀告送納正德元年分秋粮□

2 南京河下水次兊軍交納，理合具狀來告。

3 一□

4 正德二年四月　廿五□[二]

三、明正德二年（一五〇七）五月南京南城兵馬指揮司呈巡視倉場監察御史羅狀爲禁革奸弊事（一）

【題解】

本件爲《國朝諸臣奏議》第一册總目第十三葉紙背文書，現存文字九行，前後均完，上全下殘。第八、九行鈐朱印一枚，印文不清，據文義推斷應爲『南城兵馬指揮司之印』。從殘存内容來看，本件應爲明正德二年五月初二日南京南城兵馬指揮司爲禁革奸弊事呈巡視倉場監察御史羅狀殘件。

本件文書與第四册卷一一五第十七葉紙背文書字迹相同，内容相關，文義相連，可以綴合，茲據綴合後擬定今題。又，文書中『巡視倉場監察御史羅』據考證疑爲『羅鳳』，《明武宗實録》卷二十『正德元年十二月甲戌（一五〇七年一月十二日）』條載：『正德元年十二月，甲戌，陞推官陳察、羅鳳，知縣李鑑、李春芳、吳蘭、何棐，行人喻文璧、王奎、張璉，國子監學録任賢，俱爲南

[二] 據明代文書書寫格式可知，此處所缺文字應爲『日告　到　狀　人張椿（背面簽押）』。

京試監察御史。』文書所載公文時間爲正德二年，恰是羅鳳陞爲南京監察御史後的第二年，則『巡視倉場監察御史羅』可能即是羅鳳。『巡視倉場監察御史史』待考。參考文獻：孫繼民、耿洪利《明代五城兵馬指揮司研究的新綫索——明正德二年南京南城兵馬指揮司呈文的發現及意義》，《軍事歷史研究》二〇一六年第一期。

【録文】

1 南京南城兵馬指揮司爲禁革奸弊事。案照先抄蒙

2 巡視倉場監察御史史　案驗前事，仰本司着落當該官吏照依案驗内□

3 解院，以憑照例問發。及不時省諭附近居住軍民謹慎火燭，隄防盗賊，不□

4 或不行嚴督用心緝捕，事發一体条究不恕。蒙此，依蒙案驗内事理，嚴□

5 軍民謹慎火燭，一体遵依外。爲此，今將取到該倉地方火甲結狀，同本司官吏□

6 右　呈

7 巡視倉場監察御史羅

8 正德二年五月（朱印）　初二　日指揮楊華　副指揮 魏□[一] 鄭□

9 禁革奸弊事

[一] 據同書第四册卷一一五第十一葉紙背文書可知，副指揮應爲『魏雲、鄭鶴』。

甲集目録（共二十九葉）

一、明正德二年（一五〇七）四月浙江湖州府德清縣解户戴楊、馬顒與領狀殘件

【題解】

本件爲《國朝諸臣奏議》第一册甲集目録第三葉紙背文書，現存文字二行，前缺後完，上殘下全。文書第二行殘存『戴楊、馬顒』二名又見於第一册乙集目録第十九葉紙背文書與同册丙集目録第二十五葉紙背文書綴合之正德二年四月浙江湖州府德清縣解户戴楊、馬顒爲送納正德元年份秋糧事所呈執結狀，第二册卷五十四第十五葉紙背正德二年四月南京錦衣衛餘丁周昪爲賫到浙江湖州府德清縣解户戴揚、馬顒名下馬草事所呈執結狀殘件，第六册卷一三〇第十五葉紙背正德二年四月戴楊、馬顒爲送納弘治十八年（一五〇五）份税糧事所呈告到狀，參考《國朝諸臣奏議》全部紙背文書構成及本件文書殘存内容，可推知本件應爲正德二年四月戴楊、馬顒所呈領狀殘件。兹據此擬定今題。

【録文】

（前缺）

1 □紙領囬俻照，所領是實。

2 □領　　狀　　人戴楊、馬顒□[一]

[一] 據明代文書書寫格式推斷，此處所缺文字應爲簽押。

二、明正德二年（一五〇七）尹恂與執結爲交納税糧事殘件

【題解】

本件爲《國朝諸臣奏議》第一册甲集目録第四葉紙背文書，現存文字二行，前缺後完，上下均殘。

《國朝諸臣奏議》紙背文書有明確紀年者，均爲正德二年有關税糧馬草交納或是南京倉場管理相關公文，據此結合本件文書殘存内容推斷，其應爲明正德二年尹恂爲交納税糧事所呈執結狀殘件。

【録文】

（前缺）

1 ［　］赴水次交兊，中間並不敢通同挿和等情，如違甘罪，執結是實。

2 ［　］執　結　人　尹恂［　］[一]

三、明正德二年（一五〇七）汜厶申狀爲支領軍人月糧事殘件

【題解】

本件爲《國朝諸臣奏議》第一册甲集目録第十三葉紙背文書，現存文字三行，前缺後完，上下均殘。

《國朝諸臣奏議》紙背文書有明確紀年者，均爲正德二年有關税糧馬草交納或是南京倉場管理相關公文，據此結合本件文書殘存内容推斷，其應爲明正德二年汜厶爲支領軍人月糧事所呈申狀殘件。

[一] 據明代文書書寫格式推斷，此處所缺文字應爲簽押。

【録文】

（前缺）

1 □德元年九月分本所帖委本役放支月粮。至正德二年閏正月分，有本所軍人徐連幫支米□

2 □告，已將前米給與本軍收領外，蒙

（中缺）

3 □狀　人　汜□

四、明正德二年（一五〇七）厶倉把門攢典鄒璧與執結爲軍餘關支正德二年四月份俸糧事殘件

【題解】

本件爲《國朝諸臣奏議》第一册甲集目録第十四葉紙背文書，現存文字二行，前缺後完，上下均殘。《國朝諸臣奏議》紙背文書有明確紀年者，均爲正德二年有關税糧馬草交納或是南京倉場管理相關公文，據此結合本件文書殘存内容推斷，其應爲明正德二年厶倉把門攢典鄒璧爲軍餘關支正德二年四月份俸糧事所呈執結狀殘件。

【録文】

（前缺）

1 □吏旗軍餘関支正德二年四月分俸粮貳千捌百肆拾壹石叁升捌合，中間不致縱放光棍人等進倉打□

（中缺）

2 □門　攢　典鄒璧（背面簽押）

五、明正德二年（一五〇七）五月直隸寧國府旌德縣糧長俞彥斌與執結爲送納正德元年份税糧事殘件

【題解】

本件爲《國朝諸臣奏議》第一册甲集目録第十五葉紙背文書，現存文字三行，前後均完，上全下殘。從殘存内容來看，本件應爲正德二年五月直隸寧國府旌德縣糧長俞彥斌爲送納正德元年份税糧事所呈執結狀殘件。

【録文】

1　直隸寧國府旌德縣粮長俞彥斌今於

2　　與執結為送納正德元年□

3　正德二年五月□[一]

六、明正德二年（一五〇七）五月南京旗手衛西倉捉斛副使吴永泰與執結爲馬匹草料事殘件

【題解】

本件爲《國朝諸臣奏議》第一册甲集目録第十六葉紙背文書，現存文字三行，前後均完，上全下殘；第三行具體日期『十二』兩字字體粗大，墨色濃匀，爲二次書寫。從殘存内容來看，本件應爲明正德二年五月南京旗手衛西倉捉斛副使吴永泰爲馬匹草料事所呈執結狀殘件。

『吴永泰』一名又見於第六册卷一三四第九葉紙背正德二年四月其爲官軍俸糧事所呈執結狀殘件。

[一] 據明代文書書寫格式可知，此處所缺文字應爲『日與　執　結　人俞彥斌（背面簽押）』。

【録文】

1 南京旗手衛西倉捉斛副使吳永泰今於

2 與執結爲馬疋草料事。依奉除將本倉放支本年五月分□

3 正德二年五月　　十二　　日捉□[二]

七、明正德二年（一五〇七）葛勗與執結爲交納税糧事殘件

【題解】

本件爲《國朝諸臣奏議》第一册甲集目録第二十九葉紙背文書，現存文字二行，前缺後完，上殘下全。《國朝諸臣奏議》紙背文書有明確紀年者，均爲正德二年有關税糧馬草交納或是南京倉場管理相關公文，據此結合本件文書殘存内容推斷，其應爲明正德二年葛勗爲交納税糧事所呈執結狀殘件。又，『葛勗』一名又見於第六册卷一三〇第二十葉紙背葛勗告到狀殘件。

【録文】

（前缺）

1 □□判水次交兑，並不敢听信歇家誆哄財物通同插和稻碎在内，如違甘罪，執結是實。

2 □[三]　日與　執　結　人葛勗（背面簽押）

[二] 據明代文書書寫格式可知，此處所缺文字應爲『斛　副　使吳永泰（背面簽押）』。

[三] 據明代文書書寫格式及同書紙背相似文書可知，此處所缺文字應爲『正德二年厶月』。

乙集目録（共三十六葉）

一、明正德二年（一五〇七）浙江湖州府烏程縣解户沈浩告完狀爲送納税糧事殘件

【題解】

本件爲《國朝諸臣奏議》第一册乙集目録第一葉紙背文書，現存文字二行，前缺後完，上殘下全。《國朝諸臣奏議》紙背文書有明確紀年者，均爲正德二年有關税糧馬草交納或是南京倉場管理相關公文，據此結合本件文書殘存内容推斷，其應爲明正德二年沈浩爲送納税糧事所呈告完狀殘件。另，本件文書中『沈浩』一名還見於同册乙集目録第二葉紙背文書與第二册卷五十四第十一葉紙背文書綴合之正德二年五月浙江湖州府烏程縣解户沈浩爲領回原呈在官米様所呈領狀、第八册卷一三九第三葉紙背沈浩爲交納税糧事所呈執結狀殘件。兹結合相關文書擬定今題。

【録文】

（前缺）

1 □粮正余米一千二百五十六石四斗一升八合八勺，赴

（中缺）

2 □[一]　完　狀　人　沈浩（背面簽押）

[一] 據明代文書書寫格式及同書紙背相似文書可知，此處所缺文字應爲『正德二年厶月　日告』。

二、明正德二年（一五〇七）五月浙江湖州府烏程縣解户沈浩與領狀爲領回原呈在官米様事殘件（二）

【題解】

本件爲《國朝諸臣奏議》第一册乙集目録第二葉紙背文書，現存文字二行，前缺後完，上殘下全。

本件文書與第二册卷五十四第十一葉紙背文書字迹相同，内容相關，可以綴合。從綴合後内容來看，其應爲明正德二年五月浙江湖州府烏程縣解户沈浩爲領回原呈在官米様所呈領狀。兹據此擬定今題。又，『沈浩』一名又見於同册乙集目録第一葉紙背沈浩爲送納税糧事所呈告完狀殘件、第八册卷一三九第三葉紙背沈浩爲交納税糧事所呈執結狀殘件。

【録文】

（前缺）

1 □□回，所領是實。

2 □□[一] 領 狀 人 沈浩（背面簽押）

三、明正德二年（一五〇七）三月直隸揚州府高郵州寶應縣糧長范林與執結爲解送馬草事（一）

【題解】

本件爲《國朝諸臣奏議》第一册乙集目録第三葉紙背文書，現存文字三行，前後均完，上全下殘。

本件文書與同册丁集目録第三葉紙背文書字迹相同，内容相關，可以綴合。從綴合後内容來看，其應爲明正德二年三月直隸揚州府高郵州寶應縣糧長范林爲解送馬草事所呈執結狀。兹據綴合後擬定今題。又，『范林』一名還見於本册乙集目録第四葉

[一] 據明代文書書寫格式及同書紙背相似文書可知，此處所缺文字應爲『正德二年厶月　日與』。

紙背文書與丁集目録第四葉紙背文書綴合之正德二年三月范林爲解送正德元年份馬草事所呈告到狀。

【録文】

1　直隸揚州府寶應縣粮長范林今於

2　　與執結為解送馬草事。依奉照数上納，並不□

3　正德二年三月　　日與□

四、明正德二年（一五〇七）三月直隸揚州府高郵州寶應縣糧長范林告到狀爲解送正德元年份馬草事（一）

【題解】

本件爲《國朝諸臣奏議》第一册乙集目録第四葉紙背文書，現存文字三行，前後均完，上全下殘；第三行具體日期『十四』兩字字體粗大，墨色濃匀，爲二次書寫。

本件文書與同册丁集目録第四葉紙背文書字迹相同，内容相關，可以綴合。從綴合後内容來看，其應爲明正德二年三月直隸揚州府寶應縣高郵州糧長范林爲解送正德元年份馬草事所呈告到狀。兹據綴合後擬定今題。又，『范林』一名還見於本册乙集目録第三葉紙背文書與丁集目録第三葉紙背文書綴合之正德二年三月范林爲解送馬草事所呈執結狀。

【録文】

1　告到狀人范林，係直隸揚州府高郵州寶應縣粮長，狀告解送正德元年分□

2　南京中和橋馬草場交納，理合具告。

3　正德二年三月　**十四**　日告□

五、明正德二年（一五〇七）浙江湖州府孝豐縣解户王潘、許七告到狀爲送納税糧事殘件

【題解】

本件爲《國朝諸臣奏議》第一册乙集目録第五葉紙背文書，現存文字二行，前缺後完，上殘下全。

《國朝諸臣奏議》紙背文書有明確紀年者，均爲正德二年有關税糧馬草交納或是南京倉場管理相關公文，據此結合本件文書殘存内容推斷，其應爲明正德二年王潘、許七爲送納税糧事所呈告到狀殘件。又，『王潘、許七』二名還見於本册丁集目録第九葉紙背文書之一王潘、許七爲送納税糧事所呈告到狀殘件、第七册卷一三七第十七葉紙背正德二年四月浙江湖州府孝豐縣解户王潘、許七爲領到納完糧米實收一紙事所呈領狀殘件、卷一三八第十一葉紙背王潘、許七爲送納税糧事所呈告完狀殘件。兹結合相關文書擬定今題。

【録文】

（前缺）

1 □柒拾陸石，赴

（中缺）

2 □日告　到　狀人王潘、許七（背面簽押）

六、明正德二年（一五〇七）局長曹福等與執結爲關支糧草事

【題解】

本件爲《國朝諸臣奏議》第一册乙集目録第六葉紙背文書，現存文字六行，前缺後完，上殘下全。

《國朝諸臣奏議》紙背文書有明確紀年者，均爲正德二年有關税糧馬草交納或是南京倉場管理相關公文，據此結合本件文書殘存内容推斷，其應爲明正德二年局長曹福等爲關支糧草事所呈執結狀殘件。

【録文】

（前缺）

1 □中間不致隱瞞，重冒関支，如違甘罪，執結是實。
2 □升。
3 □日局長　曹　福（背面簽押）
4 　　　　張　玉（背面簽押）
5 　　　　王　欽（背面簽押）
6 　　　　柳　春（背面簽押）

七、明正德二年（一五〇七）五月浙江湖州府烏程縣糧長蔣張江告完狀爲解送正德元年份秋糧事（一）

【題解】

本件爲《國朝諸臣奏議》第一册乙集目録第七葉紙背文書，現存文字三行，前後均完，上全下殘。

本件文書與第八册卷一三九第二十葉紙背文書字迹相同，内容相關，可以綴合。從綴合後内容來看，其應爲明正德二年五月浙江湖州府烏程縣糧長蔣張江爲解送正德元年份秋糧事所呈告完狀。茲據綴合後擬定今題。又，本件文書中『蔣張江』一名還見於本册乙集目録第八葉紙背文書與第八册卷一三九第十九葉紙背文書綴合之正德二年五月蔣張江爲領回原呈在官米樣事所呈領狀、第六册卷一三一第六葉紙背正德二年蔣張江爲送納税糧事所呈執結狀殘件。

【録文】

1 告完狀人蔣張江，係浙江湖州府烏程縣粮長，狀告解送正德元年分秋粮正□
2 南京河下水次交兑完足，理合具告。

3　正德二年五月

八、明正德二年（一五〇七）五月浙江湖州府烏程縣糧長蔣張江與領狀爲領回原呈在官米様事（一）

【題解】

本件爲《國朝諸臣奏議》第一册乙集目録第八葉紙背文書，現存文字三行，前後均完，上全下殘。

本件文書與第八册卷一三九第十九葉紙背文書字迹相同，内容相關，可以綴合。從綴合後内容來看，其應爲明正德二年五月浙江湖州府烏程縣糧長蔣張江爲領回原呈在官米様事所呈領狀。茲據綴合後擬定今題。又，『蔣張江』一名還見於本册乙集目録第七葉紙背文書與第八册卷一三九第二十葉紙背文書綴合之正德二年五月蔣張江爲解送正德元年份秋糧事所呈告完狀、第六册卷一三一第六葉紙背正德二年蔣張江爲送納税糧事所呈執結狀殘件。

【録文】

1　湖州府烏程縣粮長蔣張江今於

2　　　與領狀。實領囬原呈在官米様，所領是[實]。

3　正德二年五月　　　　日與

九、明正德二年（一五〇七）趙佛保告到狀爲交納税糧事殘件

【題解】

本件爲《國朝諸臣奏議》第一册乙集目録第九葉紙背文書，現存文字二行，前缺後完，上殘下全。

《國朝諸臣奏議》紙背文書有明確紀年者，均爲正德二年有關税糧馬草交納或是南京倉場管理相關公文，據此結合本件文書殘存内容推斷，其應爲明正德二年趙佛保爲交納税糧事所呈告到狀殘件。又，『趙佛保』一名又見於第六册卷一三三第十一葉紙背趙佛保爲送納税糧事所呈執結狀。

【録文】

（前缺）

1 □分秋粮米壹百柒拾壹石，赴

（中缺）

2 □[一]日　告　到　狀　人　趙佛保（背面簽押）

一〇、明正德二年（一五〇七）周晟與執結爲交納厶名下隨軍毛竹事殘件

【題解】

本件爲《國朝諸臣奏議》第一册乙集目録第十葉紙背文書，現存文字二行，前缺後完，上殘下全。

《國朝諸臣奏議》紙背文書有明確紀年者，均爲正德二年有關税糧馬草交納或是南京倉場管理相關公文，據此結合本件文書

[一] 據明代文書書寫格式可知，此處所缺文字應爲『正德二年厶月』。

殘存内容推斷，其應爲明正德二年周晟爲交納厶名下隨軍毛竹事所呈執結狀殘件。

【録文】

（前缺）

1 □名下隨軍猫竹[二]，前赴

（中缺）

2 □[三] 日與　執　結　人周晟（背面簽押）

一一、明正德二年（一五〇七）三月湖廣沔陽州景陵縣納户段鳳儀與領狀爲領到納完糧米實收一紙事（二）

【題解】

本件爲《國朝諸臣奏議》第一册乙集目録第十三葉紙背文書，現存文字二行，前缺後完，上殘下全。

本件文書與第八册卷一四一第五葉紙背文書字迹相同，内容相關，可以綴合。從綴合後内容來看，其應爲明正德二年三月湖廣沔陽州景陵縣納户段鳳儀爲領到納完糧米實收一紙事所呈領狀。兹據綴合後擬定今題。另，本件文書中『段鳳儀』一名又見於本册乙集目録第十四葉紙背段鳳儀領狀殘件。

【録文】

（前缺）

1 □實。

[二] 據文義推斷，『猫竹』應即『毛竹』。

[三] 據明代文書書寫格式可知，此處所缺文字應爲『正德二年厶月』。

2　　[二]　領　狀　人　段鳳儀（背面簽押）

一二、明正德二年（一五〇七）三月湖廣沔陽州景陵縣納户段鳳儀與領狀殘件

【題解】

本件爲《國朝諸臣奏議》第一册乙集目録第十四葉紙背文書，現存文字二行，前缺後完，上殘下全。

《國朝諸臣奏議》紙背文書有明確紀年者，均爲正德二年有關税糧馬草交納或是南京倉場管理相關公文，據此結合本件文書殘存內容推斷，本件應爲明正德二年段鳳儀所呈領狀殘件。另，本件文書中『段鳳儀』一名又見於本册乙集目録第十三葉紙背文書與第八册卷一四一第五葉紙背文書綴合之正德二年三月湖廣沔陽州景陵縣納户段鳳儀爲領到納完糧米實收一紙事所呈領狀。茲結合相關文書擬定今題。

【録文】

（前缺）

1　　照数領出，所領是實。

2　　[三]　領　狀　人　段鳳儀（背面簽押）

[二] 據明代文書書寫格式可知，此處所缺文字應爲『正德二年厶月　日與』。

[三] 據明代文書書寫格式可知，此處所缺文字應爲『正德二年厶月　日與』。

一三、明正德二年（一五〇七）胡文昇與領狀殘件

【題解】

本件爲《國朝諸臣奏議》第一册乙集目録第十六葉紙背文書，現存文字二行，前缺後完，上殘下全。

《國朝諸臣奏議》紙背文書有明確紀年者，均爲正德二年有關税糧馬草交納或是南京倉場管理相關公文，據此結合本件文書殘存内容推斷，其應爲明正德二年胡文昇領狀殘件。

【録文】

（前缺）

1 □□□所領是實。

2 □□□[一]　領　狀　人　胡文昇（背面簽押）

一四、明正德二年（一五〇七）四月浙江湖州府德清縣解户戴楊、馬顕與執結爲送納正德元年份秋糧事（一）

【題解】

本件爲《國朝諸臣奏議》第一册乙集目録第十九葉紙背文書，現存文字三行，前後均完，上全下殘。

本件文書與同册丙集目録第二十五葉紙背文書字迹相同，内容相關，可以綴合。從綴合後内容來看，其應爲明正德二年四月浙江湖州府德清縣解户戴楊、馬顕爲送納正德元年份秋糧事所呈執結狀。兹據綴合後擬定今題。另，文書中『戴楊、馬顕』二名又見於第一册甲集目録第三葉紙背戴楊、馬顕所呈領狀殘件，第二册卷五十四第十五葉紙背正德二年四月南京錦衣衛餘丁周屛爲

[一] 據明代文書書寫格式可知，此處所缺文字應爲『正德二年厶月　日與』。

賫到浙江湖州府德清縣解户戴楊、馬顒名下馬草事所呈執結狀殘件，第六册卷一三〇第十五葉紙背正德二年四月戴楊、馬顒爲送納弘治十八年（一五〇五）份税糧事所呈告到狀殘件。

【録文】

1　浙江湖州府德清縣解户戴楊、馬顒今於

2　　與執結為徵収[一]正德元年秋粮事。依奉送納粮米到倉交納，中間並不敢□

3　正德二年四月　　日與□

一五、明正德二年（一五〇七）三月南京府軍衛倉官攢蘇良浩等與執結爲禁約事殘件

【題解】

本件爲《國朝諸臣奏議》第一册乙集目録第二十葉紙背文書，現存文字四行，前後均完，上全下殘。從殘存内容來看，本件應爲明正德二年三月南京府軍衛倉官攢蘇良浩等爲禁約事所呈執結狀殘件。

本件文書中「蘇良浩」一名又見於同册丙集目録第二十一葉紙背文書。

【録文】

1　南京府軍衛倉官攢蘇良浩等今於

2　　與結狀爲禁約事。蒙此，除依蒙案驗内□

3　如違甘罪無詞，結狀是實。

[一]『収』同『收』，下同，不再另作説明。

4 正德貳年叁月□

一六、明正德二年（一五〇七）四月浙江湖州府烏程縣糧長楊杉與領狀爲領取餘剩碎米事殘件

【題解】

本件爲《國朝諸臣奏議》第一册乙集目録第二十三葉紙背文書，現存文字四行，前後均完，上全下殘。從殘存内容來看，本件應爲明正德二年四月浙江湖州府烏程縣糧長楊杉爲領取餘剩碎米事所呈領狀殘件。

本件文書『楊杉』一名，又見於同册乙集目録第二十四葉紙背正德二年四月楊杉領取原呈在官米樣領狀殘件、第六册卷一三二第四葉紙背正德二年四月楊杉領取在倉篩下稻碎領狀殘件。

【録文】

1 浙江湖州府烏程縣粮長楊 杉 今於

2 　與領狀。實領到原進倉□

3 計開：實領出餘剩碎米叁拾伍石。

4 正德二年四月□

一七、明正德二年（一五〇七）四月浙江湖州府烏程縣糧長楊杉與領狀爲領取原呈在官米樣事殘件

【題解】

本件爲《國朝諸臣奏議》第一册乙集目録第二十四葉紙背文書，現存文字四行，前後均完，上全下殘。從殘存内容來看，本件應爲明正德二年四月浙江湖州府烏程縣糧長楊杉爲領取原呈在官米樣事所呈領狀殘件。

本件文書『楊杉』一名，又見於同冊乙集目録第二十三葉紙背正德二年四月楊杉領取餘剩碎米領狀殘件、第六冊卷一三二第四葉紙背正德二年四月楊杉領取在倉篩下稻碎領狀殘件。

【録文】

1　浙江湖州府烏程縣粮長楊　杉　今於

2　　　　　　　　　與領狀。實領到原呈米□

3　正德二年四月□

丙集目録（共二十九葉，其中第二十六葉原版缺，補白紙一張）

一、明正德二年（一五〇七）四月南京錦衣衛餘丁周屏與執結爲賣到浙江嘉興府嘉善縣糧長李昌名下馬草事殘件

【題解】

本件爲《國朝諸臣奏議》第一册丙集目録第七葉紙背文書，現存文字四行，前後均完，上全下殘。從殘存内容推斷，本件應爲明正德二年四月南京錦衣衛餘丁周屏爲賣到浙江嘉興府嘉善縣糧長李昌名下馬草事所呈執結狀殘件。

本件中『周屏』一名又見於第二册卷五十四第八葉紙背正德二年四月周屏爲賣到直隸揚州府高郵州糧長朱昂馬草事所呈執結狀殘件，卷五十四第十五葉紙背正德二年四月周屏爲賣到浙江湖州府德清縣解户戴楊、馬顯名下馬草事所呈執結狀殘件。

【録文】

1 南京錦衣衛余丁周屏今於

2 　　與執結為賣到浙江嘉興府嘉善縣粮長李昌

3 中和橋馬草場交納，中間並無破損在内，如違甘罪，執結是□[一]。

4 正德二年四月

[一] 據明代文書書寫格式推斷，此處所缺應爲『實』。

二、明正德二年（一五〇七）四月南京錦衣衛餘丁陶宣與執結爲賣到直隸安慶府太湖縣糧長陳源名下馬草事殘件

【題解】

本件爲《國朝諸臣奏議》第一册丙集目録第八葉紙背文書，現存文字四行，前後均完，上全下殘。

本件文書中『陶宣』之名還見於第二册卷五十四第七葉紙背正德二年四月陶宣爲賣到直隸揚州府高郵州厶名下馬草事所呈執結狀殘件、卷五十四第十六葉紙背正德二年四月南京錦衣衛餘丁陶宣爲賣到浙江湖州府德清縣解户厶名下馬草事所呈執結狀殘件、第五册卷一二八第七葉紙背正德二年二月陶宣爲賣馬草事所呈執結狀殘件。其中，卷一二八第七葉紙背執結狀中云『與執結爲賣馬草事。依奉如遇各府州縣□』，而本件文書中云『與執結爲賣到直隸安慶府太湖縣糧長陳源名下□／中和橋馬草場交納』，第二册卷五十四第七葉紙背文書、第十六葉紙背文書也均與馬草有關，據此推斷，本件文書應爲明正德二年四月南京錦衣衛餘丁陶宣爲賣到直隸安慶府太湖縣糧長陳源名下馬草事所呈執結狀殘件。茲據此擬定今題。

【録文】

1　南京錦衣衛余丁陶宣今於

2　　與執結為賣到直隸安慶府太湖縣粮長陳源名下□

3　中和橋馬草場交納，中間並無破損在内，如違甘罪，執結是[實]。

4　正德二年四月　□

三、明正德二年（一五〇七）三月江西南昌府進賢縣納户樊日瀚與領狀爲領到原呈樣米事（一）

【題解】

本件爲《國朝諸臣奏議》第一册丙集目録第十二葉紙背文書，現存文字一行，前缺後完，上殘下全。

本件文書與第三册卷七十一第三葉紙背文書字迹相同、内容相關，可以綴合。從綴合後内容可見，其應爲明正德二年三月江

西南昌府進賢縣納户樊日瀚爲領到原呈樣米事所呈領狀。另，本件文書中『樊日瀚』一名又見於第二册卷五十六第十一葉紙背文書與同册卷五十七第六葉紙背文書綴合之正德二年三月樊日瀚爲領到在倉篩下稻碎事所呈領狀、第二册卷五十六第十二葉紙背文書與同册卷五十七第五葉紙背文書綴合之正德二年三月樊日瀚爲領到納完弘治十八年（一五〇五）份秋糧實收一紙事所呈領狀、第五册卷一二六第十一葉紙背文書與第七册卷一三五第八葉紙背文書綴合之正德二年二月樊日瀚爲領回原呈樣米事所呈領狀、第二册卷五十六第九葉紙背樊日瀚告完狀殘件、第六册卷一三三第十二葉紙背樊日瀚爲送納税糧事所呈告到或告完狀殘件、第七册卷一三五第七葉紙背樊日瀚爲領到納完弘治十七年份秋糧米實收一紙事所呈領狀殘件。

【録文】

（前缺）

1 □ 領　狀　人　樊日瀚（背面簽押）

四、明正德二年（一五〇七）五月直隸蘇州府崑山縣糧長任奎告完狀爲送納正德元年份税糧事殘件

【題解】

本件爲《國朝諸臣奏議》第一册丙集目録第十九葉紙背文書，現存文字三行，前後均完，上全下殘。從殘存内容來看，本件應爲明正德二年五月直隸蘇州府崑山縣糧長任奎爲送納正德元年份税糧事所呈告完狀殘件。

本件文書中『任奎』之名還見於同册丙集目録第二十葉紙背正德二年五月任奎爲領到原呈米樣事所呈領狀殘件。

【録文】

1 告完狀人任奎，係直隸蘇州府崑山縣粮長，状告送納正德元□

2 南京河下水次兊軍交納完足，具狀來告。

3 正德二年五月□

五、明正德二年（一五〇七）五月直隸蘇州府崑山縣糧長任奎與領狀爲領到原呈米樣事殘件

【題解】

本件爲《國朝諸臣奏議》第一册丙集目録第二十葉紙背文書，現存文字三行，前後均完，上全下殘。從殘存内容來看，本件應爲明正德二年五月直隸蘇州府崑山縣糧長任奎爲領到原呈米樣事所呈領狀殘件。

本件文書中『任奎』之名還見於同册丙集目録第十九葉紙背正德二年五月任奎爲送納正德元年份税糧事所呈告完狀殘件。

【録文】

1　直隸蘇州府崑山縣粮長任奎今於

2　　與領狀。實領到原呈米樣領囬，所□□□[一]。

3　正德二年五月

六、明正德二年（一五〇七）三月南京府軍衛倉爲禁約事中文殘件

【題解】

本件爲《國朝諸臣奏議》第一册丙集目録第二十一葉文書，正背雙面書寫，背面（指《國朝諸臣奏議》背面）現存文字三行，前後均缺，上下均殘；正面（與《國朝諸臣奏議》内容位於同一面）現存文字一行，爲説明文書未經改寫的保證性文字。文書右下角鈐左半朱印半枚，印文不清，結合其他明代公文可知，其應爲標示紙張大小防止揭改之用。

本件文書中『蘇良浩』之名還見於同册乙集目録第二十葉紙背正德二年三月南京府軍衛倉官攢蘇良浩等與執結爲禁約事

[一] 據明代文書書寫格式可知，此處所缺文字應爲『領是實』。

殘件，本件文書中有『同結狀各壹本，理合申繳施行』等語，所云『結狀』應是指乙集目録第二十葉紙背之蘇良浩執結狀。據此推斷，本件文書也應爲正德二年三月南京府軍衛倉公文。

【録文】

背：

（前缺）

1 □□事理備行通倉官攢蘇良浩等遵依□革□□□有詐僞之徒到倉索取財物，攢□□

2 □□同結狀各壹本，理合申繳施行，須至申者。

（中缺）

3 □□李和

（後缺）

正：

1 攢典程欽字無洗補

七、明正德二年（一五〇七）四月浙江湖州府德清縣解户戴楊、馬顯與執結爲送納正德元年份秋糧事（二）

【題解】

本件爲《國朝諸臣奏議》第一册丙集目録第二十五葉紙背文書，現存文字二行，前缺後完，上殘下全。

本件文書與同册乙集目録第十九葉紙背文書字迹相同，内容相關，可以綴合。從綴合後内容來看，其應爲正德二年四月浙江湖州府德清縣解户戴楊、馬顯爲送納正德元年份秋糧事所呈執結狀。兹據綴合後擬定今題。另，文書中『戴楊、馬顯』二名又見於第一册甲集目録第三葉紙背戴楊、馬顯所呈領狀殘件，第二册卷五十四第十五葉紙背正德二年四月南京錦衣衛餘丁周昇爲賣到浙江湖州府德清縣解户戴楊、馬顯名下馬草事所呈執結狀殘件，第六册卷一三〇第十五葉紙背正德二年四月戴楊、馬顯爲送納弘治十八年（一五〇五）份税糧事所呈告到狀殘件。

【録文】

（前缺）

1 □稻碎在內，執結是實。

2 □　執　結　人　戴楊、馬顥（背面簽押）

八、明正德二年（一五〇七）文書殘件

【題解】

本件爲《國朝諸臣奏議》第一册丙集目録第二十六葉紙背文書，現存文字一行，前後均缺，上下均殘。原書中本葉原版缺，補白紙一張，紙張背面殘存三字，爲一人名。從其字體及書寫方式來看，與同書紙背其他文書一致，故本件文書應同屬於明正德二年公文。

【録文】

（前缺）

1 □　甲焦景□[一]

[一] 據明代文書書寫格式推斷，此處所缺文字應爲簽押。

丁集目録（共十九葉）

一、明正德二年（一五〇七）文書殘件

【題解】

本件爲《國朝諸臣奏議》第一册丁集目録第一葉紙背文書，現存文字一行，前後均完，上下均全。從内容來看，此行文字應書寫於原公文紙背，爲説明文書未經改寫的保證性文字。從其字體及書寫方式來看，與同書紙背其他文書一致，應同屬於明正德二年公文。

文書中『吴朝』一名又見於本册趙希瀞撰《國朝諸臣奏議跋》第一葉紙背文書。

【録文】

1　　攢典吴朝字無洗補

二、明正德二年（一五〇七）三月直隸揚州府高郵州寶應縣糧長范林與執結爲解送馬草事（二）

【題解】

本件爲《國朝諸臣奏議》第一册丁集目録第三葉紙背文書，現存文字二行，前缺後完，上殘下全。

本件文書與同册乙集目録第三葉字迹相同，内容相關，可以綴合。從綴合後内容來看，其應爲明正德二年三月直隸揚州府寶應縣高郵州糧長范林爲解送馬草事所呈執結狀。兹據綴合後擬定今題。又，『范林』一名還見於本册乙集目録第四葉紙背文書與丁集目録第四葉紙背文書綴合之正德二年三月范林爲解送正德元年份馬草事所呈告到狀。

【録文】

（前缺）

1 和作弊等情，如違甘罪，執結是實。

2 執　結　人　范林（背面簽押）

三、明正德二年（一五〇七）三月直隸揚州府高郵州寶應縣糧長范林告到狀爲解送正德元年份馬草事（一）

【題解】

本件爲《國朝諸臣奏議》第一册丁集目録第四葉紙背文書，現存文字二行，前缺後完，上殘下全。

本件文書與同册乙集目録第四葉紙背文書字迹相同，内容相關，可以綴合。從綴合後内容來看，其應爲明正德二年三月直隸揚州府高郵州寶應縣糧長范林爲解送正德元年份馬草事所呈告到狀。兹據綴合後擬定今題。又，『范林』一名還見於本册乙集目録第三葉紙背文書與丁集目録第三葉紙背文書綴合之正德二年三月范林爲解送馬草事所呈執結狀。

【録文】

（前缺）

1 □二十一包九斤一十一兩三錢柒分六厘，前赴

（中缺）

2 到　狀　人　范林（背面簽押）

四、明正德二年（一五〇七）三月南京金吾後衛東倉與執結爲禁約事殘件

【題解】

本件爲《國朝諸臣奏議》第一册丁集目録第五葉紙背文書，現存文字三行，前後均完，上全下殘，第三行鈐朱印一枚，印文不清，據文義推斷應爲『南京金/吾後衛/東倉印』。從殘存内容來看，本件應爲明正德二年三月南京金吾後衛東倉爲禁約事所呈執結狀殘件。

本書紙背現存『南京金吾後衛東倉』相關文書另有第二册卷五十六第五葉紙背文書與第四册卷一一二第十七葉紙背文書綴合之正德二年四月南京金吾後衛東倉爲禁約事所呈執結狀、第五册卷一二五第七葉紙背正德二年五月南京金吾後衛東倉爲地方事申巡視倉場監察御史羅狀殘件、同卷第八葉紙背正德二年五月南京金吾後衛東倉爲總督糧儲事與依准殘件、第七册卷一三八第十四葉紙背正德二年五月南京金吾後衛東倉爲地方事與依准殘件。

【録文】

1 南京金吾後衛東倉今於

2 　與結狀爲禁約事。依蒙案驗内事

3 正德貳年叁月（朱印）

五、明正德二年（一五〇七）三月南京府軍衛倉與依准爲禁約事殘件

【題解】

本件爲《國朝諸臣奏議》第一册丁集目録第六葉紙背文書，現存文字三行，前後均完，上全下殘；第三行鈐朱印一枚，印文不清，據文義推斷應爲『南京府軍衛倉印』。從殘存内容來看，本件應爲明正德二年三月南京府軍衛倉爲禁約事所呈依准狀殘件。

本書紙背現存『南京府軍衛倉』相關文書另有同冊乙集目録第二十葉紙背正德二年三月南京府軍衛倉官攢蘇良浩等爲禁約事所呈執結狀殘件、丙集目録第二十一葉紙背正德二年三月南京府軍衛倉爲禁約事中文殘件。

【録文】

1 南京府軍衛倉今於

2 與依准爲禁約事。蒙此，除依蒙案驗内事□

3 正德貳年叁月（朱印）□

六、明正德二年（一五〇七）五月浙江湖州府烏程縣糧長韋璇告完狀爲解送正德元年份秋糧事殘件

【題解】

本件爲《國朝諸臣奏議》第一册丁集目録第七葉紙背文書，現存文字三行，前後均完，上全下殘。從殘存内容來看，本件應爲明正德二年五月浙江湖州府烏程縣糧長韋璇爲解送正德元年份秋糧事所呈告完狀殘件。

本件文書中『韋璇』一名又見於同册丁集目録第八葉紙背正德二年五月韋璇爲領回原呈在官米樣事所呈領狀殘件、第六册卷一三三第二葉紙背韋璇執結狀殘件。

【録文】

1 告完狀人韋璇，係浙江湖州府烏程縣粮長，狀告解送正德元年分秋[粮]□

2 南京河下水次交兑完足，理合具告。

3 正德二年五月□

七、明正德二年（一五〇七）五月浙江湖州府烏程縣糧長韋璇與領狀爲領回原呈在官米樣事殘件

【題解】

本件爲《國朝諸臣奏議》第一册丁集目録第八葉紙背文書，現存文字三行，前後均完，上全下殘。從殘存内容來看，本件應爲明正德二年五月浙江湖州府烏程縣糧長韋璇爲領回原呈在官米樣事所呈領狀殘件。

本件文書中『韋璇』一名又見於同册丁集目録第七葉紙背正德二年五月韋璇爲解送正德元年份秋糧事所呈告完狀殘件、第六册卷一三三第二葉紙背韋璇執結狀殘件。

【録文】

1 浙江湖州府烏程縣粮長韋璇今於

2 　　與領狀。實領回原呈在官米[樣]□

3 正德二年五月　　　　日與□

八、明正德二年（一五〇七）四月直隸松江府華亭縣糧長王洪等與領狀爲領回原呈樣米事殘件

【題解】

本件爲《國朝諸臣奏議》第一册丁集目録第九葉紙背文書之一。該葉爲二紙拼接而成，紙背各殘存文書一件。本件爲紙背右側文書，現存文字三行，前後均完，上全下殘。從殘存内容來看，本件應爲明正德二年四月直隸松江府華亭縣糧長王洪等爲領回原呈樣米事所呈領狀殘件。

本件文書中『王洪』一名又見於第八册卷一四三第十一葉紙背正德二年四月王洪等爲送納正德元年份秋糧事所呈告完狀殘件、卷一四三第十二葉紙背正德二年四月王洪等爲領到納完糧米實收一紙事所呈領狀殘件。

【録文】

1 直隷松江府華亭縣粮長王洪等今於

2 　與領狀。實領到原呈樣米領囬，所領是實。

3 正德二年四月　　日與 □

九、明正德二年（一五〇七）浙江湖州府孝豐縣解户王潘、許七告到狀爲送納税糧事殘件

【題解】

本件爲《國朝諸臣奏議》第一册丁集目録第九葉紙背文書之一。該葉爲二紙拼接而成，紙背各殘存文書一件。本件爲紙背左側文書，現存文字二行，前缺後完，上下均殘。

《國朝諸臣奏議》紙背文書有明確紀年者，均爲正德二年有關税糧馬草交納或是南京倉場管理相關公文，據此結合本件文書殘存内容推斷，其應爲明正德二年王潘、許七爲送納税糧事所呈告到狀殘件。又，『王潘、許七』二名還見於本册乙集目録第五葉紙背王潘、許七爲送納税糧事所呈告到狀殘件、第七册卷一三七第十七葉紙背正德二年四月浙江湖州府孝豐縣解户王潘、許七爲領到納完糧米實收一紙事所呈領狀殘件、卷一三八第十一葉紙背王潘、許七爲送納税糧事所呈告完狀殘件等。茲結合相關文書擬定今題。

【録文】

（前缺）

1 □柒拾陸石，赴

（中缺）

2 □ 到 狀人王潘、許七□[二]

一〇、明正德二年（一五〇七）四月厶告完狀爲交納税糧事殘件

【題解】

本件爲《國朝諸臣奏議》第一册丁集目録第十葉紙背文書之一。該葉爲二紙拼接而成，紙背各殘存文書一件。本件爲紙背右側文書，現存文字二行，前缺後完，上全下殘。從殘存内容來看，本件應爲明正德二年四月厶爲交納税糧事所呈告完狀殘件。

【録文】

（前缺）

1 南京府軍右衛東倉交納完足，理合具告。

2 正德二年四月 日告 □

[二] 據明代文書書寫格式推斷，此處所缺文字應爲簽押。

一一、明正德二年（一五〇七）杭俊執結狀殘件

【題解】

本件爲《國朝諸臣奏議》第一册丁集目録第十葉紙背文書之一。該葉爲二紙拼接而成，紙背各殘存文書一件。本件爲紙背左側文書，現存文字一行，前後均缺，上下均殘。

《國朝諸臣奏議》紙背文書有明確紀年者，均爲正德二年有關税糧馬草交納或是南京倉場管理相關公文，據此結合本件文書殘存内容推斷，本件應爲明正德二年杭俊執結狀殘件。

【録文】

（前缺）

1 □執　　結人杭俊□[一]

一二、明正德二年（一五〇七）三月江西饒州府德興縣糧長葉琳與領狀爲領到原呈米樣事殘件

【題解】

本件爲《國朝諸臣奏議》第一册丁集目録第十一葉紙背文書，現存文字三行，前後均完，上全下殘。從殘存内容來看，本件應爲明正德二年三月江西饒州府德興縣糧長葉琳爲領到原呈米樣事所呈領狀殘件。

本件文書中『葉琳』一名又見於同册丁集目録第十二葉紙背正德二年三月葉琳爲領到餘剩稻碎二米事所呈領狀殘件、第四册卷一一一第十二葉紙背明正德二年三月葉琳爲領到納完糧米實收一紙事所呈領狀殘件。

[一] 據明代文書書寫格式推斷，此處所缺文字應爲簽押。

【録文】

1 江西饒州府德興縣粮長葉琳今於

2 　與領狀。實領到原呈米様領囬，所領是實。

3 正德二年三月

一三、明正德二年（一五〇七）三月江西饒州府德興縣糧長葉琳與領狀爲領到餘剩稻碎二米事殘件

【題解】

本件爲《國朝諸臣奏議》第一册丁集目録第十二葉紙背文書，現存文字三行，前後均完，上全下殘。從殘存内容來看，本件應爲明正德二年三月江西饒州府德興縣糧長葉琳爲領到餘剩稻碎二米事所呈領狀殘件。

本件文書中『葉琳』一名又見於同册丁集目録第十一葉紙背正德二年三月葉琳爲領到原呈米様事所呈領狀殘件、第四册卷一一一第十二葉紙背正德二年三月葉琳爲領到納完糧米實收一紙事所呈領狀殘件。

【録文】

1 江西饒州府德興縣粮長葉琳今於

2 　與領狀。實領到本倉餘剩稻碎二米，照数領出，所領□□[一]。

3 正德二年三月

[一] 據明代文書書寫格式推斷，此處所缺文字應爲『是實』。

一四、明正德二年（一五〇七）四月直隸蘇州府長洲縣糧長徐銓告到狀爲送納正德元年份秋糧事殘件

【題解】

本件爲《國朝諸臣奏議》第一册丁集目録第十五葉紙背文書，現存文字三行，前後均完，上全下殘；第三行具體日期『廿五』兩字字體粗大，墨色濃勻，爲二次書寫。從殘存内容來看，本件應爲明正德二年四月直隸蘇州府長洲縣糧長徐銓爲送納正德元年份秋糧事所呈告到狀殘件。

本件文書中『徐銓』一名又見於同册丁集目録第十六葉紙背正德二年四月徐銓爲送納正德元年份秋糧事所呈執結狀殘件。

【録文】

1 告到狀人徐銓，係直隸蘇州府長洲縣粮長，狀告送納正德元年分秋□

2 南京河下水次兑軍交納，理合具狀來告。

3 正德二年四月　**廿五**　□

一五、明正德二年（一五〇七）四月直隸蘇州府長洲縣糧長徐銓與執結爲送納正德元年份秋糧事殘件

【題解】

本件爲《國朝諸臣奏議》第一册丁集目録第十六葉紙背文書，現存文字三行，前後均完，上全下殘。從殘存内容來看，本件應爲明正德二年四月直隸蘇州府長洲縣糧長徐銓爲送納正德元年份秋糧事所呈執結狀殘件。

本件文書中『徐銓』一名又見於同册丁集目録第十五葉紙背正德二年四月徐銓爲送納正德元年份秋糧事所呈告到狀殘件。

【録文】

1 直隸蘇州府長洲縣粮長徐銓今於

2　與執結為送納正德元年秋粮事。依奉告納□

3　正德二年四月　□

一六、明正德二年（一五〇七）四月江西饒州府樂平縣納户徐席珎告到狀爲送納弘治十七年（一五〇四）份秋糧米事（一）

【題解】

本件爲《國朝諸臣奏議》第一册丁集目録第十七葉紙背文書，現存文字三行，前後均完，上全下殘。

本件文書與第二册卷五十九第十葉紙背文書字迹相同，内容相關，可以綴合。從綴合後内容來看，其應爲明正德二年四月江西饒州府樂平縣納户徐席珎爲送納弘治十七年份秋糧米事所呈告到狀。茲據綴合後擬定今題。

【録文】

1　告到狀人徐席珎，係江西饒州府樂平縣納户，狀告送納弘治十七年分秋粮米□

2　南京府軍右衛西倉交納，理合具狀來告。

3　正德二年四月　　日告　□

一七、明正德二年（一五〇七）三月直隸滁州全椒縣里長張廣慶與執結爲送納正德元年份糙粳米事殘件

【題解】

本件爲《國朝諸臣奏議》第一册丁集目録第十八葉紙背文書，現存文字三行，前後均完，上全下殘。從殘存内容來看，本件應爲明正德二年三月直隸滁州全椒縣里長張廣慶爲送納正德元年份糙粳米事所呈執結狀殘件。

【録文】

1　直隸滁州全椒縣里長張廣慶今於

2　　與執結為送納正德元年分糙粳米事

3　　正德二年三月

一八、明正德二年（一五〇七）三月浙江湖州府歸安縣解户張瑞與領狀爲領到納完馬草實收一紙事（一）

【題解】

本件爲《國朝諸臣奏議》第一册丁集目録第十九葉紙背文書，現存文字三行，前後均完，上全下殘；第三行具體日期『初十』兩字字體粗大，墨色濃匀，爲二次書寫。

本件文書與第七册卷一三六第五葉紙背文書字迹相同，内容相關，可以綴合。從綴合後内容來看，其應爲明正德二年三月浙江湖州府歸安縣解户張瑞爲領到納完馬草實收一紙事所呈領狀。茲據綴合後擬定今題。又，本件文書『張瑞』一名還見於第五册卷一二六第七葉紙背張瑞領狀殘件、第六册卷一三三第十四葉紙背張瑞爲送納弘治十七年份馬草事所呈告完狀殘件。

【録文】

1 浙江湖州府帰[一]安縣觧户張瑞今於

2 與領狀。實領到納完馬草實收壹紙，領

3 正德二年三月 初十

[一]『帰』同『歸』，下同，不再另作説明。

第二册

卷五十四（共十九葉）

一、明正德二年（一五〇七）五月南京中軍都督府中和橋馬草場大堆夫曲信等與執結爲堆垛馬草事（一）

【題解】

本件爲《國朝諸臣奏議》第二册卷五十四第一葉紙背文書，現存文字九行，前缺後完，上殘下全。

本件文書與第六册卷一三四第二葉紙背文書字迹相同、内容相關，可以綴合。從綴合後内容來看，其應爲明正德二年五月南京中軍都督府中和橋馬草場大堆夫曲信等爲堆垛馬草事所呈執結狀。兹據綴合後擬定今題。另，本件文書中『曲信』等堆夫人名又見於第五册卷一二九第十葉紙背曲信等執結狀，該件文書殘存内容與本件基本相同。

【録文】

（前缺）

1 □人等運草到場，領給工銀收買猫竹，砍削丁弓軟簽，雇覔人夫听候收受，中間不致違悮，執結是實。

2 □日與　執　結　人曲信（背面簽押）

3 余隆（背面簽押）

4 王林（背面簽押）

5 李成（背面簽押）

6 孫喜（背面簽押）

7 袁達（背面簽押）

8 楊禹（背面簽押）

9 葉斌（背面簽押）

二、明正德二年（一五〇七）四月南京中軍都督府中和橋馬草場堆夫洪茂等與執結爲搬運馬草事（二）

【題解】

本件爲《國朝諸臣奏議》第二册卷五十四第二葉紙背文書，現存文字五行，前缺後完，上殘下全。

本件文書與同册卷五十六第六葉紙背文書字迹相同、内容相關，可以綴合。從綴合後内容來看，其應爲明正德二年四月南京中軍都督府中和橋馬草場堆夫洪茂等爲搬運馬草事所呈執結狀。又，本件文書中『洪茂』等堆夫人名又見於第六册卷一三四第一葉紙背文書和第八册卷一四〇第六葉紙背文書綴合之正德二年五月洪茂等爲堆垛馬草事所呈執結狀、第四册卷一一四第十葉紙背洪茂等執結狀殘件。三件執結狀内容大體相同。

【録文】

（前缺）

1 □州縣粮里人等，運納馬草到場，領給工銀，雇覔人夫搬運草蓆上堆，中間不致違悮，執結是實。

2 □日與　執　結　人　洪茂（背面簽押）

3 趙成（背面簽押）

4 黄春（背面簽押）

5 張福（背面簽押）

三、明正德二年（一五〇七）四月南京錦衣衛餘丁陶宣與執結爲賣到直隸揚州府高郵州厶名下馬草事殘件

【題解】

本件爲《國朝諸臣奏議》第二册卷五十四第七葉紙背文書，現存文字四行，前完後缺，上全下殘。

本件文書中『陶宣』之名還見於第一册丙集目録第八葉紙背正德二年四月南京錦衣衛餘丁陶宣爲賣到直隸安慶府太湖縣糧長陳源名下馬草事所呈執結狀殘件、本册卷五十四第十六葉紙背正德二年四月陶宣爲賣到浙江湖州府德清縣解户厶名下馬草事所呈執結狀殘件、第五册卷一二八第七葉紙背正德二年二月陶宣爲賣馬草事所呈執結狀殘件。其中，卷一二八第七葉紙背執結狀中云『與執結爲賣馬草事。依奉如遇各府州縣[　　]』，而本件文書中云『與執結爲賣到直隸揚州府高郵[　　]／南京中和橋馬草場交納』，丙集目録第八葉紙背文書、卷五十四第十六葉紙背文書也均與馬草有關，則本件文書應爲正德二年四月南京錦衣衛餘丁陶宣爲賣到直隸揚州府高郵州厶名下馬草事所呈執結狀殘件。茲據此擬定今題。

【録文】

1　南京錦衣衛余丁陶宣今於

2　　與執結爲賣到直隸揚州府高郵[　　]

3　南京中和橋馬草場交納，中間不敢揷和破損在内，如違甘罪，執□□□[一]。

4　正德二年四月[　　]

[一] 據明代文書書寫格式可知，此處所缺文字應爲『結是實』。

四、明正德二年（一五〇七）四月南京錦衣衛餘丁周昪與執結爲賣到直隸揚州府高郵州糧長朱昂名下馬草事殘件

【題解】

本件爲《國朝諸臣奏議》第二册卷五十四第八葉紙背文書，現存文字四行，前後均完，上全下殘。從殘存内容來看，本件應爲明正德二年四月南京錦衣衛餘丁周昪爲賣到直隸揚州府高郵州糧長朱昂名下馬草事所呈執結狀殘件。

本件文書中『周昪』又見於第一册丙集目録第七葉紙背正德二年四月周昪爲賣到浙江嘉興府嘉善縣糧長李昌名下馬草事所呈執結狀殘件，第二册卷五十四第十五葉紙背正德二年四月周昪爲賣到浙江湖州府德清縣解户戴楊、馬顯名下馬草事所呈執結狀殘件。

【録文】

1 南京錦衣衛餘丁周昪今於

2 　與執結爲賣到直隸揚州府高郵州粮長朱昂□

3 中和橋馬草場交納，中間並無破損等在内，如違甘罪，執結是□[一]。

4 正德二年四月□

[一] 據明代文書書寫格式可知，此處所缺文字應爲『實』。

五、明正德二年（一五〇七）五月浙江湖州府烏程縣解户沈浩與領狀爲領回原呈在官米樣事（一）

【題解】

本件爲《國朝諸臣奏議》第二册卷五十四第十一葉紙背文書，現存文字三行，前後均完，上全下殘。

本件文書與第一册乙集目録第二葉紙背文書字迹相同，内容相關，可以綴合。從綴合後内容來看，其應爲明正德二年五月浙江湖州府烏程縣解户沈浩爲領回原呈在官米樣事所呈領狀。兹據綴合後擬定今題。又，『沈浩』一名還見於第一册乙集目録第一葉紙背沈浩爲送納税糧事所呈告完狀殘件、第八册卷一三九第三葉紙背沈浩爲交納税糧事所呈執結狀殘件。

【録文】

1　浙江湖州府烏程縣解户沈浩今於

2　　與領狀。實領到原呈在官米□

3　正德二年五月　　日與□

六、明正德二年（一五〇七）五月浙江湖州府烏程縣解户丁鎧告完狀爲送納弘治十八年（一五〇五）份秋糧事（一）

【題解】

本件爲《國朝諸臣奏議》第二册卷五十四第十二葉紙背文書，現存文字三行，前後均完，上全下殘。

本件文書與第四册卷一一六第十一葉紙背文書字迹相同，内容相關，可以綴合。從綴合後内容來看，其應爲明正德二年五月浙江湖州府烏程縣解户丁鎧爲送納弘治十八年份秋糧事所呈告完狀。兹據綴合後擬定今題。又，『丁鎧』一名又見於第四册卷一一六第十二葉紙背丁鎧領狀殘件。

【録文】

1 告完狀人丁鎧，係浙江湖州府烏程縣解户，狀告送納弘治十八

2 南京河下水次交兑，交納完足，具狀來告。

3 正德二年五月　　日

七、明正德二年（一五〇七）三月南京豹韜左衛倉申巡視倉場監察御史羅狀爲巡視倉場事殘件

【題解】

本件爲《國朝諸臣奏議》第二册卷五十四第十三葉紙背文書，現存文字六行，前後均完，上全下殘；第五行鈐朱印一枚，印文不清，據文義推斷應爲『南京豹韜左衛倉印』。從殘存内容來看，本件應爲明正德二年三月南京豹韜左衛倉爲巡視倉場事申巡視倉場監察御史羅公文殘件。據考證，『巡視倉場監察御史羅』疑爲『羅鳳』。

本書紙背文書中涉及『南京豹韜左衛倉』的文書另有本册卷五十四第十四葉紙背正德二年三月南京豹韜左衛倉爲巡視倉場事與依准殘件、本册卷五十八第四葉紙背文書與第三册卷七十一第二葉紙背文書綴合之正德二年四月南京豹韜左衛倉把門攢典黄永興爲官軍俸糧事所呈執結狀、第六册卷一三〇第十三葉紙背文書之一正德二年南京豹韜左衛倉爲禁革奸弊事所呈執結狀殘件等。

【録文】

1 南京豹韜左衛倉爲巡視倉場事。抄蒙

2 巡視倉場監察御史羅　　案驗前事。蒙此，依蒙案驗内事理遵守施行外，□

3 右　　申

4 巡視倉場監察御史羅

5 正德貳年叁月（朱印）　初伍　日副使 □

6 　巡視倉場事

八、明正德二年（一五〇七）三月南京豹韜左衛倉與依准爲巡視倉場事殘件

【題解】

本件爲《國朝諸臣奏議》第二册卷五十四第十四葉紙背文書，現存文字三行，前後均完，上全下殘；第三行鈐朱印一枚，印文不清，據文義推斷應爲『南京豹韜左衛倉印』。從殘存内容來看，本件應爲明正德二年三月南京豹韜左衛倉爲巡視倉場事與依准殘件。

本書紙背文書中涉及『南京豹韜左衛倉』的文書另有本册卷五十四第十三葉紙背正德二年三月南京豹韜左衛倉爲巡視倉場事申巡視倉場監察御史羅狀殘件、本册卷五十八第四葉紙背文書與第三册卷七十一第二葉紙背文書綴合之正德二年四月南京豹韜左衛倉把門攢典黄永興爲官軍俸糧事所呈執結狀、第六册卷一三〇第十三葉紙背文書之一正德二年南京豹韜左衛倉爲禁革奸弊事所呈執結狀殘件等。

【録文】

1 南京豹韜左衛倉今於

2 　與依准爲巡視倉場事。除依蒙案驗内事理施行外 □

3 正德貳年叁月（朱印）　日副 □

九、明正德二年（一五〇七）四月南京錦衣衛餘丁周昪與執結爲賣到浙江湖州府德清縣解户戴楊、馬顒名下馬草事殘件

【題解】

本件爲《國朝諸臣奏議》第二册卷五十四第十五葉紙背文書，現存文字四行，前後均完，上全下殘。從殘存内容來看，本件應爲明正德二年四月南京錦衣衛餘丁周昪爲賣到浙江湖州府德清縣解户戴楊、馬顒名下馬草事所呈執結狀殘件。

本件文書中『周昪』又見於第一册丙集目録第七葉紙背正德二年四月周昪爲賣到浙江嘉興府嘉善縣糧長李昌名下馬草事所呈執結狀殘件，本册卷五十四第八葉紙背正德二年四月周昪爲賣到浙江湖州府德清縣解户戴楊、馬顒名下馬草事所呈執結狀殘件；『戴楊、馬顒』二名又見於第一册甲集目録第三葉紙背戴楊、馬顒領狀殘件，第一册乙集目録第十九葉紙背文書與同册丙集目録第二十五葉紙背文書綴合之正德二年四月浙江湖州府德清縣解户戴楊、馬顒爲送納正德元年秋糧事所呈執結狀，第六册卷一三〇第十五葉紙背正德二年四月戴楊、馬顒爲送納弘治十八年（一五〇五）份税糧事所呈告到狀。兹據此擬定今題。

【録文】

1 南京錦衣衛余丁周昪今於

2 　與執結爲賣到浙江湖州府德清縣解户戴楊、馬[一]□

3 中和橋馬草場交納，中間並無破損在内，如違甘罪，執結□□[二]。

4 正德二年四月□

[一] 據同書紙背其他相關文書可知，『馬』字後應缺一『顒』字。

[二] 據明代文書書寫格式可知，此處所缺文字應爲『是實』。

一〇、明正德二年（一五〇七）四月南京錦衣衛餘丁陶宣與執結爲賣到浙江湖州府德清縣解户厶名下馬草事殘件

【題解】

本件爲《國朝諸臣奏議》第二册卷五十四第十六葉紙背文書，現存文字四行，前後均完，上全下殘。

本件文書中「陶宣」之名還見於第一册丙集目録第八葉紙背正德二年四月南京錦衣衛餘丁陶宣爲賣到直隸安慶府太湖縣糧長陳源名下馬草事所呈執結狀殘件、本册卷五十四第七葉紙背正德二年四月陶宣爲賣到直隸揚州府高郵州厶名下馬草事所呈執結狀殘件、第五册卷一二八第七葉紙背正德二年二月陶宣爲賣馬草事所呈執結狀殘件。其中，卷一二八第七葉紙背執結狀中云「與執結爲賣馬草事。依奉如遇各府州縣□」，而本件文書中云「與執結爲賣到浙江湖州府德清縣解□／南京中和橋馬草場交納」，丙集目録第八葉紙背文書、本册卷五十四第七葉紙背文書也均與馬草有關，則本件文書應爲正德二年四月南京錦衣衛餘丁陶宣爲賣到浙江湖州府德清縣解户厶名下馬草事所呈執結狀殘件。兹據此擬定今題。

【録文】

1 南京錦衣衛餘丁陶宣今於

2 　　與執結爲賣到浙江湖州府德清縣解□

3 南京中和橋馬草場交納，中間不敢挿和湿草在内，如違甘罪，□□□□[一]。

4 正德二年四月　　　□

[一] 據明代文書書寫格式可知，此處所缺文字應爲「執結是實」。

一一、明正德二年（一五〇七）周仁告完狀爲交納税糧事殘件

【題解】

本件爲《國朝諸臣奏議》第二册卷五十四第十九葉紙背文書，現存文字二行，前缺後完，上下均殘。《國朝諸臣奏議》紙背文書有明確紀年者，均爲正德二年有關税糧馬草交納或是南京倉場管理相關公文，據此結合本件文書殘存内容推斷，其應爲明正德二年周仁爲交納税糧事所呈告完狀殘件。

【録文】

（前缺）

1 □粮正余米六百二十八石二斗六合八勺，赴

（中缺）

2 □完　狀　人　周仁□[一]

[一] 據明代文書書寫格式可知，此處所缺文字應爲「周仁」簽押。

卷五十五（共十七葉）

一、明正德二年（一五〇七）孫厶與執結爲交納税糧事殘件

【題解】

本件爲《國朝諸臣奏議》第二册卷五十五第一葉紙背文書，現存文字二行，前缺後完，上下均殘。

《國朝諸臣奏議》紙背文書有明確紀年者，均爲正德二年有關税糧馬草交納或是南京倉場管理相關公文，據此結合本件文書殘存内容推斷，其應爲明正德二年孫厶爲交納税糧事所呈執結狀殘件。

【録文】

（前缺）

1 □納，中間並不敢挿和陳湿爛米在内，如違甘罪，執結是實。

2 □執　結　人　孫□

二、明正德二年（一五〇七）黄清與執結爲交納税糧事殘件

【題解】

本件爲《國朝諸臣奏議》第二册卷五十五第二葉紙背文書，現存文字二行，前缺後完，上下均殘。

《國朝諸臣奏議》紙背文書有明確紀年者，均爲正德二年有關税糧馬草交納或是南京倉場管理相關公文，據此結合本件文書殘存内容推斷，其應爲明正德二年黄清爲交納税糧事所呈執結狀殘件。

【録文】

（前缺）

1　□拾柒石，駝赴

（中缺）

2　□執　結　人　黄清□〔一〕

三、明正德二年（一五〇七）四月浙江嘉興府嘉善縣解户李昌與執結爲送納正德元年份馬草事殘件

【題解】

本件爲《國朝諸臣奏議》第二册卷五十五第三葉紙背文書，現存文字三行，前後均完，上全下殘。從殘存内容來看，本件應爲明正德二年四月浙江嘉興府嘉善縣解户李昌爲送納正德元年份馬草事所呈執結狀殘件。

本件文書中『李昌』一名又見於同卷第四葉紙背正德二年四月李昌爲送納正德元年馬草事所呈告到狀殘件、第一册丙集目録第七葉紙背正德二年四月南京錦衣衛餘丁周昦爲賣到浙江嘉興府嘉善縣糧長李昌名下馬草事所呈執結狀殘件。此三件文書應爲相關文書。

【録文】

1　浙江嘉興府嘉善縣解户李昌等今於

2　與執結爲送納正德元年馬草事□

〔一〕據明代文書書寫格式可知，此處所缺文字應爲『黄清』簽押。

3　正德二年四月

四、明正德二年（一五〇七）四月浙江嘉興府嘉善縣解户李昌告到狀爲送納正德元年份馬草事殘件

【題解】

本件爲《國朝諸臣奏議》第二册卷五十五第四葉紙背文書，現存文字三行，前後均完，上全下殘。從殘存内容來看，本件應爲明正德二年浙江嘉興府嘉善縣解户李昌爲送納正德元年份馬草事所呈告到狀殘件。

本件文書中『李昌』一名又見於同卷第三葉紙背正德二年四月李昌爲送納正德元年份馬草事所呈執結狀殘件、第一册丙集目録第七葉紙背正德二年四月南京錦衣衛餘丁周昦爲賣到浙江嘉興府嘉善縣糧長李昌名下馬草事所呈執結狀殘件。此三件文書應爲相關文書。

【録文】

1　告到狀人李昌等，係浙江嘉興府嘉善縣解户，狀告送納正

2　南京中和橋馬草場交納，今將草数理合具狀來告。

3　正德二年四月

五、明正德二年（一五〇七）程仕祥與執結爲交納税糧事殘件

【題解】

本件爲《國朝諸臣奏議》第二册卷五十五第五葉紙背文書，現存文字二行，前缺後完，上殘下全。

《國朝諸臣奏議》紙背文書有明確紀年者，均爲正德二年有關税糧馬草交納或是南京倉場管理相關公文，據此結合本件文書

殘存内容推斷，本件應爲明正德二年程仕祥爲交納税糧事所呈執結狀殘件。又，本件文書中『程仕祥』一名又見於第三册卷六十九第十一葉紙背程仕祥告到狀殘件、卷六十九第十二葉紙背程仕祥執結狀殘件。

【録文】

（前缺）

1 □中間並不敢插和稻碎，如違甘罪，執結是實。

2 □　　結　　人　　程仕祥（背面簽押）

六、明正德二年（一五〇七）直隸安慶府懷寧縣糧長汪華告到狀爲送納税糧事殘件

【題解】

本件爲《國朝諸臣奏議》第二册卷五十五第六葉紙背文書，現存文字二行，前缺後完，上殘下全。

《國朝諸臣奏議》紙背文書有明確紀年者，均爲正德二年有關税糧馬草交納或是南京倉場管理相關公文，據此結合本件文書殘存内容推斷，本件應爲明正德二年汪華爲送納税糧事所呈告到狀殘件。另，本件文書中『汪華』一名還見於第四册卷一一二第十二葉紙背文書與第七册卷一三六第十一葉紙背文書綴合之正德二年三月直隸安慶府懷寧縣糧長汪華爲送納正德元年份馬草事所呈執結狀、第四册卷一一三第三葉紙背汪華爲送納税糧事所呈執結狀殘件、第七册卷一三六第十二葉紙背正德二年三月汪華爲送納正德元年份馬草事所呈告到狀殘件、第八册卷一四一第七葉紙背汪華爲送納税糧事所呈告到狀殘件、卷一四一第八葉汪華爲送納税糧事事所呈執結狀殘件等。茲結合相關文書擬定今題。

【録文】

（前缺）

1 □分秋粮米伍百肆拾貳石，前赴

（中缺）

2 □ 到 狀 人 汪華（背面簽押）

七、明正德二年（一五〇七）全厶領狀殘件

【題解】

本件爲《國朝諸臣奏議》第二册卷五十五第九葉紙背文書，現存文字二行，前缺後完，上下均殘。

《國朝諸臣奏議》紙背文書有明確紀年者，均爲正德二年有關稅糧馬草交納或是南京倉場管理相關公文，據此結合本件文書殘存内容推斷，本件應爲明正德二年全厶領狀殘件。又，本件文書中『全厶』一名又見於同卷第十葉紙背全厶告完狀殘件。

【録文】

（前缺）

1 □ 不敢詐冒，領狀是實。

2 □ 領 狀 人 全 □

八、明正德二年（一五〇七）仝厶告完狀爲交納稅糧事殘件

【題解】

本件爲《國朝諸臣奏議》第二册卷五十五第十葉紙背文書，現存文字二行，前缺後完，上下均殘。《國朝諸臣奏議》紙背文書有明確紀年者，均爲正德二年有關稅糧馬草交納或是南京倉場管理相關公文，據此結合本件文書殘存內容推斷，本件應爲明正德二年仝厶爲交納稅糧事所呈告完狀殘件。又，本件文書中『仝厶』一名又見於同卷第九葉紙背仝厶領狀殘件。

【録文】

（前缺）

1 □米捌百肆拾陸石，赴

（中缺）

2 □完　狀　人　仝□

九、明正德二年（一五〇七）楊蘭與執結爲交納稅糧事殘件

【題解】

本件爲《國朝諸臣奏議》第二册卷五十五第十三葉紙背文書，現存文字三行，前缺後完，上下均殘。

《國朝諸臣奏議》紙背文書有明確紀年者，均爲正德二年有關稅糧馬草交納或是南京倉場管理相關公文，據此結合本件文書殘存內容推斷，本件應爲明正德二年楊蘭爲交納稅糧事所呈執結狀殘件。

【録文】

（前缺）

1 □拾捌石，赴

2 □甘罪，執結是實。

3 □執　結　人　楊蘭□[二]

一〇、明正德二年（一五〇七）南京厶倉場申狀爲禁約事殘件

【題解】

本件爲《國朝諸臣奏議》第二册卷五十五第十四葉紙背文書，現存文字一行，前後均缺，上下均殘。另，文書右下角鈐左半朱印半枚，印文不清，結合其他明代公文格式可知，其應爲標示紙張大小防止揭改之用。

《國朝諸臣奏議》紙背文書有明確紀年者，均爲正德二年有關稅糧馬草交納或是南京倉場管理相關公文，據此結合本件文書殘存内容推斷，其應爲明正德二年南京厶倉場爲禁約事申狀殘件。

【録文】

（前缺）

1 □行外，今奉前因，擬合就行。爲此，今將本倉官攢不違依准，并同倉官攢不致扶同結狀各壹□

（後缺）

[二] 據明代文書書寫格式可知，此處所缺文字應爲『楊蘭』簽押。

一一、明正德二年（一五〇七）四月南京留守前衛餘丁盛鸞與執結爲賣到直隸安慶府桐城縣厶名下馬草事殘件

【題解】

本件爲《國朝諸臣奏議》第二册卷五十五第十五葉紙背文書，現存文字四行，前後均完，上全下殘。從殘存内容來看，本件應爲明正德二年四月南京留守前衛餘丁盛鸞爲賣到直隸安慶府桐城縣厶名下馬草事所呈執結狀殘件。

本件文書中『盛鸞』一名又見於同册卷五十八第五、六兩葉紙背盛鸞領狀殘件。

【録文】

1 南京留守前衛餘丁盛鸞今於

2 　與執結爲賣到直隸安慶府桐城□

3 南京中和橋馬草場交納，中間不敢挿和湿草在内，如違甘罪，執□□□[一]。

4 正德二年四月□

一二、明正德二年（一五〇七）四月應天府上元縣賣席鋪户張源與執結爲賣到直隸蘇州府太倉州糧長厶名下蘆席事殘件

【題解】

本件爲《國朝諸臣奏議》第二册卷五十五第十六葉紙背文書，現存文字四行，前後均完，上全下殘。從殘存内容來看，本件應爲明正德二年四月應天府上元縣賣席鋪户張源爲賣到直隸蘇州府太倉州糧長厶名下蘆席事所呈執結狀殘件。

本件文書中『賣席鋪户張源』又見於第八册卷一四二第八葉紙背正德二年四月張源爲領到巡視倉場監察御史羅處蘆席價銀事所呈領狀殘件。

[一] 據明代文書書寫格式推斷，此處所缺文字應爲『結是實』。

【録文】

（前缺）

1 應天府上元縣賣蓆鋪户張源等今於

2 　　與執結爲賣到直隸蘇州府太[倉]州粮長

3 中和橋馬草場交納，中間並無破小蓆在内，如違甘[罪]，□□□□[一]。

4 正德二年四月

[一] 據明代文書書寫格式推斷，此處所缺文字應爲『執結是實』。

卷五十六（共十四葉）

一、明正德二年（一五〇七）五月浙江湖州府烏程縣糧長范榮告完狀爲解送正德元年份秋糧事（二）

【題解】

本件爲《國朝諸臣奏議》第二册卷五十六第三葉紙背文書，現存文字二行，前缺後完，上下均殘。

本件文書與第五册卷一二七第八葉紙背文書字迹相同，内容相關，可以綴合。從綴合後内容來看，其應爲明正德二年五月浙江湖州府烏程縣糧長范榮爲解送正德元年份秋糧事所呈告完狀。又，本件文書『范榮』一名又見於第四册卷一一六第十九葉紙背范榮告完狀殘件、第五册卷一二七第七葉紙背正德二年五月范榮爲領回原呈在官米樣事所呈領狀殘件等。

【録文】

（前缺）

1 □一千二百五十六石四斗一升二合三勺，赴

（中缺）

2 □完　狀　人　范榮□[一]

[一] 據明代文書書寫格式推斷，此處所缺應爲簽押。

二、明正德二年（一五〇七）五月浙江湖州府烏程縣糧長陸璋密與領狀爲領回原呈在官米樣事（二）

【題解】

本件爲《國朝諸臣奏議》第二册卷五十六第四葉紙背文書，現存文字一行，前缺後完，上下均殘。

本件文書與第七册卷一三六第二葉紙背文書字迹相同，内容相關，可以綴合。從綴合後内容來看，其應爲明正德二年五月浙江湖州府烏程縣糧長陸璋密爲領回原呈在官米樣事所呈領狀。又，本件文書『陸璋密』一名又見於第七册卷一三六第一葉紙背正德二年五月陸璋密爲解送正德元年份秋糧事所呈告完狀殘件。

【録文】

（前缺）

1 　　領　狀　人　陸璋密　　[一]

三、明正德二年（一五〇七）四月南京金吾後衛東倉與執結爲禁約事（二）

【題解】

本件爲《國朝諸臣奏議》第二册卷五十六第五葉紙背文書，現存文字四行，前後均完，上全下殘；第四行鈐朱印一枚，印文不清，據文義推斷應爲『南京金/吾後衛/東倉印』。

本件文書與第四册卷一一二第十七葉紙背文書字迹相同、内容相關，可以綴合。從綴合後内容來看，其應爲明正德二年四月南京金吾後衛東倉爲禁約事所呈執結狀。茲據綴合後擬定今題。又，《國朝諸臣奏議》紙背現存『南京金吾後衛東倉』相關文書另有第一册丁集目録第五葉紙背正德二年三月南京金吾後衛東倉爲禁約事所呈執結狀殘件、第五册卷一二五第七葉紙背正德二年五月南京金吾後衛東倉爲地方事申巡視倉場監察御史羅狀殘件、同卷第八葉紙背正德二年五月南京金吾後衛東倉爲總督糧

[一] 據明代文書書寫格式可知，此處所缺應爲『陸璋密』簽押。

儲事與依准殘件、第七册卷一三八第十四葉紙背正德二年五月南京金吾後衛東倉爲地方事與依准殘件。

【録文】

1 南京金吾後衛東倉今於

2 與執結爲禁約事。依蒙案驗内事理，嚴督軍餘

3 結是實。

4 正德貳年肆月（朱印）

四、明正德二年（一五〇七）四月南京中軍都督府中和橋馬草場堆夫洪茂等與執結爲搬運馬草事（一）

【題解】

本件爲《國朝諸臣奏議》第二册卷五十六第六葉紙背文書，現存文字三行，前後均完，上殘下全。

本件文書與同册卷五十四第二葉紙背文書字迹相同、内容相關，可以綴合。從綴合後内容來看，其應爲明正德二年四月南京中軍都督府中和橋馬草場堆夫洪茂等爲搬運馬草事所呈執結狀。又，本件文書中『洪茂』等堆夫人名又見於第六册卷一三四第一葉紙背文書與第八册卷一四〇第六葉紙背文書綴合之正德二年五月洪茂等爲堆垛馬草事所呈執結狀、第四册卷一一四第十葉紙背洪茂等執結狀殘件。三件執結狀内容大體相同。

【録文】

1 南京中軍都督府中和橋馬草場堆夫洪茂等今於

2 與執結爲搬運馬草事。依奉上年，如遇

3 正德二年四月

五、明正德二年（一五〇七）江西南昌府進賢縣納户樊日瀚告完狀爲交納税糧事殘件

【題解】

本件爲《國朝諸臣奏議》第二册卷五十六第九葉紙背文書，現存文字二行，前缺後完，上下均殘。

本件文書中『樊日瀚』一名又見於第一册丙集目録第十二葉紙背文書與第三册卷七十一第三葉紙背文書綴合之正德二年三月江西南昌府進賢縣納户樊日瀚爲領到原呈樣米事所呈領狀、第二册卷五十六第十一葉紙背文書與同册卷五十七第六葉紙背文書綴合之正德二年三月樊日瀚爲領到在倉篩下稻碎事所呈領狀、第二册卷五十六第十二葉紙背文書與同册卷五十七第五葉紙背文書綴合之正德二年三月樊日瀚爲領到納完弘治十八年（一五〇五）份秋糧實收一紙事所呈領狀、第五册卷一二六第十一葉紙背文書與第七册卷一三五第八葉紙背文書綴合之正德二年二月樊日瀚爲領回原呈樣米事所呈領狀、第六册卷一三三第十二葉紙背樊日瀚爲送納税糧事所呈告到或告完狀殘件、第七册卷一三五第七葉紙背樊日瀚爲領到納完弘治十七年份秋糧米實收一紙事所呈領狀殘件。據此並結合文書殘存内容推斷，本件應爲明正德二年樊日瀚爲交納税糧事所呈告完狀殘件。

【録文】

（前缺）

1 □米壹百五十四石二斗五升，赴

（中缺）

2 □完　狀　人　樊日瀚□[一]

[一] 據明代文書書寫格式推斷，此處所缺應爲簽押。

六、明正德二年（一五〇七）三月江西南昌府進賢縣納户樊日瀚與領狀爲領到在倉篩下稻碎事（二）

【題解】

本件爲《國朝諸臣奏議》第二册卷五十六第十一葉紙背文書，現存文字二行，前缺後完，上下均殘。

本件文書與同册卷五十七第六葉紙背文書字迹相同，内容相關，可以綴合。從綴合後内容來看，其應爲明正德二年三月江西南昌府進賢縣納户樊日瀚爲領到在倉篩下稻碎事所呈領狀。又本件文書中『樊日瀚』一名又見於第一册丙集目録第十二葉紙背文書與第三册卷七十一第三葉紙背文書綴合之正德二年三月江西南昌府進賢縣納户樊日瀚爲領到原呈樣米事所呈領狀、第二册卷五十六第十二葉紙背文書與同册卷五十七第五葉紙背文書綴合之正德二年三月樊日瀚爲領到納完弘治十八年（一五〇五）份秋糧實收一紙事所呈領狀、第五册卷一二六第十一葉紙背文書與第七册卷一三五第八葉紙背文書綴合之正德二年二月樊日瀚爲領回原呈樣米事所呈領狀、第二册卷五十六第九葉紙背樊日瀚告完狀殘件、第六册卷一三三第十二葉紙背樊日瀚爲送納税糧事所呈告到或告完狀殘件、第七册卷一三五第七葉紙背樊日瀚爲領到納完弘治十七年份秋糧米實收一紙事所呈領狀殘件。

【録文】

（前缺）

1 ［　　］是實。

2 ［　　］□　狀　人　樊日瀚［　　］〔一〕

〔一〕據明代文書書寫格式推斷，此處所缺應爲簽押。

七、明正德二年（一五〇七）三月江西南昌府進賢縣納户樊日瀚與領狀爲領到納完弘治十八年（一五〇五）份秋糧實收一紙事（二）

【題解】

本件爲《國朝諸臣奏議》第二册卷五十六第十二葉紙背文書，現存文字二行，前缺後完，上下均殘。

本件文書與同册卷五十七第五葉紙背文書字迹相同，内容相關，可以綴合。從綴合後内容來看，其應爲明正德二年三月江西南昌府進賢縣納户樊日瀚爲領到納完弘治十八年份秋糧實收一紙事所呈領狀。又本件文書中『樊日瀚』一名又見於第一册丙集目録第十二葉紙背文書與第三册卷七十一第三葉紙背文書綴合之正德二年三月江西南昌府進賢縣納户樊日瀚爲領到原呈樣米事所呈領狀、第二册卷五十六第十一葉紙背文書與同册卷五十七第六葉紙背文書綴合之正德二年三月樊日瀚爲領到在倉篩下稻碎事所呈領狀、第五册卷一二六第十一葉紙背文書與第七册卷一三五第八葉紙背文書綴合之正德二年二月樊日瀚爲領回原呈樣米事所呈領狀、第二册卷五十六第九葉紙背樊日瀚告完狀殘件、第六册卷一三三第十二葉紙背樊日瀚爲送納稅糧事所呈告到或告完狀殘件、第七册卷一三五第七葉紙背樊日瀚爲領到納完弘治十七年份秋糧米實收一紙事所呈領狀殘件。

【録文】

（前缺）

1 □領繳，中間不致冒領是實。

2 □　領　狀　人　樊日瀚□[一]

[一] 據明代文書書寫格式推斷，此處所缺應爲簽押。

八、明正德二年（一五〇七）三月浙江紹興府嵊縣厶與執結爲送納正德元年份秋糧事殘件

【題解】

本件爲《國朝諸臣奏議》第二册卷五十六第十三葉紙背文書，現存文字三行，前後均完，上全下殘。從殘存内容來看，本件應爲明正德二年三月浙江紹興府嵊縣厶爲送納正德元年份秋糧事所呈執結狀殘件。

【録文】

1 浙江紹興府嵊縣

2 　與執結爲送納正德元年秋粮事，依

3 正德二年三月　　　　日

九、明正德二年（一五〇七）三月裘廷美告到狀爲送納税糧事（一）

【題解】

本件爲《國朝諸臣奏議》第二册卷五十六第十四葉紙背文書，現存文字三行，前後均完，上全下殘，第三行具體日期『廿八』兩字字體粗大，墨色濃匀，爲二次書寫。

本件文書與第四册卷一一三第四葉紙背文書字迹相同、内容相關，可以綴合。從綴合後内容來看，其應爲明正德二年三月裘廷美爲送納税糧事所呈告到狀殘件。兹據此擬定今題。又，本件文書中『裘廷美』一名還見於同册卷五十八第十葉紙背文書之一裘廷美領狀殘件。

【録文】

1 告到狀人裘廷美，係

2 南京旗手衛東倉交納，理合具告。

3 正德二年三月　廿八　日

卷五十七（共十五葉）

一、明正德二年（一五〇七）三月厶供狀爲吏滿考核事殘件

【題解】

本件爲《國朝諸臣奏議》第二册卷五十七第一葉紙背文書之一。本葉爲二紙拼接而成，紙背各殘存文書一件。本件爲紙背右側文書，現存文字二行，前缺後完，上全下殘。從殘存内容來看，本件應爲明正德二年三月厶爲吏滿給由事所呈供狀殘件。

【録文】

（前缺）

1 部除辦事外，告撥南□弘治十八年九月二十七日改撥南京虎賁□

2 正德二年三月　　日供□

二、明正德二年（一五〇七）浙江湖州府歸安縣納户張潮貴與執結殘尾

【題解】

本件爲《國朝諸臣奏議》第二册卷五十七第一葉紙背文書之一。本葉爲二紙拼接而成，紙背各殘存文書一件。本件爲紙背左側文書，現存文字一行，前缺後完，上下均殘。

《國朝諸臣奏議》紙背文書有明確紀年者，均爲正德二年有關税糧馬草交納或是南京倉場管理相關公文。又，本件文書中「張潮貴」一名又見於同卷第二葉紙背文書之一張潮貴領狀殘件、第八册卷一四〇第十三葉紙背明正德二年二月浙江湖州府歸安縣納户張潮貴爲送納弘治十七年份秋糧米事所呈執結狀殘件。據此結合本件文書殘存内容可知，本件應爲明正德二年浙江湖

州府歸安縣納户張潮貴執結狀殘尾。

【録文】

（前缺）

1 □　執　結　人張潮貴□[二]

三、明正德二年（一五〇七）三月直隸蘇州府吴江縣糧長厶與領狀爲領到納完正德元年份馬草實收一紙事殘件

【題解】

本件爲《國朝諸臣奏議》第二册卷五十七第二葉紙背文書之一。本葉爲二紙拼接而成，紙背各殘存文書一件。本件爲紙背右側文書，現存文字三行，前後均完，上全下殘，第三行具體日期『十七』字體粗大，墨色濃匀，爲二次書寫。從殘存内容來看，本件應爲明正德二年三月直隸蘇州府吴江縣糧長厶爲領到納完正德元年份馬草實收一紙事所呈領狀殘件。

【録文】

1 直隸蘇州府吴江縣粮長□今於

2 與領狀。實領到納完正德元年分馬草實□

3 正德二年三月　**十七**　日與□

[二] 據明代文書書寫格式推斷，此處所缺應爲『張潮貴』簽押。

四、明正德二年（一五〇七）浙江湖州府歸安縣納户張潮貴與領狀殘尾

【題解】

本件爲《國朝諸臣奏議》第二册卷五十七第二葉紙背文書之一。本葉爲二紙拼接而成，紙背各殘存文書一件。本件爲紙背左側文書，現存文字一行，前缺後完，上下均殘。

《國朝諸臣奏議》紙背文書有明確紀年者，均爲正德二年三、四、五月份有關税糧馬草交納或是南京倉場管理相關公文。又，本件文書中『張潮貴』一名又見於同卷第一葉紙背文書之一張潮貴執結狀殘件、第八册卷一四〇第十三葉紙背明正德二年二月浙江湖州府歸安縣納户張潮貴爲送納弘治十七年份秋糧米事所呈執結狀殘件。據此結合本件文書殘存内容可知，本件應爲明正德二年浙江湖州府歸安縣納户張潮貴與領狀殘尾。

【録文】

（前缺）

1 □領　狀　人張潮貴□[一]

五、明正德二年（一五〇七）三月江西南昌府進賢縣納户樊日瀚與領狀爲領到納完弘治十八年（一五〇五）份秋糧實收一紙事（一）

【題解】

本件爲《國朝諸臣奏議》第二册卷五十七第五葉紙背文書，現存文字三行，前後均完，上全下殘。

本件文書與同册卷五十六第十二葉紙背文書字迹相同，内容相關，可以綴合。從綴合後内容來看，其應爲明正德二年三月江西南昌府進賢縣納户樊日瀚爲領到納完弘治十八年份秋糧實收一紙事所呈領狀。又本件文書中『樊日瀚』一名又見於第一册

[一] 據明代文書書寫格式推斷，此處所缺應爲『張潮貴』簽押。

丙集目録第十二葉紙背文書與第三册卷七十一第三葉紙背文書綴合之正德二年三月江西南昌府進賢縣納户樊日瀚爲領到原呈樣米事所呈領狀、第二册卷五十六第十一葉紙背文書與同册卷五十七第六葉紙背文書綴合之正德二年三月樊日瀚爲領到在倉篩下稻碎事所呈領狀、第五册卷一二六第十一葉紙背文書與第七册卷一三五第八葉紙背文書綴合之正德二年二月樊日瀚爲領回原呈樣米事所呈領狀、第二册卷五十六第九葉紙背樊日瀚告完狀殘件、第六册卷一三三第十二葉紙背樊日瀚爲送納税糧事所呈告到或告完狀殘件、第七册卷一三五第七葉紙背樊日瀚爲領到納完弘治十七年份秋糧米實收一紙事所呈領狀殘件。

【録文】

1　江西南昌府進賢縣納户樊日瀚今於

2　與領狀。實領到納完弘治十八年分秋粮實□

3　正德二年三月　日與

六、明正德二年（一五〇七）三月江西南昌府進賢縣納户樊日瀚與領狀爲領到在倉篩下稻碎事（一）

【題解】

本件爲《國朝諸臣奏議》第二册卷五十七第六葉紙背文書，現存文字三行，前後均完，上全下殘。

本件文書與同册卷五十六第十一葉紙背文書字迹相同，内容相關，可以綴合。從綴合後内容來看，其應爲明正德二年三月江西南昌府進賢縣納户樊日瀚爲領到在倉篩下稻碎事所呈領狀。又本件文書中『樊日瀚』一名又見於第一册丙集目録第十二葉紙背文書與第三册卷七十一第三葉紙背文書綴合之正德二年三月江西南昌府進賢縣納户樊日瀚爲領到原呈樣米事所呈領狀、第二册卷五十六第十一葉紙背文書與同册卷五十七第五葉紙背文書綴合之正德二年三月樊日瀚爲領到納完弘治十八年份秋糧一紙事所呈領狀、第五册卷一二六第十一葉紙背文書與第七册卷一三五第八葉紙背文書綴合之正德二年二月樊日瀚爲領回原呈樣米事所呈領狀、第二册卷五十六第九葉紙背樊日瀚告完狀殘件、第六册卷一三三第十二葉紙背樊日瀚爲送納税糧事所呈告到或告完狀殘件、第七册卷一三五第七葉紙背樊日瀚爲領到納完弘治十七年份秋糧米實收一紙事所呈領狀殘件。

【録文】

1 江西南昌府進賢縣納户樊日瀚今於

2 與領狀。實領到在倉篩下稻碎，照数領出，□

3 正德二年三月　　日與

七、明正德二年（一五〇七）三月厶與執結爲送納弘治十八年（一五〇五）份秋糧米事殘件

【題解】

本件爲《國朝諸臣奏議》第二册卷五十七第十二葉紙背文書，現存文字二行，前缺後完，上全下殘。從殘存内容來看，本件應爲明正德二年三月厶爲送納弘治十八年份秋糧米事所呈執結狀殘件。

【録文】

（前缺）

1 與執結爲送納弘治十八年分秋粮米。依奉

2 正德二年三月

八、明正德二年（一五〇七）四月南京旗手衛西倉與執結爲禁約事殘件

【題解】

本件爲《國朝諸臣奏議》第二册卷五十七第十三葉紙背文書，現存文字三行，前後均完，上全下殘，第三行鈐朱印一枚，印文不清，據文義推斷應爲『南京旗手衛西倉印』。從殘存内容來看，本件應爲明正德二年四月南京旗手衛西倉爲禁約事所呈執結狀殘件。

《國朝諸臣奏議》紙背文書中涉及『南京旗手衛西倉』的文書另有第一册甲集目録第十六葉紙背正德二年五月南京旗手衛西倉捉斛副使吴永泰爲馬匹草料事所呈執結狀殘件、第六册卷一三四第九葉紙背正德二年四月南京旗手衛西倉捉斛副使吴永泰爲官軍俸糧事所呈執結狀殘件、卷一三四第十九葉紙背正德二年三月南京旗手衛西倉捉斛副使陳銘爲馬匹草料事所呈執結狀殘件、第四册卷一一六第十五葉紙背文書與第八册卷一四三第七葉紙背文書綴合之正德二年五月南京旗手衛西倉爲禁約事申巡視倉場監察御史羅狀殘件、第五册卷一二七第十一葉紙背正德二年南京旗手衛西倉與依准殘件。

【録文】

1　南京旗手衛西倉今於

2　與執結爲禁約事。依奉遵依案驗内事理，一体遵奉禁約□

3　正德二年四月（朱印）□

九、明正德二年（一五〇七）四月湖廣岳州府平江縣納户陳廷奇與領狀爲領到納完糧米實收一紙事殘件

【題解】

本件爲《國朝諸臣奏議》第二册卷五十七第十四葉紙背文書，現存文字三行，前後均完，上全下殘。從殘存内容來看，本件應爲明正德二年四月湖廣岳州府平江縣納户陳廷奇爲領到納完糧米實收一紙所呈領狀殘件。

【録文】

1 湖廣岳州府平江縣納户陳廷奇今於

2 與領狀。實領到納完粮米實收一紙，領囬銷

3 正德二年四月

一〇、明正德二年（一五〇七）四月直隸常州府江陰縣糧長許材告完狀爲運到糧米豆送赴南京國子監交納事殘件

【題解】

本件爲《國朝諸臣奏議》第二册卷五十七第十五葉紙背文書，現存文字六行，前後均完，上全下殘。從殘存内容來看，本件應爲明正德二年四月直隸常州府江陰縣糧長許材爲運到糧米豆送赴南京國子監交納事所呈告完狀殘件。

【録文】

1 告完狀人許材，係直隸常州府江陰縣粮長，運到粮米豆送赴

2 南京國子監交收完足。爲此，理合具狀來告

3 巡視倉場監察老爹　　施行。

4 計開：

5 實收過正粮白粳米

6 正德二年四月

卷五十八（共十一葉，其中第十葉重複編號）

一、明正德二年（一五〇七）二月經紀厶申文殘尾

【題解】

本件爲《國朝諸臣奏議》第二册卷五十八第一葉所存文書，與《國朝諸臣奏議》位於同一面，現存文字一行，前缺後完，上下均殘。

《國朝諸臣奏議》紙背文書有明確紀年者，均爲正德二年有關税糧馬草交納或是南京倉場管理相關公文，據此結合本件文書殘存内容推斷，其應爲明正德二年二月經紀厶申文殘尾。

【録文】

（前缺）

1　□□□[一]年二月　　日　經　紀　□

二、明正德二年（一五〇七）趙廣申狀爲放支軍糧事殘件

【題解】

本件爲《國朝諸臣奏議》第二册卷五十八第三葉紙背文書，現存文字三行，前缺後完，上下均殘。

《國朝諸臣奏議》紙背文書有明確紀年者，均爲正德二年有關税糧馬草交納或是南京倉場管理相關公文，據此結合本件文書殘存内容推斷，其應爲明正德二年趙廣爲放支軍糧事申狀殘件。

[一]　據同書紙背其他明確紀年文書及文義推斷，此處所缺文字應爲「正德二」。

【録文】

（前缺）

1 於正德二年閏正月内被有本所放粮小旗范聰因將本所帮支軍人徐連米一石三斗

2 蒙所審是的，蒙糸送

（中缺）

3 人　趙廣（簽押）

三、明正德二年（一五〇七）四月南京豹韜左衛倉把門攢典黄永興與執結爲官軍俸糧事（二）

【題解】

本件爲《國朝諸臣奏議》第二册卷五十八第四葉紙背文書，現存文字二行，前缺後完，上下均殘。

本件文書與第三册卷七十一第二葉紙背文書字迹相同，内容相關，可以綴合。從綴合後内容來看，其應爲明正德二年四月南京豹韜左衛倉把門攢典黄永興爲官軍俸糧事所呈執結狀。茲據綴合後擬定今題。又，本件文書中『黄永興』一名又見於第六册卷一三〇第十三葉紙背文書之一正德二年南京豹韜左衛倉爲禁革奸弊事所呈執結狀殘件。

【録文】

（前缺）

1 守中衛吏旗軍舍餘張志雄等共支補米一千九百三十一石，本攢[司]把門餘丁王鳳等五名時常在倉搜檢，不

（中缺）

2 攢　典　黄永興（背面簽押）

四、明正德二年（一五〇七）南京留守前衛餘丁盛鸞與領狀殘件

【題解】

本件爲《國朝諸臣奏議》第二册卷五十八第五葉紙背文書，現存文字二行，前缺後完，上下均殘。《國朝諸臣奏議》紙背文書有明確紀年者，均爲正德二年有關税糧馬草交納或是南京倉場管理相關公文，據此結合本件文書殘存内容推斷，其應爲明正德二年盛鸞所呈領狀殘件。另，本件文書中「盛鸞」一名又見於同册卷五十五第十五葉紙背正德二年四月南京留守前衛餘丁盛鸞爲賣到直隸安慶府桐城縣厶名下馬草事所呈執結狀殘件、同册卷五十八第六葉紙背盛鸞領狀殘件。兹結合相關文書擬定今題。

【録文】

（前缺）

1 □所領是實。

2 □領　狀　人　丁盛鸞□[一]

五、明正德二年（一五〇七）南京留守前衛餘丁盛鸞與領狀殘件

【題解】

本件爲《國朝諸臣奏議》第二册卷五十八第六葉紙背文書，現存文字一行，前缺後完，上下均殘。《國朝諸臣奏議》紙背文書有明確紀年者，均爲正德二年有關税糧馬草交納或是南京倉場管理相關公文，據此結合本件文書

[一] 據明代文書書寫格式推斷，此處所缺應爲「盛鸞」簽押。

殘存内容推斷，其應爲明正德二年盛鸞所呈領狀殘件。另，本件文書中『盛鸞』一名又見於同册卷五十五第十五葉紙背正德二年四月南京留守前衛餘丁盛鸞爲賣到直隸安慶府桐城縣厶名下馬草事所呈執結狀殘件、同册卷五十八第五葉紙背盛鸞領狀殘件。兹結合相關文書擬定今題。

【録文】

（前缺）

1 領　狀　人　丁盛鸞[一]

六、明正德二年（一五〇七）四月湖廣長沙府茶陵縣納户陳玉潤與領狀爲領到納完糧米實收一紙事殘件

【題解】

本件爲《國朝諸臣奏議》第二册卷五十八第九葉紙背文書，現存文字三行，前後均完，上全下殘。從殘存内容來看，本件應爲明正德二年四月湖廣長沙府茶陵縣納户陳玉潤爲領到納完糧米實收一紙事所呈領狀殘件。

【録文】

1 湖廣長沙府茶陵縣納户陳玉潤今於

2 與領狀。實領到納完粮米實收一紙囬縣□

3 正德二年四月

[一] 據明代文書書寫格式推斷，此處所缺應爲『盛鸞』簽押。

七、明正德二年（一五〇七）四月直隸蘇州府吴江縣糧長周璲與領狀爲領回原呈樣米事殘件

【題解】

本件爲《國朝諸臣奏議》第二册卷五十八第十葉紙背文書之一。本葉爲二紙拼接而成，紙背各殘存文書一件。本件爲紙背右側文書，現存文字三行，前後均完，上全下殘。從殘存内容來看，本件應爲明正德二年四月直隸蘇州府吴江縣糧長周璲爲領回原呈樣米事所呈領狀殘件。

【録文】

1　直隸蘇州府吴江縣粮長周[璲]今於

2　與領狀。實領到原呈樣米領囬，所領是實。

3　正德二年四月　　　日與　[　　]〔一〕

八、明正德二年（一五〇七）裘廷美與領狀殘件

【題解】

本件爲《國朝諸臣奏議》第二册卷五十八第十葉紙背文書之一。本葉爲二紙拼接而成，紙背各殘存文書一件。本件爲紙背左側文書，現存文字二行，前缺後完，上殘下全。

《國朝諸臣奏議》紙背文書有明確紀年者，均爲正德二年有關税糧馬草交納或是南京倉場管理相關公文，據此結合本件文書殘存内容推斷，其應爲明正德二年裘廷美所呈領狀殘件。另，本件文書『裘廷美』一名又見於同册卷五十六第十四葉紙背文書

〔一〕據明代文書書寫格式可知，此處所缺文字應爲『領　狀　人　周璲（背面簽押）』。

與第四册卷一一三第四葉紙背文書綴合之正德二年三月裘廷美爲送納税糧事所呈告到狀殘件。

【録文】

（前缺）

1 □實。

2 □領　　狀　　人　裘廷美（背面殘簽押）

卷五十九（共十葉）

一、明正德二年（一五〇七）厶與執結爲交納税糧草事殘件

【題解】

本件爲《國朝諸臣奏議》第二册卷五十九第九葉紙背文書，現存文字二行，前缺後完，上下均殘。

《國朝諸臣奏議》紙背文書有明確紀年者，均爲正德二年有關税糧馬草交納或是南京倉場管理相關公文，據此結合本件文書殘存内容推斷，其應爲明正德二年厶爲交納税糧草所呈執結狀殘件。

【録文】

（前缺）

1 □奉告判交納，中間並不敢插和與人包攬等項情幣，如違甘罪，執結是實。

2 □與　執　結　人□

二、明正德二年（一五〇七）四月江西饒州府樂平縣納户徐席珎告到狀爲送納弘治十七年（一五〇四）份秋糧米事（一）

【題解】

本件爲《國朝諸臣奏議》第二册卷五十九第十葉紙背文書，現存文字二行，前缺後完，上下均殘。

本件文書與第一册丁集目録第十七葉紙背文書字迹相同，内容相關，可以綴合。從綴合後内容來看，其應爲明正德二年四月江西饒州府樂平縣納户徐席珎爲送納弘治十七年份秋糧米事所呈告到狀。兹據綴合後擬定今題。

【録文】

（前缺）

1 □斗，赴

（中缺）

2 □到　状　人　徐席□[一]□

[一] 據綴合後内容可知，此處所缺文字應爲『玠』，其後所缺應爲徐席玠簽押。

卷六十（共十八葉）

一、明正德二年（一五〇七）四月南京虎賁右衛倉捉斛副使蔡杲與執結爲官軍俸糧事殘件

【題解】

本件爲《國朝諸臣奏議》第二册卷六十第一葉紙背文書，現存文字三行，前後均完，上全下殘。從殘存内容來看，本件應爲明正德二年四月南京虎賁右衛倉捉斛副使蔡杲爲官軍俸糧事所呈執結狀殘件。

【録文】

1　南京虎賁右衛倉捉斛副使蔡杲今於

2　　與執結爲官軍俸粮事。依奉捉斛過南京旗手等衛吏旗□

3　　正德二年四月□

二、明正德二年（一五〇七）四月南京旗手衛東倉副使張逵與執結爲官軍俸糧事殘件

【題解】

本件爲《國朝諸臣奏議》第二册卷六十第二葉紙背文書，現存文字三行，前後均完，上全下殘。從殘存内容來看，本件應爲明正德二年四月南京旗手衛東倉副使張逵爲官軍俸糧事所呈執結狀殘件。

【録文】

1　南京旗手衛東倉副使張逵今於

2 與執結爲官軍俸粮事。依奉捉觧過本倉放支南京□□

3 正德二年四月□

三、明正德二年（一五〇七）張靖告到狀爲交納厶年份秋糧事殘件

【題解】

本件爲《國朝諸臣奏議》第二册卷六十第三葉紙背文書，現存文字二行，前缺後完，上下均殘。《國朝諸臣奏議》紙背文書有明確紀年者，均爲正德二年有關税糧馬草交納或是南京倉場管理相關公文，據此結合本件文書殘存内容推斷，其應爲明正德二年張靖爲交納厶年份秋糧事所呈告到狀殘件。

【録文】

（前缺）

1 □［年］分秋粮正米玖百壹拾石，赴

（中缺）

2 □日　告　到　狀　人張靖□[一]

[一] 據明代文書書寫格式推斷，此處所缺應爲『張靖』簽押。

四、明正德二年（一五〇七）肖奉宣申狀殘尾

【題解】

本件爲《國朝諸臣奏議》第二册卷六十第四葉紙背文書，現存文字一行，前缺後完，上下均殘。

《國朝諸臣奏議》紙背文書有明確紀年者，均爲正德二年有關税糧馬草交納或是南京倉場管理相關公文，據此結合本件文書殘存内容推斷，其應爲明正德二年肖奉宣申狀殘尾。

【録文】

（前缺）

1 □狀　　人肖奉宣□[一]

五、明正德二年（一五〇七）厶倉申狀爲禁約事殘件

【題解】

本件爲《國朝諸臣奏議》第二册卷六十第五葉紙背文書，現存文字二行，前後均缺，上下均殘；第二行字體粗大，墨色濃匀，且與文書正文筆迹不同，爲二次書寫。文書右下角鈐左半朱印，印文不清，結合其他明代公文可知，其應爲標示紙張大小防止揭改之用。

《國朝諸臣奏議》紙背文書有明確紀年者，均爲正德二年有關税糧馬草交納或是南京倉場管理相關公文，據此結合本件文書殘存内容及同書紙背相似文書推斷，其應爲明正德二年厶倉爲禁約事出具申狀殘件。

【録文】

（前缺）

[一] 據明代文書書寫格式推斷，此處所缺應爲「肖奉宣」簽押。

1 歇家、跟子、鋪行人等亦不敢科歛誆騙，假以打點使用爲名情弊。今將本倉官攢不致扶同，重甘結狀

2 本日到

（後缺）

六、明正德二年（一五〇七）厶倉守支副使劉求壽與結狀爲放支虎賁左等衛官軍四月份俸糧事殘件

【題解】

本件爲《國朝諸臣奏議》第二册卷六十第六葉紙背文書，現存文字二行，前缺後完，上下均殘。

《國朝諸臣奏議》紙背文書有明確紀年者，均爲正德二年有關税糧馬草交納或是南京倉場管理相關公文，據此結合本件文書殘存内容及同書紙背相似文書推斷，其應爲明正德二年厶倉守支副使劉求壽爲放支虎賁左等衛官軍四月份俸糧事所呈執結狀殘件。

【録文】

（前缺）

1 虎賁左等衛官吏、旗軍、指揮、僉事劉瑄等四月分俸粮，督令把門餘丁陳紀等逐一搜檢，並不敢□

2 守 支 副 使劉求壽 [一]

[一] 據明代文書書寫格式推斷，此處所缺應爲「劉求壽」簽押。

七、明正德二年（一五〇七）四月直隸蘇州府吴江縣糧長沈江與領狀爲領到納完餘剩碎米事殘件

【題解】

本件爲《國朝諸臣奏議》第二册卷六十第七葉紙背文書，現存文字三行，前後均完，上全下殘。從殘存内容來看，本件應爲明正德二年四月直隸蘇州府吴江縣糧長沈江爲領到納完餘剩碎米事所呈領狀殘件。

本件文書中『沈江』一名又見於第五册卷一二四第七葉紙背正德二年三月沈江爲送納正德元年份秋糧事所呈告完狀殘件、第六册卷一三〇第七葉紙背沈江爲交納税糧事所呈執結狀殘件。

【録文】

1 直隸蘇州府吴江縣粮長沈江今於

2 　與領狀。實領到納完餘剩碎米三十□

3 正德二年四月□

八、明正德二年（一五〇七）三月南京鷹揚衛倉中巡視倉場監察御史羅狀爲巡視倉場事殘件

【題解】

本件爲《國朝諸臣奏議》第二册卷六十第八葉紙背文書，現存文字八行，前後均完，上全下殘；第七行鈐朱印一枚，印文不清，據文義推斷應爲『南京鷹揚衛倉印』。從殘存内容來看，本件應爲明正德二年三月南京鷹揚衛倉爲巡視倉場事呈巡視倉場監察御史羅狀殘件。據考證，『巡視倉場監察御史羅』疑爲『羅鳳』。

本書紙背現存『南京鷹揚衛倉』相關文書另有第七册卷一三五第十四葉紙背正德二年三月南京鷹揚衛倉爲巡視倉場事與依准殘件、第七册卷一三六第十八葉紙背正德二年三月直隸滁州來安縣里長李惠告到狀殘件。

【録文】

1 南京鷹揚衛倉爲巡視倉場事。抄奉
2 巡視倉場監察御史羅　案驗，奉
3 南京都察院劄付，仰抄案囬倉着落當該官攢照依劄付内事
4 弊，中間如或□□當與弊，自當□許各陳所見呈來，以憑覈實
5 右　申
6 巡視倉場監察御史羅
7 正德二年三月（朱印）　初柒
8 巡視倉場事

九、明正德二年（一五〇七）直隷徽州府黟縣糧長楊守約領狀殘件

【題解】

本件爲《國朝諸臣奏議》第二册卷六十第十一葉紙背文書，現存文字一行，前缺後完，上下均殘。

《國朝諸臣奏議》紙背文書有明確紀年者，均爲正德二年有關税糧馬草交納或是南京倉場管理相關公文，據此結合本件文書殘存内容及同書紙背相似文書推斷，其應爲明正德二年楊守約領狀殘件。另，本件文書『楊守約』一名又見於第二册卷六十第十二葉紙背文書與第五册卷一二八第十一葉紙背文書綴合之正德二年直隷徽州府黟縣糧長楊守約爲送納弘治十八年（一五〇五）份秋糧事所呈告完狀。玆結合相關文書擬定今題。

【録文】

（前缺）

1 □　領　狀　人楊守約□[二]

一〇、明正德二年（一五〇七）直隷徽州府黟縣糧長楊守約告完狀爲送納弘治十八年（一五〇五）份秋糧事（二）

【題解】

本件爲《國朝諸臣奏議》第二册卷六十第十二葉紙背文書，現存文字二行，前缺後完，上下均殘。

本件文書與第五册卷一二八第十一葉紙背文書字迹相同，内容相關，可以綴合。從綴合後内容來看，其應爲明正德二年直隷徽州府黟縣糧長楊守約爲送納弘治十八年份秋糧事所呈告完狀。兹據此擬定今題。另，本件文書中「楊守約」一名又見於第二册卷六十第十一葉紙背正德二年楊守約領狀殘件。

【録文】

（前缺）

1 □叁百肆拾柒石肆斗柒升，赴

（中缺）

2 □　告　完　狀　人楊守約□[三]

[二] 據明代文書書寫格式推斷，此處所缺應爲「楊守約」簽押。

[三] 據明代文書書寫格式推斷，此處所缺應爲「楊守約」簽押。

二一、明正德二年（一五〇七）江西饒州府樂平縣納户陳景浩告到狀爲送納弘治十八年（一五〇五）份秋糧米事殘件

【題解】

本件爲《國朝諸臣奏議》第二册卷六十第十五葉紙背文書，現存文字二行，前缺後完，上下均殘。《國朝諸臣奏議》紙背文書有明確紀年者，均爲正德二年有關税糧馬草交納或是南京倉場管理相關公文，據此結合本件文書殘存内容及同書紙背相似文書推斷，其應爲明正德二年陳景浩爲送納弘治十八年份秋糧事所呈告到狀殘件。另，本件文書『陳景浩』一名又見於同册卷六十第十六葉紙背陳景浩爲領回實收一紙事所呈領狀殘件、第六册卷一三四第五葉紙背正德二年三月江西饒州府樂平縣納户陳景浩爲領回原呈米樣事所呈領狀殘件。茲結合相關文書擬定今題。

【録文】

（前缺）

1 □弘治十八年分秋粮米壹百伍拾陸石，赴

（中缺）

2 □到　狀　人　陳景浩□[一]

[一] 據明代文書書寫格式推斷，此處所缺應爲『陳景浩』簽押。

二二、明正德二年（一五〇七）江西饒州府樂平縣納户陳景浩與領狀爲領回實收一紙事殘件

【題解】

本件爲《國朝諸臣奏議》第二册卷六十第十六葉紙背文書，現存文字二行，前缺後完，上下均殘。

《國朝諸臣奏議》紙背文書有明確紀年者，均爲正德二年有關税糧馬草交納或是南京倉場管理相關公文，據此結合本件文書殘存内容及同書紙背相似文書推斷，其應爲明正德二年陳景浩爲領回實收一紙事所呈領狀殘件。另，本件文書『陳景浩』一名又見於同册卷六十第十五葉紙背陳景浩爲送納弘治十八年（一五〇五）份秋糧事所呈告到狀殘件、第六册卷一三四第五葉紙背明正德二年三月江西饒州府樂平縣納户陳景浩爲領回原呈米様事所呈領狀殘件。茲結合相關文書擬定今題。

【録文】

（前缺）

1 □紙領回備照，所領是實。

2 □領　狀　人　陳景浩□[一]

[一] 據明代文書書寫格式推斷，此處所缺應爲『陳景浩』簽押。

第三册

卷六十七（共十五葉）

一、明正德二年（一五〇七）三月南京留守右衛餘丁沈全與執結爲馱到江西袁州府萬載縣納户周厶税糧事殘件

【題解】

本件爲《國朝諸臣奏議》第三册卷六十七第三葉紙背文書，現存文字四行，前後均完，上全下殘。從殘存内容來看，本件應爲明正德二年三月南京留守右衛餘丁沈全爲馱到江西袁州府萬載縣納户周厶税糧事所呈執結狀殘件。

【録文】

1 南京畱[一]守右衛餘丁沈全今於

2 　與執結駝到江西袁州府萬載縣納户周

3 南京旗手衛東倉交卸，中途並不敢踈失升合、多取脚

4 正德二年三月　　日與

[一]「畱」同「留」，下同，不再另作説明。

二、明正德二年（一五〇七）三月南京留守右衛餘丁蔣順與執結爲馱到湖廣荊州府江陵縣納户王成税糧事殘件

【題解】

本件爲《國朝諸臣奏議》第三册卷六十七第四葉紙背文書，現存文字四行，前後均完，上全下殘。從殘存内容來看，本件應爲明正德二年三月南京留守右衛餘丁蔣順爲馱到湖廣荊州府江陵縣納户王成税糧事所呈執結狀殘件。

【録文】

1　南京留守右衛餘丁蔣順今於

2　　與執結駝到湖廣荊州府江陵縣納户王成米貳千

3　南京旗手衛東倉交卸，中間不致踈失升合、多取脚錢，如違甘罪

4　正德二年三月　　日與

三、明正德二年（一五〇七）四月直隸安慶府潛山縣糧長孫芳與領狀爲領到納完本倉餘剩稻碎事殘件

【題解】

本件爲《國朝諸臣奏議》第三册卷六十七第五葉紙背文書，現存文字三行，前後均完，上全下殘。從殘存内容來看，本件應爲明正德二年四月直隸安慶府潛山縣糧長孫芳爲領到納完本倉餘剩稻碎事所呈領狀殘件。

本件文書中『孫芳』一名又見於本册同卷第六葉紙背正德二年四月孫芳爲領到納完糧米實收一紙事所呈領狀殘件、第六册卷一三〇第十六葉紙背正德二年四月孫芳爲送納正德元年份税糧事所呈告完狀殘件。

【録文】

1 直隷安慶府潛山縣粮長孫芳今於

2 與領狀。實領到納完本倉餘剩稻碎□

3 正德二年四月 日與□

四、明正德二年（一五〇七）四月直隷安慶府潛山縣糧長孫芳與領狀爲領到納完糧米實收一紙事殘件

【題解】

本件爲《國朝諸臣奏議》第三册卷六十七第六葉紙背文書，現存文字三行，前後均完，上全下殘。從殘存内容來看，本件應爲明正德二年四月直隷安慶府潛山縣糧長孫芳爲領到納完糧米實收一紙事所呈領狀殘件。

本件文書中『孫芳』一名又見於本册同卷第五葉紙背正德二年四月孫芳爲領到納完本倉餘剩稻碎事所呈領狀殘件、第六册卷一三〇第十六葉紙背正德二年四月孫芳爲送納正德元年份税糧事所呈告完狀殘件。

【録文】

1 直隷安慶府潛山縣粮長孫芳今於

2 與領狀。實領到納完粮米實收壹紙□

3 正德二年四月□

五、明正德二年（一五〇七）三月厶與執結爲馱到直隸蘇州府吴江縣厶名下税糧事殘件

【題解】

本件爲《國朝諸臣奏議》第三册卷六十七第七葉紙背文書，現存文字三行，前缺後完，上全下殘。從殘存内容來看，本件應爲明正德二年三月厶爲馱到直隸蘇州府吴江縣厶名下税糧事所呈執結狀殘件。

【録文】

（前缺）

1　與執結。依奉自己驢疋馱到直隸蘇州府吴江縣□

2　南京府軍右衛西倉交卸，管得中途並不敢疏失升合、多取脚錢，如違甘罪，□

3　正德二年三月□

六、明正德二年（一五〇七）三月直隸蘇州府吴江縣糧长葉惠與執結爲送納正德元年份秋糧米事殘件

【題解】

本件爲《國朝諸臣奏議》第三册卷六十七第八葉紙背文書，現存文字三行，前後均完，上全下殘。從殘存内容來看，本件應爲明正德二年三月直隸蘇州府吴江縣糧長葉惠爲送納正德元年份秋糧米事所呈執結狀殘件。

本件文書中『葉惠』一名又見於第三册卷六十七第十四葉紙背葉惠告到狀殘件、第五册卷一二六第四葉紙背正德二年四月葉惠爲送納正德元年份秋糧米事所呈告完狀殘件、第七册卷一三六第七葉紙背正德二年四月葉惠爲領回原呈樣米事所呈領狀殘件、第八册卷一四一第十葉紙背朱通爲送納葉惠米事所呈執結狀殘件。

【録文】

1 直隷蘇州府吴江縣粮長葉惠今於

2 與執結依奉送納正德元年分秋粮米，蒙判交納，中

3 正德二年三月 日與

七、明正德二年（一五〇七）張鳳告完狀爲送納税糧事殘件

【題解】

本件爲《國朝諸臣奏議》第三册卷六十七第十一葉紙背文書，現存文字二行，前缺後完，上殘下全。《國朝諸臣奏議》紙背文書有明確紀年者，均爲正德二年有關税糧馬草交納或是南京倉場管理相關公文，據此結合本件文書殘存内容及同書紙背相似文書推斷，其應爲明正德二年張鳳爲送納税糧事所呈告完狀殘件。另，本件文書中『張鳳』一名又見於第四册卷一一五第十二葉紙背張鳳領狀殘件。

【録文】

（前缺）

1 余米一千二百五十六石四斗一升二合三勺，赴

（中缺）

2 完 狀 人張鳳（背面簽押）

八、明正德二年（一五〇七）三月江西袁州府宜春縣糧長李昇與執結爲遞納弘治十八年（一五〇五）份秋糧事（二）

【題解】

本件爲《國朝諸臣奏議》第三册卷六十七第十三葉紙背文書，現存文字二行，前缺後完，上殘下全。

本件文書與第五册卷一二三第三葉紙背文書字迹相同，内容相關，可以綴合。從綴合後内容來看，其應爲明正德二年三月江西袁州府宜春縣糧長李昇爲遞納弘治十八年份秋糧事所呈執結狀。兹據綴合後擬定今題。另，本件文書中『李昇』一名又見於第三册卷七十三第七葉紙背李昇爲送納糧米所呈告到狀殘件。

【録文】

（前缺）

1 □不致插和等情，如違甘罪，執結是實。

2 □執　結　人李昇（背面簽押）

九、明正德二年（一五〇七）直隸蘇州府吴江縣糧長葉惠告到狀爲送納秋糧事殘件

【題解】

本件爲《國朝諸臣奏議》第三册卷六十七第十四葉紙背文書，現存文字二行，前缺後完，上殘下全。

本件文書中『葉惠』一名又見於第三册卷六十七第八葉紙背正德二年三月直隸蘇州府吴江縣糧長葉惠爲送納正德元年份秋糧米事所呈執結狀殘件、第五册卷一二六第四葉紙背正德二年四月葉惠爲送納正德元年份秋糧米事所呈告完狀殘件、第七册卷一三六第七葉紙背正德二年四月葉惠爲領回原呈樣米事所呈領狀殘件、第八册卷一四一第十葉紙背正德二年朱通爲送納葉惠米事所呈執結狀殘件。結合文書殘存内容及相關文書可知，本件應爲明正德二年直隸蘇州府吴江縣糧長葉惠爲送納秋糧事所呈告

到狀殘件，兹據此擬定今題。

【録文】

（前缺）

1 □年分秋粮米柒佰肆拾石，前赴

（中缺）

2 □ 到 狀 人 葉惠（背面簽押）

一〇、明正德二年（一五〇七）五月南京留守左衛倉中巡視倉場監察御史羅狀爲總督糧儲事殘件

【題解】

本件爲《國朝諸臣奏議》第三册卷六十七第十五葉紙背文書，現存文字六行，前後均完，上全下殘；第五行鈐朱印一枚，印文不清，據文義推斷應爲『南京留守左衛倉印』。從殘存内容來看，本件應爲明正德二年五月南京留守左衛倉爲總督糧儲事呈巡視倉場監察御史羅狀殘件。據考證，『巡視倉場監察御史羅』疑爲『羅鳳』。

【録文】

1 南京留守左衛倉爲總督粮儲事。抄蒙

2 巡視倉場監察御史羅 劄付前事。蒙此，除遵依劄案内事理□

3 右 申

4 巡視倉場監察御史羅

5 正德貳年伍月（朱印）　拾壹　日副使□

6 總督粮儲事

卷第六十八（共十葉）

一、明正德二年（一五〇七）四月十二日南京虎賁右衛倉申巡視倉場監察御史羅狀爲禁約事殘件

【題解】

本件爲《國朝諸臣奏議》第三册卷六十八第七葉紙背文書，現存文字六行，前後均完，上全下殘；第五行鈐朱印一枚，印文不清，據文義推斷應爲『南京虎賁右衛倉印』。從殘存内容來看，本件應爲明正德二年四月南京虎賁右衛倉爲禁約事呈巡視倉場監察御史羅狀殘件。據考證，『巡視倉場監察御史羅』疑爲『羅鳳』。

本書紙背現存『南京虎賁右衛倉』相關文書另有第二册卷六十第一葉紙背正德二年四月南京虎賁右衛倉捉斛副使蔡杲爲官軍俸糧事所呈執結狀殘件、第四册卷一一一第十一葉紙背正德二年三月浙江湖州府烏程縣糧長蔡怡爲赴南京虎賁右衛倉交納弘治十八年（一五〇五）税糧事所呈告完狀殘件、第五册卷一二三第十一葉紙背正德二年五月南京虎賁右衛倉爲地方事申巡視倉場監察御史羅狀殘件、第五册卷一二三第十二葉紙背正德二年五月南京虎賁右衛倉爲地方事與依准殘件、第六册卷一三三第二十三葉紙背正德二年三月南京虎賁右衛倉爲禁約事與依准殘件、第七册卷一三七第三葉紙背正德二年五月南京虎賁右衛倉爲禁革奸弊事所呈結狀殘件、第八册卷一四〇第三葉紙背正德二年五月南京虎賁右衛倉爲總督糧儲事與依准殘件、第八册卷一四〇第四葉紙背正德二年五月南京虎賁右衛倉爲總督糧儲事申巡視倉場監察御史羅狀殘件。

【録文】

1 南京虎賁右衛倉爲禁約事。抄蒙

2 巡視倉場監察御史羅　案驗前事。蒙此，依蒙案驗内事理□

3 右　　申

4 巡視倉場監察御史羅

5　正德二年四月（朱印）　十二　日副使 □

6　　禁約事

二、明正德二年（一五〇七）三月南京羽林右衛復成橋倉申巡視倉場監察御史羅狀爲禁約事殘件

【題解】

本件爲《國朝諸臣奏議》第三册卷六十八第八葉紙背文書，現存文字六行，前後均完，上全下殘；第五行鈐朱印一枚，印文不清，據文義推斷應爲『南京羽林右衛復成橋倉印』。從殘存内容來看，本件應爲明正德二年三月南京羽林右衛復成橋爲禁約事呈巡視倉場監察御史羅狀殘件。據考證，『巡視倉場監察御史羅』疑爲『羅鳳』。

本書紙背現存『南京羽林右衛復成橋倉』相關文書另有第三册卷七十二第七葉紙背正德二年五月南京羽林右衛復成橋倉爲總督糧儲事與依准殘件、同册同卷第八葉紙背正德二年五月南京羽林右衛復成橋倉爲總督糧儲事申巡視倉場監察御史羅狀殘件、同册同卷第十三葉紙背正德二年四月南京羽林右衛復成橋倉委官副使熊壯爲公務事所呈執結狀殘件、第四册卷一一一第十五葉紙背正德二年五月南京羽林右衛復成橋倉把門副使熊壯爲禁革奸弊事所呈執結狀殘件。

【録文】

1　南京羽林右衛復成橋倉爲禁約事。抄蒙

2　巡視倉場監察御史羅　案驗前事。蒙此，依蒙案驗内事理施行 □

3　右　　申

4　巡視倉場監察御史羅

5　正德貳年（朱印）叁月 □

6　　禁約事

三、明正德二年（一五〇七）三月南京金吾後衛西倉執結狀爲禁約事（二）

【題解】

本件爲《國朝諸臣奏議》第三册卷六十八第九葉紙背文書，現存文字十一行，前缺後完，上下均殘。

本件文書與第四册卷一一三第十葉紙背文書字迹相同，内容相關，可以綴合。從綴合後内容來看，其應爲明正德二年三月南京金吾後衛西倉爲禁約事所呈結狀。兹據綴合後擬定今題。另，本書紙背現存『南京金吾後衛西倉』相關文書另有第三册卷六十八第十葉紙背文書與第五册卷一二九第四葉紙背文書綴合之正德二年四月南京金吾後衛西倉爲禁約事中巡視倉場監察御史羅狀、第三册卷六十九第十三葉紙背正德二年五月南京金吾後衛西倉爲禁革奸弊事所呈執結狀殘件。

【録文】

（前缺）

1 本倉並無指稱本院家人、弟男、子姪、親故及皂隸、跟隨、書辦、人役到倉索取財物、借倩丁夫、百計

2 意阿縱扶同作弊。如有前情，甘當重罪無詞，結狀是實。

3 王

4 陳

5 項

6 田

7 攢　典　陳

8 蔡

9 何

10 李

11 何

四、明正德二年（一五〇七）四月南京金吾後衛西倉申巡視倉場監察御史羅狀爲禁約事（二）

【題解】

本件爲《國朝諸臣奏議》第三册卷六十八第十葉紙背文書，現存文字四行，前後均缺，上下均殘；第三行「本日到」三字字迹與其他字迹不同，字體粗大，墨色濃勻，爲二次書寫；文書右下角鈐左半朱印半枚，印文不清，結合其他明代公文可知，其應爲標示紙張大小防止揭改之用。

本件文書與第五册卷一二九第四葉紙背文書字迹相同、内容相關，可以綴合。從綴合後内容來看，其應爲明正德二年四月南京金吾後衛西倉爲禁約事申巡視倉場監察御史羅狀。茲據綴合後擬定今題。另，本書紙背現存『南京金吾後衛西倉』相關文書另有第三册卷六十八第九葉紙背文書與第四册卷一一三第十葉紙背文書綴合之正德二年三月南京金吾後衛西倉爲禁約事所呈結狀、第三册卷六十九第十三葉紙背正德二年五月南京金吾後衛西倉爲禁革奸弊事所呈執結狀殘件。

【録文】

（前缺）

1 □爲，□指稱本院家人、弟男、子姪、親故及皂隸、跟隨、書辦、人役名色，在所屬倉場索取財物、借倩人夫、百計求

2 □就行捉拿送院，以憑問發。蒙此，依蒙外，今將本倉官攢重甘結狀，理合粘連申繳施行，須至申者。

（中缺）

3 **本日到**

4 □副使王海

卷第六十九（共十七葉）

一、明正德二年（一五〇七）公文殘件

【題解】

本件爲《國朝諸臣奏議》第三册卷六十九第一葉紙背文書，無文字殘留，僅文書右下角鈐左半朱印半枚，印文不清，結合其他明代公文可知，其應爲標示紙張大小防止揭改之用。

《國朝諸臣奏議》紙背文書有明確紀年者，均爲正德二年有關税糧馬草交納或是南京倉場管理相關公文，據此結合同書紙背其他相似文書可知，本件應爲明正德二年公文殘件。

【録文】

無

二、明正德二年（一五〇七）三月江西袁州府萬載縣納户周寅苟與執結爲送納弘治十八年（一五〇五）份秋糧米事殘件

【題解】

本件爲《國朝諸臣奏議》第三册卷六十九第五葉紙背文書，現存文字三行，前後均完，上全下殘。從殘存内容來看，本件應爲明正德二年三月江西袁州府萬載縣納户周寅苟爲送納弘治十八年份秋糧米事所呈執結狀殘件。

本件文書中『周寅苟』一名又見於本册卷六十九第六葉紙背正德二年三月周寅苟爲送納弘治十八年份秋糧事所呈告到狀殘件、第八册卷一四三第五葉紙背周寅苟領狀殘件、第八册卷一四三第六葉紙背周寅苟領狀殘件。

【録文】

1 江西袁州府萬載縣納户周寅苟今於

2 與執結送納弘治十八年分秋粮米。依奉□

3 正德二年三月　　日與□

三、明正德二年（一五〇七）三月江西袁州府萬載縣納户周寅苟告到狀爲送納弘治十八年（一五〇五）份秋糧米事殘件

【題解】

本件爲《國朝諸臣奏議》第三册卷六十九第六葉紙背文書，現存文字三行，前後均完，上全下殘；第三行具體日期「初四」兩字字體粗大，墨色濃匀，爲二次書寫。從殘存内容來看，本件應爲明正德二年三月江西袁州府萬載縣納户周寅苟爲送納弘治十八年份秋糧米事所呈告到狀殘件。

本件文書中「周寅苟」一名又見於本册卷六十九第五葉紙背正德二年三月周寅苟爲送納弘治十八年份秋糧事所呈執結狀殘件、第八册卷一四三第五葉紙背周寅苟領狀殘件、第八册卷一四三第六葉紙背周寅苟領狀殘件。

【録文】

1 告到狀人周寅苟，係江西袁州府萬載縣納户，狀告送納弘□[一]

2 南京旗手衛東倉交納，理合具告。

3 正德二年三月　**初四**　日告□

[一] 據同書紙背其他文書相似内容可知，「弘」字後應缺「治十八年分秋糧米」等字。

四、明正德二年（一五〇七）船户厶與執結殘尾

【題解】

本件爲《國朝諸臣奏議》第三册卷六十九第八葉所存文書，其與《國朝諸臣奏議》内容位於同一面，現存文字一行，前缺後完，上下均殘。

《國朝諸臣奏議》紙背文書有明確紀年者，均爲正德二年有關税糧馬草交納或是南京倉場管理相關公文，據此結合本件殘存内容可知，其應爲明正德二年船户厶執結狀殘尾。

【録文】

（前缺）

1 □執　結　船户□

五、明正德二年（一五〇七）程仕祥告到狀爲交納税糧事殘件

【題解】

本件爲《國朝諸臣奏議》第三册卷六十九第十一葉紙背文書，現存文字二行，前缺後完，上下均殘。

《國朝諸臣奏議》紙背文書有明確紀年者，均爲正德二年有關税糧馬草交納或是南京倉場管理相關公文，據此結合本件文書殘存内容推斷，其應爲明正德二年程仕祥爲交納税糧事所呈告到狀殘件。又，本件文書中『程仕祥』一名又見於第二册卷五十五第五葉紙背程仕祥執結狀殘件、本册卷六十九第十二葉紙背程仕祥執結狀殘件。

【録文】

（前缺）

1 □秋粮米壹千叁百捌拾貳石捌斗□

2 □日告　到　状　人　程仕祥（背面簽押）

六、明正德二年（一五〇七）程仕祥與執結爲交納税糧事殘件

【題解】

本件爲《國朝諸臣奏議》第三册卷六十九第十二葉紙背文書，現存文字二行，前缺後完，上下均殘。

《國朝諸臣奏議》紙背文書有明確紀年者，均爲正德二年有關税糧馬草交納或是南京倉場管理相關公文，據此結合本件文書殘存内容推斷，其應爲明正德二年程仕祥爲交納税糧事所呈執結狀殘件。又，本件文書中『程仕祥』一名又見於第二册卷五十五第五葉紙背程仕祥執結狀殘件、本册卷六十九第十一葉紙背程仕祥告到狀殘件。

【録文】

（前缺）

1 □不敢聽信歇家、跟子誆哄財物，通同插和稻碎在内，如違甘罪，執結是實。

2 □　執　結　人程仕祥（背面簽押）

七、明正德二年（一五〇七）五月南京金吾後衛西倉與執結爲禁革奸弊事殘件

【題解】

本件爲《國朝諸臣奏議》第三册卷六十九第十三葉紙背文書，現存文字三行，前後均完，上全下殘。從殘存内容來看，本件應爲明正德二年五月南京金吾後衛西倉爲禁革奸弊事所呈執結狀殘件。

本書紙背現存『南京金吾後衛西倉』相關文書另有本册卷六十八第九葉紙背文書與第四册卷一一三第十葉紙背文書綴合之正德二年三月南京金吾後衛西倉爲禁約事所呈結狀、本册卷六十八第十葉紙背文書與第五册卷一二九第四葉紙背文書綴合之正德二年四月南京金吾後衛西倉爲禁約事申巡視倉場監察御史羅狀。

【録文】

1 南京金吾後衛西倉今於

2 　與執結爲禁革奸弊事。依奉管得本倉軍餘□

3 正德貳年伍月（朱印）□

八、明正德二年（一五〇七）四月南京旗手衛東倉攢典陳嘉與執結爲官軍俸糧事殘件

【題解】

本件爲《國朝諸臣奏議》第三册卷六十九第十四葉紙背文書，現存文字三行，前後均完，上全下殘。從殘存内容來看，本件應爲明正德二年四月南京旗手衛東倉攢典陳嘉爲官軍俸糧事所呈執結狀殘件。

【録文】

1 南京旗手衛東倉攢典陳嘉今於

2 　與執結爲官軍俸粮事。依奉管得本倉放支南京金吾左衛□

3 正德二年四月□

九、明正德二年（一五〇七）五月浙江湖州府烏程縣糧長邵禮告完狀爲解送正德元年份税糧事殘件

【題解】

本件爲《國朝諸臣奏議》第三册卷六十九第十五葉紙背文書，現存文字三行，前後均完，上全下殘。從殘存内容來看，本件應爲明正德二年五月浙江湖州府烏程縣糧長邵禮爲解送正德元年份税糧事所呈告完狀殘件。

本件文書中『邵禮』一名又見於本册卷六十九第十六葉紙背正德二年五月邵禮爲領回原呈在官米樣事所呈執結狀殘件、第四册卷一一五第九葉紙背邵禮領狀殘件。

【録文】

1　告完狀人邵禮，係浙江湖州府烏程縣粮長，狀告解送正德元年分

2　南京河下水次交兑完足，理合具告。

3　正德二年五月　　日告

一〇、明正德二年（一五〇七）五月浙江湖州府烏程縣糧長邵禮與執結爲領回原呈在官米樣事殘件

【題解】

本件爲《國朝諸臣奏議》第三册卷六十九第十六葉紙背文書，現存文字三行，前後均完，上全下殘。從殘存内容來看，本件應爲明正德二年五月浙江湖州府烏程縣糧長邵禮爲領回原呈在官米樣事所呈執結狀殘件。

本件文書中『邵禮』一名又見於本册卷六十九第十五葉紙背正德二年五月邵禮爲解送正德元年份税糧事所呈告完狀殘件、第四册卷一一五第九葉紙背邵禮領狀殘件。

【録文】

1 浙江湖州府烏程縣粮長邵禮今於

2 與執結實領回原呈在官米樣

3 正德二年五月 日與

一一、明正德二年（一五〇七）二月直隸徽州府休寧縣糧長金希銘告完狀爲送納正德元年份税糧事殘件

【題解】

本件爲《國朝諸臣奏議》第三册卷六十九第十七葉紙背文書，現存文字四行，前後均完，上全下殘；第四行具體日期『廿七』兩字字體粗大，墨色濃匀，爲二次書寫。從殘存内容來看，本件應爲明正德二年二月直隸徽州府休寧縣糧長金希銘爲送納正德元年份税糧事所呈告完狀殘件。

【録文】

1 告完狀人金希銘，係直隸徽州府休寧縣粮長，狀告送納正德元

2 南京錦衣衛烏龍潭倉交納完足，理合來告

3 巡視倉場監察老爹　處施行。

4 正德二年二月 **廿七** 日告

卷第七十（共十四葉）

一、明正德二年（一五〇七）三月南京留守右衛餘丁潘亮與執結爲馱到湖廣岳州府平江縣納户厶税糧事殘件

【題解】

本件爲《國朝諸臣奏議》第三册卷七十第三葉紙背文書，現存文字四行，前後均完，上全下殘。從殘存内容來看，本件應爲明正德二年三月南京留守右衛餘丁潘亮爲馱到湖廣岳州府平江縣納户厶税糧事所呈執結狀殘件。

【録文】

1　南京畱守右衛餘丁潘亮今於

2　　與執結駝到湖廣岳州府平江縣納户□

3　南京金吾後衛南倉交卸，中途並不敢踈失升合、多取脚□

4　正德二年三月　　日與□

二、明正德二年（一五〇七）三月南京留守右衛餘丁潘英與執結爲馱到湖廣岳州府平江縣納户甘成税糧事殘件

【題解】

本件爲《國朝諸臣奏議》第三册卷七十第四葉紙背文書，現存文字四行，前後均完，上全下殘；第四行具體日期「十四」兩字字體粗大，墨色濃匀，爲二次書寫。從殘存内容來看，本件應爲明正德二年三月南京留守右衛餘丁潘英爲馱到湖廣岳州府平江縣納户甘成税糧事所呈執結狀殘件。

【録文】

1 南京留守右衛餘丁潘英今於

2 與執結駝到湖廣岳州府平江縣納户甘成米□

3 南京虎賁右衛倉交卸，中途不敢疎失升合、多取脚錢使用□

4 正德二年三月　十四　□

三、明正德二年（一五〇七）湖廣荆州府江陵縣納户王成與執結爲送納税糧事殘件

【題解】

本件爲《國朝諸臣奏議》第三册卷七十第七葉紙背文書，現存文字二行，前缺後完，上殘下全。《國朝諸臣奏議》紙背文書有明確紀年者，均爲正德二年有關税糧馬草交納或是南京倉場管理相關公文，據此結合本件文書殘存内容推斷，其應爲明正德二年王成爲送納税糧事所呈執結狀殘件。另，本件文書中『王成』一名又見於本册卷六十七第四葉紙背正德二年三月南京留守右衛餘丁蔣順爲馱到湖廣荆州府江陵縣納户王成税糧事所呈執結狀殘件、本册卷七十第八葉紙背王成告到或告完狀殘件、第五册卷一二八第十四葉紙背正德二年四月湖廣荆州府江陵縣納户王成爲領到納完餘剩碎稻二米事所呈領狀殘件。兹據相關文書擬定今題。

【録文】

（前缺）

1 □不致挿和稻碎，如違甘罪，執結是實。

2 □　結　人　王成（背面簽押）

四、明正德二年（一五〇七）湖廣荆州府江陵縣納户王成告到或告完狀爲送納税糧事殘件

【題解】

本件爲《國朝諸臣奏議》第三册卷七十第八葉紙背文書，現存文字二行，前缺後完，上殘下全。

《國朝諸臣奏議》紙背文書有明確紀年者，均爲正德二年有關税糧馬草交納或是南京倉場管理相關公文，據此結合本件文書殘存内容推斷，其應爲明正德二年王成爲送納税糧事所呈告到或告完狀殘件。另，本件文書中『王成』一名又見於本册卷六十七第四葉紙背正德二年三月南京留守右衛餘丁蔣順爲馱到湖廣荆州府江陵縣納户王成税糧事所呈執結狀殘件、本册卷七十第七葉紙背王成爲送納税糧事所呈執結狀殘件、第五册卷一二八第十四葉紙背正德二年四月湖廣荆州府江陵縣納户王成爲領到納完餘剩碎稻二米事所呈領狀殘件。兹據相關文書擬定今題。

【録文】

（前缺）

1　貳千陸百石，赴

（中缺）

2　狀　人　王成（背面簽押）

五、明正德二年（一五〇七）三月直隸蘇州府吴江縣糧長馮端與領狀爲領到納完糧米實收一紙事（一）

【題解】

本件爲《國朝諸臣奏議》第三册卷七十第九葉紙背文書，現存文字三行，前後均完，上全下殘。

本件文書與第七册卷一三八第十二葉紙背文書字迹相同、内容相關，可以綴合。從綴合後内容來看，其應爲明正德二年三月直隸蘇州府吴江縣糧長馮端爲領到納完糧米實收一紙事所呈領狀。兹據綴合後擬定今題。另，本件文書中『馮端』一名又見於

本册卷七十第十葉正德二年三月馮端爲領到在倉剩下稻碎事所呈領狀殘件、第五册卷一二三第十七葉紙背文書與同册同卷第二十葉紙背文書綴合之正德二年三月馮端爲送納正德元年份秋糧米事所呈告完狀。

【録文】

1 直隸蘇州府吴江縣粮長馮端今於

2 與領狀。實領到納完粮米實收一紙，領回銷繳，所領□□[一]。

3 正德二年三月

六、明正德二年（一五〇七）三月直隸蘇州府吴江縣糧長馮端與領狀爲領到在倉剩下稻碎事殘件

【題解】

本件爲《國朝諸臣奏議》第三册卷七十第十葉紙背文書，現存文字三行，前後均完，上全下殘。從殘存内容來看，本件應爲明正德二年三月直隸蘇州府吴江縣糧長馮端爲領到在倉剩下稻碎事所呈領狀殘件。

本件文書中『馮端』一名又見於本册卷七十第九葉紙背文書與第七册卷一三八第十二葉紙背文書綴合之正德二年三月馮端爲領到納完糧米實收一紙事所呈領狀殘件、第五册卷一二三第十七葉紙背文書與同册同卷第二十葉紙背文書綴合之正德二年三月馮端爲送納正德元年份秋糧米事所呈告完狀。

【録文】

1 直隸蘇州府吴江縣粮長馮端今於

[一] 據明代文書書寫格式可知，此處所缺文字應爲『是實』。

2 與領狀。實領到在倉剩下稻碎等項，今自照數□

3 正德二年三月　□

卷第七十一（共十三葉）

一、明正德二年（一五〇七）三月南京長安門倉與結狀爲禁約事殘件

【題解】

本件爲《國朝諸臣奏議》第三册卷七十一第一葉紙背文書，現存文字四行，前後均完，上全下殘；第五行鈐朱印一枚，印文不清，據文義推斷應爲『南京長安門倉印』。從殘存内容來看，本件應爲明正德二年三月南京長安門倉爲禁約事所呈結狀殘件。

本書紙背現存『南京長安門倉』相關文書另有同册同卷第五葉紙背正德二年三月南京長安門倉爲禁約事呈巡視倉場監察御史羅狀殘件、同册同卷第六葉紙背正德二年五月南京長安門倉爲禁約事與依准殘件。

【録文】

1 南京

2 長安門倉今於

3 　與結狀爲禁約事。依奉案驗内事理，遵依並無故意阿縱扶同□

4 正德貳年叁月（朱印）□

二、明正德二年（一五〇七）四月南京豹韜左衛倉把門攢典黃永興與執結爲官軍俸糧事（一）

【題解】

本件爲《國朝諸臣奏議》第三册卷七十一第二葉紙背文書，現存文字四行，前後均完，上全下殘。

本件文書與第二册卷五十八第四葉紙背文書字迹相同，内容相關，可以綴合。從綴合後内容來看，其應爲明正德二年四月南京豹韜左衛倉把門攢典黃永興爲官軍俸糧事所呈執結狀。茲據綴合後擬定今題。又，《國朝諸臣奏議》紙背文書中涉及『南京豹韜左衛倉』的文書另有第二册卷五十四第十三葉紙背正德二年三月南京豹韜左衛倉爲巡視倉場事申巡視倉場監察御史羅公文殘件、卷五十四第十四葉紙背正德二年三月南京豹韜左衛倉爲巡視倉場事與依准殘件、第六册卷一三〇第十三葉紙背文書之一正德二年南京豹韜左衛倉爲禁革奸弊事所呈執結狀殘件。

【録文】

1 南京豹韜左衛倉把門攢典黃永興今於

2 　與執結爲官軍俸粮事。依奉管得本倉於本年四月初五日坐放

3 頭進倉打攬，亦不許軍餘人等夾帶銅錢進倉買求扒揀好米，如違甘罪無詞

4 正德二年四月

三、明正德二年（一五〇七）三月江西南昌府進賢縣納户樊日瀚與領狀爲領到原呈樣米事（一）

【題解】

本件爲《國朝諸臣奏議》第三册卷七十一第三葉紙背文書，現存文字三行，前後均完，上全下殘。

本件文書與第一册丙集目録第十二葉紙背文書字迹相同，内容相關，可以綴合。從綴合後内容可見，其應爲明正德二年三月江西南昌府進賢縣納户樊日瀚爲領到原呈樣米事所呈領狀。另，本件文書中『樊日瀚』一名又見於第二册卷五十六第十一葉紙

背文書與同册卷五十七第六葉紙背文書綴合之正德二年三月樊日瀚爲領到在倉篩下稻碎事所呈領狀、第二册卷五十六第十二葉紙背文書與同册卷五十七第五葉紙背文書綴合之正德二年三月樊日瀚爲領到納完弘治十八年（一五〇五）份秋糧一紙事所呈領狀、第五册卷一二六第十一葉紙背文書與第七册卷一三五第八葉紙背文書綴合之正德二年三月樊日瀚爲領到原呈樣米事所呈領狀、第二册卷五十六第九葉紙背樊日瀚告完狀殘件、第六册卷一三三第十二葉紙背樊日瀚爲送納税糧事所呈告到或告完狀殘件、第七册卷一三五第七葉紙背樊日瀚爲領到納完弘治十七年份秋糧米實收一紙事所呈領狀殘件。

【録文】

1　江西南昌府進賢縣納户樊日瀚今於

2　　與領狀。實領到原呈樣米領囬，所領是實。

3　正德二年三月　　日與

四、明正德二年（一五〇七）三月江西臨江府新喻糧長郭德告完狀爲送納弘治十七年（一五〇四）份秋糧事（一）

【題解】

本件爲《國朝諸臣奏議》第三册卷七十一第四葉紙背文書，現存文字三行，前後均完，上全下殘。

本件文書與第四册卷一一二第十一葉紙背文書字迹相同，内容相關，可以綴合。從綴合後内容可見，其應爲明正德二年三月江西臨江府新喻糧長郭德爲送納弘治十七年份秋糧事所呈告完狀。另，本件文書中『郭德』一名又見於本册卷七十三第九葉紙背郭德領狀殘件及郭德告完狀殘件（該葉爲二件文書殘葉拼接而成）、卷七十三第十葉紙背文書之一郭德領狀殘件。

【録文】

1　告完狀人郭德，係江西臨江府新喻粮長，狀告送納弘治十七年分秋

2　南京府軍右衛西倉交納完足，理合具狀來告。

3 正德二年三月　　日告□

五、明正德二年（一五〇七）三月南京長安門倉中巡視倉場監察御史羅狀爲禁約事殘件

【題解】

本件爲《國朝諸臣奏議》第三册卷七十一第五葉紙背文書，現存文字七行，前後均完，上全下殘；第六行鈐朱印一枚，印文不清，據文義推斷應爲『南京長安門倉印』。從殘存内容來看，本件應爲明正德二年三月南京長安門倉爲禁約事中巡視倉場監察御史羅公文殘件。據考證，『巡視倉場監察御史羅』疑爲『羅鳳』。

本書紙背現存『南京長安門倉』相關文書另有同册同卷第一葉紙背正德二年三月南京長安門倉爲禁約事所呈結狀殘件、同册同卷第六葉紙背正德二年五月南京長安門倉爲禁約事與依准殘件。

【録文】

1 　南京
2 長安門倉爲禁約事。抄蒙
3 巡視倉場監察御史羅　案驗前事。蒙此，遵依案驗内事理，除壹體遵奉□
4 右　　申
5 巡視倉場監察御史羅
6 正德貳年叁月（朱印）　拾貳　日副使陶輔
7 　禁約事

六、明正德二年（一五〇七）三月南京長安門倉與依准爲禁約事殘件

【題解】

本件爲《國朝諸臣奏議》第三册卷七十一第六葉紙背文書，現存文字四行，前後均完，上全下殘；第四行鈐朱印一枚，印文不清，據文義推斷應爲『南京長安門倉印』。從殘存内容來看，本件應爲明正德二年三月南京長安門倉爲禁約事與依准殘件。

本書紙背現存『南京長安門倉』相關文書另有同册同卷第一葉紙背正德二年三月南京長安門倉爲禁約事所呈結狀殘件、同册同卷第五葉紙背正德二年五月南京長安門倉爲禁約事申巡視倉場監察御史羅狀殘件。

【録文】

1 南京

2 長安門倉今於

3 與依准爲禁約事。依蒙案驗内事理，除壹體遵奉外，中間不□

4 正德貳年叁月（朱印）□

七、明正德二年（一五〇七）五月直隸徽州府歙縣糧長汪希仁與領狀爲領到原呈在官米樣事殘件

【題解】

本件爲《國朝諸臣奏議》第三册卷七十一第九葉紙背文書，現存文字三行，前後均完，上全下殘。從殘存内容來看，本件應爲明正德二年五月直隸徽州府歙縣糧長汪希仁爲領到原呈在官米樣事所呈領狀殘件。

本件文書中『汪希仁』一名又見於同册同卷第十葉紙背正德二年五月汪希仁爲送納正德元年份税糧事所呈告完狀殘件。

【録文】

1　直隸徽州府歙縣粮長汪希仁今於

2　與領狀。實領到原呈在官米様□

3　正德二年五月□

八、明正德二年（一五〇七）五月直隸徽州府歙縣糧長汪希仁告完狀爲送納正德元年份税糧事殘件

【題解】

本件爲《國朝諸臣奏議》第三册卷七十一第十葉紙背文書，現存文字三行，前後均完，上全下殘。從殘存内容來看，本件應爲明正德二年五月直隸徽州府歙縣糧長汪希仁爲送納正德元年份税糧事所呈告完狀殘件。

本件文書中『汪希仁』一名又見於同册同卷第九葉紙背正德二年五月汪希仁爲領到原呈在官米樣事所呈領狀殘件。

【録文】

1　告完狀人汪希仁，係直隸徽州府歙縣粮長，狀告送納正德元年分□

2 南京河下水次兊軍交納完足，具狀來告。

3 正德二年五月

九、明正德二年（一五〇七）三月直隸寧國府宣城縣糧長蔣仁與執結爲送納正德元年份税糧事殘件

【題解】

本件爲《國朝諸臣奏議》第三册卷七十一第十一葉紙背文書，現存文字三行，前後均完，上全下殘。從殘存内容來看，本件應爲明正德二年三月直隸寧國府宣城縣糧長蔣仁爲送納正德元年份税糧事所呈執結狀殘件。

本件文書中『蔣仁』一名又見於同册同卷第十二葉紙背正德二年三月蔣仁爲送納税糧事所呈告到狀殘件。

【録文】

1 直隸寧國府宣城縣粮長蔣仁今於

2 與執結為送納正德元年分

3 正德二年三月

一〇、明正德二年（一五〇七）三月直隸寧國府宣城縣糧長蔣仁告到狀爲送納正德元年份稅糧事殘件

【題解】

本件爲《國朝諸臣奏議》第三册卷七十一第十二葉紙背文書，現存文字三行，前後均完，上全下殘；第三行具體日期『十九』二字字體粗大，墨色濃勻，爲二次書寫。從殘存内容來看，本件應爲明正德二年三月直隸寧國府宣城縣糧長蔣仁爲送納稅糧事所呈告到狀殘件。

本件文書中『蔣仁』一名又見於同册同卷第十一葉紙背正德二年三月蔣仁爲送納正德元年份稅糧事所呈執結狀殘件。兩件文書形成時間均爲正德二年三月，據此推測，本件文書所涉及送納稅糧應同爲正德元年份稅糧，兹據此擬定今題。

【録文】

1　告到狀人蔣仁，係直隸寧國府宣城縣粮長，狀告送

2　南京金吾後衛東倉交納，理合具狀來告。

3　正德二年三月　　十九

卷七十二（共十六葉，其中第九、十兩葉原版缺，補白紙二張）

一、明正德二年（一五〇七）孫厶與執結爲交納税糧事殘件

【題解】

本件爲《國朝諸臣奏議》第三册卷七十二第一葉紙背文書，現存文字二行，前缺後完，上下均殘。

《國朝諸臣奏議》紙背文書有明確紀年者，均爲正德二年有關税糧馬草交納或是南京倉場管理相關公文，據此結合本件文書殘存内容推斷，其應爲明正德二年孫厶爲交納税糧事所呈執結狀殘件。另，本件文書與同册同卷第二葉紙背文書字迹相同，應爲同一人交納税糧文書殘件。

【録文】

（前缺）

1 □中間不敢挿和陳湿爛米在内，如違甘罪，執結是實。

2 □執　結　人　孫□

二、明正德二年（一五〇七）孫厶告到狀爲交納税糧事殘件

【題解】

本件爲《國朝諸臣奏議》第三册卷七十二第二葉紙背文書，現存文字二行，前缺後完，上下均殘。

《國朝諸臣奏議》紙背文書有明確紀年者，均爲正德二年有關税糧馬草交納或是南京倉場管理相關公文，據此結合本件文書殘存内容推斷，其應爲明正德二年孫厶爲交納税糧事所呈告到狀殘件。另，本件文書與同册同卷第一葉紙背文書字迹相同，應爲同一人交納税糧文書殘件。

【録文】

（前缺）

1　　千伍百伍拾捌石伍斗陸升，前赴

（中缺）

2　　到　狀　人　孫

三、明正德二年（一五〇七）五月南京羽林右衛復成橋倉與依准爲總督糧儲事殘件

【題解】

本件爲《國朝諸臣奏議》第三册卷七十二第七葉紙背文書，現存文字三行，前後均完，上全下殘；第三行鈐朱印一枚，印文不清，據文義推斷應爲『南京羽林右衛復成橋倉印』。從殘存内容來看，本件應爲明正德二年五月南京羽林右衛復成橋爲總督糧儲事與依准殘件。

本書紙背現存『南京羽林右衛復成橋倉』相關文書另有同册卷六十八第八葉紙背正德二年三月南京羽林右衛復成橋爲禁約事申巡視倉場監察御史羅狀殘件、本册卷七十二第八葉紙背正德二年五月南京羽林右衛復成橋倉爲總督糧儲事申巡視倉場監

察御史羅狀殘件、同册同卷第十三葉紙背正德二年四月南京羽林右衛復成橋倉委官副使熊壯爲公務事所呈執結狀殘件、第四册卷一一一第十五葉紙背正德二年五月南京羽林右衛復成橋倉把門副使熊壯爲禁革奸弊事所呈執結狀殘件。

【録文】

1 南京羽林右衛復成橋倉今於

2 與依准爲總督粮儲事。除遵依劄案[内]

3 正德貳年伍月（朱印）

四、明正德二年（一五〇七）五月南京羽林右衛復成橋倉申巡視倉場監察御史羅狀爲總督糧儲事殘件

【題解】

本件爲《國朝諸臣奏議》第三册卷七十二第八葉紙背文書，現存文字八行，前後均完，上全下殘；第七行鈐朱印一枚，印文不清，據文義推斷應爲『南京羽林右衛復成橋倉印』。從殘存内容來看，本件應爲明正德二年五月南京羽林右衛復成橋倉爲總督糧儲事申巡視倉場監察御史羅狀殘件。據考證，『巡視倉場監察御史羅』疑爲『羅鳳』。第五册卷一二三第十一葉紙背文書題解。據考證應爲『儲巏』，相關考證見『欽差總督南京糧儲都察院左僉御史儲』。

本書紙背現存『南京羽林右衛復成橋倉』相關文書另有本册卷六十八第八葉紙背正德二年三月南京羽林右衛復成橋倉爲禁約事申巡視倉場監察御史羅狀殘件、第三册卷七十二第七葉紙背正德二年五月南京羽林右衛復成橋倉爲總督糧儲事與依准殘件、同册同卷第十三葉紙背正德二年四月南京羽林右衛復成橋倉委官副使熊壯爲公務事所呈執結狀殘件、第四册卷一一一第十五葉紙背正德二年五月南京羽林右衛復成橋倉把門副使熊壯爲禁革奸弊事所呈執結狀殘件。

【録文】

1 南京羽林右衛復成橋倉爲總督粮儲事。抄蒙

2　　巡視倉場監察御史羅　案驗，奉

3　欽差總督南京粮儲都察院左僉都御史儲　劄付前事，備仰抄案回倉□

4　　蒙此，除欽遵外，今具本倉官攢不違依准，理合粘連申繳□

5　右　　申

6　巡視倉場監察御史羅

7　正德貳年伍月（朱印）□

8　　總督粮儲事

五、明正德二年（一五〇七）南京金吾前衛餘丁錢達與執結爲交納税糧事殘件

【題解】

本件爲《國朝諸臣奏議》第三册卷七十二第十一葉紙背文書，現存文字二行，前缺後完，上下均殘。《國朝諸臣奏議》紙背文書有明確紀年者，均爲正德二年有關税糧馬草交納或是南京倉場管理相關公文，據此結合本件文書殘存内容推斷，其應爲明正德二年錢達爲交納税糧事所呈執結狀殘件。另，本件文書中『錢達』一名又見於第四册卷一一四第六葉紙背錢達執結狀殘件、第五册卷一二四第二葉紙背錢達執結狀殘件、第八册卷一四二第十四葉紙背正德二年三月南京金吾前衛餘丁錢達爲馱到浙江衢州府江山縣厶税糧事所呈執結狀。兹據相關文書擬定今題。

【録文】

（前缺）

1　□等米叁百五十五石，馱赴

（中缺）

2 □ 執　結　人錢達 □〔二〕

六、明正德二年（一五〇七）周瓊與執結爲交納税糧事殘件

【題解】

本件爲《國朝諸臣奏議》第三册卷七十二第十二葉紙背文書，現存文字二行，前缺後完，上下均殘。

《國朝諸臣奏議》紙背文書有明確紀年者，均爲正德二年有關税糧馬草交納或是南京倉場管理相關公文，據此結合本件文書殘存内容推斷，其應爲明正德二年周瓊爲交納税糧事所呈執結狀殘件。

【録文】

（前缺）

1 □ 人包攬挿和稻碎，如違甘罪，執結是實。

2 □ 執　結　人周[瓊] □〔三〕

〔二〕據明代文書書寫格式可知，此處所缺文字應爲「錢達」簽押。

〔三〕據明代文書書寫格式可知，此處所缺文字應爲「周[瓊]」簽押。

七、明正德二年（一五〇七）四月南京羽林右衛復成橋倉委官副使熊壯與執結爲公務事殘件

【題解】

本件爲《國朝諸臣奏議》第三册卷七十二第十三葉紙背文書，現存文字三行，前後均完，上全下殘。從殘存内容來看，本件應爲明正德二年四月南京羽林右衛復成橋倉委官副使熊壯爲公務事所呈執結狀殘件。

本書紙背現存『南京羽林右衛復成橋倉』相關文書另有本册卷六十八第八葉紙背正德二年三月南京羽林右衛復成橋爲禁約事申巡視倉場監察御史羅狀殘件、同册卷七十二第七葉紙背正德二年五月南京羽林右衛復成橋爲總督糧儲事與依准殘件、同册卷第八葉紙背正德二年五月南京羽林右衛復成橋倉爲總督糧儲事申巡視倉場監察御史羅狀殘件、第四册卷一一一第十五葉紙背正德二年五月南京羽林右衛復成橋倉把門副使熊壯爲禁革奸弊事所呈執結狀殘件。

【録文】

1 南京羽林右衛復成橋倉委官副使熊壯今於

2 　與執結爲公務事。依奉捉得本倉□

3 正德貳年肆月□

卷七十三（共十葉）

一、明正德二年（一五〇七）五月直隸蘇州府嘉定縣糧長丘鉞告到狀爲送納正德元年份秋糧米事（一）

【題解】

本件爲《國朝諸臣奏議》第三册卷七十三第一葉紙背文書，現存文字三行，前後均完，上全下殘；第三行具體日期「初五」兩字字體粗大，墨色濃匀，爲二次書寫。

本件文書與第六册卷一三一第十八葉紙背文書字迹相同、内容相關，可以綴合。從綴合後内容來看，其應爲明正德二年五月直隸蘇州府嘉定縣糧長丘鉞爲送納正德元年份秋糧米事所呈告到狀。茲據綴合後擬定今題。另，本件文書中『丘鉞』一名又見於第六册卷一三一第八葉紙背正德二年丘鉞爲送納稅糧事所呈執結狀殘件。

【録文】

1 告到狀人丘鉞，係直隸蘇州府嘉定縣粮長，狀告送納正德□

2 南京兵部會同館交納，理合具告。

3 正德二年五月　**初五**　日告□

二、明正德二年（一五〇七）厶倉場申巡視倉場監察御史羅狀爲禁約事殘件

【題解】

本件爲《國朝諸臣奏議》第三册卷七十三第二葉文書，正背雙面書寫，背面現存文字二行，前缺後完，上殘下全；文書右下角鈐左半朱印半枚，印文不清，結合其他明代公文可知，其應爲標示紙張大小防止揭改之用；正面現存文字一行，爲説明文書末經改寫的保證性文字。

《國朝諸臣奏議》紙背文書有明確紀年者，均爲正德二年有關税糧馬草交納或是南京倉場管理相關公文，據此結合本件文書殘存内容及同書紙背其他相似文書推斷，本件應爲明正德二年厶倉場爲禁約事申巡視倉場監察御史羅狀殘件。

【録文】

背：

（前缺）

1 □遵依施行外，今具本場官攢不違依准，合先申繳施行，須至申者。

（中缺二行）

2 □　　使張麟

正：

1 當該攢典余靖堂字無洗補

三、明正德二年（一五〇七）四月南京留守左衛舍餘朱廣與執結爲徵收馬草事殘件

【題解】

本件爲《國朝諸臣奏議》第三册卷七十三第五葉紙背文書，現存文字三行，前後均完，上全下殘；第三行具體日期『初九』

兩字字體粗大，墨色濃勻，爲二次書寫。從殘存內容來看，本件應爲明正德二年四月南京留守左衛舍餘朱廣爲徵收馬草事所呈執結狀殘件。

本件文書內容與同册同卷第六葉紙背文書，書寫日期相同，且均與徵收浙江湖州府解户馬草事相關，疑其爲同一事件的同組文書。

【録文】

1 南京留守左衛舍餘朱廣，見住崇礼街第四鋪地方，今於

2 與執結爲徵收馬草事。今有浙江湖州府

3 正德二年四月 **初九**

四、明正德二年（一五〇七）四月浙江湖州府安吉縣解户顏鵬與領狀爲徵收馬草事殘件

【題解】

本件爲《國朝諸臣奏議》第三册卷七十三第六葉紙背文書，現存文字三行，前後均完，上全下殘；第三行具體日期『初九』兩字字體粗大，墨色濃勻，爲二次書寫。從殘存內容來看，本件應爲明正德二年四月浙江湖州府安吉縣解户顏鵬爲徵收馬草事所呈領狀殘件。

本件文書內容與同册同卷第五葉紙背文書均與徵收浙江湖州府解户馬草事相關，疑其爲同一事件的同組文書。

【録文】

1 浙江湖州府安吉縣解户顏鵬今於

2 與領狀爲徵收馬草事。依蒙實領到本縣馬

3　正德二年四月　　初九　□

五、明正德二年（一五〇七）江西袁州府宜春縣糧長李昇告到狀爲送納稅糧事殘件

【題解】

本件爲《國朝諸臣奏議》第三册卷七十三第七葉紙背文書，現存文字二行，前缺後完，上殘下全。

《國朝諸臣奏議》紙背文書有明確紀年者，均爲正德二年有關稅糧馬草交納或是南京倉場管理相關公文，且本件文書中『李昇』一名又見於本册卷六十七第十三葉紙背文書與第五册卷一二三第三葉紙背文書綴合之正德二年三月江西袁州府宜春縣糧長李昇爲遞納弘治十八年（一五〇五）份秋糧事所呈執結狀。據此結合本件殘存内容可知，其應爲明正德二年江西袁州府宜春縣糧長李昇爲送納稅糧事所呈告到狀殘件。

【録文】

（前缺）

1　□粮米貳百貳拾捌石，赴

（中缺）

2　□到　　狀人 李昇□[一]

[一] 據明代文書書寫格式可知，此處所缺文字應爲『李昇』簽押。

六、明正德二年（一五〇七）謝厶等告完狀爲送納税糧事殘件

【題解】

本件爲《國朝諸臣奏議》第三册卷七十三第八葉紙背文書，現存文字二行，前缺後完，上殘下全。

《國朝諸臣奏議》紙背文書有明確紀年者，均爲正德二年有關税糧馬草交納或是南京倉場管理相關公文，據此結合本件文書殘存内容推斷，其應爲明正德二年謝厶等爲送納税糧事所呈告完狀殘件。

【録文】

（前缺）

1 [　]石四斗二升九合九勺肆抄，前赴

（中缺）

2 [　]完　狀人□□□　謝□[　]

七、明正德二年（一五〇七）江西臨江府新喻糧長郭德與領狀爲送納税糧事殘件

【題解】

本件爲《國朝諸臣奏議》第三册卷七十三第九葉紙背文書之一。本葉爲二紙拼接而成，紙背各殘存文書一件。本件爲紙背右側文書，現存文字二行，前缺後完，上下均殘。

《國朝諸臣奏議》紙背文書有明確紀年者，均爲正德二年有關税糧馬草交納或是南京倉場管理相關公文。另，本件文書中『郭德』一名還見於本册卷七十一第四葉紙背文書與第四册卷一一二第十一葉紙背文書綴合之正德二年三月江西臨江府新喻糧長郭德爲送納弘治十七年（一五〇四）份秋糧事所呈告完狀、與本件文書同葉的另一文書郭德告完狀殘件、本册卷七十三第十葉紙背文書之一郭德領狀殘件等。據此相關文書結合本件文書殘存内容來看，其應爲明正德二年江西臨江府新喻糧長郭德爲送納税糧事所呈領狀殘件。茲據此擬定今題。

【録文】

（前缺）

1 □實。

2 □領　狀　人　郭德□［一］

八、明正德二年（一五〇七）江西臨江府新喻糧長郭德告完狀爲送納税糧事殘件

【題解】

本件爲《國朝諸臣奏議》第三册卷七十三第九葉紙背文書之一。本葉爲二紙拼接而成，紙背各殘存文書一件。本件爲紙背左側文書，現存文字二行，前缺後完，上下均殘。

《國朝諸臣奏議》紙背文書有明確紀年者，均爲正德二年有關税糧馬草交納或是南京倉場管理相關公文。另，本件文書中『郭德』一名還見於本册卷七十一第四葉紙背文書與第四册卷一一二第十一葉紙背文書綴合之正德二年三月江西臨江府新喻糧長郭德爲送納弘治十七年（一五〇四）份秋糧事所呈告完狀、與本件文書同葉的另一文書郭德領狀殘件、本卷七十三第十葉紙背文書之一郭德領狀殘件等。據此相關文書結合本件文書殘存内容來看，其應爲明正德二年江西臨江府新喻糧長郭德爲送納税糧事所呈告完狀殘件。兹據此擬定今題。

【録文】

（前缺）

1 □赴

［一］據明代文書書寫格式可知，此處所缺文字應爲『郭德』簽押。

（中缺）

2 □□□□　完　狀　人郭德□□[二]

九、明正德二年（一五〇七）江西臨江府新喻糧長郭德與領狀爲送納税糧事殘件

【題解】

本件爲《國朝諸臣奏議》第三册卷七十三第十葉紙背文書之一。本葉爲二紙拼接而成，紙背各殘存文書一件。本件爲紙背右側文書，現存文字一行，前缺後完，上殘下全。

《國朝諸臣奏議》紙背文書有明確紀年者，均爲正德二年有關税糧馬草交納或是南京倉場管理相關公文。另，本件文書中『郭德』一名還見於本册卷七十一第四葉紙背文書與第四册卷一一二第十一葉紙背文書綴合之正德二年三月江西臨江府新喻糧長郭德爲送納弘治十七年（一五〇四）份秋糧事所呈告完狀、同册卷七十三第九葉紙背郭德領狀殘件及郭德告完狀殘件（該葉爲二件文書殘葉拼接而成）。據此相關文書結合本件文書殘存内容來看，其應爲明正德二年江西臨江府新喻糧長郭德爲送納税糧事所呈領狀殘件。茲據此擬定今題。

【録文】

（前缺）

1 □□　領　狀　人郭德（背面簽押）

[二] 據明代文書書寫格式可知，此處所缺文字應爲『郭德』簽押。

一〇、明正德二年（一五〇七）厶倉把門攢典汪鸞與執結爲禁約事殘件

【題解】

本件爲《國朝諸臣奏議》第三册卷七十三第十葉紙背文書之一。本葉爲二紙拼接而成，紙背各殘存文書一件。本件爲紙背左側文書，現存文字二行，前缺後完，上殘下全。

《國朝諸臣奏議》紙背文書有明確紀年者，均爲正德二年有關稅糧馬草交納或是南京倉場管理相關公文。據此結合本件殘存内容及紙背其他相似文書推斷，本件文書應爲明正德二年厶倉把門攢典汪鸞爲禁約事所呈執結狀殘件。另，「汪鸞」一名還見於第四册卷一一四第十四葉紙背汪鸞申狀殘件。

【録文】

（前缺）

1 ［　　　］□楊廣等逐一搜撿[一]，並不敢縱容光棍買頭人等，夾帶銅錢進倉買求擡觧軍餘扒

（中缺）

2 ［　　　］門　　攢　　典　汪鵉（背面簽押）

[一] 據文義推斷，「撿」通「檢」。

卷七十四（共十葉）

一、明正德二年（一五〇七）四月直隸滁州里長葛春與領狀爲領回原呈糙粳米樣事（一）

【題解】

本件爲《國朝諸臣奏議》第三册卷七十四第三葉紙背文書，現存文字三行，前後均完，上全下殘。

本件文書與第六册卷一三一第十七葉紙背文書字迹相同、内容相關，可以綴合。從綴合後内容來看，其應爲明正德二年四月直隸滁州里長葛春爲領回原呈糙粳米樣事所呈領狀。兹據綴合後擬定今題。另，本件文書中『葛春』一名又見於第五册卷一二八第五葉紙背葛春爲送納税糧事所呈告到狀殘件、卷一二八第六葉紙背葛春爲送納税糧事所呈執結狀殘件、第六册卷一三一第十葉紙背葛春爲送納正德元年份糙粳米事所呈告完狀殘件。

【録文】

1　直隸滁州里長葛春今於

2　　與領狀。實領到原呈糙粳米樣

3　正德二年四月　　日與

二、明正德二年（一五〇七）田孟明申狀殘尾

【題解】

本件爲《國朝諸臣奏議》第三册卷七十四第四葉紙背文書，現存文字一行，前缺後完，上下均殘。

《國朝諸臣奏議》紙背文書有明確紀年者，均爲正德二年有關税糧馬草交納或是南京倉場管理相關公文，據此結合本件文書殘存内容推斷，其應爲明正德二年田孟明申狀殘尾。

【録文】

（前缺）

1 □　状　人田孟明□[二]

三、明正德二年（一五〇七）公文殘件

【題解】

本件爲《國朝諸臣奏議》第三册卷七十四第七葉紙背文書之一。本葉爲二紙拼接而成，其中左側一紙無文字殘留。本件爲紙背右側文書，現存文字一行，前後均完，上全下殘。從殘存内容並結合明代公文書寫格式來看，其應爲説明文書未經改寫的保證性文字，原應書寫於公文紙背。

《國朝諸臣奏議》紙背文書有明確紀年者，均爲正德二年有關税糧馬草交納或是南京倉場管理相關公文。據此結合本件殘存内容可知，其應爲明正德二年公文殘件。

【録文】

1 當該書寫攢典陳□

[二] 據明代文書書寫格式可知，此處所缺文字應爲『田孟明』簽押。

第四册

内封（共二葉）

一、明正德二年（一五〇七）經紀人吴傣申狀殘尾

【題解】

本件爲《國朝諸臣奏議》第四册前内封皮裱紙文書，現存文字一行，前缺後完，上下均殘。《國朝諸臣奏議》紙背文書有明確紀年者，均爲正德二年有關税糧馬草交納或是南京倉場管理相關公文。據此結合本件殘存内容可知，其應爲明正德二年經紀人吴傣申狀殘尾。

【録文】

（前缺）

1 □□□□纪　　　人吴傣□□[一]

[一] 據明代文書書寫格式可知，此處所缺文字應爲「吴傣」簽押。

卷一一一（共十七葉）

一、明正德二年（一五〇七）五月直隸徽州府照磨所照磨范英告完狀爲送納休寧等陸縣弘治十八年（一五〇五）份秋糧米事（一）

【題解】

本件爲《國朝諸臣奏議》第四册卷一一一第四葉紙背文書，現存文字七行，前後均完，上全下殘；第七行具體日期「初九」二字字體粗大，墨色濃匀，爲二次書寫。

本件文書與第六册卷一三三第十五葉紙背文書字迹相同、内容相關，可以綴合。從綴合後内容來看，其應爲明正德二年五月初九日直隸徽州府照磨所照磨范英爲送納休寧等陸縣弘治十八年份秋糧米事所呈告完狀。茲據綴合後擬定今題。

【録文】

1 告完狀人范英，係直隸徽州府照磨所照磨，狀告蒙本府批差總部休寧等陸□

2 南京户部告判錦衣等衛、烏龍潭等倉并水次兑夫，交納完足。爲此，具狀來□

3 　　計開：納完

4 　　　休寧縣，米陸千玖百捌拾玖石正；□

5 　　　婺源縣，米柒千貳百肆拾石正；□

6 　　　祁門縣，米貳千玖百捌拾石正；□

7 正德貳年伍月　　**初九**　□

二、明正德二年（一五〇七）三月浙江湖州府烏程縣糧長蔡怡告完狀爲送納弘治十八年（一五〇五）份税糧事殘件

【題解】

本件爲《國朝諸臣奏議》第四册卷一一一第十一葉紙背文書，現存文字三行，前後均完，上全下殘。從殘存内容來看，本件應爲明正德二年三月浙江湖州府烏程縣糧長蔡怡爲送納弘治十八年份税糧事所呈告完狀殘件。

【録文】

1　告完狀人蔡怡，係浙江湖州府烏程縣粮長，狀告送納弘治十[八]□

2　南京虎賁右衛倉交納完足，有此，具狀來告。

3　正德二年三月□

三、明正德二年（一五〇七）三月江西饒州府德興縣糧長葉琳與領狀爲領到納完糧米實收一紙事殘件

【題解】

本件爲《國朝諸臣奏議》第四册卷一一一第十二葉紙背文書，現存文字三行，前後均完，上全下殘。從殘存内容來看，本件應爲明正德二年三月江西饒州府德興縣糧長葉琳爲領到納完糧米實收一紙事所呈領狀殘件。

本件文書中『葉琳』一名又見於第一册丁集目録第十一葉紙背正德二年三月江西饒州府德興縣糧長葉琳爲領到原呈米樣事所呈領狀殘件、同册丁集目録第十二葉紙背正德二年三月葉琳爲領到餘剩稻碎二米事所呈領狀殘件。

【録文】

1　江西饒州府德興縣粮長葉琳今於

2　　與領狀。實領到納完粮米實收一紙領囬銷□

3　正德二年三月

四、明正德二年（一五〇七）五月南京羽林右衛復成橋倉把門副使熊壯與執結爲禁革奸弊事殘件

【題解】

本件爲《國朝諸臣奏議》第四册卷一一一第十五葉紙背文書，現存文字三行，前後均完，上全下殘。從殘存内容來看，本件應爲明正德二年五月南京羽林右衛復成橋倉把門副使熊壯爲禁革奸弊事所呈執結狀殘件。

本書紙背現存『南京羽林右衛復成橋倉』相關文書另有第三册卷六十八第八葉紙背正德二年五月南京羽林右衛復成橋倉把門副使熊壯爲禁革奸弊事所呈執結狀殘件、第三册卷七十二第七葉紙背正德二年五月南京羽林右衛復成橋倉爲總督糧儲事與依准殘件、同册同卷第八葉紙背正德二年五月南京羽林右衛復成橋倉爲總督糧儲事申巡視倉場監察御史羅狀殘件、同册同卷第十三葉紙背正德二年四月南京羽林右衛復成橋倉委官副使熊壯爲公務事所呈執結狀殘件。

【録文】

1　南京羽林右衛復成橋倉把門副使熊壯今於

2　　與執結爲禁革奸弊事。依奉管得本倉正德貳年伍月份坐放南京牧馬

3　正德貳年伍月

五、明正德二年（一五〇七）五月南京虎賁左衛倉與執結爲看守倉糧事（一）

【題解】

本件爲《國朝諸臣奏議》第四册卷一一一第十六葉紙背文書，現存文字三行，前後均完，上全下殘；第三行鈐朱印一枚，印

文不清，但從文義推斷，其應爲『南京虎賁左衛倉印』。

本件文書與同册卷一一五第十六葉紙背文書字迹相同、内容相關，可以綴合。從綴合後内容來看，其應爲明正德二年五月南京虎賁左衛倉爲看守倉糧事所呈執結狀。兹據綴合後擬定今題。另，本書紙背現存『南京虎賁左衛倉』相關文書另有第五册卷一二六第二葉紙背正德二年三月南京留守右衛餘丁尹福爲馱到江西瑞州府上高縣糧長付辰孫名下税糧事所呈執結狀殘件、第五册卷一二七第四葉紙背正德二年四月直隸蘇州府太倉州糧長陸文爲送納正德元年份秋糧米事所呈告完狀殘件、第八册卷一四二第十五葉紙背正德二年五月南京虎賁左衛倉爲地方事申巡視倉場監察御史羅狀殘件、第八册卷一四四第二葉紙背正德二年五月南京虎賁左衛倉爲地方事與依准殘件。

【録文】

1 南京虎賁左衛倉今於

2 　與執結爲看守倉粮事。依奉管得本倉軍餘等□

3 正德貳年伍月（朱印）□

卷第一一二（共十九葉）

一、明正德二年（一五〇七）四月南京留守前衛餘丁鄧瓚與執結爲賣到直隸蘇州府崑山縣厶名下馬草事殘件

【題解】

本件爲《國朝諸臣奏議》第四册卷一一二第一葉紙背文書，現存文字四行，前後均完，上全下殘。從殘存内容來看，本件應爲明正德二年四月南京留守前衛餘丁鄧瓚爲賣到直隸蘇州府崑山縣厶名下馬草事所呈執結殘件。

本件文書中「鄧瓚」一名又見於本册卷一一四第一葉紙背正德二年四月鄧瓚爲賣到直隸蘇州府崑山縣厶名下馬草事所呈執結狀殘件，卷一一四第七葉紙背正德二年四月鄧瓚、盛鑑爲賣到浙江嘉興府秀水縣厶名下馬草事所呈執結狀殘件，卷一一四第八葉紙背正德二年四月鄧瓚爲賣到浙江湖州府安吉縣厶名下馬草事所呈執結狀殘件。

【録文】

1　南京畱守前衛餘丁鄧瓚今於

2　　與執結爲賣到直隸蘇州府崑山縣□

3　南京中和橋馬草場交納，中間不敢揷和湿草在内，如違甘罪，□□□□[一]。

4　正德二年四月　□

[一] 據明代文書書寫格式可知，此處所缺文字應爲「執結是實」。

二、明正德二年（一五〇七）四月南京錦衣衛餘丁劉剛與執結爲賣馬草事殘件

【題解】

本件爲《國朝諸臣奏議》第四册卷一一二第二葉紙背文書，現存文字三行，前後均完，上全下殘。從殘存内容來看，本件應爲明正德二年二月南京錦衣衛餘丁劉剛爲賣馬草事所呈執結狀殘件。

【録文】

1 南京錦衣衛余丁劉剛今於

2 與執結爲賣馬草事。依奉如遇各府州縣粮□

3 正德二年二月□

三、明正德二年（一五〇七）三月江西臨江府新喻糧長郭德告完狀爲送納弘治十七年（一五〇四）份秋糧事（一）

【題解】

本件爲《國朝諸臣奏議》第四册卷一一二第十一葉紙背文書，現存文字二行，前缺後完，上殘下全。

本件文書與第三册卷七十一第四葉紙背文書字迹相同、内容相關，可以綴合。從綴合後内容可見，其應爲明正德二年三月江西臨江府新喻糧長郭德爲送納弘治十七年份秋糧事所呈告完狀。另，本件文書中『郭德』一名又見於第三册卷七十三第九葉紙背郭德領狀殘件及郭德告完狀殘件（該葉爲二件文書殘葉拼接而成）、卷七十三第十葉紙背文書之一郭德領狀殘件。

【録文】

（前缺）

1 □四十七石八斗五升，赴

（中缺）

2 □完　狀　人郭德（背面簽押）

四、明正德二年（一五〇七）三月直隸安慶府懷寧縣糧長汪華與執結爲送納正德元年份馬草事（二）

【題解】

本件爲《國朝諸臣奏議》第四册卷一一二第十二葉紙背文書，現存文字二行，前缺後完，上殘下全。

本件文書與第七册卷一三六第十一葉紙背文書字迹相同、内容相關，可以綴合。從綴合後内容來看，其應爲明正德二年三月直隸安慶府懷寧縣糧長汪華爲送納正德元年份馬草事所呈執結狀。茲據綴合後擬定今題。另，本件文書中『汪華』一名還見於第二册卷五十五第六葉紙背汪華爲送納稅糧事所呈告到狀殘件、本册卷一一三第三葉紙背汪華爲送納稅糧事所呈執結狀殘件、第七册卷一三六第十二葉紙背正德二年三月汪華爲送納正德元年份馬草事所呈告到狀殘件、第八册卷一四一第七葉紙背汪華爲送納稅糧事所呈告到狀殘件、卷一四一第八葉紙背汪華爲送納稅糧事所呈執結狀殘件等。

【録文】

（前缺）

1 □依奉並不敢挿和陳草在内，如違甘罪，執結是實。

2 □日與　執　結　人汪華（背面簽押）

五、明正德二年（一五〇七）四月江西吉安府永新縣糧長李乾秀與領狀爲領到納完糧米實收一紙事（一）

【題解】

本件爲《國朝諸臣奏議》第四册卷一一二第十四葉紙背文書，現存文字三行，前後均完，上全下殘。

本件文書與第七册卷一三六第十三葉紙背文書字迹相同、内容相關，可以綴合。從綴合後内容來看，其應爲明正德二年四月江西吉安府永新縣糧長李乾秀爲領到納完糧米實收一紙事所呈領狀。兹據綴合後擬定今題。另，本件文書中『李乾秀』一名還見於本册卷一一四第九葉紙背李乾秀執結狀殘件、第七册卷一三六第十四葉紙背文書與第八册卷一四一第十二葉紙背文書綴合之正德二年四月李乾秀爲領回原呈米樣事所呈領狀、第七册卷一三七第十一葉紙背文書與第八册卷一四一第十一葉紙背文書綴合之正德二年四月李乾秀爲領到餘剩糧米稻碎事所呈領狀、第七册卷一三七第十八葉紙背正德二年三月李乾秀爲送納弘治十七年（一五〇四）份税糧事所呈告到狀殘件。

【録文】

1 江西吉安府永新縣粮長李乹秀今於

2 與領狀。實領到納完粮米實收一紙，領囬

3 正德二年四月

六、明正德二年（一五〇七）厶倉與依准殘件

【題解】

本件爲《國朝諸臣奏議》第四册卷一一二第十六葉紙背文書，現存文字三行，前缺後完，上殘下全。

《國朝諸臣奏議》紙背文書有明確紀年者，均爲正德二年有關税糧馬草交納或是南京倉場管理相關公文。據此結合本件殘存内容可知，其應爲明正德二年厶倉與依准殘件。

【録文】

（前缺）

1 外管不違悞，依准是實。

2 日副　使　薛钊（背面簽押）

3 攢典蒲永敬（背面簽押）

七、明正德二年（一五〇七）四月南京金吾後衛東倉與執結爲禁約事（二）

【題解】

本件爲《國朝諸臣奏議》第四册卷一一二第十七葉紙背文書，現存文字三行，前缺後完，上下均殘。

本件文書與第二册卷五十六第五葉紙背文書字迹相同、内容相關，可以綴合。從綴合後内容來看，其應爲明正德二年四月南京金吾後衛東倉爲禁約事所呈執結狀。兹據綴合後擬定今題。又，《國朝諸臣奏議》紙背『南京金吾後衛東倉』相關文書另有第一册丁集目録第五葉紙背正德二年三月南京金吾後衛東倉爲禁約事所呈執結狀、第五册卷一二五第七葉紙背正德二年五月南京金吾後衛東倉爲地方事申巡視倉場監察御史羅狀殘件、同卷第八葉紙背正德二年五月南京金吾後衛東倉爲總督糧儲事與依准殘件、第七册卷一三八第十四葉紙背正德二年五月南京金吾後衛東倉爲地方事與依准殘件。

【録文】

（前缺）

1 等晝夜在倉提鈴敲梆，看守倉粮，謹防火盜。通倉官攢，並無阿縱扶同作弊，中間不致有違[一]

[一] 據明代文書書寫格式可知，此處所缺文字應爲『如違甘罪，執結是實』。

2 日副　　使　　　　葉紳（背面簽押）

3 　　　　　　　　攢典梁昇（背面簽押）

八、明正德二年（一五〇七）公文殘件

【題解】

本件爲《國朝諸臣奏議》第四册卷一一二第十八葉紙背文書，現存文字一行，前缺後完，上下均殘。《國朝諸臣奏議》紙背文書有明確紀年者，均爲正德二年有關税糧馬草交納或是南京倉場管理相關公文。據此結合本件殘存内容可知，其應爲明正德二年公文殘件。

【録文】

（前缺）

1 □月　　日報

九、明正德二年（一五〇七）公文殘件

【題解】

本件爲《國朝諸臣奏議》第四册卷一一二第十九葉紙背文書，現存文字一行，前缺後完，上下均殘。《國朝諸臣奏議》紙背文書有明確紀年者，均爲正德二年有關税糧馬草交納或是南京倉場管理相關公文。據此結合本件殘存内容可知，其應爲明正德二年公文殘件。

【録文】

（前缺）

1 二月　　日與

卷第一一三（共二十一葉）

一、明正德二年（一五〇七）樊鉞領狀殘件

【題解】

本件爲《國朝諸臣奏議》第四册卷一一三第一葉紙背文書，現存文字一行，前缺後完，上下均殘。

《國朝諸臣奏議》紙背文書有明確紀年者，均爲正德二年有關税糧馬草交納或是南京倉場管理相關公文。據此結合本件殘存内容可知，其應爲明正德二年樊鉞領狀殘件。

【録文】

（前缺）

1 □領　狀　　人樊鉞□

二、明正德二年（一五〇七）直隸安慶府懷寧縣糧長汪華與執結爲送納税糧事殘件

【題解】

本件爲《國朝諸臣奏議》第四册卷一一三第三葉紙背文書，現存文字三行，前缺後完，上殘下全。

《國朝諸臣奏議》紙背文書有明確紀年者，均爲正德二年有關税糧馬草交納或是南京倉場管理相關公文，且本件文書中『汪華』一名又見於第二册卷五十五第六葉紙背汪華爲送納税糧事所呈告到狀殘件、第四册卷一一二第十二葉紙背文書與第七册卷一三六第十一葉紙背文書綴合之正德二年三月直隸安慶府懷寧縣糧長汪華爲送納正德元年份馬草事所呈執結狀、第七册卷一三六第十二葉紙背正德二年三月汪華爲送納正德元年份馬草事所呈告到狀殘件、第八册卷一四一第七葉紙背汪華爲送納税糧事所呈告到狀殘件、卷一四一第八葉汪華爲送納税糧事所呈執結狀殘件。據此結合本件殘存内容可知，其應爲明正德二年直隸安慶府懷寧縣糧長汪華爲送納税糧事所呈執結狀殘件。茲據此擬定今題。

【録文】

（前缺）

1 □柒百叁拾陸石叁斗貳升壹合玖勺，赴

2 □罪，執結是實。

3 □執　結　人汪華（背面簽押）

三、明正德二年（一五〇七）三月裘廷美告到狀爲送納税糧事（二）

【題解】

本件爲《國朝諸臣奏議》第四册卷一一三第四葉紙背文書，現存文字二行，前缺後完，上殘下全。

本件文書與第二册卷五十六第十四葉紙背文書字迹相同、内容相關，可以綴合。從綴合後内容來看，其應爲明正德二年三月裘廷美爲送納税糧事所呈告到狀。兹據此擬定今題。又，本件文書中『裘廷美』一名還見於第二册卷五十八第十葉紙背文書之一裘廷美領狀殘件。

【録文】

（前缺）

1 □年分秋粮米柒百叁拾陸石叁斗貳升壹合玖勺，赴

（中缺）

2 □到　狀　人　裘廷美（背面簽押）

四、明正德二年（一五〇七）四月直隸寧國府太平縣解户焦進祥與領狀爲領到驗封過本縣草價銀兩事（一）

【題解】

本件爲《國朝諸臣奏議》第四册卷一一三第九葉紙背文書，現存文字五行，前後均完，上全下殘；第五行具體日期『廿四』二字字體粗大，墨色濃匀，爲二次書寫。

本件文書與第五册卷一二三第六葉紙背文書字迹相同、内容相關，可以綴合。從綴合後内容來看，其應爲明正德二年四月直隸寧國府太平縣解户焦進祥爲領到驗封過本縣草價銀兩事所呈領狀。兹據綴合後擬定今題。

【録文】

1 直隸寧國府太平縣解户焦進祥今於

2 　與領狀。實領到驗封過本縣草價銀兩，領

3 　計開：

4 　　馬草六千三百三十二包，

5 正德二年四月　**廿四**　日與

五、明正德二年（一五〇七）三月南京金吾後衛西倉執結狀爲禁約事（一）

【題解】

本件爲《國朝諸臣奏議》第四册卷一一三第十葉紙背文書，現存文字四行，前後均完，上全下殘；第五行鈐朱印一枚，印文不清，據文義推斷應爲『南京金吾後衛西倉印』。

本件文書與第三册卷六十八第九葉紙背文書字迹相同、内容相關，可以綴合。從綴合後内容來看，其應爲明正德二年三月南

京金吾後衛西倉爲禁約事所呈結狀。茲據綴合後擬定今題。另，本書紙背現存『南京金吾後衛西倉』相關文書另有第三册卷六十八第十葉紙背文書與第五册卷一二九第四葉紙背文書綴合之正德二年四月南京金吾後衛西倉爲禁約事申巡視倉場監察御史羅狀、第三册卷六十九第十三葉紙背正德二年五月南京金吾後衛西倉爲禁革奸弊事所呈執結狀殘件。

【録文】

1 南京金吾後衛西倉今於

2 　　與結狀爲禁約事。依奉管得本年三月初一日起至三十□

3 及通同積年光棍、攬頭、歇家、跟子、鋪行人等科斂誆騙，假以打點使用，亦無詐僞□

4 正德貳年叁月（朱印）□

六、明正德二年（一五〇七）四月南京中和橋馬草場賣席鋪户唐清與執結爲賣到浙江湖州府武康縣糧長厶名下馬草事殘件

【題解】

本件爲《國朝諸臣奏議》第四册卷一一三第十一葉紙背文書，現存文字五行，前後均完，上全下殘。從此殘存内容來看，本件應爲明正德二年四月南京中和橋馬草場賣席鋪户唐清爲賣到浙江湖州府武康縣糧長厶名下馬草事所呈執結狀殘件。

【録文】

1 中和橋馬草場賣蓆鋪户唐清今於

2 　　與執結為賣浙江湖州府武康縣粮□□

3 本場交納，中間並無破損，執結是實。

4　正德二年四月　　日與

七、明正德二年（一五〇七）四月直隸安慶府太湖縣糧長陳源告到狀爲送納正德元年份馬草事殘件

【題解】

本件爲《國朝諸臣奏議》第四册卷一一三第十二葉紙背文書，現存文字三行，前後均完，上全下殘。從殘存内容來看，本件應爲明正德二年四月直隸安慶府太湖縣糧長陳源爲送納正德元年份馬草事所呈告到狀殘件。

本件文書中『陳源』一名還見於第一册丙集目録第八葉紙背正德二年四月南京錦衣衛餘丁陶宣爲賣到直隸安慶府太湖縣糧長陳源名下馬草事所呈執結狀殘件。

【録文】

1　告到狀人陳源，係直隸安慶府太湖縣粮長，狀告送納正德

2　南京中和橋馬草場交納，理合具狀來告。

3　正德二年四月

卷第一一四（共十六葉）

一、明正德二年（一五〇七）四月南京留守前衛餘丁鄧瓚與執結爲賣到直隸蘇州府崑山縣厶名下馬草事殘件

【題解】

本件爲《國朝諸臣奏議》第四册卷一一四第一葉紙背文書，現存文字四行，前後均完，上全下殘。從殘存内容來看，本件應爲明正德二年四月南京留守前衛餘丁鄧瓚爲賣到直隸蘇州府崑山縣厶名下馬草事所呈執結狀殘件。

本件文書中『鄧瓚』一名又見於第四册卷一一二第一葉紙背正德二年四月鄧瓚爲賣到直隸蘇州府崑山縣厶名下馬草事所呈執結狀殘件，卷一一四第七葉紙背正德二年四月鄧瓚、盛鑑爲賣到浙江嘉興府秀水縣厶名下馬草事所呈執結狀殘件，卷一一四第八葉紙背正德二年四月鄧瓚爲賣到浙江湖州府安吉縣厶名下馬草事所呈執結狀殘件。

【録文】

1 南京留守前衛餘丁鄧瓚今於

2 　與執結爲賣到直隸蘇州府崑山縣

3 南京中和橋馬草場交納，中間不敢掙和湿草在内，如違甘罪，□□□□[一]。

4 正德二年四月

[一] 據明代文書書寫格式可知，此處所缺文字應爲『執結是實』。

二、明正德二年（一五〇七）五月直隸寧國府宣城縣糧長貢鋙與執結爲送納正德元年份秋糧米事（二）

【題解】

本件爲《國朝諸臣奏議》第四册卷一一四第五葉紙背文書，現存文字二行，前缺後完，上殘下全。

本件文書與第八册卷一四二第十三葉紙背文書字迹相同、内容相關，可以綴合。從綴合後内容來看，其應爲明正德二年五月直隸寧國府宣城縣糧長貢鋙爲送納正德元年份秋糧米事所呈執結狀。茲據綴合後擬定今題。另，本件文書中『貢鋙』一名還見於第五册卷一二六第三葉紙背正德二年四月貢鋙領狀殘件。

【録文】

（前缺）

1 □约中间不敢插和稻碎，如違甘罪，執結是實。

2 □日與　執　結　人貢鋙（背面簽押）

三、明正德二年（一五〇七）南京金吾前衛餘丁錢達與執結爲交納税糧事殘件

【題解】

本件爲《國朝諸臣奏議》第四册卷一一四第六葉紙背文書，現存文字二行，前缺後完，上殘下全。

《國朝諸臣奏議》紙背文書有明確紀年者，均爲正德二年有關税糧馬草交納或是南京倉場管理相關公文，且本件文書中『錢達』一名又見於第三册卷七十二第十一葉紙背正德二年錢達爲交納税糧事所呈執結狀殘件、第五册卷一二四第二葉紙背錢達執結狀殘件、第八册卷一四二第十四葉紙背正德二年三月南京金吾前衛餘丁錢達爲馱到浙江衢州府江山縣厶税糧事所呈執結狀殘件。茲據本件文書殘存内容並結合相關文書擬定今題。

【録文】

（前缺）

1 □得淵米貳百石，赴

（中缺）

2 日與 執 結 人 錢達（背面簽押）

四、明正德二年（一五〇七）四月南京留守前衛餘丁鄧瓚、盛鑑與執結爲賣到浙江嘉興府秀水縣厶名下馬草事殘件

【題解】

本件爲《國朝諸臣奏議》第四册卷一一四第七葉紙背文書，現存文字四行，前後均完，上全下殘。從殘存内容來看，本件應爲明正德二年四月南京留守前衛餘丁鄧瓚、盛鑑爲賣到浙江嘉興府秀水縣厶名下馬草事所呈執結狀殘件。

本件文書中『鄧瓚』一名又見於本册卷一一二第一葉紙背正德二年四月鄧瓚爲賣到直隸蘇州府崑山縣厶名下馬草事所呈執結狀殘件、卷一一四第一葉紙背正德二年四月鄧瓚爲賣到直隸蘇州府崑山縣厶名下馬草事所呈執結狀殘件、卷一一四第八葉紙背正德二年四月鄧瓚爲賣到浙江湖州府安吉縣厶名下馬草事所呈執結狀殘件。

【録文】

1 南京留守前衛餘丁鄧瓚、盛鑑今於

2 　　與執結爲賣到浙江嘉興府秀水

3 南京中和橋馬草場交納，中間不敢摻和湿草在内，如違甘罪，□□□□[一]。

[一] 據明代文書書寫格式可知，此處所缺文字應爲『執結是實』。

4　正德二年四月

五、明正德二年（一五〇七）四月南京留守前衛餘丁鄧瓚與執結爲賣到浙江湖州府安吉縣厶名下馬草事殘件

【題解】

本件爲《國朝諸臣奏議》第四册卷一一四第八葉紙背文書，現存文字四行，前後均完，上全下殘。從殘存内容來看，本件應爲明正德二年四月南京留守前衛餘丁鄧瓚爲賣到浙江湖州府安吉縣厶名下馬草事所呈執結狀殘件。

本件文書中『鄧瓚』一名又見於第四册卷一一二第一葉紙背正德二年四月鄧瓚爲賣到直隸蘇州府崑山縣厶名下馬草事所呈執結狀殘件，卷一一四第一葉紙背正德二年四月鄧瓚爲賣到直隸蘇州府崑山縣厶名下馬草事所呈執結狀殘件，卷一一四第七葉紙背正德二年四月鄧瓚、盛鑑爲賣到浙江嘉興府秀水縣厶名下馬草事所呈執結狀殘件。

【録文】

1　南京留守前衛餘丁鄧瓚今於

2　　　　　　　　與執結爲賣到浙江湖州府安吉

3　南京中和橋馬草場交納，中間不敢插和湿草在内，如違甘罪，□□□□[一]。

4　正德二年四月

[一] 據明代文書書寫格式可知，此處所缺文字應爲『執結是實』。

六、明正德二年（一五〇七）四月江西吉安府永新縣糧長李乾秀與執結爲送納稅糧事殘件

【題解】

本件爲《國朝諸臣奏議》第四册卷一一四第九葉紙背文書，現存文字二行，前缺後完，上殘下全。《國朝諸臣奏議》紙背文書有明確紀年者，均爲正德二年有關稅糧馬草交納或是南京倉場管理相關公文，且本件文書中『李乾秀』一名還見於第四册卷一一二第十四葉紙背文書與第七册卷一三六第十三葉紙背文書綴合之正德二年四月江西吉安府永新縣糧長李乾秀爲領到納完糧米實收一紙事所呈領狀、第七册卷一三六第十四葉紙背文書與第八册卷一四一第十二葉紙背文書綴合之正德二年四月李乾秀爲領回原呈米樣事所呈領狀、第七册卷一三七第十一葉紙背文書與第八册卷一四一第十一葉紙背文書綴合之正德二年四月李乾秀爲領到餘剩糧米稻碎事所呈領狀、第七册卷一三七第十八葉紙背正德二年三月十一日李乾秀爲送納弘治十七年（一五〇四）份稅糧事所呈告到狀殘件。由此，結合本件文書殘存内容及相關文書推斷，本件應爲明正德二年江西吉安府永新縣糧長李乾秀爲交納稅糧事所呈執結狀殘件。兹據此擬定今題。

【録文】

（前缺）

1 □間並不敢挿和作弊等情，如違甘罪，執結是實。

2 □執　結　人　李乹秀（背面簽押）

七、明正德二年（一五〇七）四月南京中軍都督府中和橋馬草場堆夫洪茂等與執結爲搬運馬草事殘件

【題解】

本件爲《國朝諸臣奏議》第四册卷一一四第十葉紙背文書，現存文字五行，前缺後完，上殘下全。

《國朝諸臣奏議》紙背文書有明確紀年者，均爲正德二年有關税糧馬草交納或是南京倉場管理相關公文，且本件文書中『洪茂』等堆夫人名又見於第二册卷五十四第二葉紙背文書與同册卷五十六第六葉紙背文書綴合之正德二年四月南京中軍都督府中和橋馬草場堆夫洪茂等爲搬運馬草事所呈執結狀、第六册卷一三四第一葉紙背文書與第八册卷一四〇第六葉紙背文書綴合之正德二年五月洪茂等爲堆垛馬草事所呈執結狀等。由此結合本件文書殘存内容推斷，本件應爲明正德二年南京中軍都督府中和橋馬草場堆夫洪茂等爲堆垛馬草事所呈執結狀殘件。三件執結狀内容大體相同。

【録文】

（前缺）

1 □等運納馬草到場，領給工銀雇覔人夫搬運草薦上堆，中間不致違悞，執結是實。

2 □日與　執　結　人洪茂（背面簽押）

3 趙成（背面簽押）

4 黄春（背面簽押）

5 張福（背面簽押）

八、明正德二年（一五〇七）檢校閻鑌與執結爲送納税糧事殘件

【題解】

本件爲《國朝諸臣奏議》第四册卷一一四第十三葉紙背文書，現存文字二行，前缺後完，上殘下全。

《國朝諸臣奏議》紙背文書有明確紀年者，均爲正德二年有關稅糧馬草交納或是南京倉場管理相關公文。據此結合本件文書殘存内容可知，其應爲明正德二年檢校閻鑌爲送納稅糧事所呈執結狀殘件。

【録文】

（前缺）

1 □中間不致攙和糠粞沙土稻碎，如違甘罪，執結是實。

2 □日　執　結　檢　校　閻鑌（背面簽押）

九、明正德二年（一五〇七）厶倉把門攢典汪鸞申狀爲收納稅糧事殘件

【題解】

本件爲《國朝諸臣奏議》第四册卷一一四第十四葉紙背文書，現存文字二行，前缺後完，上下均殘。

《國朝諸臣奏議》紙背文書有明確紀年者，均爲正德二年有關稅糧馬草交納或是南京倉場管理相關公文。據此結合本件殘存内容及紙背其他相似文書推斷，本件文書應爲明正德二年汪鸞爲收納稅糧事所呈申狀殘件。另，『汪鸞』一名還見於第三册卷七十三第十葉紙背文書之一厶倉把門攢典汪鸞爲禁約事所呈執結狀殘件。茲結合本件文書殘存内容與相關文書，擬定今題。

【録文】

（前缺）

1 □五月二十八日實撥南京鷹揚衛攢典經收十三年分秋粮米，豆貳萬壹千叁百餘石，今弘治十六年□

2 □狀　人　汪鸞（背面簽押）

卷第一一五（共十九葉）

一、明正德二年（一五〇七）五月浙江湖州府烏程縣糧長邵禮與領狀殘件

【題解】

本件爲《國朝諸臣奏議》第四册卷一一五第九葉紙背文書，現存文字二行，前缺後完，上殘下全。

《國朝諸臣奏議》紙背文書有明確紀年者，均爲正德二年有關税糧馬草交納或是南京倉場管理相關公文，且本件文書中『邵禮』一名又見於第三册卷六十九第十六葉紙背明正德二年五月邵禮爲領回原呈在官米樣事所呈執結狀殘件、第三册卷六十九第十五葉紙背明正德二年五月浙江湖州府烏程縣糧長邵禮爲解送正德元年份税糧事所呈告完狀殘件。由此相關文書結合本件文書殘存内容可知，其應爲明正德二年浙江湖州府烏程縣糧長邵禮領狀殘件。

【録文】

（前缺）

1 □領是實。

2 □　領　狀　人　邵禮（背面簽押）

二、明正德二年（一五〇七）南京南城兵馬指揮司爲禁革奸弊事呈巡視倉場監察御史羅狀殘件

【題解】

本件爲《國朝諸臣奏議》第四册卷一一五第十一葉文書。該葉正背雙面書寫，背面（指《國朝諸臣奏議》背面）現存文字六行，前缺後完，上殘下全；正面（與《國朝諸臣奏議》内容位於同一面）現存文字一行，前後均完，爲説明文書未經改寫的保

證性文字。文書右下角鈐左半朱印半枚，印文不清，結合其他明代公文可知，其應爲標示紙張大小防止揭改之用。

《國朝諸臣奏議》紙背文書有明確紀年者，均爲正德二年有關税糧馬草交納或是南京倉場管理相關公文。又，本件文書中「魏雲、鄭鶴、吏目陶瑞」等名還見於第一册總目第十三葉紙背文書與第四册卷一一五第十七葉紙背文書綴合之正德二年五月南京南城兵馬指揮司爲禁革奸弊事呈巡視倉場監察御史羅狀，且兩者文書内容頗多相似之處。由此可以推斷，本件應同爲明正德二年南京南城兵馬指揮司爲禁革奸弊事呈巡視倉場監察御史羅狀殘件，兹據此擬定今題。

【録文】

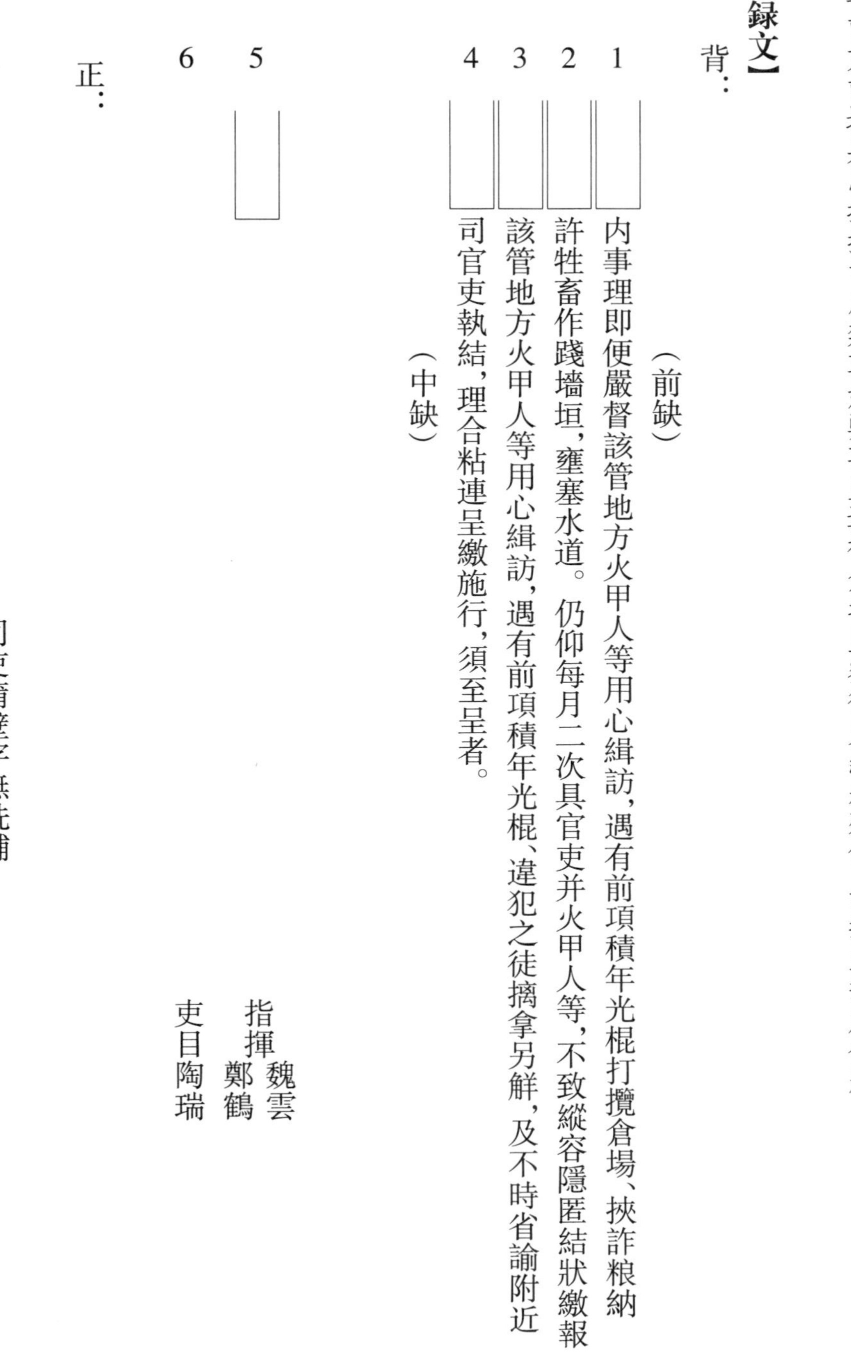

背：

（前缺）

1 □内事理即便嚴督該管地方火甲人等用心緝訪，遇有前項積年光棍打攬倉場、挾詐粮納

2 □許牲畜作踐墻垣，壅塞水道。仍仰每月二次具官吏并火甲人等，不致縱容隱匿結狀繳報

3 □該管地方火甲人等用心緝訪，遇有前項積年光棍、違犯之徒擒拿另觧，及不時省諭附近

4 □司官吏執結，理合粘連呈繳施行，須至呈者。

（中缺）

5 □ 指揮 魏雲
鄭鶴

6 吏目陶瑞

正：

1 司吏蒲壁字無洗補

三、明正德二年（一五〇七）張鳳與領狀爲送納税糧事殘件

【題解】

本件爲《國朝諸臣奏議》第四册卷一一五第十二葉紙背文書，現存文字二行，前缺後完，上殘下全。

《國朝諸臣奏議》紙背文書有明確紀年者，均爲正德二年有關税糧馬草交納或是南京倉場管理相關公文，據此結合本件文書殘存内容及同書紙背相似文書推斷，其應爲明正德二年張鳳爲送納税糧事所呈領狀殘件。另，本件文書中『張鳳』一名又見於第三册卷六十七第十一葉紙背張鳳爲送納税糧事所呈告完狀殘件。

【録文】

（前缺）

1 □囬，所領是實。

2 □領　狀　人張鳳（背面簽押）

四、明正德二年（一五〇七）五月南京虎賁左衛倉執結狀爲看守倉糧事（二）

【題解】

本件爲《國朝諸臣奏議》第四册卷一一五第十六葉紙背文書，現存文字三行，前缺後完，上殘下全。

本件文書與同册卷一一一第十六葉紙背文書字迹相同、内容相關，可以綴合。從綴合後内容來看，其應爲明正德二年五月南京虎賁左衛倉爲看守倉糧事所呈執結狀。兹據綴合後擬定今題。另，本書紙背現存『南京虎賁左衛倉』相關文書。另有第五册卷一二六第二葉紙背正德二年三月南京留守右衛餘丁尹福爲馱到江西瑞州府上高縣糧長付辰孫名下税糧事所呈執結狀殘件、第五册卷一二七第四葉紙背正德二年四月直隸蘇州府太倉州糧長陸文爲送納正德元年份秋糧米事所呈告完狀殘件、第八册卷一四二第十五葉紙背正德二年五月南京虎賁左衛倉爲地方事申巡視倉場監察御史羅狀殘件、第八册卷一四四第二葉紙背正德二年五

月南京虎賁左衛倉爲地方事與依准殘件。

【録文】

（前缺）

1 □在倉提鈴敲梆，看守倉粮，謹防火盜。中間不致有違，執結是實。

2 □日副　使　廖□

3 □攢典宋礼太（背面簽押）

五、明正德二年（一五〇七）五月南京南城兵馬指揮司呈巡視倉場監察御史羅狀爲禁革奸弊事（二）

【題解】

本件爲《國朝諸臣奏議》第四册卷一一五第十七葉紙背文書，現存文字五行，前缺後完，上殘下全。文書右下角鈐左半朱印半枚，印文不清，結合其他明代公文可知，其應爲標示紙張大小防止揭改之用。

本件文書與第一册總目第十三葉紙背文書字迹相同，内容相關，文義相連，可以綴合。從綴合後内容來看，其應爲明正德二年五月初二日南京南城兵馬指揮司爲禁革奸弊事呈巡視倉場監察御史羅狀。兹據綴合後擬定今題。參考文獻：孫繼民、耿洪利《明代五城兵馬指揮司研究的新綫索——明正德二年南京南城兵馬指揮司呈文的發現及意義》，《軍事歷史研究》二〇一六年第一期。

【録文】

（前缺）

1 □理，即便嚴督該晋地方火甲人等用心緝訪，遇有前項積年光棍打攪倉場、挾詐粮納，即便擒拿

2 □許牲畜作踐墻垣，壅塞水道。仍仰每月貳次具官吏并火甲人等，不致縱容隱匿結狀繳報。如

3 □該晉地方火甲人等用心緝訪，遇有前項積年光棍、違犯之徒擒拿另鮮，及不時省諭附近居住

4 □不扶執結，理合呈繳施行，須至呈者。

（中缺）

5 □[一]目陶瑞

[一] 據第四册卷一一五第十一葉可知，此處所缺文字應爲「吏」。

卷第一一六（共十九葉）

一、明正德二年（一五〇七）崔鸞與領狀殘尾

【題解】

本件爲《國朝諸臣奏議》第四册卷一一六第八葉紙背文書，現存文字一行，前缺後完，上殘下全。

《國朝諸臣奏議》紙背文書有明確紀年者，均爲正德二年有關税糧馬草交納或是南京倉場管理相關公文，據此結合本件文書殘存内容及同書紙背相似文書推斷，其應爲明正德二年崔鸞領狀殘尾。

【録文】

（前缺）

1 □領　狀　人　崔鳶（背面簽押）

二、明正德二年（一五〇七）陳彦德與執結爲送納税糧事殘件

【題解】

本件爲《國朝諸臣奏議》第四册卷一一六第九葉紙背文書，現存文字二行，前缺後完，上殘下全。

《國朝諸臣奏議》紙背文書有明確紀年者，均爲正德二年有關税糧馬草交納或是南京倉場管理相關公文，據此結合本件文書殘存内容及同書紙背相似文書推斷，其應爲明正德二年陳彦德爲送納税糧事所呈執結狀殘件。另，本件文書中『陳彦德』一名還見於第五册卷一二七第十葉紙背陳彦德爲送納厶年份秋糧米事所呈告到狀殘件。

【録文】

（前缺）

1 □數上納，中間并不敢挿和陳湿爛米在内，如違甘罪，執結是實。

2 □執　結　人　陳彦德（背面簽押）

三、明正德二年（一五〇七）張楚與執結爲送納税糧事殘件

【題解】

本件爲《國朝諸臣奏議》第四册卷一一六第十葉紙背文書，現存文字三行，前缺後完，上殘下全。

《國朝諸臣奏議》紙背文書有明確紀年者，均爲正德二年有關税糧馬草交納或是南京倉場管理相關公文，據此結合本件文書殘存内容及同書紙背相似文書推斷，其應爲明正德二年張楚爲送納税糧事所呈執結狀殘件。

【録文】

（前缺）

1 □數貳百貳石貳斗柒升叁合陸勺，赴

2 □違甘罪，執結是實。

3 □執　結　人　張楚（背面簽押）

四、明正德二年（一五〇七）五月浙江湖州府烏程縣解户丁鎧告完狀爲送納弘治十八年（一五〇五）份秋糧事（二）

【題解】

本件爲《國朝諸臣奏議》第四册卷一一六第十一葉紙背文書，現存文字二行，前缺後完，上殘下全。

本件文書與第二册卷五四第十二葉紙背文書字迹相同，内容相關，可以綴合。從綴合後内容來看，其應爲明正德二年五月浙江湖州府烏程縣解户丁鎧爲送納弘治十八年份秋糧事所呈告完狀。茲據綴合後擬定今題。又，『丁鎧』一名還見於本册卷一一六第十二葉紙背丁鎧領狀殘件。

【録文】

（前缺）

1 □灾無徵補納秋粮正余米五百二十二石一斗三升二合，赴

（中缺）

2 □　完　狀　人丁鎧（背面簽押）

五、明正德二年（一五〇七）浙江湖州府烏程縣解户丁鎧與領狀爲送納税糧事殘件

【題解】

本件爲《國朝諸臣奏議》第四册卷一一六第十二葉紙背文書，現存文字二行，前缺後完，上殘下全。

《國朝諸臣奏議》紙背文書有明確紀年者，均爲正德二年有關税糧馬草交納或是南京倉場管理相關公文，且本件文書『丁鎧』一名還見於第二册卷五十四第十二葉紙背文書與第四册卷一一六第十二葉紙背文書綴合之正德二年五月浙江湖州府烏程縣解户丁鎧爲送納弘治十八年（一五〇五）份税糧事所呈告完狀。由此結合本件文書殘存内容推斷，其應爲明正德二年丁鎧爲送納税糧事所呈領狀殘件。茲據此擬定今題。

【録文】

（前缺）

1 □領田，所領是實。

2 □領　狀　人丁鎧（背面簽押）

六、明正德二年（一五〇七）四月南京旗手衛西倉中巡視倉場監察御史羅狀爲禁約事（二）

【題解】

本件爲《國朝諸臣奏議》第四册卷一一六第十五葉文書。本葉文書爲正背雙面書寫，背面（即《國朝諸臣奏議》紙背）現存文字三行，前後均缺，上殘下全，第三行『本日到』三字字體粗大，墨色濃匀，爲二次書寫；正面（與《國朝諸臣奏議》位於同一面）現存文字一行，前後均完，爲説明文書未經改寫的保證性文字。

本件文書與第八册卷一四三第七葉紙背文書字迹相同，内容相關，可以綴合。從綴合後内容來看，其應爲明正德二年四月南京旗手衛西倉爲禁約事申巡視倉場監察御史羅狀。兹據綴合後擬定今題。據考證，『巡視倉場監察御史羅』疑爲『羅鳳』。《國朝諸臣奏議》紙背文書中涉及『南京旗手衛西倉』的文書另有第一册甲集目録第十六葉紙背正德二年五月南京旗手衛西倉捉斛副使吴永泰爲馬匹草料事所呈執結狀殘件、第二册卷五十七第十三葉紙背正德二年南京旗手衛西倉爲禁約事所呈執結狀殘件、第六册卷一三四第九葉紙背正德二年四月南京旗手衛西倉捉斛副使吴永泰爲官軍俸糧事所呈執結狀殘件、卷一三四第十九葉紙背正德二年三月南京旗手衛西倉捉斛副使陳銘爲馬匹草料事所呈執結狀殘件、第五册卷一二七第十一葉紙背正德二年南京旗手衛西倉與依准殘件。

【録文】

背：

（前缺）

1 □理遵守外。蒙此，依蒙本年三月初一日起至三十日止，本倉並無親故及皂隸、跟隨、書辦、人役名色在於

2 □點使用爲名，委無前項情弊緣由。爲此，今將通倉官攢不致扶同重甘結狀，合行粘連繳報施行，須至申者。

3 **本日到**

（後缺）

正：

1 當該攢典李昌字無洗補

七、明正德二年（一五〇七）南京錦衣衛烏龍潭倉與執結爲禁約事殘件

【題解】

本件爲《國朝諸臣奏議》第四册卷一一六第十六葉紙背文書，現存文字十行，前缺後完，上殘下全。

《國朝諸臣奏議》紙背文書有明確紀年者，均爲正德二年有關税糧馬草交納或是南京倉場管理相關公文，且本件文書『□使王宗會』一名還見於第七册卷一三八第九葉紙背正德二年五月南京錦衣衛烏龍潭倉爲地方事申巡視倉場監察御史羅狀殘件、第八册卷一四三第八葉紙背正德二年五月南京錦衣衛烏龍潭倉爲禁約事申巡視倉場監察御史羅狀殘件。由此結合本件文書殘存内容推斷，其應爲明正德二年南京錦衣衛烏龍潭倉爲禁約事所呈執結狀殘件。兹據此擬定今題。

【録文】

（前缺）

1 □及積年光棍、攬頭、歇家人等，委無前項情弊，中間不致扶同，執結是實。

2 □　□　使　王宗會（背面簽押）

3 　　李　時（背面簽押）

4 副　使　宋　倫（背面簽押）
5 攢　典　薛大乾（背面簽押）
6 　　　　蕭　漕（背面簽押）
7 　　　　胡疇傑（背面簽押）
8 　　　　蔡廷魁（背面簽押）
9 　　　　王　誥（背面簽押）
10 　　　　李　昌（背面簽押）

八、明正德二年（一五〇七）浙江湖州府烏程縣糧長范榮告完狀爲送納税糧事殘件

【題解】

本件爲《國朝諸臣奏議》第四册卷一一六第十九葉紙背文書，現存文字二行，前缺後完，上殘下全。《國朝諸臣奏議》紙背文書有明確紀年者，均爲正德二年有關税糧馬草交納或是南京倉場管理相關公文，據此結合本件文書殘存內容及同書紙背相似文書推斷，其應爲明正德二年范榮爲送納税糧事所呈告完狀殘件。另，本件文書中『范榮』一名還見於第二册卷五十六第三葉紙背文書與第五册卷一二七第八葉紙背文書綴合之正德二年五月浙江湖州府烏程縣糧長范榮爲解送正德元年份秋糧事所呈告完狀、第五册卷一二七第七葉紙背正德二年五月范榮爲領回原呈在官米樣事所呈領狀殘件。茲結合相關文書擬定今題。

【録文】

（前缺）
1 □千二百三十石三斗八升八合九勺，赴
（中缺）
2 □　完　狀　人　范栄（背面簽押）

第五冊

卷第一二三（共二十葉）

一、明正德二年（一五〇七）三月江西袁州府宜春縣糧長李昇與執結爲遞納弘治十八年（一五〇五）份秋糧事（一）

【題解】

本件爲《國朝諸臣奏議》第五冊卷一二三第三葉紙背文書，現存文字三行，前後均完，上全下殘。

本件文書與第三冊卷六十七第十三葉紙背文書字迹相同、内容相關，可以綴合。從綴合後内容來看，其應爲明正德二年三月江西袁州府宜春縣糧長李昇爲遞納弘治十八年份秋糧事所呈執結狀。茲據綴合後擬定今題。另，本件文書中『李昇』一名又見於第三冊卷七十三第七葉紙背李昇爲送納糧米所呈告到狀殘件。

【録文】

1 江西袁州府宜春縣粮長李昇今於

2 　　與執結爲遞納弘治十八年分秋粮事。依奉告□

3 正德二年三月□

二、明正德二年（一五〇七）二月南京犧牲所軍人仲仁與執結爲賣馬草事殘件

【題解】

本件爲《國朝諸臣奏議》第五册卷一二三第四葉紙背文書，現存文字三行，前後均完，上全下殘。從殘存内容來看，本件應爲明正德二年二月南京犧牲所軍人仲仁爲賣馬草事所呈執結狀殘件。

【録文】

1 南京犧牲所軍人仲仁今於

2 　與執結爲賣馬草事。依奉如遇各府州□

3 正德二年二月　□

三、明正德二年（一五〇七）耿通與領狀爲領回馬草價銀事殘件

【題解】

本件爲《國朝諸臣奏議》第五册卷一二三第五葉紙背文書，現存文字二行，前缺後完，上下均殘。《國朝諸臣奏議》紙背文書有明確紀年者，均爲正德二年有關稅糧馬草交納或是南京倉場管理相關公文，據此結合本件文書殘存内容及同書紙背相似文書推斷，其應爲明正德二年耿通爲領回馬草價銀事所呈領狀殘件。

【録文】

（前缺）

1 □年六千三百三十二包，價銀一百三十九兩三錢四厘，領回在家，中間不敢違悞，所領是實。

2 日與　領　狀　人　耿通[二]

四、明正德二年（一五〇七）四月直隸寧國府太平縣解户焦進祥與領狀爲領到驗封過本縣草價銀兩事（二）

【題解】

本件爲《國朝諸臣奏議》第五册卷一二三第六葉紙背文書，現存文字三行，前缺後完，上殘下全。

本件文書與第四册卷一一三第九葉紙背文書字迹相同、内容相關，可以綴合。從綴合後内容來看，其應爲明正德二年四月直隸寧國府太平縣解户焦進祥爲領到驗封過本縣草價銀兩事所呈領狀。兹據綴合後擬定今題。

【録文】

（前缺）

1 聽候收受完足，當官給散，中間並無欺，領狀是實。

（中缺）

2 價銀一百三十九兩三錢四厘。

3 解　户　焦進祥（背面簽押）

[二] 據明代文書書寫格式可知，此處所缺文字應爲「耿通」簽押。

五、明正德二年（一五〇七）黄久住與執結爲送納税糧事殘件

【題解】

本件爲《國朝諸臣奏議》第五册卷一二三第九葉紙背文書，現存文字二行，前缺後完，上殘下全。

《國朝諸臣奏議》紙背文書有明確紀年者，均爲正德二年有關税糧馬草交納或是南京倉場管理相關公文，據此結合本件文書殘存内容及同書紙背相似文書推斷，其應爲明正德二年黄久住爲送納税糧事所呈執結狀殘件。

【録文】

（前缺）

1 □包攬插和稻碎，如違甘罪，執結是實。

2 □　執　結　人　黄久住（背面簽押）

六、明正德二年（一五〇七）魏必賢與執結爲送納税糧事殘件

【題解】

本件爲《國朝諸臣奏議》第五册卷一二三第十葉紙背文書，現存文字二行，前缺後完，上殘下全。

《國朝諸臣奏議》紙背文書有明確紀年者，均爲正德二年有關税糧馬草交納或是南京倉場管理相關公文，據此結合本件文書殘存内容及同書紙背相似文書推斷，其應爲明正德二年魏必賢爲送納税糧事所呈執結狀殘件。

【録文】

（前缺）

1 □包攬插和稻碎，如違甘罪，執結是實。

2 □ 執　結　人魏必賢（背面簽押）

七、明正德二年（一五〇七）五月十三日南京虎賁右衛倉申巡視倉場監察御史羅狀爲地方事殘件

【題解】

本件爲《國朝諸臣奏議》第五册卷一二三第十一葉紙背文書，現存文字七行，前後均完，上全下殘；第六行鈐朱印一枚，印文不清，據文義推斷應爲『南京虎賁右衛倉印』。從殘存内容來看，本件應爲明正德二年五月南京虎賁右衛倉爲地方事申巡視倉場監察御史羅狀殘件。據考證，『巡視倉場監察御史羅』疑爲『羅鳳』；『欽差總督南京糧儲都察院左僉都御史儲』應爲儲巏，《明史》卷二八六《儲巏傳》載：『儲巏，字静夫，泰州人……正德二年改左僉都御史，總督南京糧儲。』

本書紙背現存『南京虎賁右衛倉』相關文書另有第二册卷六十第一葉紙背正德二年四月南京虎賁右衛倉捉斛副使蔡杲爲官軍俸糧事所呈執結狀殘件、第三册卷六十八第七葉紙背正德二年四月南京虎賁右衛倉爲禁約事申巡視倉場監察御史羅狀殘件、第四册卷一一一第十一葉紙背正德二年三月浙江湖州府烏程縣糧長蔡怡爲赴南京虎賁右衛倉交納弘治十八年（一五〇五）份税糧事所呈告完狀殘件、第五册卷一二三第十二葉紙背正德二年五月南京虎賁右衛倉爲地方事與依准殘件、第六册卷一三三第十三葉紙背正德二年三月南京虎賁右衛倉爲禁約事與依准殘件、第七册卷一三七第三葉紙背正德二年五月南京虎賁右衛倉爲禁革奸弊事所呈結狀殘件、第八册卷一四〇第三葉紙背正德二年五月南京虎賁右衛倉爲總督糧儲事與依准殘件、第八册卷一四〇第四葉紙背正德二年五月南京虎賁右衛倉爲總督糧儲事申巡視倉場監察御史羅狀殘件。

【録文】

1 南京虎賁右衛倉爲地方事。抄蒙

2 巡視倉場監察御史羅　案驗，奉

3 欽差總督南京粮儲都察院左僉都御史儲　劄付前事。蒙此，遵依案□

4 右　申

5　巡視倉場監察御史羅

6　正德貳年伍月（朱印）　十三　□

7　地方事

八、明正德二年（一五〇七）五月南京虎賁右衛倉與依准爲地方事殘件

【題解】

本件爲《國朝諸臣奏議》第五册卷一二三第十二葉紙背文書，現存文字三行，前後均完，上全下殘；第三行鈐朱印一枚，印文不清，據文義推斷應爲『南京虎賁右衛倉印』。從殘存内容來看，本件應爲明正德二年五月南京虎賁右衛倉爲地方事與依准殘件。

本書紙背現存『南京虎賁右衛倉』相關文書另有第二册卷六十第一葉紙背正德二年四月南京虎賁右衛倉捉斛副使蔡杲爲官軍俸糧事所呈執結狀殘件、第三册卷六十八第七葉紙背正德二年四月南京虎賁右衛倉爲禁約事申巡視倉場監察御史羅狀殘件、第四册卷一一一第十一葉紙背正德二年三月浙江湖州府烏程縣糧長蔡怡爲赴南京虎賁右衛倉交納弘治十八年（一五〇五）份税糧事所呈告完狀殘件、第五册卷一二三第十一葉紙背正德二年五月南京虎賁右衛倉爲地方事申巡視倉場監察御史羅狀殘件、第六册卷一三三第二十三葉紙背正德二年三月南京虎賁右衛倉爲禁約事與依准殘件、第七册卷一三七第三葉紙背正德二年五月南京虎賁右衛倉爲禁革奸弊事所呈結狀殘件、第八册卷一四〇第三葉紙背正德二年五月南京虎賁右衛倉爲總督糧儲事與依准殘件、第八册卷一四〇第四葉紙背正德二年五月南京虎賁右衛倉爲總督糧儲事申巡視倉場監察御史羅狀殘件。

【録文】

1　南京虎賁右衛倉今於

2　與依准爲地方事。依奉遵依案劄内事□

3 正德二年五月（朱印）□

九、明正德二年（一五〇七）三月江西饒州府樂平縣糧長彭讓與執結爲送納弘治十八年（一五〇五）份秋糧事殘件

【題解】

本件爲《國朝諸臣奏議》第五册卷一二三第十五葉紙背文書，現存文字三行，前後均完，上全下殘。從殘存内容來看，本件應爲明正德二年三月江西饒州府樂平縣糧長彭讓爲送納弘治十八年份秋糧事所呈執結狀殘件。

本件文書中『彭讓』之名又見於同册同卷第十六葉紙背正德二年三月彭讓爲送納弘治十八年份秋糧事所呈告完狀殘件。

【録文】

1 江西饒州府樂平縣粮長彭讓今於

2 　與執結依奉送納弘治十八年分秋粮事。蒙判交□

3 正德二年三月　　日與□

一〇、明正德二年（一五〇七）三月江西饒州府樂平縣糧長彭讓告完狀爲送納弘治十八年（一五〇五）份秋糧事殘件

【題解】

本件爲《國朝諸臣奏議》第五册卷一二三第十六葉紙背文書，現存文字三行，前後均完，上全下殘。從殘存内容來看，本件應爲明正德二年三月江西饒州府樂平縣糧長彭讓爲送納弘治十八年份秋糧事所呈告完狀殘件。

本件文書中『彭讓』之名又見於同册同卷第十五葉紙背正德二年三月彭讓爲送納弘治十八年份秋糧事所呈執結狀殘件。

【録文】

1 告完狀人彭讓，係江西饒州府樂平縣粮長，狀告送納弘治十八年分秋□

2 南京府軍右衛東倉交納，理合具告。

3 正德二年三月　日告　□

一一、明正德二年（一五〇七）三月直隸蘇州府吴江縣糧長馮端告完狀爲送納正德元年份秋糧米事（二）

【題解】

本件爲《國朝諸臣奏議》第五册卷一二三第十七葉紙背文書，現存文字二行，前缺後完，上殘下全。

本件文書與同册同卷第二十葉紙背文書字迹相同、内容相關，可以綴合。從綴合後内容來看，其應爲明正德二年三月直隸蘇州府吴江縣糧長馮端爲送納正德元年份秋糧米事所呈告完狀。兹據綴合後内容擬定今題。另，本件文書中『馮端』一名又見於第三册卷七十第九葉紙背文書與第七册卷一三八第十二葉紙背文書綴合之正德二年三月直隸蘇州府吴江縣糧長馮端爲領到納完糧米實收一紙事所呈領狀殘件、第三册卷七十第十葉紙背正德二年三月馮端爲領到在倉剩下稻碎事所呈領狀殘件。

【録文】

（前缺）

1 □百玖拾伍石，赴

2 □日　告　完　狀　人馮端（背面簽押）

一二、明正德二年（一五〇七）三月直隸蘇州府吴江縣糧長馮端告完狀爲送納正德元年份秋糧米事（一）

【題解】

本件爲《國朝諸臣奏議》第五册卷一二三第二十葉紙背文書，現存文字三行，前後均完，上全下殘；第三行具體日期「卅」字字體粗大，墨色濃勻，爲二次書寫。

本件文書與同册同卷第十七葉紙背文書字迹相同、内容相關，可以綴合。從綴合後内容來看，其應爲明正德二年三月直隸蘇州府吴江縣糧長馮端爲送納正德元年份秋糧米事所呈告完狀。兹據綴合後内容擬定今題。另，本件文書中『馮端』一名又見於第三册卷七十第九葉紙背文書與第七册卷一三八第十二葉紙背文書綴合之正德二年三月直隸蘇州府吴江縣糧長馮端爲領到納完糧米實收一紙事所呈領狀殘件、第三册卷七十第十葉紙背正德二年三月馮端爲領到在倉剩下稻碎事所呈領狀殘件。

【録文】

1 告完狀人馮端，係直隸蘇州府吴江縣粮長，狀告送納正德元年分秋粮米□

2 南京金吾後衛南倉交納完足，理合具狀來告。

3 正德二年三月　　卅　　□

卷第一二四（共二十葉）

一、明正德二年（一五〇七）直隸滁州來安縣里長李惠與執結爲送納税糧事殘件

【題解】

本件爲《國朝諸臣奏議》第五册卷一二四第一葉紙背文書，現存文字二行，前缺後完，上殘下全。

《國朝諸臣奏議》紙背文書有明確紀年者，均爲正德二年有關税糧馬草交納或是南京倉場管理相關公文，且本件文書中『李惠』一名還見於第五册卷一二八第十二葉紙背文書與第八册卷一三九第一葉紙背文書綴合之正德二年三月直隸滁州來安縣里長李惠爲送納正德元年份秋糧事所呈告完狀、第五册卷一二九第十四葉紙背文書與第八册卷一三九第二葉紙背文書綴合之正德二年三月李惠爲領回原呈米樣事所呈領狀、第七册卷一三六第十八葉紙背正德二年三月李惠爲送納税糧事所呈告到狀殘件。由此結合本件文書殘存内容及相關文書可知，其應爲明正德二年直隸滁州來安縣里長李惠爲送納税糧事所呈執結狀殘件。兹據此擬定今題。

【録文】

（前缺）

1 □判照数交納，中間並不敢與人包攬及通同、揷和等情，如違甘罪，執結是實。

2 □執　結　人　李惠（背面簽押）

二、明正德二年（一五〇七）南京金吾前衛餘丁錢達與執結爲賣到宋廷玉名下稅糧事殘件

【題解】

本件爲《國朝諸臣奏議》第五册卷一二四第二葉紙背文書，現存文字二行，前缺後完，上殘下全。《國朝諸臣奏議》紙背文書有明確紀年者，均爲正德二年有關稅糧馬草交納或是南京倉場管理相關公文，據此結合本件文書殘存内容推斷，其應爲明正德二年錢達爲賣到宋廷玉名下稅糧事所呈執結狀殘件。另，本件文書中『錢達』一名又見於第四册卷一一四第六葉紙背錢達執結狀殘件、第三册卷七十二第十一葉紙背錢達爲送納稅糧事所呈執結狀殘件、第八册卷一四二第十四葉紙背正德二年三月南京金吾前衛餘丁錢達爲馱到浙江衢州府江山縣厶稅糧事所呈執結狀。兹據相關文書擬定今題。

【録文】

（前缺）

1 □宋廷玉米三百五十五石，赴

（中缺）

2 □執　結　人錢達（背面簽押）

三、明正德二年（一五〇七）三月直隸蘇州府吴江縣糧長沈江告完狀爲送納正德元年份秋糧事殘件

【題解】

本件爲《國朝諸臣奏議》第五册卷一二四第七葉紙背文書，現存文字三行，前後均完，上全下殘；第三行具體日期『廿七』二字字體粗大，墨色濃匀，爲二次書寫。從殘存内容來看，本件應爲明正德二年三月直隸蘇州府吴江縣糧長沈江爲送納正德元年份秋糧事所呈告完狀殘件。

本件文書中『沈江』一名又見於第二册卷六十第七葉紙背正德二年四月直隸蘇州府吴江縣糧長沈江爲領到納完餘剩碎米

事所呈領狀殘件，第六册卷一三〇第七葉紙背沈江爲交納税糧事所呈執結狀殘件。

【録文】

1 告完狀人沈江，係直隸蘇州府吴江縣粮長，狀告送納正德元年分秋□

2 南京羽林右衛養虎倉交納，理合具狀來告。

3 正德二年三月　廿七　□

四、明正德二年（一五〇七）南京府軍左衛倉餘丁邵俊與執結殘件

【題解】

本件爲《國朝諸臣奏議》第五册卷一二四第八葉紙背文書，現存文字二行，前缺後完，上殘下全。《國朝諸臣奏議》紙背文書有明確紀年者，均爲正德二年有關税糧馬草交納或是南京倉場管理相關公文，且本件文書中『邵俊』一名又見於第六册卷一三二第十一葉紙背正德二年三月南京府軍左衛倉餘丁邵俊爲馱到江西瑞州府上高縣楊奇米事所呈執結狀殘件。由此結合本件文書殘存内容及相關文書推斷，本件應爲明正德二年南京府軍左衛倉餘丁邵俊執結狀殘件。兹據此擬定今題。

【録文】

（前缺）

1 □甘罪，執結是實。

2 □執　結　人邵俊（背面簽押）

五、明正德二年（一五〇七）盛鳳與執結爲送納馬草事殘件

【題解】

本件爲《國朝諸臣奏議》第五册卷一二四第十三葉紙背文書，現存文字三行，前缺後完，上殘下全。

《國朝諸臣奏議》紙背文書有明確紀年者，均爲正德二年有關税糧馬草交納或是南京倉場管理相關公文，據此結合本件文書殘存内容可知，其應爲明正德二年盛鳳爲送納馬草事所呈執結狀殘件。

【録文】

（前缺）

1 □馬草四千二十一包九斤一十一兩三錢七分六厘，前赴

2 □如違甘罪，結狀是實。

3 □日與　執　結　人盛鳳（背面簽押）

六、明正德二年（一五〇七）鄧語與執結爲馱到厶縣糧長朱進名下馬草事殘件

【題解】

本件爲《國朝諸臣奏議》第五册卷一二四第十四葉紙背文書，現存文字三行，前缺後完，上殘下全。

《國朝諸臣奏議》紙背文書有明確紀年者，均爲正德二年有關税糧馬草交納或是南京倉場管理相關公文，據此結合本件文書殘存内容可知，其應爲明正德二年鄧語爲馱到厶縣糧長朱進名下馬草事所呈執結狀殘件。

【録文】

（前缺）

1 □縣粮长朱進名下馬草三千包，前赴

2 □如違甘罪，結狀是實。

3 □　日與　執　結　人鄧語（背面簽押）

七、明正德二年（一五〇七）船户厶與執結殘尾

【題解】

本件爲《國朝諸臣奏議》第五册卷一二四第十八葉紙背文書，現存文字一行，前缺後完，上下均殘。

《國朝諸臣奏議》紙背文書有明確紀年者，均爲正德二年有關税糧馬草交納或是南京倉場管理相關公文，據此結合本件文書殘存内容可知，其應爲明正德二年船户厶與執結殘尾。

【録文】

（前缺）

1 □　執　結　人　船□

卷第一二五（共十三葉）

一、明正德二年（一五〇七）三月南京留守右衛餘丁包亮與執結爲馱到湖廣漢陽府漢川縣納户郭厶名下税糧事殘件

【題解】

本件爲《國朝諸臣奏議》第五册卷一二五第一葉紙背文書，現存文字四行，前後均完，上全下殘。從殘存内容來看，本件應爲明正德二年三月南京留守右衛餘丁包亮爲馱到湖廣漢陽府漢川縣納户郭厶名下税糧事所呈執結狀殘件。

【録文】

1 南京留守右衛餘丁包亮今於

2 與執結駝到湖廣漢陽府漢川縣納户郭□

3 南京旗手衛東倉交卸，中途並不敢踈失升合，多取脚錢

4 正德二年三月　　日與

二、明正德二年（一五〇七）三月湖廣漢陽府漢川縣納户郭倫告到狀爲送納弘治十八年（一五〇五）份秋糧米事殘件

【題解】

本件爲《國朝諸臣奏議》第五册卷一二五第二葉紙背文書，現存文字三行，前後均完，上全下殘；第三行具體日期『廿八』二字字體粗大，墨色濃匀，爲二次書寫。從殘存内容來看，本件應爲明正德二年三月湖廣漢陽府漢川縣納户郭倫爲送納税糧事所呈告到狀殘件。

本件文書中『郭倫』一名又見於第六册卷一三四第十三葉紙背正德二年三月湖廣漢陽府漢川縣納户郭倫爲送納弘治十八

年份秋糧米事所呈執結狀殘件。兩件文書書寫日期爲同月，故其應爲關於送納同批税糧所呈文書。茲據此擬定今題。

【録文】

1 告到狀人郭倫，係湖廣漢陽府漢川縣納户，狀告送納□

2 南京旗手衛東倉交納，理合具告。

3 正德二年三月　廿八　日告□

三、明正德二年（一五〇七）四月湖廣岳州府平江縣納户羅志彰與領狀爲領回原呈米樣事殘件

【題解】

本件爲《國朝諸臣奏議》第五册卷一二五第三葉紙背文書，現存文字三行，前後均完，上全下殘。從殘存内容來看，本件應爲明正德二年四月湖廣岳州府平江縣納户羅志彰爲領回原呈米樣事所呈領狀殘件。

本件文書中『羅志彰』一名又見於同册同卷第四葉紙背正德二年四月湖廣岳州府平江縣納户羅志彰爲送納税糧事所呈告完狀殘件。

【録文】

1 湖廣岳州府平江縣納户羅志彰今於

2 與領狀。實領到原呈米樣領囬□

3 正德二年四月　日□

四、明正德二年（一五〇七）四月湖廣岳州府平江縣納户羅志彰告完狀爲送納税糧事殘件

【題解】

本件爲《國朝諸臣奏議》第五册卷一二五第四葉紙背文書，現存文字三行，前後均完，上全下殘；第三行具體日期「廿八」二字字體粗大，墨色濃勻，爲二次書寫。從殘存内容來看，本件應爲明正德二年四月湖廣岳州府平江縣納户羅志彰爲送納税糧事所呈告完狀殘件。

本件文書中「羅志彰」一名又見於同册同卷第三葉紙背正德二年四月湖廣岳州府平江縣納户羅志彰爲領回原呈米樣事所呈領狀殘件。

【録文】

1 告完狀人羅志彰，係湖廣岳州府平江縣納户，狀

2 南京金吾後衛南倉交納完足，理合具告。

3 正德二年四月　**廿八**　日告

五、明正德二年（一五〇七）三月南京金吾後衛東倉申巡視倉場監察御史羅狀爲地方事殘件

【題解】

本件爲《國朝諸臣奏議》第五册卷一二五第七葉紙背文書，現存文字九行，前後均完，上全下殘，第八行鈐朱印一枚，印文不清，據文義推斷應爲「南京金/吾後衛/東倉印」。從殘存内容來看，本件應爲明正德二年五月南京金吾後衛東倉爲地方事申巡視倉場監察御史羅狀殘件。據考證，「巡視倉場監察御史羅」疑爲「羅鳳」，「欽差總督南京糧儲都察院左僉都御史儲」應爲「儲巏」。

本書紙背現存「南京金吾後衛東倉」相關文書另有第一册丁集目録第五葉紙背正德二年三月南京金吾後衛東倉爲禁約事

所呈執結狀殘件、第二册卷五十六第五葉紙背文書與第四册卷一一二第十七葉紙背文書綴合之正德二年四月南京金吾後衛東倉爲禁約事所呈執結狀、第五册卷一二五第八葉紙背正德二年五月南京金吾後衛東倉爲總督糧儲事與依准殘件、第七册卷一三八第十四葉紙背正德二年五月南京金吾後衛東倉爲地方事與依准殘件。

【録文】

1 南京金吾後衛東倉爲地方事。抄奉

2 巡視倉場監察御史羅　案驗，該奉

3 欽差總督南京粮儲都察院左僉都御史儲　劄付前事。仰各

4 明白開報，以憑採擇，囬報施行，毋得違錯不便。抄案□

5 官攢不致有違依准，粘連申報施行，須至申者。

6 右　申

7 巡視倉場監察御史羅

8 正德貳年伍月（朱印）　拾壹　日副

9 地方事

六、明正德二年（一五〇七）三月南京金吾後衛東倉與依准爲總督糧儲事殘件

【題解】

本件爲《國朝諸臣奏議》第五册卷一二五第八葉紙背文書，現存文字三行，前後均完，上全下殘；第三行鈐朱印一枚，印文不清，據文義推斷應爲『南京金/吾後衛/東倉印』。從殘存内容來看，本件應爲明正德二年南京金吾後衛東倉爲總督糧儲事與

依准殘件。

本書紙背現存『南京金吾後衛東倉』相關文書另有第一册丁集目録第五葉紙背正德二年三月南京金吾後衛東倉爲禁約事所呈執結狀殘件、第二册卷五十六第五葉紙背文書與第四册卷一一二第十七葉紙背文書綴合之正德二年四月南京金吾後衛東倉爲禁約事所呈執結狀、第五册卷一二五第七葉紙背正德二年五月南京金吾後衛東倉爲地方事申巡視倉場監察御史羅狀殘件、第七册卷一三八第十四葉紙背正德二年五月南京金吾後衛東倉爲地方事與依准殘件。

【録文】

1 南京金吾後衛東倉今於

2 　　與依准爲總督粮儲事。除依奉案□

3 正德二年（朱印）伍月□

卷第一二六（共十一葉）

一、明正德二年（一五〇七）三月江西瑞州府高安縣糧長劉闗四告狀爲送納弘治十七年（一五〇四）份税糧事殘件

【題解】

本件爲《國朝諸臣奏議》第五册卷一二六第一葉紙背文書，現存文字三行，前後均完，上全下殘；第三行具體日期「廿七」兩字字體粗大，墨色濃匀，爲二次書寫。從殘存内容來看，本件應爲明正德二年三月江西瑞州府高安縣糧長劉闗四爲送納弘治十七年份税糧事所呈告狀殘件。結合紙背其他相似文書推斷，此「告狀」應爲「告到狀」。

【録文】

1　告狀人劉関四，係江西瑞州府高安縣粮長，狀告送納弘治十七年分□

2　南京錦衣衛烏龍潭倉交納，有此具狀來告。

3　正德二年三月　**廿七**　□

二、明正德二年（一五〇七）三月南京留守右衛餘丁尹福與執結爲馱到江西瑞州府上高縣糧長付辰孫名下税糧事殘件

【題解】

本件爲《國朝諸臣奏議》第五册卷一二六第二葉紙背文書，現存文字四行，前後均完，上全下殘。從殘存内容來看，本件應爲明正德二年三月南京留守右衛餘丁尹福爲馱到江西瑞州府上高縣糧長付辰孫名下税糧事所呈執結狀殘件。

【録文】

1 南京留守右衛余丁尹福今於

2 　　與執結馱到江西瑞州府上高縣粮長付辰孫□

3 南京虎賁左衛倉交卸，中途不致短少升合、多取脚錢使用□

4 正德二年三月□

三、明正德二年（一五〇七）四月直隸寧國府宣城縣糧長貢鋙與領狀殘件

【題解】

本件爲《國朝諸臣奏議》第五册卷一二六第三葉紙背文書之一。該葉爲二紙拼接而成，紙背各存一文書殘件。本件爲紙背右側文書，現存文字三行，前後均完，上全下殘。從殘存内容來看，本件應爲明正德二年四月直隸寧國府宣城縣糧長貢鋙與領狀殘件。

本件文書中『貢鋙』一名還見於第四册卷一一四第五葉紙背文書與第八册卷一四二第十三葉紙背文書綴合之正德二年五月直隸寧國府宣城縣糧長貢鋙爲送納正德元年份秋糧米事所呈執結狀。

【録文】

1 直隸寧國府宣城縣粮长貢鋙今於

2 　　與領狀。實領到在官納完金□

3 正德二年四月　　日領□

四、明正德二年（一五〇七）何綸告到狀爲送納厶庫芝麻事殘件

【題解】

本件爲《國朝諸臣奏議》第五册卷一二六第三葉紙背文書之一。該葉爲二紙拼接而成，紙背各存一文書殘件。本件爲紙背左側文書，現存文字二行，前缺後完，上下均殘。

《國朝諸臣奏議》紙背文書有明確紀年者，均爲正德二年有關税糧馬草交納或是南京倉場管理相關公文，據此結合本件文書殘存内容可知，其應爲明正德二年何綸爲送納厶庫芝麻事所呈告到狀殘件。

【録文】

（前缺）

1 ［　　］庫芝蔴伍拾柒石，前赴

（中缺）

2 ［　　］告　到　狀　人　何綸［　　］

五、明正德二年（一五〇七）四月直隸蘇州府吴江縣糧長葉惠告完狀爲送納正德元年份秋糧米事殘件

【題解】

本件爲《國朝諸臣奏議》第五册卷一二六第四葉紙背文書之一。該葉爲二紙拼接而成，紙背各存一文書殘件。本件爲紙背右側文書，現存文字二行，前後均完，上全下殘。從殘存内容來看，本件應爲明正德二年四月直隸蘇州府吴江縣糧長葉惠爲送納正德元年份秋糧米事所呈告完狀殘件。

本件文書中『葉惠』一名又見於第三册卷六十七第八葉紙背正德二年三月直隸蘇州府吴江縣糧長葉惠爲送納正德元年份秋糧米事所呈執結狀殘件、第三册卷六十七第十四葉紙背葉惠告到狀殘件、第七册卷一三六第七葉紙背正德二年四月葉惠爲領回原呈樣米事所呈領狀殘件、第八册卷一四一第十葉紙背朱通爲送納葉惠米事所呈執結狀殘件。

【録文】

1 告完狀人葉惠，係直隸蘇州府吳江縣粮長，狀告送納正德元年分秋粮米七百四□

2 正德二年四月　　日告　□

六、明正德二年（一五〇七）梁萬春告完狀爲送納厶年份秋糧米事殘件

【題解】

本件爲《國朝諸臣奏議》第五册卷一二六第四葉紙背文書之一。該葉爲二紙拼接而成，紙背各存一文書殘件。本件爲紙背左側文書，現存文字二行，前缺後完，上殘下全。

《國朝諸臣奏議》紙背文書有明確紀年者，均爲正德二年有關税糧馬草交納或是南京倉場管理相關公文，據此結合本件文書殘存内容可知，其應爲明正德二年梁萬春爲送納厶年份秋糧米事所呈告完狀殘件。另，本件文書中『梁萬春』一名還見於第七册卷一三六第七葉紙背文書之一梁萬春領狀殘件、卷一三六第八葉紙背文書之一梁萬春領狀殘件、第八册卷一四三第十三葉紙背梁萬春爲送納税糧事所呈執結狀殘件、卷一四三第十四葉紙背梁萬春爲送納弘治十八年（一五〇五）份秋糧米事所呈告到狀殘件。

【録文】

（前缺）

1 □分秋粮米伍百壹拾貳石，前赴

（中缺）

2 □　完　狀　人　梁萬春（背面簽押）

七、明正德二年（一五〇七）五月直隸徽州府休寧縣糧長孫以得告完狀爲送納正德元年份秋糧米事殘件

【題解】

本件爲《國朝諸臣奏議》第五册卷一二六第五葉紙背文書，現存文字三行，前後均完，上全下殘。從殘存内容來看，本件應爲明正德二年五月直隸徽州府休寧縣糧長孫以得爲送納正德元年份秋糧米事所呈告完狀殘件。

本件文書中『孫以得』一名又見於第七册卷一三六第二十三葉紙背正德二年五月孫以得爲領到原呈米樣及實收小票事所呈領狀殘件。

【録文】

1 告完狀人孫以得，係直隸徽州府休寧縣粮長，狀告送納正德元年分秋粮米□

2 南京河下水次兊軍交納完足，理合來告。

3 正德二年五月　　日告　□

八、明正德二年（一五〇七）五月直隸徽州府休寧縣糧长黄文顯與領狀爲領到原呈米樣並實收小票事殘件

【題解】

本件爲《國朝諸臣奏議》第五册卷一二六第六葉紙背文書，現存文字三行，前後均完，上全下殘。從殘存内容來看，本件應爲明正德二年五月直隸徽州府休寧縣糧长黄文顯爲領到原呈樣米並實收小票事所呈領狀殘件。

【録文】

1 直隸徽州府休寧縣粮长黄文顯今於

2 　與領狀。實領到原呈米樣一桶，并實收小票，今領囬備照□

3　正德二年五月　　　日粮□

九、明正德二年（一五〇七）浙江湖州府歸安縣解户張瑞與領狀殘件

【題解】

本件爲《國朝諸臣奏議》第五册卷一二六第七葉紙背文書，現存文字二行，前缺後完，上殘下全。

《國朝諸臣奏議》紙背文書有明確紀年者，均爲正德二年有關税糧馬草交納或是南京倉場管理相關公文，且本件文書中『張瑞』一名又見於第一册丁集目録第十九葉紙背文書與第七册卷一三六第五葉紙背文書綴合之正德二年三月浙江湖州府歸安縣解户張瑞爲領到納完馬草實收一紙事所呈領狀殘件、第六册卷一三三第十四葉紙背張瑞爲送納弘治十七年（一五〇四）份馬草事所呈告完狀殘件。由此相關文書結合本件文書殘存内容推斷，本件應爲明正德二年浙江湖州府歸安縣解户張瑞領狀殘件。兹據此擬定今題。

【録文】

（前缺）

1　□所領是實。

2　□日與　　領　　狀　　人張瑞（背面簽押）

一〇、明正德二年（一五〇七）沈璠與執結爲送納税糧事殘件

【題解】

本件爲《國朝諸臣奏議》第五册卷一二六第九葉紙背文書，現存文字二行，前缺後完，上殘下全。《國朝諸臣奏議》紙背文書有明確紀年者，均爲正德二年有關税糧馬草交納或是南京倉場管理相關公文，據此結合本件文書殘存内容推斷，其應爲明正德二年沈璠爲送納税糧事所呈執結狀殘件。另，本件文書中『沈璠』一名又見於同册同卷第十葉紙背沈璠爲送納厶年份兑支税糧事所呈告到或告完狀殘件。

【録文】

（前缺）

1 □□蒙判赴倉交納，中間並不敢通同插和將□使用，如違甘罪，執結是實。

2 □□　執　結　人　沈璠（背面簽押）

一一、明正德二年（一五〇七）沈璠告到或告完狀爲送納厶年份兑支税糧事殘件

【題解】

本件爲《國朝諸臣奏議》第五册卷一二六第十葉紙背文書，現存文字二行，前缺後完，上殘下全。《國朝諸臣奏議》紙背文書有明確紀年者，均爲正德二年有關税糧馬草交納或是南京倉場管理相關公文，據此結合本件文書殘存内容推斷，其應爲明正德二年沈璠爲送納厶年份兑支税糧事所呈告到或告完狀殘件。另，本件文書中『沈璠』一名又見於同册同卷第九葉紙背沈璠爲送納税糧事所呈執結狀殘件。

【録文】

（前缺）

1 分兖支剪□正米貳百陸拾玖石貳斗貳升七合七勺五抄四撮，前赴

（中缺）

2 狀　　人沈璠（背面簽押）

一二、明正德二年（一五〇七）二月江西南昌府進賢縣納户樊日瀚與領狀爲領回原呈樣米事（二）

【題解】

本件爲《國朝諸臣奏議》第五册卷一二六第十一葉紙背文書，現存文字一行，前缺後完，上殘下全。

本件文書與第七册卷一三五第八葉紙背文書字迹相同、内容相關，可以綴合。從綴合之後内容來看，其應爲明正德二年二月樊日瀚爲領回原呈樣米事所呈領狀。兹據綴合後擬定今題。另，本件文書中『樊日瀚』一名又見於第一册丙集目録第十二葉紙背文書與第三册卷七十一第三葉紙背文書綴合之正德二年三月江西南昌府進賢縣納户樊日瀚爲領到原呈樣米事所呈領狀、第二册卷五十六第十一葉紙背文書與同册卷五十七第六葉紙背文書綴合之正德二年三月樊日瀚爲領到在倉篩下稻碎事所呈領狀、第二册卷五十六第十二葉紙背文書與同册卷五十七第五葉紙背文書綴合之正德二年三月樊日瀚爲領到納完弘治十八年（一五〇五）份秋糧實收一紙事所呈領狀、第二册卷五十六第九葉紙背樊日瀚告完狀殘件、第六册卷一三三第十二葉紙背樊日瀚爲送納税糧事所呈告到或告完狀殘件、第七册卷一三五第七葉紙背樊日瀚爲領到納完弘治十七年份秋糧米實收一紙事所呈領狀殘件。

【録文】

（前缺）

1 領　　狀　　人樊日瀚（背面簽押）

卷第一二七（共十三葉）

一、明正德二年（一五〇七）三月直隸蘇州府嘉定縣糧長陳燁與執結爲送納正德元年份秋糧米事殘件

【題解】

本件爲《國朝諸臣奏議》第五册卷一二七第一葉紙背文書，現存文字三行，前後均完，上全下殘。從殘存内容來看，本件應爲明正德二年三月直隸蘇州府嘉定縣糧長陳燁爲送納正德元年份秋糧米事所呈執結狀殘件。

本件文書中『陳燁』一名又見於同册同卷第二葉紙背正德二年三月陳燁爲送納税糧事所呈告到狀殘件。

【録文】

1　直隸蘇州府嘉定縣粮長陳燁今於

2　　與執結爲送納正德元年分秋□

3　正德二年三月□

二、明正德二年（一五〇七）三月直隸蘇州府嘉定縣糧長陳燁告到狀爲送納税糧事殘件

【題解】

本件爲《國朝諸臣奏議》第五册卷一二七第二葉紙背文書，現存文字三行，前後均完，上全下殘；第三行具體日期『初五』兩字字體粗大，墨色濃勻，爲二次書寫。從殘存内容來看，本件應爲明正德二年三月直隸蘇州府嘉定縣糧長陳燁爲送納税糧事所呈告到狀殘件。

本件文書中『陳燁』一名又見於同册同卷第一葉紙背正德二年三月陳燁爲送納正德元年份秋糧事所呈執結狀殘件。

【録文】

1 告到狀人陳燁，係直隸蘇州府嘉定縣粮長，狀告

2 南京兵部會同館交納，理合具狀來告。

3 正德二年五月 初五

三、明正德二年（一五〇七）四月直隸蘇州府太倉州糧長陸文告完狀爲送納正德元年份秋糧米事殘件

【題解】

本件爲《國朝諸臣奏議》第五册卷一二七第四葉紙背文書，現存文字三行，前後均完，上全下殘。從殘存内容來看，本件應爲明正德二年四月直隸蘇州府太倉州糧長陸文爲送納正德元年份秋糧米事所呈告完狀殘件。

本件文書中『陸文』一名又見於第八册卷一四二第二十一葉紙背陸文領狀殘件、卷一四二第二十二葉紙背陸文爲領到納完稅糧實收一紙事所呈領狀殘件。

【録文】

1 告完狀人陸文，係直隸蘇州府太倉州粮長，狀告送納正德元年分秋粮

2 南京虎賁左衛倉交納完足，理合具狀來告。

3 正德二年四月

四、明正德二年（一五〇七）四月直隸松江府華亭縣主簿吴鸞告完狀爲部運華亭、上海二縣税糧事殘件

【題解】

本件爲《國朝諸臣奏議》第五册卷一二七第五葉紙背文書，現存文字八行，前後均完，上全下殘。從殘存内容來看，本件應爲明正德二年四月直隸松江府華亭縣主簿吴鸞爲部運華亭、上海二縣税糧事所呈告完狀殘件。

【録文】

1 告完狀人吴鸞，係直隸松江府華亭縣主簿，狀告蒙本府批差部運華亭、上海貳

2 南京户部告判各衛倉粮俱已上納完足，升合無欠外，今將納過粮数理合具

3 巡視倉場御史大人　施行。

4 　計開：

5 　　華亭縣納完　虎賁左衛倉正米貳百捌拾柒石，府軍右衛東倉

6 　　　　　　　　旗手衛東倉正米陸百柒拾叁石，留守左衛倉正

7 　　上海縣納完　旗手衛西倉正米肆百伍拾捌石，豹韜左衛倉正

8 正德貳年肆月

五、明正德二年（一五〇七）四月直隸徽州府歙縣糧長鄭伯玉告完狀爲送納税糧事殘件

【題解】

本件爲《國朝諸臣奏議》第五册卷一二七第六葉紙背文書，現存文字三行，前後均完，上全下殘；第三行具體日期『初七』兩字字體粗大，墨色濃匀，爲二次書寫。從殘存内容來看，本件應爲明正德二年四月直隸徽州府歙縣糧長鄭伯玉爲送納税糧事所呈告完狀殘件。

【録文】

1 告完狀人鄭伯玉，係直隸徽州府歙縣粮長，狀告送納□

2 南京江北横海衛倉交納完足，理合具告。

3 正德二年四月　　初七　　□

六、明正德二年（一五〇七）五月浙江湖州府烏程縣糧長范榮與領狀爲領回原呈在官米樣事殘件

【題解】

本件爲《國朝諸臣奏議》第五册卷一二七第七葉紙背文書，現存文字三行，前後均完，上全下殘。從殘存内容來看，本件應爲明正德二年五月湖州府烏程縣糧長范榮爲領回原呈在官米樣事所呈領狀殘件。

本件文書中『范榮』一名還見於第二册卷五十六第三葉紙背文書與第五册卷一二七第八葉紙背文書綴合之正德二年五月浙江湖州府烏程縣糧長范榮爲解送正德元年份秋糧事所呈告完狀、第四册卷一一六第十九葉紙背正德二年范榮爲送納税糧事所呈告完狀殘件。

【録文】

1 湖州府烏程縣粮長范茱今於

2 　　　　　　與領狀。實領囬原呈在官米樣，所領□

3 正德二年五月　　　　日與　□

七、明正德二年（一五〇七）五月浙江湖州府烏程縣糧長范榮告完狀爲解送正德元年份秋糧事（一）

【題解】

本件爲《國朝諸臣奏議》第五册卷一二七第八葉紙背文書，現存文字三行，前後均完，上全下殘。

本件文書與第二册卷五十六第三葉紙背文書字迹相同，内容相關，可以綴合。從綴合後内容來看，其應爲明正德二年五月浙江湖州府烏程縣糧長范榮爲解送正德元年份秋糧事所呈告完狀。茲據綴合後内容擬定今題。又，本件文書『范榮』一名又見於第四册卷一一六第十九葉紙背范榮告完狀殘件、第五册卷一二七第七葉紙背正德二年五月范榮爲領回原呈在官米樣事所呈領狀殘件。

【録文】

1　告完狀人范荣，係浙江湖州府烏程縣粮長，狀告觧送正德元年分秋粮

2　南京河下水次交充完足，理合具告。

3　正德二年五月　　日告

八、明正德二年（一五〇七）陳彦德告到狀爲送納厶年份秋糧米事殘件

【題解】

本件爲《國朝諸臣奏議》第五册卷一二七第十葉紙背文書，現存文字二行，前缺後完，上殘下全。

《國朝諸臣奏議》紙背文書有明確紀年者，均爲正德二年有關税糧馬草交納或是南京倉場管理相關公文，據此結合本件文書殘存内容及同書紙背相似文書推斷，其應爲明正德二年陳彦德爲送納厶年份秋糧米事所呈告到狀殘件。另，本件文書中『陳彦德』一名還見於第四册卷一一六第九葉紙背正德二年陳彦德爲送納税糧事所呈執結狀殘件。

【録文】

（前缺）

1 □秋粮米捌百叁拾貳石柒斗壹升，前赴

（中缺）

2 □日告　到　狀　人陳彦德（背面簽押）

九、明正德二年（一五〇七）南京旗手衛西倉與依准殘件

【題解】

本件爲《國朝諸臣奏議》第五册卷一二七第十一葉紙背文書，現存文字二行，前缺後完，上下均殘。

《國朝諸臣奏議》紙背文書有明確紀年者，均爲正德二年有關税糧馬草交納或是南京倉場管理相關公文。且本件文書中『李宗』一名又見於第四册卷一一六第十五葉紙背文書與第八册卷一四三第七葉紙背文書綴合之正德二年五月南京旗手衛西倉爲禁約事申巡視倉場監察御史羅狀殘件。由此結合本件文書殘存内容可知，其應爲明正德二年南京旗手衛西倉與依准殘件。茲據此擬定今題。另，《國朝諸臣奏議》紙背現存『南京旗手衛西倉』相關文書另有第一册甲集目録第十六葉紙背正德二年四月南京旗手衛西倉捉斛副使吴永泰爲馬匹草料事所呈執結狀殘件、第二册卷五十七第十三葉紙背正德二年五月南京旗手衛西倉爲禁約事所呈執結狀殘件、第六册卷一三四第九葉紙背正德二年四月南京旗手衛西倉捉斛副使吴永泰爲官軍俸糧事所呈執結狀殘件、卷一三四第十九葉紙背正德二年三月南京旗手衛西倉捉斛副使陳銘爲馬匹草料事所呈執結狀殘件、第四册卷一一六第十五葉紙背文書與第八册卷一四三第七葉紙背文書綴合之正德二年五月南京旗手衛西倉爲禁約事申巡視倉場監察御史羅狀殘件。

【録文】

（前缺）

1 □中間不致違悞，依准是實。

2 □使　李宗□[二]

3 □攢典　田玉□[三]

一〇、明正德二年（一五〇七）厶倉申巡視倉場監察御史羅狀爲禁約事殘件

【題解】

本件爲《國朝諸臣奏議》第五册卷一二七第十二葉文書。該葉文書正背雙面書寫，背面（即《國朝諸臣奏議》背面）現存文字二行，前缺後完，上殘下全；正面（與《國朝諸臣奏議》位於同一面）現存文字一行，前後均完，爲説明文書未經改寫的保證性文字。文書右下角鈐左半朱印半枚，印文不清，結合其他明代公文可知，其應爲標示紙張大小防止揭改之用。

《國朝諸臣奏議》紙背文書有明確紀年者，均爲正德二年有關税糧馬草交納或是南京倉場管理相關公文。且本件文書中存有『須至申者』等語，末尾爲『副使薛釗』署名簽押，結合本書紙背相似文書可知，其應爲明正德二年厶倉爲禁約事申巡視倉場監察御史羅狀殘件。茲據此擬定今題。

【録文】

背：

（前缺）

1 □取事件明白另行囬報。今將到案官攢不違依准，先行繳報，申乞施行，須至申者。

（中缺）

[二] 據明代文書書寫格式可知，此處所缺文字應爲『李宗』簽押。

[三] 據明代文書書寫格式可知，此處所缺文字應爲『田玉』簽押。

2 □副使薛釗（背面簽押）

正：

1 攢典蒲永敬字無洗補

卷第一二八（共十四葉）

一、明正德二年（一五〇七）張光告到狀爲送納厶年份秋糧米事殘件

【題解】

本件爲《國朝諸臣奏議》第五册卷一二八第一葉紙背文書，現存文字二行，前缺後完，上下均殘。《國朝諸臣奏議》紙背文書有明確紀年者，均爲正德二年有關税糧馬草交納或是南京倉場管理相關公文，據此結合本件殘存內容與紙背其他相似文書可知，本件應爲明正德二年張光爲送納厶年份秋糧米事所呈告到狀殘件。

【録文】

（前缺）

1 □秋粮正余米叁百玖拾石，赴

（中缺）

2 □日告　到　狀　人張光□[一]

[一] 據明代文書書寫格式可知，此處所缺文字應爲「張光」簽押。

二、明正德二年（一五〇七）直隸蘇州府太倉州糧長張源與執結爲送納税糧事殘件

【題解】

本件爲《國朝諸臣奏議》第五册卷一二八第二葉紙背文書，現存文字二行，前缺後完，上殘下全。《國朝諸臣奏議》紙背文書有明確紀年者，均爲正德二年有關税糧馬草交納或是南京倉場管理相關公文。由此結合本件文書殘存内容及紙背其他相似文書可知，本件應爲明正德二年張源爲送納税糧事所呈執結狀殘件。另，《國朝諸臣奏議》紙背文書中存兩個『張源』文書：一爲『賣席鋪户張源』，見於第二册卷五十五第十六葉紙背正德二年四月應天府上元縣賣席鋪户張源爲賣到直隸蘇州府太倉州糧長厶名下蘆席事所呈執結狀殘件、第八册卷一四二第八葉紙背正德二年四月張源爲領到蘆席價銀事所呈領狀殘件；一爲『直隸蘇州府太倉州糧長張源』，見於第七册卷一三八第十三葉紙背正德二年四月直隸蘇州府太倉州糧長張源爲送納正德元年份秋糧事所呈告到狀殘件。從本件殘存内容來看，本件文書中『張源』應爲『直隸蘇州府太倉州糧長張源』，茲據此擬定今題。

【録文】

（前缺）

1 □並不敢插和稻碎在内，如違甘罪，執結是實。

2 □日與　執　結　人張源（背面簽押）

三、明正德二年（一五〇七）直隸滁州里長葛春告到狀爲送納糙粳米事殘件

【題解】

本件爲《國朝諸臣奏議》第五册卷一二八第五葉紙背文書，現存文字二行，前缺後完，上殘下全。

《國朝諸臣奏議》紙背文書有明確紀年者，均爲正德二年有關税糧馬草交納或是南京倉場管理相關公文，且本件文書中『葛春』一名又見於第三册卷七十四第三葉紙背文書與第六册卷一三一第十七葉紙背文書綴合之正德二年四月直隸滁州里長葛春爲領回原呈糙粳米樣事所呈領狀、第五册卷一二八第六葉紙背葛春爲送納税糧事所呈執結狀殘件、第六册卷一三一第十葉紙背葛春爲送納正德元年份糙粳米事所呈告完狀殘件。由此結合本件文書殘存内容與相關文書可知，本件應爲明正德二年直隸滁州里長葛春爲送納糙粳米事所呈告到狀殘件。兹據此擬定今題。

【録文】

（前缺）

1 □糙粳米二百七十六石二斗，前赴

（中缺）

2 □　到　狀　人　葛春（背面簽押）

四、明正德二年（一五〇七）直隸滁州里長葛春與執結爲送納税糧事殘件

【題解】

本件爲《國朝諸臣奏議》第五册卷一二八第六葉紙背文書，現存文字二行，前缺後完，上殘下全。

《國朝諸臣奏議》紙背文書有明確紀年者，均爲正德二年有關税糧馬草交納或是南京倉場管理相關公文，且本件文書中『葛春』一名又見於第三册卷七十四第三葉紙背文書與第六册卷一三一第十七葉紙背文書綴合之正德二年四月直隸滁州里長葛春爲

領回原呈糙粳米樣事所呈領狀、第五册卷一二八第五葉紙背葛春爲送納糙粳米事所呈告到狀殘件、第六册卷一三一第十葉紙背葛春爲送納正德元年份糙粳米事所呈告完狀殘件。由此結合本件文書殘存内容與相關文書可知，本件應爲明正德二年直隷滁州里長葛春爲送納税糧事所呈執結狀殘件。兹據此擬定今題。

【録文】

（前缺）

1 □奉告判交納，中間並不敢插和、與人包攬等項情由，如違甘罪，執結是實。

2 □執　結　人葛春（背面簽押）

五、明正德二年（一五〇七）南京錦衣衛餘丁陶宣與執結爲賣馬草事殘件

【題解】

本件爲《國朝諸臣奏議》第五册卷一二八第七葉紙背文書，現存文字三行，前後均完，上全下殘。從殘存内容來看，本件應爲明正德二年二月南京錦衣衛餘丁陶宣爲賣馬草事所呈執結狀殘件。

本件文書中『陶宣』之名還見於第一册丙集目録第八葉紙背正德二年四月南京錦衣衛餘丁陶宣爲賣到直隷安慶府太湖縣糧長陳源名下馬草事所呈執結狀殘件、第二册卷五十四第七葉紙背正德二年四月陶宣爲賣到直隷揚州府高郵州厶名下馬草事所呈執結狀殘件、卷五十四第十六葉紙背正德二年四月陶宣爲賣到浙江湖州府德清縣解户厶名下馬草事所呈執結狀殘件。

【録文】

1 南京錦衣衛余丁陶宣今於

2 與執結爲賣馬草事。依奉如遇各府州縣□

3　正德二年二月

六、明正德二年（一五〇七）二月南京中軍都督府中和橋馬草場散錢夫竇勝與執結爲分散脚錢事殘件

【題解】

本件爲《國朝諸臣奏議》第五册卷一二八第八葉紙背文書，現存文字三行，前後均完，上全下殘。從殘存内容來看，本件應爲明正德二年二月南京中軍都督府中和橋馬草場散錢夫竇勝爲分散脚錢事所呈執結狀殘件。

【録文】

1　南京中軍都督府中和橋馬草場散钱夫竇勝今於

2　與執結爲分散脚錢事。依奉如遇各府州縣粮

3　正德二年二月

七、明正德二年（一五〇七）五月南京中軍都督府中和橋馬草場申巡視倉場監察御史羅狀爲地方事殘件

【題解】

本件爲《國朝諸臣奏議》第五册卷一二八第九葉紙背文書，現存文字六行，前後均完，上全下殘；第五行鈐朱印一枚，印文不清，據文義推斷應爲『南京中軍都督府中和橋馬草場印』。從殘存内容來看，本件應爲明正德二年五月南京中軍都督府中和橋馬草場爲地方事申巡視倉場監察御史羅狀殘件。據考證，『巡視倉場監察御史羅』疑爲『羅鳳』。

本書紙背現存『南京中軍都督府中和橋馬草場』相關文書另有第二册卷五十四第一葉紙背文書與第六册卷一三四第二葉紙背文書綴合之正德二年五月南京中軍都督府中和橋馬草場大堆夫曲信等爲堆垛馬草事所呈執結狀殘件、第二册卷五十四第

二葉紙背文書與同册卷五十六第六葉紙背文書綴合之正德二年四月南京中軍都督府中和橋馬草場堆夫洪茂等爲搬運馬草事所呈執結狀、第四册卷一一三第十一葉紙背正德二年四月南京中和橋馬草場賣席鋪户唐清爲賣到浙江湖州府武康縣糧長厶名下馬草事所呈執結狀殘件、第四册卷一一四第十葉紙背正德二年南京中軍都督府中和橋馬草場堆夫洪茂等爲堆垛馬草事所呈執結狀殘件、第五册卷一二八第八葉紙背正德二年二月南京中軍都督府中和橋馬草場散錢夫竇勝爲分散脚錢事所呈執結狀殘件、卷一二八第十葉紙背正德二年五月南京中軍都督府中和橋馬草場爲地方事與依准殘件、第六册卷一三四第一葉紙背文書與第八册卷一四〇第六葉紙背文書綴合之正德二年五月南京中軍都督府中和橋馬草場堆夫洪茂等爲堆垛馬草事所呈執結狀、卷一三四第十八葉紙背正德二年三月南京中軍都督府中和橋馬草場小堆夫郭純等爲堆垛馬草事所呈執結狀殘件。

【録文】

1 南京中軍都督府中和橋馬草場爲地方事。抄蒙

2 巡視倉場試監察御史羅　案驗前事。蒙此，依蒙案驗内□

3 右　　申

4 巡視倉場試監察御史羅

5 正德二年五月（朱印）　十一　日大使□

6 地方事

八、明正德二年（一五〇七）五月南京中軍都督府中和橋馬草場與依准爲地方事殘件

【題解】

本件爲《國朝諸臣奏議》第五册卷一二八第十葉紙背文書，現存文字三行，前後均完，上全下殘；第三行鈐朱印一枚，印文不清，據文義推斷應爲『南京中軍都督府中和橋馬草場印』。從殘存内容來看，本件應爲明正德二年五月南京中軍都督府中和橋馬草場爲地方事與依准殘件。

本書紙背現存『南京中軍都督府中和橋馬草場』相關文書另有第二册卷五十四第一葉紙背文書與第六册卷一三四第二葉紙背文書綴合之正德二年五月南京中軍都督府中和橋馬草場大堆夫曲信等爲堆垛馬草事所呈執結狀殘件、第二册卷五十四第二葉紙背文書與同册卷五十六第六葉紙背文書綴合之正德二年四月南京中軍都督府中和橋馬草場堆夫洪茂等爲搬運馬草事所呈執結狀、第四册卷一一三第十一葉紙背正德二年四月南京中和橋馬草場賣席鋪户唐清爲賣到浙江湖州府武康縣糧長么名下馬草事所呈執結狀殘件、第四册卷一一四第十葉紙背正德二年南京中軍都督府中和橋馬草場堆夫洪茂等爲堆垛馬草事所呈執結狀殘件、第五册卷一二八第八葉紙背正德二年二月南京中軍都督府中和橋馬草場散錢夫竇勝爲分散脚錢事所呈執結狀殘件、卷一二八第九葉紙背正德二年五月南京中軍都督府中和橋馬草場爲地方事申巡視倉場監察御史羅狀殘件、第六册卷一三四第一葉紙背文書與第八册卷一四〇第六葉紙背文書綴合之正德二年五月南京中軍都督府中和橋馬草場堆夫洪茂等爲堆垛馬草事所呈執結狀、卷一三四第十八葉紙背正德二年三月南京中軍都督府中和橋馬草場小堆夫郭純等爲堆垛馬草事所呈執結狀殘件。

【録文】

1　南京中軍都督府中和橋馬草場今於

2　　與依准爲地方事。依蒙案驗内事理採擇□

3　正德二年五月（朱印）　十一　日大□

九、明正德二年（一五〇七）三月直隸徽州府黟縣糧長楊守約告完狀爲送納弘治十八年（一五〇五）份秋糧事（一）

【題解】

本件爲《國朝諸臣奏議》第五册卷一二八第十一葉紙背文書，現存文字三行，前後均完，上全下殘；第三行具體日期『廿五』兩字字體粗大、墨色濃匀，爲二次書寫。

本件文書與第二册卷六十第十二葉紙背文書字迹相同，内容相關，可以綴合。從綴合後内容來看，其應爲明正德二年直隸徽州府黟縣糧長楊守約爲送納弘治十八年份秋糧事所呈告完狀。兹據綴合後擬定今題。另，本件文書中『楊守約』一名又見於第二册卷六十第十一葉紙背正德二年楊守約領狀殘件。

【録文】

1 告完狀人楊守約，係直隸徽州府黟縣粮長，狀告送納弘治十八年分秋

2 南京應天衛倉交納完足，理合具狀來告。

3 正德二年三月　廿五

一〇、明正德二年（一五〇七）三月直隸滁州來安縣里長李惠告完狀爲送納正德元年份秋糧米事（一）

【題解】

本件爲《國朝諸臣奏議》第五册卷一二八第十二葉紙背文書，現存文字三行，前後均完，上全下殘；第三行具體日期『十二』兩字字體粗大、墨色濃匀，爲二次書寫。

本件文書與第八册卷一三九第一葉紙背文書字迹相同，内容相關，可以綴合。從綴合後内容來看，其應爲明正德二年三月直隸滁州來安縣里長李惠爲送納正德元年份秋糧事所呈告完狀。兹據綴合後擬定今題。另，本件文書中『李惠』一名還見於第五册卷一二四第一葉紙背正德二年李惠爲送納税糧事所呈執結狀殘件、第五册卷一二九第十四葉紙背文書與第八册卷一三九第二

葉紙背文書綴合之正德二年三月李惠爲領回原呈米樣事所呈領狀、第七册卷一三六第十八葉紙背正德二年三月李惠爲送納税糧事所呈告到狀殘件。

【録文】

1 告完狀人李惠，係直隸滁州來安縣里長，狀告送納正德元年分秋□

2 南京府軍衛倉交納完足，理合具狀來告。

3 正德二年三月　十二　□

一一、明正德二年（一五〇七）三月南京留守左衛倉攢典王寬供狀爲役滿給由事殘件

【題解】

本件爲《國朝諸臣奏議》第五册卷一二八第十三葉紙背文書之一。該葉爲二紙拼接而成，紙背各殘存文書一件。本件爲紙背左側文書，現存文字三行，前後均完，上全下殘。從本件殘存内容結合本書紙背其他相似文書推斷，其應爲明正德二年三月南京留守左衛倉攢典王寬爲役滿給由事所呈供狀殘件。

【録文】

1 供狀人王寬，年三十二歲，四川歸慶府廣安州鄰水縣人，在□

2 留守左衛倉攢典，弘治十八年六月二十九日考中二等冠□

3 正德二年三月□

一二、明正德二年（一五〇七）四月厶與領狀爲領回原呈米樣事殘件

【題解】

本件爲《國朝諸臣奏議》第五册卷一二八第十三葉紙背文書之一。該葉爲二紙拼接而成，紙背各殘存文書一件。本件爲紙背右側文書，現存文字二行，前後均完，上下均殘。從殘存内容來看，本件應爲明正德二年四月厶爲領回原呈米樣事所呈領狀殘件。

【録文】

（前缺）

1 與領狀。爲領到原呈米樣領囬，所領□□[一]。

2 正德二年四月

一三、明正德二年（一五〇七）三月南京中軍都督府中和橋馬草場攢典陽弁供狀爲役滿給由事殘件

【題解】

本件爲《國朝諸臣奏議》第五册卷一二八第十四葉紙背文書之一。該葉爲二紙拼接而成，紙背各殘存文書一件。本件爲紙背右側文書，現存文字三行，前後均完，上全下殘。從殘存内容結合本書紙背其他相似文書推斷，本件應爲明正德二年三月南京中軍都督府中和橋馬草場攢典陽弁爲役滿給由事所呈供狀殘件。

【録文】

1 供狀人陽弁，年三十三歲，江西南安府南康縣人，在外充吏，兩考役滿，給由赴

[一] 據明代文書書寫格式可知，此處所缺文字應爲『是實』。

2　南京吏部告投，除撥辦事外，弘治十七年五月二十四日撥南京中軍都督府中□[二]

3　正德二年三月　　□

一四、明正德二年（一五〇七）四月湖廣荆州府江陵縣納户王成與領狀爲領到納完餘剩碎稻二米事殘件

【題解】

本件爲《國朝諸臣奏議》第五册卷一二八第十四葉紙背文書之一。該葉爲二紙拼接而成，紙背各殘存文書一件。本件爲紙背左側文書，現存文字三行，前後均完，上全下殘。從殘存内容來看，本件應爲明正德二年四月湖廣荆州府江陵縣納户王成爲領到納完餘剩碎稻二米事所呈領狀殘件。

本件文書中『王成』一名又見於第三册卷七十第七葉紙背正德二年王成爲送納税糧事所呈執結狀殘件、第三册卷七十第八葉紙背王成告到或告完狀殘件、第三册卷六十七第四葉紙背正德二年三月南京留守右衛餘丁蔣順爲馱到湖廣荆州府江陵縣納户王成税糧事所呈執結狀殘件。

【録文】

1　湖廣荆州府江陵縣納户王成今於

2　　與領狀。實領到納完餘剩碎稻二米，照数領出，□□□□[三]。

3　正德二年四月　　日與　□

[二] 據同書紙背其他文書可知，此處所缺應爲『南京中軍都督府中和橋馬草場』。

[三] 據明代文書書寫格式可知，此處所缺文字應爲『所領是實』。

卷第一二九（共十九葉，編號至二十葉，其中第九葉缺）

一、明正德二年（一五〇七）四月南京金吾後衛西倉申巡視倉場監察御史羅狀爲禁約事（一）

【題解】

本件爲《國朝諸臣奏議》第五册卷一二九第四葉紙背文書，現存文字八行，前後均完，上全下殘；第七行鈐朱印一枚，印文不清，據文義推斷應爲『南京金吾後衛西倉印』。

本件文書與第三册卷六十八第十葉紙背文書字迹相同、内容相關，可以綴合。從綴合後内容來看，其應爲明正德二年四月初一日南京金吾後衛西倉爲禁約事申巡視倉場監察御史羅狀。茲據綴合後擬定今題。據考證，『巡視倉場監察御史羅』疑爲『羅鳳』。另，本書紙背現存『南京金吾後衛西倉』相關文書另有第三册卷六十八第九葉紙背文書與第四册卷一一三第十葉紙背文書綴合之正德二年三月南京金吾後衛西倉爲禁約事所呈結狀、第三册卷六十九第十三葉紙背正德二年五月南京金吾後衛西倉爲禁革奸弊事所呈執結狀殘件。

【録文】

1 南京金吾後衛西倉爲禁約事。抄蒙

2 巡視倉場監察御史羅　案驗，該奉

3 南京都察院劄付，備仰本倉着落當該官攢，照依案驗内事理，今後但□

4 積年光棍、攬頭、歇家、跟子、鋪行人等科斂誆騙，假以打點使用爲名者，不分真僞，許各該□

5 右　申

6 巡視倉場場[一]監察御史羅

7 正德貳年肆月（朱印）　初一

8 禁約事

二、明正德二年（一五〇七）公文殘件

【題解】

本件爲《國朝諸臣奏議》第五册卷一二九第五葉紙背文書，現存文字一行，前後均全。從殘存内容來看，本件應原書寫於公文紙背，爲説明公文未經改寫的保證性文字。

《國朝諸臣奏議》紙背文書有明確紀年者，均爲正德二年有關税糧馬草交納或是南京倉場管理相關公文，據此結合本件文書書寫格式及内容推斷，其也應爲明正德二年公文殘件。

【録文】

1 當該書寫攢典

[一] 據文意推斷，此「場」字應爲衍文。

三、明正德二年（一五〇七）公文殘件

【題解】

本件爲《國朝諸臣奏議》第五册卷一二九第七葉紙背文書，無文字殘留，僅文書右下角鈐左半朱印半枚，印文不清，結合其他明代公文可知，其應爲標示紙張大小防止揭改之用。

《國朝諸臣奏議》紙背文書有明確紀年者，均爲正德二年有關税糧馬草交納或是南京倉場管理相關公文，據此結合同書紙背其他相似文書可知，本件應爲明正德二年公文殘件。

【録文】

無

四、明正德二年（一五〇七）南京中軍都督府中和橋馬草場堆夫曲信等與執結爲堆垛馬草事殘件

【題解】

本件爲《國朝諸臣奏議》第五册卷一二九第十葉紙背文書，現存文字九行，前缺後完，上殘下全。

《國朝諸臣奏議》紙背文書有明確紀年者，均爲正德二年有關税糧馬草交納或是南京倉場管理相關公文，據此結合本件文書殘存内容推斷，其應爲明正德二年曲信等執結狀殘件。另，本件文書中『曲信』等人名又見於第二册卷五十四第一葉紙背文書與第六册卷一三四第二葉紙背文書綴合之正德二年五月南京中軍都督府中和橋馬草場大堆夫曲信等爲堆垛馬草事所呈執結狀，且本件文書殘存内容與其基本相同，由此擬定今題。

【録文】

（前缺）

1 □府州縣粮里人等運納馬草到場，當官領給工銀，買下貓竹砍削丁弓軟篾，雇覔人夫，聽侯

（中缺）

2 □　執　結　人　曲信（背面簽押）
3 　　　　　　　余隆（背面簽押）
4 　　　　　　　王林（背面簽押）
5 　　　　　　　李成（背面簽押）
6 　　　　　　　孫喜（背面簽押）
7 　　　　　　　袁達（背面簽押）
8 　　　　　　　楊禹（背面簽押）
9 　　　　　　　葉斌（背面簽押）

五、明正德二年（一五〇七）三月直隸滁州來安縣里長李惠與領狀爲領回原呈米樣事（一）

【題解】

本件爲《國朝諸臣奏議》第五册卷一二九第十四葉紙背文書，現存文字三行，前後均完，上全下殘。

本件文書與第八册卷一三九第二葉紙背文書字迹相同、内容相關，可以綴合。從綴合後内容來看，其應爲明正德二年三月直隸滁州來安縣里長李惠爲領回原呈米樣事所呈領狀。兹據綴合後擬定今題。另，本件文書中『李惠』一名還見於第五册卷一二四第一葉紙背明正德二年李惠爲送納税糧事所呈執結狀殘件、第五册卷一二八第十二葉紙背文書與第八册卷一三九第一葉紙背文書綴合之正德二年三月李惠爲送納正德元年份秋糧事所呈告完狀、第七册卷一三六第十八葉紙背正德二年三月李惠爲送納税糧事所呈告到狀殘件。

【録文】

1 直隸滁州來安縣里長李惠今於

2 與領狀。實領到原呈米樣領囬，所領□□[二]。

3 正德二年三月

[二] 據明代文書書寫格式可知，此處所缺文字應爲『是實』。

第六册

卷第一三〇（共二十一葉）

一、明正德二年（一五〇七）呼厶告到狀爲送納税糧事殘件

【題解】

本件爲《國朝諸臣奏議》第六册卷一三〇第五葉紙背文書，現存文字三行，前缺後完，上下均殘。第二行雜寫「白花鮮」三字，字體粗大，墨色濃匀，爲二次書寫，文義不明。

《國朝諸臣奏議》紙背文書有明確紀年者，均爲正德二年有關税糧馬草交納或是南京倉場管理相關公文，由此結合本件文書殘存内容及同書紙背相似文書推斷，本件應爲明正德二年呼厶爲送納税糧事所呈告到狀殘件。

【録文】

（前缺）

1 □壹千　百　　　前赴

（中缺）

2 □　　　**白花鮮**

3 □　　　到　　狀　　　人呼泰□

二、明正德二年（一五〇七）周曉告到狀爲送納稅糧事殘件

【題解】

本件爲《國朝諸臣奏議》第六册卷一三〇第六葉紙背文書，現存文字二行，前缺後完，上殘下全。

《國朝諸臣奏議》紙背文書有明確紀年者，均爲正德二年有關稅糧馬草交納或是南京倉場管理相關公文，由此結合本件文書殘存内容及同書紙背相似文書推斷，本件應爲明正德二年周曉爲送納稅糧事所呈告到狀殘件。

【録文】

（前缺）

1 □餘米一千柒百捌拾壹石，赴

（中缺）

2 □到　狀　人周曉（背面簽押）

三、明正德二年（一五〇七）直隸蘇州府吴江縣糧長沈江與執結爲送納稅糧事殘件

【題解】

本件爲《國朝諸臣奏議》第六册卷一三〇第七葉紙背文書，現存文字二行，前缺後完，上殘下全。

《國朝諸臣奏議》紙背文書有明確紀年者，均爲正德二年有關稅糧馬草交納或是南京倉場管理相關公文，且本件文書中『沈江』一名又見於第二册卷六十第七葉紙背正德二年四月直隸蘇州府吴江縣糧長沈江爲領到納完餘剩碎米事所呈領狀殘件、第五册卷一二四第七葉紙背正德二年三月沈江爲送納正德元年份秋糧事所呈告完狀殘件。由此相關文書結合本件文書殘存内容推斷，本件應爲明正德二年直隸蘇州府吴江縣糧長沈江爲交納稅糧事所呈執結狀殘件。茲據此擬定今題。

【録文】

（前缺）

1 □奉告納，中間並不敢挿和作弊等情，如違甘罪，執結是實。

2 □日與　執　結　人沈江（背面簽押）

四、明正德二年（一五〇七）卞禮與執結爲送納税糧事殘件

【題解】

本件爲《國朝諸臣奏議》第六册卷一三〇第八葉紙背文書，現存文字二行，前缺後完，上殘下全。

《國朝諸臣奏議》紙背文書有明確紀年者，均爲正德二年有關税糧馬草交納或是南京倉場管理相關公文，由此結合本件文書殘存内容及同書紙背相似文書推斷，本件應爲明正德二年卞禮爲送納税糧事所呈執結狀殘件。

【録文】

（前缺）

1 □不敢聽信歇家、跟子誆哄財物，通同挿和稻碎在内，如違甘罪，執結是實。

2 □日與　執　結　人卞礼（背面簽押）

五、明正德二年（一五〇七）南京金吾後衛西倉攢典陳哲供狀爲役滿給由事殘件

【題解】

本件爲《國朝諸臣奏議》第六册卷一三〇第十三葉紙背文書之一。該葉爲二紙拼接而成，紙背各殘存文書一件。本件爲紙背右側文書，現存文字二行，前完後缺，上全下殘。

《國朝諸臣奏議》紙背文書有明確紀年者，均爲正德二年有關稅糧馬草交納或是南京倉場管理相關公文，由此結合本件文書殘存内容及同書紙背相似文書推斷，本件應爲明正德二年南京金吾後衛西倉攢典陳哲爲役滿給由事所呈供狀殘件。

【録文】

1 供狀人陳哲，年貳拾陸歲，係廣東潮州府饒平縣人，在外克吏兩考□

2 部蒙撥辦事外，正德元年六月初五日實撥南京金吾後衛西倉攢□

（後缺）

六、明正德二年（一五〇七）南京豹韜左衛倉與執結爲禁革奸弊事殘件

【題解】

本件爲《國朝諸臣奏議》第六册卷一三〇第十三葉紙背文書之一。該葉爲二紙拼接而成，紙背各殘存文書一件。本件爲紙背左側文書，現存文字十行，前缺後完，上下均殘。

《國朝諸臣奏議》紙背文書有明確紀年者，均爲正德二年有關稅糧馬草交納或是南京倉場管理相關公文，且本件文書中『攢典黃永興』一名又見於第二册卷五十八第四葉紙背文書與第三册卷七十一第二葉紙背文書綴合之正德二年四月南京豹韜左衛倉爲把門攢典黃永興爲官軍俸糧事所呈執結狀。由此相關文書結合本件文書殘存内容推斷，本件應爲明正德二年南京豹韜左衛倉爲禁革奸弊事所呈執結狀殘件。兹據此擬定今題。另，《國朝諸臣奏議》紙背『南京豹韜左衛倉』相關文書另有第二册卷五十四第十三葉紙背正德二年三月南京豹韜左衛倉爲巡視倉場事申巡視倉場監察御史羅狀殘件、卷五十四第十四葉正德二年三月南京豹韜左衛倉爲巡視倉場事與依准殘件等。

【録文】

（前缺）

1 □無前項詐僞情弊，中間不致扶同，執結是實。

2 □使

3 柳琛□

4 方□□

5 攢典　梁紹□

6 黃永興□

7 鍾□□

8 何□□

9 王紹□

10 林□□

七、明正德二年（一五〇七）三月李璟供狀爲役滿給由事殘件

【題解】

本件爲《國朝諸臣奏議》第六册卷一三〇第十四葉紙背文書之一。該葉爲二紙拼接而成，紙背各殘存文書一件。本件爲紙背右側文書，現存文字三行，前後均完，上全下殘。從殘存内容來看，本件應爲明正德二年三月李璟爲役滿給由事所呈供狀殘件。

【録文】

1 供狀人李璟，年叁拾歲，廣東瓊州府瓊山縣上東岸都民，狀供以農民在外克吏□

2 到倉着役，至正德元年六月十二日止，計壹拾貳箇月，一年周歲送考雜職中二□

3 正德二年三月

八、明正德二年（一五〇七）厶倉申巡視倉場監察御史羅狀爲禁約事殘件

【題解】

本件爲《國朝諸臣奏議》第六册卷一三〇第十四葉紙背文書之一。該葉爲二紙拼接而成，紙背各殘存文書一件。本件爲紙背左側文書，現存文字一行，前後均缺，上下均殘。

《國朝諸臣奏議》紙背文書有明確紀年者，均爲正德二年有關税糧馬草交納或是南京倉場管理相關公文。據此結合本件文書殘存内容及同書紙背其他相似文書推斷，本件應爲明正德二年厶倉爲禁約事申巡視倉場監察御史羅狀殘件。兹據此擬定今題。

【録文】

（前缺）

1 □九日止，並無前項詐僞情弊。爲此，今將本倉通倉官攢不致扶同執結，理合粘連申繳施行，須□□□[一]。

（後缺）

[一] 據明代文書書寫格式可知，此處所缺文字應爲『至申者』。

九、明正德二年（一五〇七）四月浙江湖州府德清縣解户戴楊、馬顒告到狀爲送納弘治十八年（一五〇五）份税糧事殘件

【題解】

本件爲《國朝諸臣奏議》第六册卷一三〇第十五葉紙背文書，現存文字三行，前後均完，上全下殘；第三行具體日期『初六』兩字字體粗大，墨色濃匀，爲二次書寫。從殘存内容來看，本件應爲明正德二年四月浙江湖州府德清縣解户戴楊、馬顒爲送納弘治十八年份税糧事所呈告到狀殘件。

本件文書中『戴楊、馬顒』二名，又見於第一册甲集目録第三葉紙背正德二年四月戴楊、馬顒所呈領狀殘件，第一册乙集目録第十九葉紙背文書與同册丙集目録第二十五葉紙背文書綴合之正德二年四月浙江湖州府德清縣解户戴楊、馬顒爲送納正德元年份秋糧事所呈執結狀，第二册卷五十四第十五葉紙背正德二年四月南京錦衣衛餘丁周㳟爲賣到浙江湖州府德清縣解户戴揚、馬顒名下馬草事所呈執結狀殘件。

【録文】

1　告到狀人戴楊、馬顒，係浙江湖州府德清縣解户，狀告送納弘治十八年分□

2　南京留守右衛倉交納，理合來告。

3　正德二年四月　　**初六**　　日告□

一〇、明正德二年（一五〇七）四月直隷安慶府潛山縣糧長孫芳告完狀爲送納正德元年份税糧事殘件

【題解】

本件爲《國朝諸臣奏議》第六册卷一三〇第十六葉紙背文書，現存文字三行，前後均完，上全下殘。從殘存内容來看，本件應爲明正德二年四月直隷安慶府潛山縣糧長孫芳爲送納正德元年份税糧事所呈告完狀殘件。

本件文書中『孫芳』一名又見於第三册卷六十七第五葉紙背正德二年四月直隷安慶府潛山縣糧長孫芳爲領到納完本倉餘剩稻碎事所呈領狀殘件、卷六十七第六葉紙背正德二年四月孫芳爲領到納完糧米實收一紙事所呈領狀殘件。

【録文】

1 告完状人孫芳，係直隷安慶府濳山縣粮長，状告送納正德元年分□

2 南京留守右衛倉交納完足，理合具状來告。

3 正德二年四月□

二一、明正德二年（一五〇七）葛勗告到狀爲送納厶年份秋糧米事殘件

【題解】

本件爲《國朝諸臣奏議》第六册卷一三〇第二十葉紙背文書，現存文字二行，前缺後完，上殘下全。《國朝諸臣奏議》紙背文書有明確紀年者，均爲正德二年有關税糧馬草交納或是南京倉場管理相關公文，據此結合本件文書殘存内容推斷，其應爲明正德二年葛勗爲送納厶年份秋糧正餘米事所呈告到狀殘件。又，『葛勗』一名又見於第一册甲集目録第二十九葉紙背葛勗爲交納税糧事所呈執結狀殘件。

【録文】

（前缺）

1 □秋粮正餘米捌百柒拾陸石貳升，赴

（中缺）

2 □ 日告　到　状　人　葛勗□[一]

[一] 據明代文書書寫格式可知，此處所缺文字應爲『葛勗』簽押。

卷第一三一（共二十葉）

一、明正德二年（一五〇七）三月直隸常州府武進縣糧長蔣鎮告完狀爲運到糧米豆事（一）

【題解】

本件爲《國朝諸臣奏議》第六册卷一三一第一葉紙背文書，現存文字六行，前後均完，上全下殘。

本件文書與同册同卷第七葉紙背文書字迹相同、内容相關，可以綴合。從綴合後内容來看，其應爲明正德二年四月直隸常州府武進縣糧長蔣鎮爲運到糧米豆事所呈告完狀。茲據綴合後擬定今題。另，本件文書中「蔣鎮」一名又見於第一册趙汝愚撰《乞進〈皇朝名臣奏議〉劄子》第一葉紙背正德二年三月直隸常州府武進縣糧長蔣鎮爲送納正德元年份秋糧米事所呈告到狀殘件、第一册趙汝愚撰《乞進〈皇朝名臣奏議〉劄子》第二葉紙背文書與第八册卷一三九第十四葉紙背文書綴合之正德二年三月蔣鎮爲送納正德元年份秋糧事所呈執結狀等。

【録文】

1 告完狀人蔣鎮，係直隸常州府武進縣粮長，運到粮米豆送赴

2 南京國子監交收完足。爲此，理合具狀來告

3 巡視倉場監察老爹　施行。

4 計開：

5 實收過正粮白粳米五百石

6 正德二年四月

二、明正德二年（一五〇七）四月直隸常州府江陰縣糧長沈宗善告完狀爲運到糧米豆事殘件

【題解】

本件爲《國朝諸臣奏議》第六册卷一三一第二葉紙背文書，現存文字六行，前後均完，上全下殘。從殘存内容來看，本件應爲明正德二年四月直隸常州府江陰縣糧長沈宗善爲運到糧米豆事所呈告完狀殘件。

本件文書中『沈宗善』一名又見於第七册卷一三八第十九葉紙背正德二年三月沈宗善爲送納正德元年份秋糧米事所呈告到狀殘件、第七册卷一三八第二十葉紙背正德二年三月沈宗善爲送納正德元年份秋糧米事所呈執結狀殘件。

【録文】

1 告完到[一]人沈宗善，係直隸常州府江陰縣粮長，運到粮米豆送赴

2 南京國子監交收完足。爲此，理合具狀來告

3 巡視倉場監察老爹　　施行。

4 計開：

5 實收過正粮白粳米肆拾□

6 正德二年四月□

[一] 據文意及其他文書可知，『到』應爲『狀』。

三、明正德二年（一五〇七）厶縣解户錢沈敏告到狀爲送納正德元年（一五〇六）份正餘米事殘件

【題解】

本件爲《國朝諸臣奏議》第六册卷一三一第五葉紙背文書，現存文字三行，前缺後完，上殘下全；第二行大字書寫『初一』『□初八日到』字體粗大，墨色濃匀，爲二次書寫。

《國朝諸臣奏議》紙背文書有明確紀年者，均爲正德二年有關税糧馬草交納或是南京倉場管理相關公文，據此結合本件文書殘存内容推斷，其應爲明正德二年錢沈敏爲送納正德元年份秋糧正餘米所呈告到狀殘件。另，『錢沈敏』一名又見於第八册卷一三九第四葉紙背正德二年丁永寧爲送到厶縣解户錢沈敏正餘米所呈執結狀殘件。兹結合相關文書擬定今題。

【録文】

（前缺）

1 □元年分秋粮正余米一千二百五十六石四斗一升二合三勺，赴

（中缺）

2 **初一**　**□初八日到**

3 □到　状　人錢沈敏（背面簽押）

四、明正德二年（一五〇七）浙江湖州府烏程縣糧長蔣張江與執結爲送納税糧事殘件

【題解】

本件爲《國朝諸臣奏議》第六册卷一三一第六葉紙背文書，現存文字二行，前缺後完，上殘下全。

《國朝諸臣奏議》紙背文書有明確紀年者，均爲正德二年有關稅糧馬草交納或是南京倉場管理相關公文，據此結合本件文書殘存内容推斷，本件應爲明正德二年蔣張江爲送納稅糧事所呈執結狀殘件。另，本件文書中『蔣張江』一名還見於第一册乙集目録第七葉紙背文書與第八册卷一三九第二十葉紙背文書綴合之正德二年五月浙江湖州府烏程縣糧長蔣張江爲解送正德元年份秋糧事所呈告完狀殘件、第一册乙集目録第八葉紙背文書與第八册卷一三九第十九葉紙背文書綴合之正德二年五月蔣張江爲領回原呈在官米樣事所呈領狀等。兹結合相關文書擬定今題。

【録文】

（前缺）

1 □等情，如違甘罪，執結是實。

2 □執　結　人蔣張江（背面簽押）

五、明正德二年（一五〇七）三月直隸常州府武進縣糧長蔣鎮告完狀爲運到糧米豆事（一）

【題解】

本件爲《國朝諸臣奏議》第六册卷一三一第七葉紙背文書，現存文字二行，前缺後完，上殘下全。

本件文書與同册同卷第一葉紙背文書字迹相同、内容相關，可以綴合。從綴合後内容來看，其應爲明正德二年四月直隸常州府武進縣糧長蔣鎮爲運到糧米豆事所呈告完狀。兹據綴合後擬定今題。另，本件文書中『蔣鎮』一名又見於第一册趙汝愚撰《乞進〈皇朝名臣奏議〉劄子》第一葉紙背正德二年三月直隸常州府武進縣糧長蔣鎮爲送納正德元年份秋糧米事所呈告到狀殘件、第一册趙汝愚撰《乞進〈皇朝名臣奏議〉劄子》第二葉紙背文書與第八册卷一三九第十四葉紙背文書綴合之正德二年三月蔣鎮爲送納正德元年份秋糧米事所呈執結狀等。

【録文】

（前缺）

1 □正粮糙粳米五百石，　黄豆貳拾石。

2 □告　完　狀　人蔣鎮（背面簽押）

六、明正德二年（一五〇七）直隸蘇州府嘉定縣糧長丘鉞與執結爲送納税糧事殘件

【題解】

本件爲《國朝諸臣奏議》第六册卷一三一第八葉紙背文書，現存文字二行，前缺後完，上殘下全。《國朝諸臣奏議》紙背文書有明確紀年者，均爲正德二年有關税糧馬草交納或是南京倉場管理相關公文，據此結合本件文書殘存内容推斷，其應爲明正德二年丘鉞爲送納税糧事所呈執結狀殘件。另，本件文書中『丘鉞』一名又見於第三册卷七十三第一葉紙背文書與第六册卷一三一第十八葉紙背文書綴合之正德二年五月直隸蘇州府嘉定縣糧長丘鉞爲送納正德元年份秋糧米事所呈告到狀。茲結合相關文書擬定今題。

【録文】

（前缺）

1 □中間並不敢與人包攬及通同揷和等情，如違甘罪，執結是實。

2 □執　結　人丘鉞（背面簽押）

七、明正德二年（一五〇七）直隸揚州府高郵州糧長朱昂告完狀爲送納馬草事殘件

【題解】

本件爲《國朝諸臣奏議》第六册卷一三一第九葉紙背文書，現存文字二行，前缺後完，上殘下全。

《國朝諸臣奏議》紙背文書有明確紀年者，均爲正德二年有關税糧馬草交納或是南京倉場管理相關公文，且文書中殘存『百八包前赴』等語，『包』爲馬草單位。據此結合本件文書殘存内容推斷，其應爲明正德二年朱昂爲送納馬草事所呈告完狀殘件。另，本件文書中『朱昂』一名又見於第二册卷五十四第八葉紙背正德二年四月南京錦衣衛餘丁周髹爲賣到直隸揚州府高郵州糧長朱昂馬草事所呈執結狀殘件。茲結合相關文書擬定今題。

【録文】

（前缺）

1 □百八包，前赴

（中缺）

2 □ 完　狀　人朱昂（背面簽押）

八、明正德二年（一五〇七）直隸滁州里長葛春告完狀爲送納正德元年份糙粳米事殘件

【題解】

本件爲《國朝諸臣奏議》第六册卷一三一第十葉紙背文書，現存文字二行，前缺後完，上殘下全。

《國朝諸臣奏議》紙背文書有明確紀年者，均爲正德二年有關税糧馬草交納或是南京倉場管理相關公文，且本件文書中『葛春』一名又見於第三册卷七十四第三葉紙背文書與第六册卷一三一第十七葉紙背文書綴合之正德二年四月直隸滁州里長葛春爲領回原呈糙粳米樣事所呈領狀、第五册卷一二八第五葉紙背葛春爲送納糙粳米事所呈告到狀殘件、第五册卷一二八第六葉紙背葛

春爲送納稅糧事所呈執結狀殘件。又本件文書第一行殘存『元年分』三字，《國朝諸臣奏議》紙背送納稅糧事文書中，涉及『元年分』者，均爲『正德元年分』。由此結合本件文書殘存内容與相關文書可知，其應爲明正德二年直隸滁州里長葛春爲送納正德元年份糙粳米事所呈告完狀殘件。茲據此擬定今題。

【録文】

（前缺）

1 □元年分糙粳米二百七十六石二斗，前赴

（中缺）

2 □完　狀　人　葛春（背面簽押）

九、明正德二年（一五〇七）三月浙江湖州府烏程縣解户沈瓚與領狀爲領到納完糧米實收一紙事殘件

【題解】

本件爲《國朝諸臣奏議》第六册卷一三一第十五葉紙背文書，現存文字三行，前後均完，上全下殘。從殘存内容來看，本件應爲明正德二年三月浙江湖州府烏程縣解户沈瓚爲領到納完糧米實收一紙事所呈領狀殘件。

【録文】

1 浙江湖州府烏程縣解户沈瓚今於

2 　與領狀。實領到納完粮米實收一紙，領囬銷繳，所□□□[一]

[一] 據明代文書書寫格式可知，此處所缺文字應爲『領是實』。

3 正德二年三月　　日□

一〇、明正德二年（一五〇七）三月江西饒州府樂平縣糧長王廷榮告完狀爲送納弘治厶年份税糧事殘件

【題解】

本件爲《國朝諸臣奏議》第六册卷一三一第十六葉紙背文書，現存文字三行，前後均完，上全下殘。從殘存内容來看，本件應爲明正德二年三月江西饒州府樂平縣糧長王廷榮爲送納弘治厶年份税糧事所呈告完狀殘件。

《國朝諸臣奏議》紙背所見送納弘治年間税糧事文書，均爲送納弘治十七年（一五〇四）或十八年份税糧。

【録文】

1 告完狀人王廷榮，係江西饒州府樂平縣粮長，状告送納弘治

2 南京横江衛倉交納完足，理合具告。

3 正德二年三月　　日

一一、明正德二年（一五〇七）四月直隸滁州里長葛春與領狀爲領回原呈糙粳米樣事（二）

【題解】

本件爲《國朝諸臣奏議》第六册卷一三一第十七葉紙背文書，現存文字二行，前缺後完，上殘下全。

本件文書與第三册卷七十四第三葉紙背文書字迹相同、内容相關，可以綴合。從綴合後内容來看，其應爲明正德二年四月直隸滁州里長葛春爲領回原呈糙粳米樣事所呈領狀。兹據綴合後擬定今題。另，本件文書中『葛春』一名又見於第五册卷一二八第五葉紙背葛春爲送納税糧事所呈告到狀殘件、卷一二八第六葉紙背葛春爲送納税糧事所呈執結狀殘件、第六册卷一三一第十葉紙背葛春爲送納正德元年份糙粳米事所呈告完狀殘件。

【録文】

（前缺）

1 □領回，所領是實。

2 □　領　狀　人　葛春（背面簽押）

一二、明正德二年（一五〇七）五月直隸蘇州府嘉定縣糧長丘鉞告到狀爲送納正德元年份秋糧米事（二）

【題解】

本件爲《國朝諸臣奏議》第六册卷一三一第十八葉紙背文書，現存文字二行，前缺後完，上殘下全。

本件文書與第三册卷七十三第一葉紙背文書字迹相同、内容相關，可以綴合。從綴合後内容來看，其應爲明正德二年五月直隸蘇州府嘉定縣糧長丘鉞爲送納正德元年份秋糧米事所呈告到狀。兹據綴合後擬定今題。另，本件文書中『丘鉞』一名又見於第六册卷一三一第八葉紙背正德二年丘鉞爲送納税糧事所呈執結狀殘件。

【録文】

（前缺）

1 □分秋粮米貳百陸拾石，前赴

2 □到　狀　人丘鉞（背面簽押）

卷一三二（共二十六葉）

一、明正德二年（一五〇七）徐惠與領狀殘件

【題解】

本件爲《國朝諸臣奏議》第六册卷一三二第一葉紙背文書，現存文字二行，前缺後完，上殘下全。

《國朝諸臣奏議》紙背文書有明確紀年者，均爲正德二年有關稅糧馬草交納或是南京倉場管理相關公文，據此結合本件文書殘存内容來看，本件應爲明正德二年徐惠領狀殘件。

【録文】

（前缺）

1 □所領是實。

2 □狀　人徐惠（背面簽押）

二、明正德二年（一五〇七）張聰告完狀爲送納稅糧事殘件

【題解】

本件爲《國朝諸臣奏議》第六册卷一三二第二葉紙背文書，現存文字二行，前缺後完，上殘下全。

《國朝諸臣奏議》紙背文書有明確紀年者，均爲正德二年有關稅糧馬草交納或是南京倉場管理相關公文，據此結合本件文書殘存内容來看，其應爲明正德二年張聰爲送納稅糧事所呈告完狀殘件。

【録文】

（前缺）

1 □米壹千玖百肆拾石捌斗叁升伍合，前赴

（中缺）

2 □日告　完　状　人　張聰（背面簽押）

三、明正德二年（一五〇七）四月江西饒州府浮梁縣納户李鎮告完狀爲送納弘治十八年（一五〇五）份秋糧米事殘件

【題解】

本件爲《國朝諸臣奏議》第六册卷一三二第三葉紙背文書，現存文字三行，前後均完，上全下殘。從殘存内容來看，本件應爲明正德二年四月江西饒州府浮梁縣納户李鎮爲送納弘治十八年份秋糧米事所呈告完狀殘件。

【録文】

1 告完狀人李鎮，係江西饒州府浮梁縣納户，狀告送納弘治十八年分秋粮米壹百貳□

2 南京府軍右衛東倉交納完足，理合具狀來告。

3 正德二年四月　日告　□

四、明正德二年（一五〇七）四月浙江湖州府烏程縣納户楊杉與領狀爲領取在倉篩下稻碎事殘件

【題解】

本件爲《國朝諸臣奏議》第六册卷一三二第四葉紙背文書之一。該葉爲二紙拼接而成，紙背各殘存文書一件。本件爲紙背右側文書，現存文字四行，前後均完，上全下殘。從殘存内容來看，本件應爲明正德二年四月浙江湖州府烏程縣納户楊杉爲領取在倉篩下稻碎事所呈領狀殘件。

本件文書『楊杉』一名，又見於第一册乙集目録第二十三葉紙背正德二年四月浙江湖州府烏程縣糧長楊杉爲領取餘剩碎米事所呈領狀殘件、乙集目録第二十四葉紙背正德二年四月楊杉領取原呈在官米樣領狀殘件。

【録文】

1 浙江湖州府烏程縣納户楊杉今於

2 　與領狀。實領到在倉篩下稻碎，照数領出，所領是實。

3 　計領碎米二十七石，二米一十二石，稻頭二石［ ］

4 正德二年四月　　日與［ ］

五、明正德二年（一五〇七）孫仁與領狀殘尾

【題解】

本件爲《國朝諸臣奏議》第六册卷一三二第四葉紙背文書之一。該葉爲二紙拼接而成，紙背各殘存文書一件。本件爲紙背左側文書，現存文字一行，前缺後完，上下均殘。

《國朝諸臣奏議》紙背文書有明確紀年者，均爲正德二年有關税糧馬草交納或是南京倉場管理相關公文，據此結合本件文書

殘存内容來看，其應爲明正德二年孫仁領狀殘尾。

【録文】

（前缺）

1 □領　狀　人　孫仁□

六、明正德二年（一五〇七）李榮與執結爲送到厶芇名下正餘税糧米事殘件

【題解】

本件爲《國朝諸臣奏議》第六册卷一三二第七葉紙背文書，現存文字三行，前缺後完，上下均殘。《國朝諸臣奏議》紙背文書有明確紀年者，均爲正德二年有關税糧馬草交納或是南京倉場管理相關公文，據此結合本件文書殘存内容來看，其應爲明正德二年李榮爲送到厶芇名下正餘税糧米事所呈執結狀殘件。

【録文】

（前缺）

1 □芇名下正餘米玖百叁拾陸石，裝赴

2 □結是實。

3 □執　結　人　李榮□

七、明正德二年（一五〇七）金祥與執結爲送到厶恩名下正餘税糧米事殘件

【題解】

本件爲《國朝諸臣奏議》第六册卷一三二第八葉紙背文書，現存文字三行，前缺後完，上下均殘。

《國朝諸臣奏議》紙背文書有明確紀年者，均爲正德二年有關税糧馬草交納或是南京倉場管理相關公文，據此結合本件文書殘存内容來看，其應爲明正德二年金祥爲送到厶恩名下正餘税糧米事所呈執結狀殘件。

【録文】

（前缺）

1 □恩名下正餘米叁百陸拾肆石，裝赴

2 □結是實。

3 □執　結　人金祥□

八、明正德二年（一五〇七）三月南京府軍左衛倉餘丁邵俊與執結爲馱到江西瑞州府上高縣楊奇米事殘件

【題解】

本件爲《國朝諸臣奏議》第六册卷一三二第十一葉紙背文書，現存文字四行，前後均完，上全下殘。從殘存内容來看，本件應爲明正德二年三月南京府軍左衛倉餘丁邵俊爲馱到江西瑞州府上高縣楊奇米事所呈執結狀殘件。

本件文書中『邵俊』一名又見於第五册卷一二四第八葉紙背正德二年南京府軍左衛倉餘丁邵俊執結狀殘件。

【録文】

1 南京府軍左衛餘丁邵俊今於

2 與執結駝到江西瑞州府上高縣楊奇米一百三十□

3 南京錦衣衛烏龍潭倉交卸，中途不敢短少升合、多取脚錢使用□□

4 正德二年三月□

九、明正德二年（一五〇七）孫潮貴告完狀爲送納厶年份秋糧米事殘件

【題解】

本件爲《國朝諸臣奏議》第六册卷一三二第十二葉紙背文書之一。該葉爲二紙拼接而成，紙背各殘存文書一件。本件爲紙背右側文書，現存文字二行，前缺後完，上殘下全。

《國朝諸臣奏議》紙背文書有明確紀年者，均爲正德二年有關税糧馬草交納或是南京倉場管理相關公文，據此結合本件文書殘存内容來看，本件應爲明正德二年張潮貴爲送納厶年份秋糧米事所呈告完狀殘件。

【録文】

（前缺）

1 □年分秋粮米肆百貳拾伍石，赴

（中缺）

2 □完　狀　人　张潮貴（背面簽押）

一〇、明正德二年（一五〇七）厶倉申巡視倉場監察御史羅狀爲禁約事殘件

【題解】

本件爲《國朝諸臣奏議》第六册卷一三二第十二葉紙背文書之一。該葉爲二紙拼接而成，紙背各殘存文書一件。本件爲紙背左側文書，現存文字一行，前後均缺，上殘下全；文書左下角鈐右半朱印半枚，印文不清，結合其他明代公文可知，其應爲標示紙張大小防止揭改之用。

《國朝諸臣奏議》紙背文書有明確紀年者，均爲正德二年有關稅糧馬草交納或是南京倉場管理相關公文，據此結合本件文書殘存内容及同書紙背其他相似文書來看，本件應爲明正德二年厶倉爲禁約事申巡視倉場監察御史羅狀殘件。

【録文】

（前缺）

1 □扶同结状，理合繳报施行，须至申者。

（後缺）

一一、明正德二年（一五〇七）五月直隸蘇州府長洲縣糧長徐天錫告完狀爲送納正德元年份秋糧米事殘件

【題解】

本件爲《國朝諸臣奏議》第六册卷一三二第十七葉紙背文書，現存文字三行，前後均完，上全下殘。從殘存内容來看，本件應爲明正德二年五月直隸蘇州府長洲縣糧長徐天錫爲送納正德元年份秋糧米事所呈告完狀殘件。

【録文】

1 告完狀人徐天錫，係直隸蘇州府長洲縣粮長，狀告送納正德元年分秋粮□

2 南京河下水次兊軍交納完足，具狀來告。

3 正德二年五月□

一二、明正德二年（一五〇七）五月厶縣糧長與領狀爲領到在官原呈米樣事文式殘件

【題解】

本件爲《國朝諸臣奏議》第六册卷一三二第十八葉紙背文書，現存文字三行，前後均完，上全下殘。

文書中『縣』字前空白，『糧長』姓名空白，由此結合本件文書殘存内容來看，其應爲明正德二年五月厶縣糧長爲領到在官原呈米樣事所呈領狀文式殘件。

【録文】

1 □府　　縣粮長　　今於

2 與領狀。實領到在官原呈米□

3 正德二年伍月□

一三、明正德二年（一五〇七）五月浙江湖州府烏程縣解户潘璠告完狀爲送納正德元年份税糧事殘件

【題解】

本件爲《國朝諸臣奏議》第六册卷一三二第二十三葉紙背文書，現存文字三行，前後均完，上全下殘。從殘存内容來看，本件應爲明正德二年五月浙江湖州府烏程縣解户潘璠爲送納正德元年份税糧事所呈告完狀殘件。

本件文書中『潘璠』一名又見於第七册卷一三五第十六葉紙背正德二年五月浙江湖州府烏程縣解户潘璠爲領到原呈在官

米樣事所呈領狀殘件。

【録文】

1　告完狀人潘璠，係浙江湖州府烏程縣解户，狀告送納正德元年

2　南京河下水次兑軍交納完足，理合具告。

3　正德二年五月　　日告

一四、明正德二年（一五〇七）五月南京府軍右衛西倉與執結爲看守倉糧事殘件

【題解】

本件爲《國朝諸臣奏議》第六册卷一三二第二十四葉紙背文書，現存文字三行，前後均完，上全下殘；第三行鈐朱印一枚，印文不清，據文義推斷，應爲『南京府軍右衛西倉印』。從殘存内容來看，本件應爲明正德二年五月南京府軍右衛西倉爲看守倉糧事所呈執結狀殘件。

《國朝諸臣奏議》紙背現存『南京府軍右衛西倉』相關文書另有第一册丁集目録第十七葉紙背文書與第二册卷五十九第十葉紙背文書綴合之正德二年四月江西饒州府樂平縣納户徐席珎爲送納弘治十七年（一五〇四）份秋糧米事所呈告到狀、第三册卷六十七第七葉紙背正德二年三月厶爲馱到直隸蘇州府吴江縣厶名下税糧事所呈執結狀殘件、第三册卷七十一第四葉紙背文書與第四册卷一一二第十一葉紙背文書綴合之正德二年三月江西臨江府新喻糧長郭德爲送納弘治十七年份秋糧事所呈告完狀、第七册卷一三五第四葉紙背正德二年三月南京府軍右衛西倉爲看守倉糧事與依准殘件等。

【録文】

1　南京府軍右衛西倉今於

2 與執結爲看守倉粮事。依奉管得督令本倉軍餘□

3 正德貳年伍月（朱印）

卷第一三三（共二十三葉，其中二十一、二十二葉爲空白紙張）

一、明正德二年（一五〇七）金寧與執結爲送納税糧事殘件

【題解】

本件爲《國朝諸臣奏議》第六册卷一三三第一葉紙背文書，現存文字二行，前缺後完，上殘下全。

《國朝諸臣奏議》紙背文書有明確紀年者，均爲正德二年有關税糧馬草交納或是南京倉場管理相關公文，據此結合本件文書殘存内容來看，其應爲明正德二年金寧爲送納税糧事所呈執結狀殘件。

【録文】

（前缺）

1 □千二百五十六石四斗零，赴

（中缺）

2 □執　結　人金寧（背面簽押）

二、明正德二年（一五〇七）五月浙江湖州府烏程縣糧長韋璇與執結爲送納税糧事殘件

【題解】

本件爲《國朝諸臣奏議》第六册卷一三三第二葉紙背文書，現存文字二行，前缺後完，上殘下全。

《國朝諸臣奏議》紙背文書有明確紀年者，均爲正德二年有關税糧馬草交納或是南京倉場管理相關公文，且本件文書中『韋璇』一名又見於第一册丁集目録第七葉紙背正德元年五月浙江湖州府烏程縣糧長韋 璇爲解送正德元年份秋糧事所呈告完狀殘

件、丁集目録第八背紙背正德二年五月韋璇爲領回原呈在官米樣事所呈領狀殘件等。由此相關文書結合本件殘存内容推斷，本件應爲明正德二年浙江湖州府烏程縣糧長韋璇爲送納税糧事所呈執結狀殘件。兹據此擬定今題。

【録文】

（前缺）

1 □和作弊等情，如違甘罪，執結是實。

2 □　執　結　人韋璇（背面簽押）

三、明正德二年（一五〇七）厶倉攢典厶供狀爲役滿給由事殘件

【題解】

本件爲《國朝諸臣奏議》第六册卷一三三第三葉紙背文書之一。該葉爲二紙拼接而成，紙背各殘存文書一件。本件爲紙背右側文書，現存文字二行，前缺後完，上全下殘。

《國朝諸臣奏議》紙背文書有明確紀年者，均爲正德二年有關税糧馬草交納或是南京倉場管理相關公文，據此結合本件文書殘存内容及紙背其他相似文書推斷，本件應爲明正德二年厶倉攢典厶爲役滿給由事所呈供狀殘件。兹據此擬定今題。

【録文】

（前缺）

1 倉攢典，正德元年三月二十九日冠帶守支弘治十七年分秋粮，今蒙取供□

2　正德二年三月　□

四、明正德二年（一五〇七）南京驍騎右衛倉攢典康申供狀爲役滿給由事殘件

【題解】

本件爲《國朝諸臣奏議》第六册卷一三三第三葉紙背文書之一。該葉爲二紙拼接而成，紙背各殘存文書一件。本件爲紙背左側文書，現存文字二行，前缺後完，上殘下全。

《國朝諸臣奏議》紙背文書有明確紀年者，均爲正德二年有關税糧馬草交納或是南京倉場管理相關公文，據此結合本件文書殘存内容及紙背其他相似文書推斷，本件應爲明正德二年南京驍騎右衛倉攢典康申爲役滿給由事所呈供狀殘件。兹據此擬定今題。

【録文】

（前缺）

1　□驍騎右衛倉攢典本日着役，今蒙取供是實。

2　□　狀　人　康申（背面簽押）

五、明正德二年（一五〇七）南京府軍衛倉攢典鄧以仁供狀爲役滿給由事殘件

【題解】

本件爲《國朝諸臣奏議》第六册卷一三三第四葉紙背文書之一。該葉爲二紙拼接而成，紙背各殘存文書一件。本件爲紙背右側文書，現存文字三行，前後均完，上全下殘。從殘存内容來看，本件應爲明正德二年三月南京府軍衛倉攢典鄧以仁爲役滿給由

事所呈供狀殘件。

【録文】

1 供狀人鄧以仁，年叁拾陸歲，廣東廣州府南海縣人，在外克吏兩考□

2 南京吏部撥充南京府軍衛倉徵收弘治十八年分秋粮攢典，當□

3 正德貳年叁月　　日供□

六、明正德二年（一五〇七）厶右衛倉攢典熊緝裕供狀爲役滿給由事殘件

【題解】

本件爲《國朝諸臣奏議》第六册卷一三三第四葉紙背文書之一。該葉爲二紙拼接而成，紙背各殘存文書一件。本件爲紙背左側文書，現存文字二行，前缺後完，上下均殘。

《國朝諸臣奏議》紙背文書有明確紀年者，均爲正德二年有關税糧馬草交納或是南京倉場管理相關公文，據此結合本件文書殘存内容及紙背其他相似文書推斷，本件應爲明正德二年厶右衛倉攢典熊緝裕爲役滿給由事所呈供狀殘件。兹據此擬定今題。

【録文】

（前缺）

1 □右衛倉攢典，本日着役，今蒙取供是實。

2 □　狀　人　熊緝裕 □[一]

七、明正德二年（一五〇七）范輗與執結爲送納税糧事殘件

【題解】

本件爲《國朝諸臣奏議》第六册卷一三三第九葉紙背文書，現存文字二行，前缺後完，上殘下全。

《國朝諸臣奏議》紙背文書有明確紀年者，均爲正德二年有關税糧馬草交納或是南京倉場管理相關公文，據此結合本件文書殘存内容來看，本件應爲明正德二年范輗爲送納税糧事所呈執結狀殘件。

【録文】

（前缺）

1 □不敢挿和稻碎在内，如違甘罪，執結是實。

2 □　日與　執　結　人　范輗（背面簽押）

八、明正德二年（一五〇七）厶與執結爲送納税糧事殘件

【題解】

本件爲《國朝諸臣奏議》第六册卷一三三第十葉紙背文書，現存文字二行，前缺後完，上下均殘。

[一] 據明代文書書寫格式可知，此處所缺文字應爲『熊緝裕』簽押。

《國朝諸臣奏議》紙背文書有明確紀年者，均爲正德二年有關税糧馬草交納或是南京倉場管理相關公文，據此結合本件文書殘存内容來看，本件應爲明正德二年厶爲送納税糧事所呈執結狀殘件。

【録文】

（前缺）

1 □依奉告納，中間不敢插和。

2 □執　結　人　□[一]

九、明正德二年（一五〇七）趙佛保與執結爲送納税糧事殘件

【題解】

本件爲《國朝諸臣奏議》第六册卷一三三第十一葉紙背文書，現存文字二行，前缺後完，上殘下全。

《國朝諸臣奏議》紙背文書有明確紀年者，均爲正德二年有關税糧馬草交納或是南京倉場管理相關公文，據此結合本件文書殘存内容推斷，其應爲明正德二年趙佛保爲送納税糧事所呈執結狀殘件。又，『趙佛保』一名又見於第一册乙集目録第九葉紙背趙佛保爲交納税糧事所呈告到狀殘件。

【録文】

（前缺）

1 □並不敢聽信歇家、跟子人等誆哄財物，通同包攬，插和稻碎在内，如違甘罪，執結是實。

[一] 據明代文書書寫格式可知，此處所缺文字應爲與執結人姓名及簽押。

2 日與　執　結　人 趙佛保（背面簽押）

一〇、明正德二年（一五〇七）江西南昌府進賢縣納户樊日瀚告到或告完狀爲送納税糧事殘件

【題解】

本件爲《國朝諸臣奏議》第六册卷一三三第十二葉紙背文書，現存文字二行，前缺後完，上殘下全。《國朝諸臣奏議》紙背文書有明確紀年者，均爲正德二年三、四、五月份有關税糧馬草交納或是南京倉場管理相關公文。且，本件文書中『樊日瀚』一名又見於第一册丙集目録第十二葉紙背文書與第三册卷七十一第三葉紙背文書綴合之正德二年三月江西南昌府進賢縣納户樊日瀚爲領到原呈樣米事所呈領狀、第二册卷五十六第十一葉紙背文書與同册卷五十七第六葉紙背文書綴合之正德二年三月樊日瀚爲領到在倉篩下稻碎事所呈領狀、第二册卷五十六第十二葉紙背文書與同册卷五十七第五葉紙背文書綴合之正德二年三月樊日瀚爲領到納完弘治十八年份秋糧實收一紙事所呈領狀、第五册卷一二六第十一葉紙背文書與第七册卷一三五第八葉紙背文書綴合之明正德二年三月樊日瀚爲領到原呈樣米事所呈領狀、第二册卷五十六第九葉紙背樊日瀚爲交納税糧事所呈告完狀殘件、第七册卷一三五第七葉紙背樊日瀚爲領到納完弘治十七年（一五〇四）份秋糧米實收一紙事所呈領狀殘件等。據此結合本件文書殘存内容推斷，其應爲明正德二年江西南昌府進賢縣納户樊日瀚爲送納税糧事所呈告到或告完狀殘件。兹據此擬定今題。

【録文】

（前缺）

1 斗正，赴

（中缺）

2 狀　人 樊日瀚（背面簽押）

一一、明正德二年（一五〇七）儲全與領狀爲領回稻頭糠粃頭事殘件

【題解】

本件爲《國朝諸臣奏議》第六册卷一三三第十三葉紙背文書，現存文字二行，前缺後完，上殘下全。

《國朝諸臣奏議》紙背文書有明確紀年者，均爲正德二年有關税糧馬草交納或是南京倉場管理相關公文，據此結合本件文書殘存内容推斷，其應爲明正德二年儲全爲領回稻頭糠粃頭等事所呈領狀殘件。

【録文】

（前缺）

1 □稻頭糠粃头六石五斗七升。

2 □日與　領　狀　人儲全（背面簽押）

一二、明正德二年（一五〇七）浙江湖州府歸安縣解户張瑞告完狀爲送納弘治十七年（一五〇四）份馬草事殘件

【題解】

本件爲《國朝諸臣奏議》第六册卷一三三第十四葉紙背文書，現存文字二行，前缺後完，上殘下全。

《國朝諸臣奏議》紙背文書有明確紀年者，均爲正德二年有關税糧馬草交納或是南京倉場管理相關公文，且本件文書中『張瑞』一名又見於第一册丁集目録第十九葉紙背文書與第七册卷一三六第五葉紙背文書綴合之正德二年三月浙江湖州府歸安縣解户張瑞爲領到納完馬草實收一紙事所呈領狀殘件、第五册卷一二六第七葉紙背張瑞領狀殘件。由此相關文書結合本件文書殘存内容推斷，其應爲明正德二年浙江湖州府歸安縣解户張瑞爲送納弘治十七年份馬草事所呈告完狀殘件。茲據此擬定今題。

【録文】

（前缺）

1 □弘治十七年分馬草四千七百五十包，赴

（中缺）

2 □日告　完　狀　人張瑞（背面簽押）

一三、明正德二年（一五〇七）五月直隸徽州府照磨所照磨范英告完狀爲送納休寧等陸縣弘治十八年（一五〇五）份秋糧米事（二）

【題解】

本件爲《國朝諸臣奏議》第六册卷一三三第十五葉紙背文書，現存文字五行，前缺後完，上殘下全。

本件文書與第四册卷一一一第四葉紙背文書字迹相同、內容相關，可以綴合。從綴合後內容來看，其應爲明正德二年五月初九日直隸徽州府照磨所照磨范英爲送納休寧等陸縣弘治十八年份秋糧米事所呈告完狀。茲據綴合後擬定今題。

【録文】

（前缺）

1 □弘治拾捌年分秋糧米共叁萬貳千碩正，前赴

（中缺）

2 □歙縣米捌千壹百叁拾玖石正，

3 □黟縣米貳千玖百捌拾肆石正，

4 □績溪縣米叁千陸百陸拾捌石正。

5 □日告　完　状　人范英（背面簽押）

一四、明正德二年（一五〇七）江西瑞州府上高縣楊奇告狀爲送納稅糧事殘件

【題解】

本件爲《國朝諸臣奏議》第六册卷一三三第十六葉紙背文書，現存文字二行，前缺後完，上殘下全。

《國朝諸臣奏議》紙背文書有明確紀年者，均爲正德二年有關稅糧馬草交納或是南京倉場管理相關公文，且本件文書中『楊奇』一名又見於第六册卷一三二第十一葉紙背明正德二年三月南京府軍左衛倉餘丁邵俊爲馱到江西瑞州府上高縣楊奇米事所呈執結狀殘件。由此結合本件文書殘存內容及相關文書推斷，其應爲明正德二年江西瑞州府上高縣楊奇爲送納稅糧事所呈告狀殘件。茲據此擬定今題。

【録文】

（前缺）

1 □粮米壹百叁拾捌石，赴

（中缺）

2 □日告　状　人楊奇（背面簽押）

一五、明正德二年（一五〇七）三月南京虎賁右衛倉與依准爲禁約事殘件

【題解】

本件爲《國朝諸臣奏議》第六册卷一三三第二十三葉紙背文書，現存文字三行，前後均完，上全下殘；第三行鈐朱印一枚，印文不清，據文義推斷應爲『南京虎賁右衛倉印』。從殘存内容來看，本件應爲明正德二年三月南京虎賁右衛倉爲禁約事與依准殘件。

本書紙背現存『南京虎賁右衛倉』相關文書另有第二册卷六十第一葉紙背正德二年四月南京虎賁右衛倉捉斛副使蔡杲爲官軍俸糧事所呈執結狀殘件、第三册卷六十八第七葉紙背正德二年四月南京虎賁右衛倉爲禁約事申巡視倉場監察御史羅狀殘件、第四册卷一一一第十一葉紙背正德二年三月浙江湖州府烏程縣糧長蔡怡爲赴南京虎賁右衛倉交納弘治十八年（一五〇五）份税糧事所呈告完狀殘件、第五册卷一二三第十一葉紙背正德二年五月南京虎賁右衛倉爲地方事申巡視倉場監察御史羅狀殘件、第五册卷一二三第十二葉紙背正德二年五月南京虎賁右衛倉爲地方事與依准殘件、第七册卷一三七第三葉紙背正德二年五月南京虎賁右衛倉爲禁革奸弊事所呈結狀殘件、第八册卷一四〇第三葉紙背正德二年五月南京虎賁右衛倉爲總督糧儲事與依准殘件、第八册卷一四〇第四葉紙背正德二年五月南京虎賁右衛倉爲總督糧儲事申巡視倉場監察御史羅狀殘件。

【録文】

1　南京虎賁右衛倉今於

2　　與依准爲禁約事。依奉遵依案驗内事理□

3　正德二年三月（朱印）□

卷第一三四（共十八葉，編號至十九，其中第七葉標碼爲十，後接八、九、十一葉）

一、明正德二年（一五〇七）五月南京中軍都督府中和橋馬草場堆夫洪茂等與執結爲堆垜馬草事（一）

【題解】

本件爲《國朝諸臣奏議》第六册卷一三四第一葉紙背文書，現存文字三行，前後均完，上全下殘。

本件文書與第八册卷一四〇第六葉紙背文書字迹相同、内容相關，可以綴合。從綴合後内容來看，其應爲明正德二年五月南京中軍都督府中和橋馬草場堆夫洪茂等爲堆垜馬草事所呈執結狀。兹據綴合後擬定今題。另，本件文書中『洪茂』等堆夫人名又見於第二册卷五十四第二葉紙背文書與同册卷五十六第六葉紙背文書綴合之正德二年四月南京中軍都督府中和橋馬草場堆夫洪茂等爲搬運馬草事所呈執結狀、第四册卷一一四第十葉紙背洪茂等執結狀殘件。三件執結狀内容大體相同。

【録文】

1 南京中軍都督府中和橋馬草場堆夫洪茂等今於

2 與執結爲堆垜馬草事。依奉上年，如遇各府□

3 正德二年五月□

二、明正德二年（一五〇七）五月南京中軍都督府中和橋馬草場大堆夫曲信等與執結爲堆垛馬草事（一）

【題解】

本件爲《國朝諸臣奏議》第六册卷一三四第二葉紙背文書，現存文三行，前後均完，上全下殘。

本件文書與第二册卷五十四第一葉紙背文書字迹相同、內容相關，可以綴合。從綴合後內容來看，其應爲明正德二年五月南京中軍都督府中和橋馬草場大堆夫曲信等爲堆垛馬草事所呈執結狀。兹據綴合後擬定今題。另，本件文書中『曲信』等堆夫人名又見於第五册卷一二九第十葉紙背曲信等執結狀殘件。

【録文】

1　南京中軍都督府中和橋馬草場大堆夫曲信等今於

2　　與執結爲堆垛馬草事。依奉上年事，如遇各府州縣粮

3　　正德二年五月

三、明正德二年（一五〇七）江西饒州府樂平縣納户陳景浩與領狀爲領回原呈米樣事殘件

【題解】

本件爲《國朝諸臣奏議》第六册卷一三四第五葉紙背文書，現存文字三行，前後均完，上全下殘。從殘存內容來看，本件應爲明正德二年三月江西饒州府樂平縣納户陳景浩爲領回原呈米樣事所呈領狀殘件。

本件文書中『陳景浩』一名又見於第二册卷六十第十五葉紙背正德二年陳景浩爲送納弘治十八年（一五〇五）份秋糧事所呈告到狀殘件、卷六十第十六葉紙背陳景浩領狀殘件。

【録文】

1 江西饒州府樂平縣納户陳景浩今於

2 　與領狀。實領到原呈米樣領囬，所領是實。

3 正德二年三月

四、明正德二年（一五〇七）三月南京留守右衛餘丁李安與執結爲馱到江西瑞州府上高縣納户李崇錦米事（一）

【題解】

本件爲《國朝諸臣奏議》第六册卷一三四第七葉紙背文書，現存文四行，前後均完，上全下殘。本件文書與第八册卷一四一第九葉紙背文書字迹相同、内容相關，可以綴合。從綴合後内容來看，其應爲明正德二年三月南京留守右衛餘丁李安爲馱到江西瑞州府上高縣納户李崇錦米事所呈執結狀。兹據綴合後擬定今題。

【録文】

1 南京留守右衛余丁李安今於

2 　與執結駝到江西瑞州府上高縣納户李崇錦米貳

3 南京旗手衛西倉交卸，中途並不敢短少、多取脚錢使用，如違甘罪，執□□□。

4 正德二年三月

五、明正德二年（一五〇七）三月南京府軍右衛餘丁夏忠與執結爲馱到江西瑞州府德興縣納户厶名下税糧事殘件

【題解】

本件爲《國朝諸臣奏議》第六册卷一三四第八葉紙背文書，現存文四行，前後均完，上全下殘。從殘存内容來看，本件應爲明正德二年三月南京府軍右衛餘丁夏忠爲馱到江西瑞州府德興縣納户厶名下税糧事所呈執結狀殘件。

本件文書中「夏忠」一名又見於第八册卷一三九第十三葉紙背正德二年夏忠爲馱到厶名下税糧事所呈執結狀殘件。

【録文】

1 南京府軍右衛余丁夏忠今於

2 　與執結為駝到江西瑞州府德興縣納户

3 南京金吾後衛東倉交卸，並不敢躁失升合、多取財物，如違甘罪，執□□□[一]。

4 正德二年三月

六、明正德二年（一五〇七）四月南京旗手衛西倉捉斛副使吴永泰與執結爲官軍俸糧事殘件

【題解】

本件爲《國朝諸臣奏議》第六册卷一三四第九葉紙背文書，現存文字三行，前後均完，上全下殘。從殘存内容來看，本件應爲正德二年四月南京旗手衛西倉捉斛副使吴永泰爲官軍俸糧事所呈執結狀殘件。

「吴永泰」一名又見於第一册甲集目録第十六葉紙背正德二年五月吴永泰爲馬匹草料事所呈執結狀殘件。

[一] 據明代文書書寫格式可知，此處所缺文字應爲「結是實」。

【録文】

1 南京旗手衛西倉捉斛副使吳永泰今於

2 與執結爲官軍俸粮事。依奉較勘放過南京府軍□

3 正德貳年肆月

七、明正德二年（一五〇七）三月湖廣漢陽府漢川縣納户郭倫與執結爲送納弘治十八年（一五〇五）份秋糧米事殘件

【題解】

本件爲《國朝諸臣奏議》第六册卷一三四第十三葉紙背文書，現存文字三行，前後均完，上全下殘。從殘存内容來看，本件應爲明正德二年三月湖廣漢陽府漢川縣納户郭倫爲送納弘治十八年份秋糧米事所呈執結狀殘件。

本件文書中『郭倫』一名又見於第五册卷一二五第二葉紙背正德二年三月湖廣漢陽府漢川縣納户郭倫爲送納税糧事所呈告狀殘件。兩件文書書寫日期爲同月，故其應爲關於送納同批税糧所呈文書。兹據此擬定今題。

【録文】

1 湖廣漢陽府漢川縣納户郭倫今於

2 與執結為送納弘治十八年分秋粮米□

3 正德二年三月

八、明正德二年（一五〇七）三月直隸松江府上海縣糧長富翼與執結爲送納秋糧事殘件

【題解】

本件爲《國朝諸臣奏議》第六册卷一三四第十四葉紙背文書，現存文字三行，前後均完，上全下殘。從殘存内容來看，本件應爲明正德二年三月直隸松江府上海縣糧長富翼爲送納秋糧事所呈執結狀殘件。

【録文】

1 直隸松江府上海縣粮長富翼等今於

2 　與執結爲送納秋粮事。依奉照判該倉上納

3 正德二年三月　　日與

九、明正德二年（一五〇七）三月南京中軍都督府中和橋馬草場小堆夫郭純等與執結爲堆垜馬草事殘件

【題解】

本件爲《國朝諸臣奏議》第六册卷一三四第十八葉紙背文書，現存文字三行，前後均完，上全下殘。從殘存内容來看，本件應爲明正德二年三月南京中軍都督府中和橋馬草場小堆夫郭純等爲堆垜馬草事所呈執結狀殘件。

【録文】

1 南京中軍都督府中和橋馬草場小堆夫郭純等今於

2 　與執結爲堆垜馬草事。依奉上年，如

3 正德二年三月

一〇、明正德二年（一五〇七）三月南京旗手衛西倉捉斛副使陳銘與執結爲馬匹草料事殘件

【題解】

本件爲《國朝諸臣奏議》第六册卷一三四第十九葉紙背文書，現存文字三行，前後均完，上全下殘。從殘存内容來看，本件應爲明正德二年三月南京旗手衛西倉捉斛副使陳銘爲馬匹草料事所呈執結狀殘件。

【録文】

1 南京旗手衛西倉捉斛副使陳銘今於

2 與執結爲馬匹草料事。依奉放支過南京牧

3 正德二年三月

第七册

卷一三五（共二十五葉）

一、明正德二年（一五〇七）公文殘件

【題解】

本件爲《國朝諸臣奏議》第七册卷一三五第一葉紙背文書，無文字殘留，僅左下角存右半朱印殘痕，印文不清，結合其他明代公文可知，其應爲標示紙張大小防止揭改之用。

《國朝諸臣奏議》紙背文書有明確紀年者，均爲正德二年有關稅糧馬草交納或是南京倉場管理相關公文，據此結合本件文書殘存内容來看，其應爲明正德二年公文殘件。

【録文】

無

二、明正德二年（一五〇七）三月南京府軍右衛西倉與依准爲倉糧事殘件

【題解】

本件爲《國朝諸臣奏議》第七册卷一三五第四葉紙背文書，現存文字三行，前後均完，上全下殘；第三行鈐朱印一枚，印文不清，據文義推斷，應爲『南京府軍右衛西倉印』。從殘存内容來看，本件應爲明正德二年三月南京府軍右衛西倉爲倉糧事與依准殘件。

《國朝諸臣奏議》紙背現存『南京府軍右衛西倉』相關文書另有第一册丁集目録第十七葉紙背文書與第二册卷五十九第十葉紙背文書綴合之正德二年四月江西饒州府樂平縣納户徐席珎爲送納弘治十七年（一五〇四）份秋糧米事所呈告到狀殘件、第三册卷六十七第七葉紙背正德二年三月厶爲馱到直隸蘇州府吴江縣厶名下税糧事所呈執結狀殘件、第三册卷七十一第四葉紙背文書與第四册卷一一二第十一葉紙背文書綴合之正德二年三月江西臨江府新喻糧長郭德爲送納弘治十七年份秋糧事所呈告完狀、第六册卷一三二第二十四葉紙背正德二年五月南京府軍右衛西倉爲倉糧事所呈執結狀殘件。

【録文】

1　南京府軍右衛西倉今於

2　　與依准爲倉粮事。依蒙案驗内事理，一體遵奉□

3　正德二年三月（朱印）　　日副□

三、明正德二年（一五〇七）二月江西南昌府進賢縣納户樊日瀚與領狀爲領到納完弘治十七年（一五〇四）份秋糧米實收一紙事殘件

【題解】

本件爲《國朝諸臣奏議》第七册卷一三五第七葉紙背文書，現存文字三行，前後均完，上全下殘。從殘存内容來看，本件應爲明正德二年二月江西南昌府進賢縣納户樊日瀚爲領到納完弘治十七年份秋糧米實收一紙事所呈領狀殘件。

本件文書中『樊日瀚』一名又見於第一册丙集目録第十二葉紙背文書與第三册卷七十一第三葉紙背文書綴合之正德二年三月江西南昌府進賢縣納户樊日瀚爲領到原呈樣米事所呈領狀、第二册卷五十六第十一葉紙背文書與同册卷五十七第六葉紙背文書綴合之正德二年三月樊日瀚爲領到在倉篩下稻碎事所呈領狀、第二册卷五十六第十二葉紙背文書與同册卷五十七第五葉紙背文書綴合之正德二年三月樊日瀚爲領到納完弘治十八年份秋糧實收一紙事所呈領狀、第二册卷五十六第九葉紙背樊日瀚告完狀殘件、第六册卷一三三第十二葉紙背樊日瀚爲送納税糧事所呈告到或告完狀殘件、第七册卷一三五第八葉紙背文書與第五册卷

一二六第十一葉紙背文書綴合之正德二年二月樊日瀚爲領回原呈樣米事所呈領狀。

【録文】

1 江西南昌府進賢縣納户樊日瀚今於

2 　與領狀。實領到納完弘治十七年分秋粮實[ ]

3 正德二年二月　　日與[ ]

四、明正德二年（一五〇七）二月江西南昌府進賢縣納户樊日瀚與領狀爲領回原呈樣米事（一）

【題解】

本件爲《國朝諸臣奏議》第七册卷一三五第八葉紙背文書，現存文字三行，前後均完，上全下殘。

本件文書與第五册卷一二六第十一葉紙背文書字迹相同、內容相關，可以綴合。從綴合之後內容來看，其應爲明正德二年二月江西南昌府進賢縣納户樊日瀚爲領回原呈樣米事所呈領狀。茲據綴合後擬定今題。另，本件文書中『樊日瀚』一名又見於第一册丙集目録第十二葉紙背文書與第三册卷七十一第三葉紙背文書綴合之正德二年三月江西南昌府進賢縣納户樊日瀚爲領到原呈樣米事所呈領狀、第二册卷五十六第十一葉紙背文書與同册卷五十七第六葉紙背文書綴合之正德二年三月樊日瀚爲領到在倉篩下稻碎事所呈領狀、第二册卷五十六第十二葉紙背文書與同册卷五十七第五葉紙背文書綴合之正德二年三月樊日瀚爲領到納完弘治十八年（一五〇五）份秋糧實收一紙事所呈領狀、第二册卷五十六第九葉紙背樊日瀚告完狀殘件、第六册卷一三三第十二葉紙背樊日瀚爲送納税糧事所呈告到或告完狀殘件、第七册卷一三五第七葉紙背樊日瀚爲領到納完弘治十七年份秋糧米實收一紙事所呈領狀殘件。

【録文】

1 江西南昌府進賢縣納户樊日瀚今於

2 與領狀。實領到原呈樣米領囬，所領是實。

3 正德二年二月　　　　日與　□

五、明正德二年（一五〇七）南京驍騎右衛倉與依准殘件

【題解】

本件爲《國朝諸臣奏議》第七册卷一三五第十三葉紙背文書，現存文字三行，前缺後完，上殘下全。

《國朝諸臣奏議》紙背文書有明確紀年者，均爲正德二年有關税糧馬草交納或是南京倉場管理相關公文，且本件文書中『副使萬卓』一名又見於第七册卷一三五第十九葉紙背正德二年四月南京驍騎右衛倉爲禁約事申巡視倉場監察御史羅狀殘件。由此結合本件文書殘存内容推斷，其應爲明正德二年南京驍騎右衛倉與依准狀殘件。茲據此擬定今題。又，《國朝諸臣奏議》紙背現存『南京驍騎右衛倉』相關文書另有第六册卷一三三第三葉紙背正德二年南京驍騎右衛倉攢典康申爲役滿給由事所呈供狀殘件、第七册卷一三五第二十葉紙背正德二年四月南京驍騎右衛倉爲禁約事所呈執結狀殘件。

【録文】

（前缺）

1 □欽遵施行外，中間不違依准是實。

2 □　日副　　使　　萬卓（背面簽押）

3 　　　　　　　　攢典王志静（背面簽押）

六、明正德二年（一五〇七）三月南京鷹揚衛倉與依准爲巡視倉場事殘件

【題解】

本件爲《國朝諸臣奏議》第七册卷一三五第十四葉紙背文書，現存文字三行，前後均完，上全下殘；第三行鈐朱印一枚，印文不清，據文義推斷應爲『南京鷹揚衛倉印』。從殘存内容來看，本件應爲明正德二年三月南京鷹揚衛倉爲巡視倉場事與依准殘件。

本書紙背現存『南京鷹揚衛倉』相關文書另有第二册卷六十第八葉紙背正德二年三月南京鷹揚衛倉爲巡視倉場事申巡視倉場監察御史羅狀殘件、第七册卷一三六第十八葉紙背正德二年三月直隸滁州來安縣里長李惠告到狀殘件。

【録文】

1　南京鷹揚衛倉今於

2　　與依准爲巡視倉場事。奉此，依□

3　正德貳年叁月（朱印）□

七、明正德二年（一五〇七）五月浙江湖州府烏程縣解户潘璠與領狀爲領到原呈在官米樣事殘件

【題解】

本件爲《國朝諸臣奏議》第七册卷一三五第十六葉紙背文書，現存文字三行，前後均完，上全下殘。從殘存内容來看，本件應爲明正德二年五月浙江湖州府烏程縣解户潘璠爲領到原呈在官米樣事所呈領狀殘件。

本件文書中『潘璠』一名又見於第六册卷一三二第二十三葉紙背正德二年五月浙江湖州府烏程縣解户潘璠爲送納正德元年份税糧事所呈告完狀殘件。

【録文】

1 浙江湖州府烏程縣解户潘璠今於

2 　與領狀。實領到原呈在官米様□

3 正德二年五月　　日與□

八、明正德二年（一五〇七）尹慶與領狀殘件

【題解】

本件爲《國朝諸臣奏議》第七册卷一三五第十八葉紙背文書，現存文字二行，前缺後完，上下均殘。《國朝諸臣奏議》紙背文書有明確紀年者，均爲正德二年有關税糧馬草交納或是南京倉場管理相關公文，據此結合本件文書殘存内容來看，其應爲明正德二年尹慶所呈領狀殘件。

【録文】

（前缺）

1 □出是實。

2 □　領　狀　人　尹慶□[一]

[一] 據明代文書書寫格式可知，此處所缺文字應爲『尹慶』簽押。

九、明正德二年（一五〇七）四月南京驍騎右衛倉申巡視倉場監察御史羅狀爲禁約事殘件

【題解】

本件爲《國朝諸臣奏議》第七册卷一三五第十九葉紙背文書，現存文字九行，前後均完，上全下殘；第八行鈐朱印一枚，印文不清，據文義推斷應爲『南京驍騎右衛倉印』。從殘存内容來看，本件應爲明正德二年四月南京驍騎右衛倉爲禁約事申巡視倉場監察御史羅狀殘件。據考證，『巡視倉場監察御史羅』疑爲『羅鳳』。

《國朝諸臣奏議》紙背現存『南京驍騎右衛倉』相關文書另有第六册卷一三三第三葉紙背正德二年南京驍騎右衛倉攢典康申爲役滿給由事所呈供狀殘件、第七册卷一三五第十三葉紙背正德二年南京驍騎右衛倉與依准狀殘件、第七册卷一三五第二十葉紙背正德二年四月南京驍騎右衛倉爲禁約事所呈執結狀殘件等。

【録文】

1 南京驍騎右衛倉爲禁約事。案照，先抄蒙

2 巡視倉場監察御史羅　案驗前事，合仰抄案回倉着落當該官攢照依□

3 百計求爲及通同積年光棍、攬頭、歇家、跟子、鋪行人等科歛誆騙，假以打點使用爲[名]□

4 通行[糸]治不恕。仍於每月終，具有無前項情幣重甘結狀赴院遞報，以憑查考施行等□

5 光棍、攬頭、歇家、跟子、鋪行人等科歛誆騙，無憑開報。爲此，今將本倉官攢重甘結[狀]□

6 右　　申

7 巡視倉場監察御史羅

8 正德二年四月（朱印）　十九　日副使萬卓

9 禁約事

一〇、明正德二年（一五〇七）四月南京驍騎右衛倉與執結爲禁約事殘件

【題解】

本件爲《國朝諸臣奏議》第七册卷一三五第二十葉紙背文書，現存文字三行，前後均完，上全下殘；第三行鈐朱印一枚，印文不清，據文義推斷應爲『南京驍騎右衛倉印』。從殘存内容來看，本件應爲明正德二年四月南京驍騎右衛倉爲禁約事所呈執結狀殘件。

《國朝諸臣奏議》紙背現存『南京驍騎右衛倉』相關文書另有第六册卷一三三第三葉紙背正德二年南京驍騎右衛倉攢典康申爲役滿給由事所呈供狀殘件、第七册卷一三五第十三葉紙背正德二年南京驍騎右衛倉與依准殘件、第七册卷一三五第十九葉紙背正德二年四月南京驍騎右衛倉爲禁約事申巡視倉場監察御史羅狀殘件等。

【録文】

1 南京驍騎右衛倉今於

2 與執結爲禁約事。依蒙案驗内事理，自本年四月初旬至終□

3 正德二年四月（朱印）□

卷一三六（共二十三葉，第十九葉原版缺，補白紙一張）

一、明正德二年（一五〇七）五月浙江湖州府烏程縣糧長陸璋密告完狀爲解送正德元年份秋糧事殘件

【題解】

本件爲《國朝諸臣奏議》第七册卷一三六第一葉紙背文書，現存文字三行，前後均完，上全下殘。從殘存内容來看，本件應爲明正德二年五月浙江湖州府烏程縣糧長陸璋密爲解送正德元年份秋糧事所呈告完狀殘件。

本件文書中『陸璋密』一名又見於第七册卷一三六第二葉紙背文書與第二册卷五十六第四葉紙背文書綴合之正德二年五月浙江湖州府烏程縣糧長陸璋密爲領回原呈在官米樣事所呈領狀。

【録文】

1 告完狀人陸璋密，係浙江湖州府烏程縣粮長，狀告解送正德元年分秋[粮]□

2 南京河下水次交兑完足，理合具告。

3 正德二年五月　日告　□

二、明正德二年（一五〇七）五月浙江湖州府烏程縣糧長陸璋密與領狀爲領回原呈在官米樣事（一）

【題解】

本件爲《國朝諸臣奏議》第七册卷一三六第二葉紙背文書，現存文字三行，前後均完，上全下殘。

本件文書與第二册卷五十六第四葉紙背文書字迹相同，内容相關，可以綴合。從綴合後内容來看，其應爲明正德二年五月浙江湖州府烏程縣糧長陸璋密爲領回原呈在官米樣事所呈領狀。茲據綴合後擬定今題。又，本件文書『陸璋密』一名又見於第七

册卷一三六第一葉紙背正德二年五月陸璋密爲解送正德元年份秋糧事所呈告完狀殘件。

【録文】

1 湖州府烏程縣粮長陸璋密今於

2 　與領狀。實領田原呈在官米樣，所領是□[一]。

3 正德二年五月　　　日與□

三、明正德二年（一五〇七）三月浙江湖州府歸安縣解户張瑞與領狀爲領到納完馬草實收一紙事（二）

【題解】

本件爲《國朝諸臣奏議》第七册卷一三六第五葉紙背文書，現存文二行，前缺後完，上殘下全。

本件文書與第一册丁集目録第十九葉紙背文書字迹相同，内容相關，可以綴合。從綴合後内容來看，其應爲明正德二年三月浙江湖州府歸安縣解户張瑞爲領到納完馬草實收一紙事所呈領狀。兹據綴合後擬定今題。又，本件文書中『張瑞』一名還見於第五册卷一二六第七葉紙背張瑞領狀殘件、第六册卷一三三第十四葉紙背張瑞爲送納弘治十七年（一五〇四）份馬草事所呈告完狀殘件。

【録文】

（前缺）

1 □銷繳，所領是實。

[一] 據明代文書書寫格式可知，此處所缺文字應爲『實』。

2　［　］領　狀　人張瑞（背面簽押）

四、明正德二年（一五〇七）三月江西瑞州府上高縣糧長黄雲瞻與執結爲送納弘治十七年（一五〇四）份糧米事殘件

【題解】

本件爲《國朝諸臣奏議》第七册卷一三六第六葉紙背文書，現存文字三行，前後均完，上全下殘。從殘存内容來看，本件應爲明正德二年三月江西瑞州府上高縣糧長黄雲瞻爲送納弘治十七年份糧米事所呈執結狀殘件。

【録文】

1　江西瑞州府上高縣粮長黄雲瞻今於

2　　與執結爲送納弘治十七年粮米。告判照［　］

3　正德二年三月　　　　　日［　］

五、明正德二年（一五〇七）四月直隷蘇州府吴江縣糧长葉惠與領狀爲領回原呈樣米事殘件

【題解】

本件爲《國朝諸臣奏議》第七册卷一三六第七葉紙背文書之一。該葉爲二紙拼接而成，紙背各殘存文書一件。本件爲紙背右側文書，現存文字三行，前後均完，上全下殘。從殘存内容來看，其應爲明正德二年四月直隷蘇州府吴江縣糧長葉惠爲領回原呈樣米事所呈領狀殘件。

本件文書中『葉惠』一名又見於第三册卷六十七第八葉紙背文書正德二年三月直隷蘇州府吴江縣糧長葉惠爲送納正德元年份秋糧米事所呈執結狀殘件、卷六十七第十四葉紙背葉惠告到狀殘件、第五册卷一二六第四葉紙背正德二年四月葉惠爲送納正

德元年份秋糧米事所呈告完狀殘件、第八册卷一四一第十葉紙背朱通爲送納葉惠米事所呈執結狀殘件等。

【録文】

1 直隸蘇州府吳江縣粮長葉惠今於

2 與領狀。實領到原呈樣米領囬，所領是實。

3 正德二年四月　　日與 □

六、明正德二年（一五〇七）梁萬春與領狀殘件

【題解】

本件爲《國朝諸臣奏議》第七册卷一三六第七葉紙背文書之一。該葉爲二紙拼接而成，紙背各存一文書殘件。本件爲紙背左側文書，現存文字二行，前缺後完，上殘下全。

《國朝諸臣奏議》紙背文書有明確紀年者，均爲正德二年有關税糧馬草交納或是南京倉場管理相關公文，據此結合本件文書殘存内容可知，本件應爲明正德二年梁萬春所呈領狀殘件。另，本件文書中『梁萬春』一名還見於第五册卷一二六第四葉紙背文書之一正德二年梁萬春爲送納厶年份秋糧米事所呈告完狀殘件、第七册卷一三六第八葉紙背文書之一梁萬春領狀殘件、第八册卷一四三第十三葉紙背梁萬春爲送納税糧事所呈執結狀殘件、卷一四三第十四葉紙背梁萬春爲送納弘治十八年（一五〇五）份秋糧米事所呈告到狀殘件等。

【録文】

（前缺）

1 □是實。

2 □　領　狀　人梁萬春（背面簽押）

七、明正德二年（一五〇七）三月錦衣衛烏龍潭倉攢典王誥供狀爲役滿給由事殘件

【題解】

本件爲《國朝諸臣奏議》第七册卷一三六第八葉紙背文書之一。該葉爲二紙拼接而成，紙背各殘存文書一件。本件爲紙背右側文書，現存文字三行，前後均完，上全下殘。從殘存内容來看，其應爲明正德二年三月錦衣衛烏龍潭倉攢典王誥爲役滿給由事所呈供狀殘件。

【録文】

1 供狀人王誥，年二十九歲，四川成都府内江縣人，狀供先以農民在外充吏，兩考役滿給由□

2 部蒙撥辦事外，弘治十八年六月初九日撥糸錦衣衛烏龍潭倉攢典，自正德元年六[月]□

3 正德二年三月　　日供□

八、明正德二年（一五〇七）梁萬春與領狀殘件

【題解】

本件爲《國朝諸臣奏議》第七册卷一三六第八葉紙背文書之一。該葉爲二紙拼接而成，紙背各存一文書殘件。本件爲紙背左側文書，現存文字二行，前缺後完，上殘下全。

《國朝諸臣奏議》紙背文書有明確紀年者，均爲正德二年有關税糧馬草交納或是南京倉場管理相關公文，據此結合本件文書殘存内容可知，本件應爲明正德二年梁萬春所呈領狀殘件。另，本件文書中『梁萬春』一名還見於第五册卷一二六第四葉紙背

文書之一正德二年梁萬春爲送納厶年份秋糧米事所呈告完狀殘件、第七册卷一三六第七葉紙背文書之一梁萬春領狀殘件、第八册卷一四三第十三葉紙背梁萬春爲送納税糧事所呈執結狀殘件、卷一四三第十四葉紙背梁萬春爲送納弘治十八年（一五〇五）份秋糧米事所呈告到狀殘件等。

【録文】

（前缺）

1 □囬，所領是實。

2 □　領　狀　人梁萬春（背面簽押）

九、明正德二年（一五〇七）三月直隸安慶府懷寧縣糧長汪華與執結爲送納正德元年份馬草事（一）

【題解】

本件爲《國朝諸臣奏議》第七册卷一三六第十一葉紙背文書，現存文字三行，前後均完，上全下殘。

本件文書與第四册卷一一二第十二葉紙背文書字迹相同、内容相關，可以綴合。從綴合後内容來看，其應爲明正德二年三月直隸安慶府懷寧縣糧長汪華爲送納正德元年份馬草事所呈執結狀。兹據綴合後擬定今題。另，本件文書中『汪華』一名還見於第二册卷五十五第六葉紙背文書與第七册卷一三六第十二葉紙背文書綴合之正德二年三月汪華爲送納正德元年份秋糧事所呈告到狀、第四册卷一一三第三葉紙背汪華爲送納税糧事所呈執結狀殘件、第八册卷一四一第七葉紙背汪華爲送納税糧事所呈告到狀殘件、卷一四一第八葉紙背汪華爲送納税糧事所呈執結狀殘件。

【録文】

1 直隸安慶府懷寧縣粮長汪華今於

2 　與執結送納正德元年分馬草事。□

3 正德二年三月 [　]

一〇、明正德二年（一五〇七）三月直隸安慶府懷寧縣糧長汪華告到狀爲送納正德元年份馬草事殘件

【題解】

本件爲《國朝諸臣奏議》第七册卷一三六第十二葉紙背文書，現存文字三行，前後均完，上全下殘；第三行具體日期『卅』字字體粗大，墨色濃匀，爲二次書寫。從殘存内容來看，本件應爲明正德二年三月直隸安慶府懷寧縣糧長汪華爲送納正德元年份馬草事所呈告到狀殘件。

本件文書中『汪華』一名還見於第二册卷五十五第六葉紙背汪華爲送納稅糧事所呈告到狀殘件、第四册卷一一二第十二葉紙背文書與第七册卷一三六第十一葉紙背文書綴合之正德二年三月汪華爲送納正德元年份馬草事所呈執結狀、第四册卷一一三第三葉紙背汪華爲送納稅糧事所呈執結狀殘件、第八册卷一四一第七葉紙背汪華爲送納稅糧事所呈告到狀殘件、卷一四一第八葉紙背汪華爲送納稅糧事所呈執結狀殘件等。

【録文】

1 告到狀人汪華，係直隸安慶府懷寧縣粮長，狀告送納正德元年[　]

2 南京中和橋馬草場交納，具狀來告。

3 正德二年三月　卅　[　]

一一、明正德二年（一五〇七）四月江西吉安府永新縣糧長李乾秀與領狀爲領到納完糧米實收一紙事（二）

【題解】

本件爲《國朝諸臣奏議》第七册卷一三六第十三葉紙背文書，現存文字二行，前缺後完，上殘下全。

本件文書與第四册卷一一二第十四葉紙背文書字迹相同、内容相關，可以綴合。從綴合後内容來看，其應爲明正德二年四月江西吉安府永新縣糧長李乾秀爲領到納完糧米實收一紙事所呈領狀。兹據綴合後擬定今題。另，本件文書中『李乾秀』一名還見於第四册卷一一四第九葉紙背李乾秀執結狀殘件、第七册卷一三六第十四葉紙背文書與第八册卷一四一第十二葉紙背文書綴合之正德二年四月李乾秀爲領回原呈米樣事所呈領狀、第七册卷一三七第十一葉紙背文書與第八册卷一四一第十一葉紙背文書綴合之正德二年四月李乾秀爲領到餘剩糧米稻碎事所呈領狀、第七册卷一三七第十八葉紙背正德二年三月李乾秀爲送納弘治十七年（一五〇四）份税糧事所呈告到狀殘件。

【録文】

（前缺）

1 □銷繳，所領是實。

2 □日領　狀　人李乹秀（背面簽押）

一二、明正德二年（一五〇七）四月江西吉安府永新縣糧長李乾秀與領狀爲領回原呈米樣事（二）

【題解】

本件爲《國朝諸臣奏議》第七册卷一三六第十四葉紙背文書，現存文字二行，前缺後完，上殘下全。

本件文書與第八册卷一四一第十二葉紙背文書字迹相同、内容相關，可以綴合。從綴合後内容來看，其應爲明正德二年四月江西吉安府永新縣糧長李乾秀爲領回原呈米樣事所呈領狀。兹據綴合後擬定今題。另，本件文書中『李乾秀』一名還見於第四册卷一一四第九葉紙背李乾秀執結狀殘件、第七册卷一三六第十三葉紙背文書與第四册卷一一二第十四葉紙背文書綴合之正德二年四月李乾秀爲領到納完糧米實收一紙事所呈領狀、第七册卷一三七第十一葉紙背文書與第八册卷一四一第十一葉紙背文書綴合之正德二年四月李乾秀爲領到餘剩糧米稻碎事所呈領狀、第七册卷一三七第十八葉紙背明正德二年三月李乾秀爲送納弘治十七年（一五〇四）份税糧事所呈告到狀殘件。

【録文】

（前缺）

1 □實。

2 □日領　狀　人李乹秀（背面簽押）

一三、明正德二年（一五〇七）三月直隸滁州來安縣里長李惠告到狀爲送納税糧事殘件

【題解】

本件爲《國朝諸臣奏議》第七册卷一三六第十八葉紙背文書，現存文字三行，前後均完，上全下殘；第三行具體日期『初七』兩字字體粗大，墨色濃匀，爲二次書寫。從殘存内容來看，本件應爲明正德二年三月直隸滁州來安縣里長李惠爲送納税糧事所呈告到狀殘件。

本件文書中『李惠』一名還見於第五册卷一二四第一葉紙背正德二年李惠爲送納税糧事所呈執結狀殘件、第五册卷一二八第十二葉紙背文書與第八册卷一三九第一葉紙背文書綴合之正德二年三月李惠爲送納正德元年份秋糧事所呈告完狀、第五册卷一二九第十四葉紙背文書與第八册卷一三九第二葉紙背文書綴合之正德二年三月李惠爲領回原呈米樣事所呈領狀等。

【録文】

1 告到狀人李惠，係直隸滁州來安縣里長，狀告送納

2 南京鷹揚衛倉交納，理合具告。

3 正德二年三月　　初七

一四、明正德二年（一五〇七）五月直隸徽州府休寧縣糧長孫以得與領狀爲領到原呈米樣及實收小票事殘件

【題解】

本件爲《國朝諸臣奏議》第七册卷一三六第二十三葉紙背文書，現存文字三行，前後均完，上全下殘。從殘存内容來看，本件應爲明正德二年五月直隸徽州府休寧縣糧長孫以得爲領到原呈米樣及實收小票事所呈領狀殘件。

本件文書中『孫以得』一名又見於第五册卷一二六第五葉紙背正德二年五月孫以得爲送納正德元年份秋糧米事所呈告完狀殘件。

【録文】

1 直隸徽州府休寧縣粮長孫以得今於

2 　與領狀。實領到原呈米樣一桶，并實收小票，今領回備照，所領是□[一]。

3 正德二年五月　　日粮

[一] 據明代文書書寫格式可知，此處所缺文字應爲『實』。

卷一三七（共二十四葉，其中第二十葉原版缺，補白紙一張）

一、明正德二年（一五〇七）五月南京虎賁右衛倉與結狀爲禁革奸弊事殘件

【題解】

本件爲《國朝諸臣奏議》第七册卷一三七第三葉紙背文書，現存文字三行，前後均完，上全下殘；第三行鈐朱印一枚，印文不清，據文義推斷應爲『南京虎賁右衛倉印』。從殘存内容來看，本件應爲明正德二年五月南京虎賁右衛倉爲禁革奸弊事所呈結狀殘件。

本書紙背現存『南京虎賁右衛倉』相關文書另有第二册卷六十第一葉紙背正德二年四月南京虎賁右衛倉捉斛副使蔡杲爲官軍俸糧事所呈執結狀殘件、第三册卷六十八第七葉紙背正德二年四月南京虎賁右衛倉爲禁約事申巡視倉場監察御史羅狀殘件、第四册卷一一一第十一葉紙背正德二年三月浙江湖州府烏程縣糧長蔡怡爲赴南京虎賁右衛倉交納弘治十八年（一五〇五）份税糧事所呈告完狀殘件、第五册卷一二三第十一葉紙背正德二年五月南京虎賁右衛倉爲地方事申巡視倉場監察御史羅狀殘件、第五册卷一二三第十二葉紙背正德二年五月南京虎賁右衛倉爲地方事與依准殘件、第六册卷一三三第二十三葉紙背正德二年三月南京虎賁右衛倉爲禁約事與依准殘件、第八册卷一四〇第三葉紙背正德二年五月南京虎賁右衛倉爲總督糧儲事與依准殘件、第八册卷一四〇第四葉紙背正德二年五月南京虎賁右衛倉爲總督糧儲事申巡視倉場監察御史羅狀殘件等。

【録文】

1 南京虎賁右衛倉今於

2 　與結狀爲禁革奸弊事。依奉管得本倉坐鋪軍

3 正德二年五月（朱印）

二、明正德二年（一五〇七）五月南京金吾後衛南倉與結狀爲看守倉糧事殘件

【題解】

本件爲《國朝諸臣奏議》第七册卷一三七第四葉紙背文書，現存文字三行，前後均完，上全下殘。第三行鈐朱印一枚，印文不清，據文義推斷應爲『南京金吾後衛南倉印』。從殘存内容來看，本件應爲明正德二年五月南京金吾後衛南倉爲看守倉糧事所呈執結狀殘件。

本書紙背現存『南京金吾後衛南倉』相關文書另有第三册卷七十第三葉紙背正德二年三月南京留守右衛餘丁潘亮爲駄到湖廣岳州府平江縣納户厶税糧事所呈執結狀殘件、第五册卷一二三第二十葉紙背文書與同册同卷第十七葉紙背文書綴合之正德二年三月直隸蘇州府吴江縣糧長馮端爲送納正德元年份秋糧米事所呈告完狀、第五册卷一二五第四葉紙背正德二年四月湖廣岳州府平江縣納户羅志彰爲送納税糧事所呈告完狀殘件、第八册卷一四一第十四葉紙背正德二年三月南京金吾後衛南倉把門攢典梁廷用爲官軍俸糧事所呈執結狀殘件、卷一四四第十七葉紙背正德二年五月南京金吾後衛南倉爲地方事申巡視倉場監察御史羅狀殘件等。

【録文】

1 南京金吾後衛南倉今於

2 　　與執結爲看守倉粮事。依奉遵依管得本□

3 正德二年五月（朱印）□

三、明正德二年（一五〇七）四月江西吉安府永新縣糧長李乾秀與領狀爲領到餘剩糧米稻碎事（二）

【題解】

本件爲《國朝諸臣奏議》第七册卷一三七第十一葉紙背文書，現存文字二行，前缺後完，上殘下全。

本件文書與第八册卷一四一第十一葉紙背文書字迹相同、内容相關，可以綴合。從綴合後内容來看，其應爲明正德二年四月江西吉安府永新縣糧長李乾秀爲領到餘剩糧米稻碎事所呈領狀。兹據綴合後擬定今題。另，本件文書中『李乾秀』一名還見於第四册卷一一二第十四葉紙背文書與第七册卷一三六第十三葉紙背文書綴合之正德二年四月李乾秀爲領到納完糧米實收一紙事所呈領狀、第四册卷一一四第九葉紙背李乾秀執結狀殘件、第七册卷一三六第十四葉紙背文書與第八册卷一四一第十二葉紙背文書綴合之正德二年四月李乾秀爲領回原呈米樣事所呈領狀、第七册卷一三七第十八葉紙背正德二年三月十一日李乾秀爲送納弘治十七年（一五〇四）份税糧事所呈告到狀殘件。

【録文】

（前缺）

1 □出，所領是實。

2 □日領　狀　人　李乹秀（背面簽押）

四、明正德二年（一五〇七）四月浙江湖州府孝豐縣解户王潘、許七與領狀爲領到納完糧米實收一紙事殘件

【題解】

本件爲《國朝諸臣奏議》第七册卷一三七第十七葉紙背文書，現存文字三行，前後均完，上全下殘。從殘存内容來看，本件應爲明正德二年四月浙江湖州府孝豐縣解户王潘、許七爲領到納完糧米實收一紙事所呈領狀殘件。

本件文書中『王潘、許七』二名還見於第一册乙集目録第五葉紙背正德二年王潘、許七爲送納税糧事所呈告到狀殘件，第一

册丁集目録第九葉紙背文書之一王潘、許七爲送納税糧事所呈告到狀殘件，第七册卷一三八第十一葉紙背王潘、許七爲送納税糧事所呈告完狀殘件。

【録文】

1 浙江湖州府孝豐縣解户王潘、許七今於

2 與領狀。實領到納完粮米實收壹紙，領回備□

3 正德二年四月□

五、明正德二年（一五〇七）三月江西吉安府永新縣糧長李乾秀告到狀爲送納弘治十七年（一五〇四）份税糧事殘件

【題解】

本件爲《國朝諸臣奏議》第七册卷一三七第十八葉紙背文書，現存文字三行，前後均完，上全下殘；第三行具體日期『十一』兩字字體粗大，墨色濃匀，爲二次書寫。從殘存内容來看，本件應爲明正德二年三月十一日江西吉安府永新縣糧長李乾秀爲送納弘治十七年份税糧事所呈告到狀殘件。

本件文書中『李乾秀』一名還見於第四册卷一一二第十四葉紙背文書與第七册卷一三六第十三葉紙背文書綴合之正德二年四月李乾秀爲領到納完糧米實收一紙事所呈領狀、第四册卷一一四第九葉紙背李乾秀執結狀殘件、第七册卷一三六第十四葉紙背文書與第八册卷一四一第十二葉紙背文書綴合之正德二年四月李乾秀爲領回原呈米樣事所呈領狀、第七册卷一三七第十一葉紙背文書與第八册卷一四一第十一葉紙背文書綴合之正德二年四月李乾秀爲領到餘剩糧米稻碎事所呈領狀等。

【録文】

1 告到狀人李乹秀，係江西吉安府永新縣粮長，狀告送納弘治十七年□

2 南京留守右衛倉交納，理合具狀來告。

3　正德二年三月　　十一　　日告 □

六、明正德二年（一五〇七）三月南京留守前衛餘丁高全與執結爲馱到直隸常州府武進縣糧長厶名下税糧事殘件

【題解】

本件爲《國朝諸臣奏議》第七册卷一三七第二十四葉紙背文書，現存文字四行，前後均完，上全下殘。從殘存内容來看，本件應爲明正德二年三月南京留守前衛餘丁高全爲馱到直隸常州府武進縣糧長厶名下税糧事所呈執結狀殘件。

【録文】

1　南京留守前衛餘丁高全今於

2　　與執結爲駝到直隸常州府武進縣粮 □

3　南京國子監　交卸，中途並不敢疎失升合，如違甘罪，執結是□[一]。

4　正德二年三月 □

[一] 據明代文書書寫格式可知，此處所缺文字應爲『實』。

卷一三八（共二十葉）

一、明正德二年（一五〇七）南京錦衣衛烏龍潭倉申巡視倉場監察御史羅狀爲地方事殘件

【題解】

本件爲《國朝諸臣奏議》第七册卷一三八第九葉紙背文書，現存文字八行，前後均完，上全下殘；第七行鈐朱印一枚，印文不清，據文義推斷應爲『南京錦衣衛烏龍潭倉印』。從殘存内容來看，本件應爲明正德二年五月南京錦衣衛烏龍潭倉爲地方事申巡視倉場監察御史羅狀殘件。據考證，『欽差總督南京粮儲都察院左僉都御史儲』應爲『儲巏』，『巡視倉場監察御史羅』疑爲『羅鳳』。

《國朝諸臣奏議》紙背現存『南京錦衣衛烏龍潭倉』相關文書另有第三册卷六十九第十七葉紙背正德二年二月直隸徽州府休寧縣糧長金希銘爲送納正德元年份税糧事所呈告完狀殘件、第四册卷一一六第十六葉紙背正德二年南京錦衣衛烏龍潭倉爲禁約事所呈執結狀殘件、第五册卷一二六第一葉紙背正德二年三月江西瑞州府高安縣糧長劉闢四爲送納弘治十七年（一五〇四）份税糧事所呈告狀殘件、第六册卷一三二第十一葉紙背正德二年三月南京府軍左衛倉餘丁邵俊爲馱到江西瑞州府上高縣楊奇米事所呈執結狀殘件、第八册卷一四三第八葉紙背正德二年五月南京錦衣衛烏龍潭倉爲禁約事申巡視倉場監察御史羅狀殘件等。

【録文】

1 南京錦衣衛烏龍潭倉爲地方事。抄蒙

2 巡視倉場監察御史羅　案驗前事。奉

3 欽差總督南京粮儲都察院左僉都御史儲　劄付前事，備仰該倉抄案囬倉着落當□

4 蒙此，依蒙劄案内事理，除遵依另行外。爲此，今將本倉官攢不違依准合行□

5 右　申

6 巡視倉場監察御史羅

7 正德二年五月（朱印）　十一　日副使王宗[會]

8 　地方事

二、明正德二年（一五〇七）浙江湖州府孝豐縣解户王潘、許七告完狀爲送納税糧事殘件

【題解】

本件爲《國朝諸臣奏議》第七册卷一三八第十一葉紙背文書，現存文字二行，前缺後完，上下均殘。

《國朝諸臣奏議》紙背文書有明確紀年者，均爲正德二年有關税糧馬草交納或是南京倉場管理相關公文，據此結合本件文書殘存内容可知，其應爲明正德二年王潘、許七爲送納税糧事所呈告完狀殘件。另，本件文書中『王潘、許七』二名還見於第一册乙集目録第五葉紙背正德二年王潘、許七爲送納税糧事所呈告到狀殘件，第一册丁集目録第九葉紙背文書之一王潘、許七爲送納税糧事所呈告到狀殘件，第七册卷一三七第十七葉紙背正德二年四月浙江湖州府孝豐縣解户王潘、許七爲領到納完糧米實收一紙事所呈領狀殘件等。茲結合相關文書擬定今題。

【録文】

（前缺）

1 □千叁百壹拾捌石肆斗陸升玖合，赴

（中缺）

2 □完 状 人 王潘、許七 □[二]

三、明正德二年（一五〇七）三月直隸蘇州府吴江縣糧長馮端與領狀爲領到納完糧米實收一紙事（二）

【題解】

本件爲《國朝諸臣奏議》第七册卷一三八第十二葉紙背文書，現存文字二行，前缺後完，上下均殘。

本件文書與第三册卷七十第九葉紙背文書字迹相同、内容相關，可以綴合。從綴合後内容來看，其應爲明正德二年三月直隸蘇州府吴江縣糧長馮端爲領到納完糧米實收一紙事所呈領狀。兹據綴合後内容擬定今題。另，本件文書中『馮端』一名又見於第三册卷七十第十葉紙背正德二年三月馮端爲領到在倉剩下稻碎事所呈領狀殘件、第五册卷一二三第十七葉紙背文書與同册同卷第二十葉紙背文書綴合之正德二年三月馮端爲送納正德元年份秋糧米事所呈告完狀。

【録文】

（前缺）

1 □實。

2 □日與 領 狀 人馮端 □[三]

[二] 據明代文書書寫格式可知，此處所缺應爲『王潘、許七』簽押。

[三] 據明代文書書寫格式可知，此處所缺應爲『馮端』簽押。

四、明正德二年（一五〇七）四月直隸蘇州府太倉州糧長張源告到狀爲送納正德元年份秋糧事殘件

【題解】

本件爲《國朝諸臣奏議》第七册卷一三八第十三葉紙背文書，現存文字四行，前後均完，上全下殘；第三行存一大字『三』，墨色濃匀，爲二次書寫；第四行具體日期『廿五』二字字體粗大，墨色濃匀，同爲二次書寫。從殘存内容來看，本件應爲明正德二年四月直隸蘇州府太倉州糧長張源爲送納正德元年份秋糧事所呈告到狀殘件。

《國朝諸臣奏議》紙背文書中存兩個『張源』文書：一爲『賣席鋪户張源』，見於第二册卷五十五第十六葉紙背正德二年四月應天府上元縣賣席鋪户張源爲賣到直隸蘇州府太倉州糧長厶名下蘆席事所呈執結狀殘件、第八册卷一四二第八葉紙背正德二年四月張源爲領到蘆席價銀事所呈領狀殘件；一爲本件文書中『直隸蘇州府太倉州糧長張源』，還見於第五册卷一二八第二葉紙背正德二年張源爲送納税糧事所呈執結狀殘件。

【録文】

1　告到狀人張源，係直隸蘇州府太倉州粮長，狀告送納正德元年分秋粮正

2　南京河下水次兊軍交納，理合具狀來告。

3　三

4　正德二年四月　廿五

五、明正德二年（一五〇七）五月南京金吾後衛東倉與依准爲地方事殘件

【題解】

本件爲《國朝諸臣奏議》第七册卷一三八第十四葉文書，現存文字三行，前後均完，上全下殘，第三行鈐朱印一枚，印文不清，據文義推斷應爲『南京金吾後衛東倉印』。從殘存内容來看，本件應爲明正德二年五月南京金吾後衛東倉爲地方事與依准殘件。

本書紙背現存『南京金吾後衛東倉』相關文書另有第一册丁集目録第五葉紙背正德二年三月南京金吾後衛東倉爲禁約事所呈執結狀殘件、第二册卷五十六第五葉紙背文書與第四册卷一一二第十七葉紙背文書綴合之正德二年四月南京金吾後衛東倉爲禁約事所呈執結狀、第五册卷一二五第七葉紙背正德二年五月南京金吾後衛東倉爲地方事中巡視倉場監察御史羅狀殘件、同卷第八葉紙背正德二年五月南京金吾後衛東倉爲總督糧儲事與依准殘件等。

【録文】

1 南京金吾後衛東倉今於

2 與依准爲地方事。除依奉案劄内事理

3 正德二年五月（朱印）

六、明正德二年（一五〇七）三月直隸常州府江陰縣糧長沈宗善告到狀爲送納正德元年份秋糧米事殘件

【題解】

本件爲《國朝諸臣奏議》第七册卷一三八第十九葉紙背文書，現存文字三行，前後均完，上全下殘；第三行具體日期『十二』兩字字體粗大，墨色濃匀，爲二次書寫。從殘存内容來看，本件應爲明正德二年三月直隸常州府江陰縣糧長沈宗善爲送納正德元年份秋糧米事所呈告到狀殘件。

本件文書中『沈宗善』一名又見於第六册卷一三一第二葉紙背正德二年四月沈宗善爲運到糧米豆事所呈告完狀殘件、第七册卷一三八第二十葉紙背正德二年三月沈宗善爲送納正德元年份秋糧米事所呈執結狀殘件等。

【録文】

1 告到状人沈宗善，係直隸常州府江陰縣粮長，状告送納正德元年分秋

2 南京國子監交納，理合具状來告。

3 正德二年三月　十二

七、明正德二年（一五〇七）三月直隸常州府江陰縣糧長沈宗善與執結爲送納正德元年份秋糧米事殘件

【題解】

本件爲《國朝諸臣奏議》第七册卷一三八第二十葉紙背文書，現存文字三行，前後均完，上全下殘。從殘存内容來看，本件應爲明正德二年三月直隸常州府江陰縣糧長沈宗善爲送納正德元年份秋糧米事所呈執結狀殘件。

本件文書中『沈宗善』一名又見於第六册卷一三一第二葉紙背正德二年四月沈宗善爲運到糧米豆事所呈告完狀殘件、第七册卷一三八第十九葉紙背正德二年三月沈宗善爲送納正德元年份秋糧米事所呈告到狀殘件等。

【録文】

1 直隸常州府江陰縣粮長沈宗善今於

2 　與執結爲送納正德元年分秋粮□

3 正德二年三月

第八册

内封（共二葉）

一、明正德二年（一五〇七）經紀章杲申狀殘尾

【題解】

本件爲《國朝諸臣奏議》第八册前内封皮裱紙文書，現存文字一行，前缺後完，上下均殘。

《國朝諸臣奏議》紙背文書有明確紀年者，均爲正德二年有關税糧馬草交納或是南京倉場管理相關公文。據此結合本件殘存内容可知，其應爲明正德二年經紀章杲申狀殘尾。

【録文】

（前缺）

1 □□□　經　紀章杲□□〔二〕

〔二〕據明代文書書寫格式可知，此處所缺應爲『章杲』簽押。

卷一三九（編號至二十四葉，存二十一葉，其中缺第十八、二十一、二十二葉，且第十七葉原版缺，補白紙一張）

一、明正德二年（一五〇七）三月直隸滁州來安縣里長李惠告完狀爲送納正德元年份秋糧米事（二）

【題解】

本件爲《國朝諸臣奏議》第八册卷一三九第一葉紙背文書，現存文字二行，前缺後完，上殘下全。

本件文書與第五册卷一二八第十二葉紙背文書字迹相同、内容相關，可以綴合。從綴合後内容來看，其應爲明正德二年三月直隸滁州來安縣里長李惠爲送納正德元年份秋糧事所呈告完狀。兹據綴合後擬定今題。另，本件文書中『李惠』一名還見於第五册卷一二四第一葉紙背正德二年李惠爲送納税糧事所呈執結狀殘件、第五册卷一二九第十四葉紙背文書與第八册卷一三九第二葉紙背文書綴合之正德二年三月李惠爲領回原呈米樣事所呈領狀、第七册卷一三六第十八葉紙背正德二年三月李惠爲送納税糧事所呈告到狀殘件。

【録文】

（前缺）

1 □壹拾石，前赴

（中缺）

2 □日告　完　狀　人　李惠（背面簽押）

二、明正德二年（一五〇七）三月直隸滁州來安縣里長李惠與領狀爲領回原呈米樣事（二）

【題解】

本件爲《國朝諸臣奏議》第八册卷一三九第二葉紙背文書，現存文字一行，前缺後完，上殘下全。

本件文書與第五册卷一二九第十四葉紙背文書字迹相同、內容相關，可以綴合。從綴合後內容來看，其應爲明正德二年三月直隸滁州來安縣里長李惠爲領回原呈米樣事所呈領狀。茲據綴合後擬定今題。另，本件文書中『李惠』一名還見於第五册卷一二四第一葉紙背正德二年李惠爲送納稅糧事所呈執結狀殘件、第五册卷一二八第十二葉紙背文書與第八册卷一三九第一葉紙背文書綴合之正德二年三月李惠爲送納正德元年份秋糧事所呈告完狀、第七册卷一三六第十八葉紙背正德二年三月李惠爲送納稅糧事所呈告到狀殘件。

【録文】

（前缺）

1 □□□日與　領　狀　人　李惠（背面簽押）

三、明正德二年（一五〇七）浙江湖州府烏程縣解户沈浩與執結爲交納稅糧事殘件

【題解】

本件爲《國朝諸臣奏議》第八册卷一三九第三葉文書，現存文字二行，前缺後完，上殘下全。

《國朝諸臣奏議》紙背文書有明確紀年者，均爲正德二年有關稅糧馬草交納或是南京倉場管理相關公文，據此結合本件文書殘存內容推斷，其應爲明正德二年沈浩爲送納稅糧事所呈執結狀殘件。另，本件文書中『沈浩』一名還見於第一册乙集目録第一葉紙背沈浩爲送納稅糧事所呈告完狀殘件、同册乙集目録第二葉紙背文書與第二册卷五十四第十一葉紙背文書綴合之正德二年五月浙江湖州府烏程縣解户沈浩爲領回原呈在官米樣所呈領狀等。茲結合相關文書擬定今題。

【録文】

（前缺）

1 □中間不致揷和稻碎在内，如違甘罪，執結是實。

2 □執　結　人　沈浩（背面簽押）

四、明正德二年（一五〇七）丁永寧與執結爲送到厶縣解户錢沈敏正餘米事殘件

【題解】

本件爲《國朝諸臣奏議》第八册卷一三九第四葉紙背文書，現存文字三行，前缺後完，上殘下全。

《國朝諸臣奏議》紙背文書有明確紀年者，均爲正德二年有關税糧馬草交納或是南京倉場管理相關公文，據此結合本件文書殘存内容推斷，其應爲明正德二年丁永寧爲送到厶縣解户錢沈敏正餘米事所呈執結狀殘件。另，本件文書中『錢沈敏』一名又見於第六册卷一三一第五葉紙背正德二年錢沈敏爲送納正德元年份秋糧正餘米所呈告到狀殘件。

【録文】

（前缺）

1 □縣解户錢沈敏正余米一千二百五十六石四斗一升二合三勺，裝赴

2 □[違]甘罪，執結是實。

3 □執　結　人丁永寧（背面簽押）

五、明正德二年（一五〇七）三月江西吉安府永新縣糧長汪濂與領狀爲領到納完秋糧實收一紙事殘件

【題解】

本件爲《國朝諸臣奏議》第八册卷一三九第七葉紙背文書，現存文字三行，前後均完，上全下殘。從殘存内容來看，本件應爲明正德二年三月江西吉安府永新縣糧長汪濂爲領到納完秋糧實收一紙事所呈領狀殘件。

本件文書中『汪濂』一名又見於同册同卷第八葉紙背正德二年三月江西吉安府永新縣糧長汪濂爲領到納完秋糧餘剩稻碎事所呈領狀殘件。

【録文】

1 江西吉安府永新縣粮長汪濂今於

2 與領狀。實領到納完秋粮實收壹紙，領回

3 正德二年三月

六、明正德二年（一五〇七）三月江西吉安府永新縣糧長汪濂與領狀爲領到納完秋糧餘剩稻碎事殘件

【題解】

本件爲《國朝諸臣奏議》第八册卷一三九第八葉紙背文書，現存文字五行，前後均完，上全下殘。從殘存内容來看，本件應爲明正德二年三月江西吉安府永新縣糧長汪濂爲領到納完秋糧餘剩稻碎事所呈領狀殘件。

本件文書中『汪濂』一名又見於同册同卷第七葉紙背正德二年三月江西吉安府永新縣糧長汪濂爲領到納完秋糧實收一紙事所呈領狀殘件。

【録文】

1 江西吉安府永新縣粮長汪濂今於

2 與領狀。實領到納完秋粮余剩稻碎，照数領□，□□□。[一]

3 計開：

4 領到碎米一百二十石，稻頭捌拾石，籠糠三十石□

5 正德二年三月　□

七、明正德二年（一五〇七）南京府軍右衛餘丁夏忠與執結爲駄到厶名下税糧事殘件

【題解】

本件爲《國朝諸臣奏議》第八册卷一三九第十三葉紙背文書，現存文三行，前缺後完，上殘下全。《國朝諸臣奏議》紙背文書有明確紀年者，均爲正德二年有關税糧馬草交納或是南京倉場管理相關公文，且本件文書中『夏忠』一名又見於第六册卷一三四第八葉紙背正德二年三月南京府軍右衛餘丁夏忠爲駄到江西瑞州府德興縣納户厶名下税糧事所呈執結狀殘件。由此結合本件文書殘存内容及相關文書推斷，其應爲明正德二年南京府軍右衛餘丁夏忠爲駄到厶名下税糧事所呈執結狀殘件。茲據此擬定今題。

【録文】

（前缺）

1 □石，駄赴

[一] 據明代公文書寫格式推斷，此處所缺文字應爲『出，所領是實』。

2 執結是實。

3 執　結　人夏忠（背面簽押）

八、明正德二年（一五〇七）三月直隸常州府武進縣糧長蔣鎮與執結爲送納正德元年份秋糧事（二）

【題解】

本件爲《國朝諸臣奏議》第八册卷一三九第十四葉紙背文書，現存文字二行，前缺後完，上殘下全。

本件文書與第一册趙汝愚撰《乞進〈皇朝名臣奏議〉劄子》第二葉紙背文書字迹相同、内容相關，可以綴合。從綴合後内容來看，其應爲明正德二年三月直隸常州府武進縣糧長蔣鎮爲送納正德元年份秋糧事所呈執結狀。兹據綴合後擬定今題。另，『蔣鎮』一名又見於第一册趙汝愚撰《乞進〈皇朝名臣奏議〉劄子》第一葉紙背正德二年三月直隸常州府武進縣糧長蔣鎮爲送納正德元年份秋糧米事所呈告到狀殘件、第六册卷一三一第一葉紙背文書與同卷第七葉紙背文書綴合之正德二年四月蔣鎮爲送納糧米豆事所呈告完狀等。

【録文】

（前缺）

1 依奉告納，中間並不敢挿和作弊等情，如違甘罪，執結是實。

2 日與　執　結　人蔣鎮（背面簽押）

九、明正德二年（一五〇七）五月浙江湖州府烏程縣糧長蔣張江與領狀爲領回原呈在官米樣事（二）

【題解】

本件爲《國朝諸臣奏議》第八册卷一三九第十九葉紙背文書，現存文字二行，前缺後完，上殘下全。

本件文書與第一册乙集目録第八葉紙背文書字迹相同，内容相關，可以綴合。從綴合後内容來看，其應爲明正德二年五月浙江湖州府烏程縣糧長蔣張江爲領回原呈在官米樣事所呈領狀。茲據綴合後擬定今題。又，『蔣張江』一名還見於本册乙集目録第七葉紙背文書與第八册卷一三九第二十葉紙背文書綴合之正德二年五月蔣張江爲解送正德元年份秋糧事所呈告完狀、第六册卷一三一第六葉紙背正德二年蔣張江爲送納税糧事所呈執結狀殘件。

【録文】

（前缺）

1 □實。

2 □　領　狀　人　蔣張江（背面簽押）

一〇、明正德二年（一五〇七）五月浙江湖州府烏程縣糧長蔣張江告完狀爲解送正德元年份秋糧事（二）

【題解】

本件爲《國朝諸臣奏議》第八册卷一三九第二十葉紙背文書，現存文字二行，前缺後完，上殘下全。

本件文書與第一册乙集目録第七葉紙背文書字迹相同，内容相關，可以綴合。從綴合後内容來看，其應爲明正德二年五月浙江湖州府烏程縣糧長蔣張江爲解送正德元年份秋糧事所呈告完狀。茲據綴合後擬定今題。又，本件文書中『蔣張江』一名還見於本册乙集目録第八葉紙背文書與第八册卷一三九第十九葉紙背文書綴合之正德二年五月蔣張江爲領回原呈在官米樣事所呈領狀、第六册卷一三一第六葉紙背正德二年蔣張江爲送納税糧事所呈執結狀殘件。

【録文】

（前缺）

1 □余米一千一百五十三石五斗三合，赴

（中缺）

2 □　　完　　狀　　人蔣張江（背面簽押）

卷一四〇（共二十二葉）

一、明正德二年（一五〇七）五月南京虎賁右衛倉與依准爲總督糧儲事殘件

【題解】

本件爲《國朝諸臣奏議》第八册卷一四〇第三葉紙背文書，現存文字三行，前後均完，上全下殘；第三行鈐朱印一枚，印文不清，據文義推斷應爲『南京虎賁右衛倉印』。從殘存内容來看，本件應爲明正德二年五月南京虎賁右衛倉爲總督糧儲事與依准殘件。

本書紙背現存『南京虎賁右衛倉』相關文書另有第二册卷六十第一葉紙背正德二年四月南京虎賁右衛倉捉解副使蔡杲爲官軍俸糧事所呈執結狀殘件、第三册卷六十八第七葉紙背正德二年四月南京虎賁右衛倉爲禁約事申巡視倉場監察御史羅狀殘件、第四册卷一一一第十一葉紙背正德二年三月浙江湖州府烏程縣糧長蔡怡爲赴南京虎賁右衛倉交納弘治十八年（一五〇五）份稅糧事所呈告完狀殘件、第五册卷一二三第十一葉紙背正德二年五月南京虎賁右衛倉爲地方事申巡視倉場監察御史羅狀殘件、第五册卷一二三第十二葉紙背正德二年五月南京虎賁右衛倉爲地方事與依准殘件、第六册卷一三三第二十三葉紙背正德二年三月南京虎賁右衛倉爲禁約事與依准殘件、第七册卷一三七第三葉紙背正德二年五月南京虎賁右衛倉爲禁革奸弊事所呈結狀殘件、第八册卷一四〇第四葉紙背正德二年五月南京虎賁右衛倉爲總督糧儲事申巡視倉場監察御史羅狀殘件。

【録文】

1 南京虎賁右衛倉今於

2 　　與依准爲總督粮儲事。依奉遵依案劄内□

3 正德二年五月（朱印）□

二、明正德二年（一五〇七）五月南京虎賁右衛倉申巡視倉場監察御史羅狀爲總督糧儲事殘件

【題解】

本件爲《國朝諸臣奏議》第八册卷一四〇第四葉紙背文書，現存文字七行，前後均完，上全下殘；第六行鈐朱印一枚，印文不清，據文義推斷應爲『南京虎賁右衛倉印』。從殘存内容來看，本件應爲明正德二年五月南京虎賁右衛倉爲總督糧儲事申巡視倉場監察御史羅狀殘件。據考證，『巡視倉場監察御史羅』疑爲『羅鳳』；『欽差總督南京粮儲都察院左僉都御史儲』應爲『儲巏』。

本書紙背現存『南京虎賁右衛倉』相關文書另有第二册卷六十第一葉紙背正德二年四月南京虎賁右衛倉捉解副使蔡杲爲官軍俸糧事所呈執結狀殘件、第三册卷六十八第七葉紙背正德二年四月南京虎賁右衛倉爲禁約事申巡視倉場監察御史羅狀殘件、第四册卷一一一第十一葉紙背正德二年三月浙江湖州府烏程縣糧長蔡怡爲赴南京虎賁右衛倉交納弘治十八年（一五〇五）份税糧事所呈告完狀殘件、第五册卷一二三第十一葉紙背正德二年五月南京虎賁右衛倉爲地方事申巡視倉場監察御史羅狀殘件、第五册卷一二三第十二葉紙背正德二年五月南京虎賁右衛倉爲地方事與依准殘件、第六册卷一三三第二十三葉紙背正德二年三月南京虎賁右衛倉爲禁約事與依准殘件、第七册卷一三七第三葉紙背正德二年五月南京虎賁右衛倉爲禁革奸弊事所呈結狀殘件、第八册卷一四〇第三葉紙背正德二年五月南京虎賁右衛倉爲總督糧儲事與依准殘件。

【録文】

1　南京虎賁右衛倉爲總督粮儲事。抄蒙

2　　巡視倉場監察御史羅　案驗，奉

3　欽差總督南京粮儲都察院左僉都御史儲　劄付前事。蒙此，遵依案劄内事理□

4　右　　　　　申

5　巡視倉場監察御史羅

6 正德貳年伍月（朱印）　十二　日副□

7 總督粮儲事

三、明正德二年（一五〇七）厶告到狀爲送納弘治十七年（一五〇四）份馬草事殘件

【題解】

本件爲《國朝諸臣奏議》第八册卷一四〇第五葉紙背文書，現存文字二行，前缺後完，上殘下全。本件文書末尾署名無，僅有簽押。

《國朝諸臣奏議》紙背文書有明確紀年者，均爲正德二年有關税糧馬草交納或是南京倉場管理相關公文，據此結合本件文書殘存内容推斷，其應爲明正德二年厶爲送納弘治十七年份馬草事所呈告到狀殘件。

【録文】

（前缺）

1 □治十七年分六千包，前赴

（中缺）

2 □日告　到　狀　人　（背面簽押）[一]

[一] 文書中僅有簽押，無姓名。

四、明正德二年（一五〇七）五月南京中軍都督府中和橋馬草場堆夫洪茂等與執結爲堆垜馬草事（二）

【題解】

本件爲《國朝諸臣奏議》第八册卷一四〇第六葉紙背文書，現存文字五行，前缺後完，上下均殘。

本件文書與第六册卷一三四第一葉紙背文書字迹相同、内容相關，可以綴合。從綴合後内容來看，其應爲明正德二年五月南京中軍都督府中和橋馬草場堆夫洪茂等爲堆垜馬草事所呈執結狀。茲據綴合後擬定今題。另，本件文書中『洪茂』等堆夫人名又見於第二册卷五十四第二葉紙背文書與同册卷五十六第六葉紙背文書綴合之正德二年四月南京中軍都督府中和橋馬草場堆夫洪茂等爲搬運馬草事所呈執結狀、第四册卷一一四第十葉紙背洪茂等執結狀殘件。三件執結狀内容大體相同。

【録文】

（前缺）

1 □州縣粮里等運納馬草到場，領給工銀，雇覔人夫搬運草蓆上堆，中間不致違悞，執結是實。

2 □日與　執　結　人　洪茂□

3 趙成□

4 黃春□

5 張福□

五、明正德二年（一五〇七）二月浙江湖州府歸安縣納户張潮貴與執結爲送納弘治十七年（一五〇四）份秋糧米事殘件

【題解】

本件爲《國朝諸臣奏議》第八册卷一四〇第十三葉紙背文書，現存文字三行，前後均完，上全下殘。從殘存内容來看，本件應爲明正德二年二月浙江湖州府歸安縣納户張潮貴爲送納弘治十七年份秋糧米事所呈執結狀殘件。

本件文書中『張潮貴』一名又見於第二册卷五十七第一葉紙背文書之一正德二年浙江湖州府歸安縣納户張潮貴執結狀殘尾、卷五十七第二葉紙背文書之一張潮貴領狀殘件等。

【録文】

1　浙江湖州府帰安縣納户張潮貴今於

2　　與執結依奉送納弘治十七年分秋粮米。蒙判

3　正德二年二月　　日與

六、明正德二年（一五〇七）三月南京羽林右衛養虎倉把門副使潘洪與執結爲禁革奸弊事殘件

【題解】

本件爲《國朝諸臣奏議》第八册卷一四〇第十四葉紙背文書，現存文字三行，前後均完，上全下殘；第三行具體日期『卅』字體粗大，墨色濃匀，爲二次書寫。從殘存内容來看，本件應爲明正德二年三月南京羽林右衛養虎倉把門副使潘洪爲禁革奸弊事所呈執結狀殘件。

本書紙背現存『南京羽林右衛養虎倉』相關文書另有第五册卷一二四第七葉紙背正德二年三月直隸蘇州府吴江縣糧長沈江爲送納正德元年份秋糧事所呈告完狀殘件、第八册卷一四三第十一葉紙背正德二年四月直隸松江府華亭縣糧長王洪爲送納正

德元年份秋糧事所呈告完狀殘件等。

【録文】

1 南京羽林右衛養虎倉把門副使潘洪今於

2 與執結爲禁革奸弊事。依奉帶領餘丁王紀等菅[一]得□

3 正德二年三月　卅　日把□

[一]『菅』同『管』，下同，不再另作説明。

卷一四一（共十七葉）

一、明正德二年（一五〇七）三月湖廣沔陽州景陵縣納户段鳳儀與領狀爲領到納完糧米實收一紙事（一）

【題解】

本件爲《國朝諸臣奏議》第八册卷一四一第五葉紙背文書，現存文字三行，前後均完，上全下殘。

本件文書與第一册乙集目録第十三葉紙背文書字迹相同，内容相關，可以綴合。從綴合後内容來看，其應爲明正德二年三月湖廣沔陽州景陵縣納户段鳳儀爲領到納完糧米實收一紙事所呈領狀。兹據綴合後擬定今題。另，本件文書中『段鳳儀』一名又見於第一册乙集目録第十四葉紙背段鳳儀領狀殘件。

【録文】

1 湖廣沔陽州景陵縣納户段鳳儀今於

2 　與領狀。實領到納完粮米實收一紙□

3 正德二年三月　　日與□

二、明正德二年（一五〇七）直隸安慶府懷寧縣糧長汪華告到狀爲送納税糧事殘件

【題解】

本件爲《國朝諸臣奏議》第八册卷一四一第七葉紙背文書，現存文字二行，前缺後完，上殘下全。

《國朝諸臣奏議》紙背文書有明確紀年者，均爲正德二年有關税糧馬草交納或是南京倉場管理相關公文，據此結合本件文書殘存内容推斷，其應爲明正德二年汪華爲送納税糧事所呈告到狀殘件。另，本件文書中『汪華』一名還見於第二册卷五十五第

六葉紙背正德二年汪華爲送納税糧事所呈告到狀殘件、第四册卷一一二第十二葉紙背文書與第七册卷一三六第十一葉紙背文書綴合之正德二年三月直隸安慶府懷寧縣糧長汪華爲送納正德元年份馬草事所呈執結狀、第四册卷一一三第三葉紙背汪華爲送納税糧事所呈執結狀殘件、第七册卷一三六第十二葉紙背正德二年三月汪華爲送納正德元年份馬草事所呈告到狀殘件、卷一四一第八葉汪華爲送納税糧事所呈執結狀殘件等。茲結合相關文書擬定今題。

【録文】

（前缺）

1 ［ ］壹千玖百壹石，前赴

（中缺）

2 ［ ］到 狀 人汪華（背面簽押）

三、明正德二年（一五〇七）直隸安慶府懷寧縣糧長汪華與執結爲送納税糧事殘件

【題解】

本件爲《國朝諸臣奏議》第八册卷一四一第八葉紙背文書，現存文字二行，前缺後完，上殘下全。《國朝諸臣奏議》紙背文書有明確紀年者，均爲正德二年有關税糧馬草交納或是南京倉場管理相關公文，據此結合本件文書殘存内容推斷，其應爲明正德二年汪華爲送納税糧事所呈執結狀殘件。另，本件文書中『汪華』一名還見於第二册卷五十五第六葉紙背正德二年汪華爲送納税糧事所呈告到狀殘件、第四册卷一一二第十二葉紙背文書與第七册卷一三六第十一葉紙背文書綴合之正德二年三月直隸安慶府懷寧縣糧長汪華爲送納正德元年份馬草事所呈執結狀、第四册卷一一三第三葉紙背汪華爲送納税糧事所呈執結狀殘件、第七册卷一三六第十二葉紙背正德二年三月汪華爲送納正德元年份馬草事所呈告到狀殘件、卷一四一第七葉汪華爲送納税糧事所呈告到狀殘件等。茲結合相關文書擬定今題。

【録文】

（前缺）

1 □碎，如違甘罪，執結是實。

2 □日執　　結　　人　汪華（背面簽押）

四、明正德二年（一五〇七）三月南京留守右衛餘丁李安與執結爲馱到江西瑞州府上高縣納户李崇錦米事（二）

【題解】

本件爲《國朝諸臣奏議》第八册卷一四一第九葉紙背文書，現存文三行，前缺後完，上殘下全。

本件文書與第六册卷一三四第七葉紙背文書字迹相同、内容相關，可以綴合。從綴合後内容來看，其應爲明正德二年三月南京留守右衛餘丁李安爲馱到江西瑞州府上高縣納户李崇錦米事所呈執結狀。兹據綴合後擬定今題。

【録文】

（前缺）

1 □拾捌石，赴

2 □是實。

3 □日執　　結　　人　李安（背面簽押）

五、明正德二年（一五〇七）朱通與執結爲馱到直隸蘇州府吴江縣糧長葉惠名下税糧米事殘件

【題解】

本件爲《國朝諸臣奏議》第八册卷一四一第十葉紙背文書，現存文字三行，前缺後完，上殘下全。《國朝諸臣奏議》紙背文書有明確紀年者，均爲正德二年有關税糧馬草交納或是南京倉場管理相關公文，據此結合本件文書殘存内容推斷，其應爲明正德二年朱通爲馱到葉惠名下税糧米事所呈執結狀殘件。另，本件文書中『葉惠』一名還見於第三册卷六十七第八葉紙背正德二年三月直隸蘇州府吴江縣糧長葉惠爲送納正德元年份秋糧米事所呈執結狀殘件、卷六十七第十四葉紙背葉惠告到狀殘件、第五册卷一二六第四葉紙背正德二年四月葉惠爲送納正德元年份秋糧米事所呈告完狀殘件、第七册卷一三六第七葉紙背正德二年四月葉惠爲領回原呈樣米事所呈領狀殘件等。兹據相關文書擬定今題。

【録文】

（前缺）

1 ［　　］葉惠米柒百肆拾石，赴

2 ［　　］錢，如違甘罪，執結是實。

3 ［　　］日與　執　結　人朱通（背面簽押）

六、明正德二年（一五〇七）四月江西吉安府永新縣糧長李乾秀與領狀爲領到餘剩糧米稻碎事（一）

【題解】

本件爲《國朝諸臣奏議》第八册卷一四一第十一葉紙背文書，現存文字三行，前後均完，上全下殘。

本件文書與第七册卷一三七第十一葉紙背文書字迹相同，内容相關，可以綴合。從綴合後内容來看，其應爲明正德二年四月江西吉安府永新縣糧長李乾秀爲領到餘剩糧米稻碎事所呈領狀。茲據綴合後擬定今題。另，本件文書中『李乾秀』一名還見於第四册卷一一二第十四葉紙背文書與第七册卷一三六第十三葉紙背文書綴合之正德二年四月李乾秀爲領到納完糧米實收一紙事所呈領狀、第四册卷一一四第九葉紙背李乾秀執結狀殘件、第七册卷一三六第十四葉紙背文書與第八册卷一四一第十二葉紙背文書綴合之正德二年四月李乾秀爲領回原呈米樣事所呈領狀、第七册卷一三七第十八葉紙背正德二年三月十一日李乾秀爲送納弘治十七年（一五〇四）份税糧事所呈告到狀殘件。

【録文】

1　江西吉安府永新縣粮長李乹秀今於

2　　與領狀。實領到余剩粮米稻碎，照数□

3　正德二年四月

七、明正德二年（一五〇七）四月江西吉安府永新縣糧長李乾秀與領狀爲領回原呈米樣事（一）

【題解】

本件爲《國朝諸臣奏議》第八册卷一四一第十二葉紙背文書，現存文字三行，前後均完，上全下殘。

本件文書與第七册卷一三六第十四葉紙背文書字迹相同，内容相關，可以綴合。從綴合後内容來看，其應爲明正德二年四月江西吉安府永新縣糧長李乾秀爲領回原呈米樣事所呈領狀。茲據綴合後擬定今題。另，本件文書中『李乾秀』一名還見於第四册卷一一四第九葉紙背李乾秀執結狀殘件、第七册卷一三六第十三葉紙背文書與第四册卷一一二第十四葉紙背文書綴合之正德二年四月李乾秀爲領到納完糧米實收一紙事所呈領狀、第七册卷一三七第十一葉紙背文書與第八册卷一四一第十一葉紙背文書綴合之正德二年四月李乾秀爲領到餘剩糧米稻碎事所呈領狀、第七册卷一三七第十八葉紙背正德二年三月十一日李乾秀爲送納弘治十七年（一五〇四）份税糧事所呈告到狀殘件等。

【録文】

1 江西吉安府永新縣粮長李乹秀今於

2 與領狀。實領到原呈米樣領囬，所領是□[一]。

3 正德二年四月

八、明正德二年（一五〇七）四月浙江杭州府臨安縣糧長郎鑾告到狀爲送納正德元年份税糧事殘件

【題解】

本件爲《國朝諸臣奏議》第八册卷一四一第十三葉紙背文書，現存文字四行，前後均完，上全下殘；第三行存一大字『八』，墨色濃匀；第四行具體日期『廿五』兩字字體粗大，墨色濃匀，爲二次書寫。從殘存内容來看，本件應爲明正德二年四月浙江杭州府臨安縣糧長郎鑾爲送納正德元年份税糧事所呈告到狀殘件。

[一] 據明代文書書寫格式可知，此處所缺文字應爲『實』。

【録文】

1 告到狀人郎銮等，係浙江杭州府臨安縣粮長，狀告送納正德元年分□

2 南京河下水次兊軍交納，理合具狀來告。

3 八□

4 正德二年四月　廿五　日告□

九、明正德二年（一五〇七）三月南京金吾後衛南倉把門攢典梁廷用與執結爲官軍俸糧事殘件

【題解】

本件爲《國朝諸臣奏議》第八册卷一四一第十四葉紙背文書，現存文字三行，前後均完，上全下殘；第三行具體日期『初二』兩字字體粗大，墨色濃匀，爲二次書寫。從殘存内容來看，本件應爲明正德二年三月南京金吾後衛南倉把門攢典梁廷用爲官軍俸糧事所呈執結狀殘件。

本書紙背現存『南京金吾後衛南倉』相關文書另有第三册卷七十第三葉紙背正德二年三月南京留守右衛餘丁潘亮爲馱到湖廣岳州府平江縣納户厶名下税糧事所呈執結狀殘件、第五册卷一二三第二十葉紙背文書與同册同卷第十七葉紙背文書綴合之正德二年三月直隸蘇州府吴江縣糧長馮端爲送納正德元年份秋糧米事所呈告完狀、第五册卷一二五第四葉紙背正德二年四月湖廣岳州府平江縣納户羅志彰爲送納税糧事所呈告完狀殘件、第七册卷一三七第四葉紙背正德二年五月南京金吾後衛南倉爲看守倉糧事所呈執結狀殘件、第八册卷一四四第十七葉紙背正德二年五月南京金吾後衛南倉爲地方事申巡視倉場監察御史羅狀殘件等。

【録文】

1 南京金吾後衛南倉把門攢典梁廷用今於

2 與執結爲官軍俸粮事。依奉於本月初三日放支南京錦衣衛官□

3 正德二年三月　　初二　□

卷一四二（編號至二十三葉，存二十二葉，其中缺第九葉，且第三、四葉原版缺，補白紙兩張）

一、明正德二年（一五〇七）四月浙江嘉興府崇德縣典史王德誠告完狀爲部運崇德、嘉興二縣税糧事殘件

【題解】

本件爲《國朝諸臣奏議》第八册卷一四二第七葉紙背文書，現存文字九行，前後均完，上全下殘；第九行具體日期「初九」兩字字體粗大，墨色濃匀，爲二次書寫。從殘存内容來看，本件應爲明正德二年四月浙江嘉興府崇德縣典史王德誠爲部運崇德、嘉興二縣税糧事所呈告完狀殘件。

本件文書第三行「巡視倉場監察御史老爹」應即其他文書中「巡視倉場監察御史羅」，據考證，疑爲「羅鳳」。

【録文】

1 告完狀人王德誠，係浙江嘉興府崇德縣典史，狀告蒙本布政司批差部運并帶部嘉□

2 南京户部告判各衙門倉交納完足。有此，具狀來告

3 巡視倉場監察御史老爹　處施行。

4 計納完：

5 崇德縣

6 各衙倉米陸千肆百捌拾玖石正；

7 嘉善縣

8 各衙倉并水次兊完米壹萬伍千柒百柒拾伍石貳□

9 正德二年四月　**初九**　□

二、明正德二年（一五〇七）四月應天府上元縣賣席鋪户張源與領狀爲領到巡視倉場監察御史羅處蘆席價銀事殘件

【題解】

本件爲《國朝諸臣奏議》第八册卷一四二第八葉紙背文書，現存文字五行，前後均完，上全下殘；第五行具體日期『十三』兩字字體粗大，墨色濃匀，爲二次書寫。從殘存内容來看，本件應爲明正德二年四月應天府上元縣賣席鋪户張源爲領到巡視倉場監察御史羅處蘆席價銀事所呈領狀殘件。據考證，『巡視倉場監察御史羅』疑爲『羅鳳』。

本件文書中『賣蘆席鋪户張源』又見於第二册卷五十五第十六葉紙背正德二年四月應天府上元縣賣席鋪户張源爲賣到直隸蘇州府太倉州糧長厶名下蘆席事所呈執結狀殘件。

【録文】

1 應天府上元縣賣蓆鋪户張源等今於

2 　與領狀。實領到

3 巡視倉場監察御史老爹羅　處蘆蓆價銀，不致冒領，所領是[實]。

4 　計開：實領銀肆錢整。

5 正德二年四月　十三

三、明正德二年（一五〇七）五月直隸寧國府宣城縣糧長貢鋙與執結爲送納正德元年份秋糧米事（一）

【題解】

本件爲《國朝諸臣奏議》第八册卷一四二第十三葉紙背文書，現存文字三行，前後均完，上全下殘。

本件文書與第四册卷一一四第五葉紙背文書字迹相同、内容相關，可以綴合。從綴合後内容來看，其應爲明正德二年五月直隸寧國府宣城縣糧長貢鋙爲送納正德元年份秋糧米事所呈執結狀。兹據綴合後擬定今題。另，本件文書中『貢鋙』一名還見於第五册卷一二六第三葉紙背正德二年四月貢鋙領狀殘件

【録文】

1　直隸寧國府宣城縣粮長貢　鋙　今於

2　　與執結爲送納正德元年分秋粮米。依□

3　　正德二年五月□

四、明正德二年（一五〇七）三月南京金吾前衛餘丁錢達與執結爲馱到浙江衢州府江山縣厶名下税糧事殘件

【題解】

本件爲《國朝諸臣奏議》第八册卷一四二第十四葉紙背文書，現存文字四行，前後均完，上全下殘。從殘存内容來看，本件應爲明正德二年三月南京金吾前衛餘丁錢達爲馱到浙江衢州府江山縣厶名下税糧事所呈執結狀殘件。

本件文書中『錢達』一名又見於第三册卷七十二第十一葉紙背正德二年錢達爲交納税糧事所呈執結狀殘件、第四册卷一一四第六葉紙背錢達執結狀殘件、第五册卷一二四第二葉紙背錢達執結狀殘件等。

【録文】

1 南京金吾前衛余丁錢達今於

2 　　　　　　　　　　與執結爲駝到浙江衢州府江山縣

3 南京府軍衛倉交納，中途並不敢疎失升合，如違甘罪，執結是實。

4 正德二年三月

五、明正德二年（一五〇七）五月南京虎賁左衛倉申巡視倉場監察御史羅狀爲地方事殘件

【題解】

本件爲《國朝諸臣奏議》第八册卷一四二第十五葉紙背文書，現存文字六行，前後均完，上全下殘；第五行鈐朱印一枚，印文不清，但從文義推斷，其應爲『南京虎賁左衛倉印』。從殘存内容來看，本件應爲明正德二年五月南京虎賁左衛倉爲地方事申巡視倉場監察御史羅狀殘件。據考證，『巡視倉場監察御史羅』疑爲『羅鳳』。

本書紙背現存『南京虎賁左衛倉』相關文書另有第四册卷一一一第十六葉紙背文書與同册卷一一五第十六葉紙背文書綴合之正德二年三月南京留守右衛餘丁尹福爲馱到江西瑞州府上高縣糧長付辰孫名下税糧事所呈執結狀殘件、第五册卷一二六第二葉紙背正德二年四月直隸蘇州府太倉州糧長陸文爲送納正德元年份秋糧米事所呈告完狀殘件、第八册卷一四四第二葉紙背正德二年五月南京虎賁左衛倉爲地方事與依准殘件。

【録文】

1 南京虎賁左衛倉爲地方事。抄蒙

2 巡視倉場監察御史羅　案驗前事。蒙此，依蒙劄案内事理

3　右　　　申

4　　巡視倉場監察御史羅

5　正德二年五月（朱印）

6　地方事

六、明正德二年（一五〇七）五月南京旗手衛東倉與執結爲禁革奸弊事殘件

【題解】

本件爲《國朝諸臣奏議》第八册卷一四二第十七葉紙背文書，現存文字三行，前後均完，上全下殘；第三行鈐朱印一枚，印文不清，但從文義推斷，其應爲『南京旗手衛東倉印』。從殘存内容來看，本件應爲明正德二年五月南京旗手衛東倉爲禁革奸弊事所呈執結狀殘件。

本書紙背現存『南京旗手衛東倉』相關文書另有第二册卷五十六第十四葉紙背文書與第四册卷一一三第四葉紙背文書綴合之正德二年三月裘廷美爲送納税糧事所呈告到狀、第二册卷六十第二葉紙背正德二年四月南京旗手衛東倉副使張逵爲官軍俸糧事所呈執結狀殘件、第三册卷六十七第三葉紙背正德二年三月南京留守右衛餘丁沈全爲馱到江西袁州府萬載縣納户周厶名下税糧事所呈執結狀殘件、卷六十七第四葉紙背正德二年三月南京留守右衛餘丁蔣順爲馱到湖廣荆州府江陵縣納户王成名下税糧事所呈執結狀殘件、第三册卷六十九第六葉紙背正德二年三月江西袁州府萬載縣納户周寅苟爲送納弘治十八年（一五〇五）份秋糧米事所呈告到狀殘件、卷六十九第十四葉紙背正德二年四月南京旗手衛東倉攢典陳嘉爲官軍俸糧事所呈執結狀殘件、第五册卷一二五第一葉紙背正德二年三月南京留守右衛餘丁包亮爲馱到湖廣漢陽府漢川縣納户郭厶名下税糧事所呈執結狀殘件、卷一二五第二葉紙背正德二年三月湖廣漢陽府漢川縣納户郭倫爲送納税糧事所呈告狀殘件。

【録文】

1 南京旗手衛東倉今於□

2 與執結爲禁革奸弊事。依奉嚴督本倉軍餘唐順等當□

3 正德貳年伍月（朱印）□

七、明正德二年（一五〇七）劉聰與執結爲馱到厶彥德名下税糧米事殘件

【題解】

本件爲《國朝諸臣奏議》第八册卷一四二第十八葉紙背文書，現存文字三行，前缺後完，上殘下全。

《國朝諸臣奏議》紙背文書有明確紀年者，均爲正德二年有關税糧馬草交納或是南京倉場管理相關公文，據此結合本件文書殘存内容推斷，其應爲明正德二年劉聰爲馱到厶彥德名下税糧米事所呈執結狀殘件。

【録文】

（前缺）

1 □彥德米捌百叁拾貳石柒斗壹升，駝赴

2 □違甘罪，執結是實。

3 □執　結　人劉聰（背面簽押）

八、明正德二年（一五〇七）直隸蘇州府太倉州糧長陸文與領狀殘件

【題解】

本件爲《國朝諸臣奏議》第八册卷一四二第二十一葉紙背文書，現存文字二行，前缺後完，上殘下全。

《國朝諸臣奏議》紙背文書有明確紀年者，均爲正德二年有關税糧馬草交納或是南京倉場管理相關公文，據此結合本件文書殘存内容推斷，其應爲明正德二年陸文所呈領狀殘件。另，本件文書中『陸文』一名又見於第五册卷一二七第四葉紙背正德二年四月直隸蘇州府太倉州糧長陸文爲送納正德元年份秋糧米事所呈告完狀殘件、第八册卷一四二第二十二葉紙背陸文爲領到納完税糧實收一紙事所呈領狀殘件。兹據相關文書擬定今題。

【録文】

（前缺）

1 □出，所領是實。

2 □日與　領　狀　人陸文（背面簽押）

九、明正德二年（一五〇七）直隸蘇州府太倉州糧長陸文與領狀爲領到納完税糧實收一紙事殘件

【題解】

本件爲《國朝諸臣奏議》第八册卷一四二第二十二葉紙背文書，現存文字二行，前缺後完，上殘下全。

《國朝諸臣奏議》紙背文書有明確紀年者，均爲正德二年有關税糧馬草交納或是南京倉場管理相關公文，且本件文書中第一行殘存『繳』字，據同書紙背其他相似文書可知，其一般是指『領到納完糧米實收一紙回縣銷繳』，據此結合文書殘存内容推斷，其應爲明正德二年陸文爲領到納完糧米實收一紙事所呈領狀殘件。另，本件文書中『陸文』一名又見於第五册卷一二七第四葉紙背正德二年四月直隸蘇州府太倉州糧長陸文爲送納正德元年份秋糧米事所呈告完狀殘件、第八册卷一四二第二十一葉紙背陸

文領狀殘件。茲據相關文書擬定今題。

【録文】

（前缺）

1 □繳，所領是實。

2 □日與　領　狀　人陸文（背面簽押）

一〇、明正德二年（一五〇七）四月南京西城兵馬指揮司呈巡視倉場監察御史狀爲禁革奸弊事殘件

【題解】

本件爲《國朝諸臣奏議》第八册卷一四二第二十三葉紙背文書，現存文字八行，前後均完，上全下殘；第七行鈐朱印一枚，印文不清，據文義推斷應爲『西城兵馬指揮司之印』。從殘存内容來看，本件應爲明正德二年四月南京西城兵馬指揮司爲禁革奸弊事呈巡視倉場監察御史羅狀殘件。據考證，文書中『巡視倉場監察御史羅』疑爲『羅鳳』，『巡視倉場監察御史』待考。

【録文】

1 南京西城兵馬指揮司爲禁革奸弊事。抄蒙

2 巡視倉場監察御史　案驗前事，仰本司着落當該官吏照依□

3 院以憑照例問治。及不時省諭附近居住軍民謹慎火燭，隄防盜賊，不許牲□

4 不恕。蒙此，依蒙案驗内事理，嚴督倉場地方火甲人等用心巡訪，如有積年□

5 右　　呈

6　巡視倉場監察御史羅

7　正德二年四月（朱印）　　初二　　日副使指揮耿□

8　　禁革奸弊事

卷一四三（共十四葉）

一、明正德二年（一五〇七）江西袁州府萬載縣納户周寅苟與領狀殘件

【題解】

本件爲《國朝諸臣奏議》第八册卷一四三第五葉紙背文書，現存文字二行，前缺後完，上殘下全。《國朝諸臣奏議》紙背文書有明確紀年者，均爲正德二年有關税糧馬草交納或是南京倉場管理相關公文，據此結合本件文書殘存内容推斷，其應爲明正德二年周寅苟領狀殘件。另，本件文書中『周寅苟』一名又見於第三册卷六十九第五葉紙背正德二年三月江西袁州府萬載縣納户周寅苟爲送納弘治十八年（一五〇五）份秋糧米事所呈執結狀殘件、卷六十九第六葉紙背正德二年三月周寅苟爲送納弘治十八年份秋糧事所呈告到狀殘件、第八册卷一四三第六葉紙背周寅苟領狀殘件等。兹據相關文書擬定今題。

【録文】

（前缺）

1 □是實。

2 □　領　狀　人　周寅苟（背面簽押）

二、明正德二年（一五〇七）江西袁州府萬載縣納户周寅苟與領狀殘件

【題解】

本件爲《國朝諸臣奏議》第八册卷一四三第六葉紙背文書，現存文字二行，前缺後完，上殘下全。

《國朝諸臣奏議》紙背文書有明確紀年者，均爲正德二年有關税糧馬草交納或是南京倉場管理相關公文，據此結合本件文書殘存内容推斷，其應爲明正德二年周寅苟領狀殘件。另，本件文書中『周寅苟』一名又見於第三册卷六十九第五葉紙背正德二年三月江西袁州府萬載縣納户周寅苟爲送納弘治十八年（一五〇五）份秋糧米事所呈執結狀殘件、卷六十九第六葉紙背正德二年三月周寅苟爲送納弘治十八年份秋糧事所呈告到狀殘件、第八册卷一四三第五葉紙背周寅苟領狀殘件等。兹據相關文書擬定今題。

【録文】

（前缺）

1 □今自照数領出，所領是實。

2 □　領　狀　人　周寅苟（背面簽押）

三、明正德二年（一五〇七）四月南京旗手衛西倉申巡視倉場監察御史羅狀爲禁約事（一）

【題解】

本件爲《國朝諸臣奏議》第八册卷一四三第七葉紙背文書，現存文字七行，前後均完，上全下殘，第六行鈐朱印一枚，印文不清，據文義推斷應爲『南京旗手衛西倉印』。

本件文書與第四册卷一一六第十五葉文書字迹相同，内容相關，可以綴合。從綴合後内容來看，其應爲明正德二年四月南京旗手衛西倉爲禁約事申巡視倉場監察御史羅狀。兹據綴合後擬定今題。據考證『巡視倉場監察御史羅』疑爲『羅鳳』。

《國朝諸臣奏議》紙背文書中涉及『南京旗手衛西倉』的文書另有第一册甲集目録第十六葉紙背正德二年五月南京旗手衛西倉捉斛副使吴永泰爲馬匹草料事所呈執結狀殘件、第六册卷一三四第九葉紙背正德二年四月南京旗手衛西倉捉斛副使吴永泰爲官軍俸糧事所呈執結狀殘件、卷一三四第十九葉紙背正德二年三月南京旗手衛西倉捉斛副使陳銘爲馬匹草料事所呈執結狀殘件、第五册卷一二七第十一葉紙背正德二年南京旗手衛西倉與依准殘件等。

【録文】

1 南京旗手衛西倉爲禁約事。案照先抄奉

2 巡視倉場監察御史羅　案驗前事。奉此，除遵奉案驗内事

3 弟姪、親故及皂隸、跟隨、書辦、人役各色前來本倉索取財物、誆騙，假以

4 右　申

5 巡視倉場監察御史羅

6 正德二年四月（朱印）　初壹　日副使李宗

7 　禁約事

四、明正德二年（一五〇七）南京錦衣衛烏龍潭倉申巡視倉場監察御史羅狀爲禁約事殘件

【題解】

本件爲《國朝諸臣奏議》第八册卷一四三第八葉紙背文書，現存文字十行，前後均完，上全下殘；第九行鈐朱印一枚，印文不清，據文義推斷應爲『南京錦衣衛烏龍潭倉印』。從殘存内容來看，本件應爲明正德二年五月南京錦衣衛烏龍潭倉爲禁約事申巡視倉場監察御史羅狀殘件。據考證，『巡視倉場監察御史羅』疑爲『羅鳳』。

《國朝諸臣奏議》紙背現存『南京錦衣衛烏龍潭倉』相關文書另有第三册卷六十九第十七葉紙背正德二年二月直隸徽州府休寧縣糧長金希銘爲送納正德元年份税糧事所呈告完狀殘件、第四册卷一一六第十六葉紙背正德二年南京錦衣衛烏龍潭倉爲禁約事所呈執結狀殘件、第五册卷一二六第一葉紙背正德二年三月江西瑞州府高安縣糧長劉關四爲送納弘治十七年（一五〇四）份税糧事所呈告狀殘件、第六册卷一三二第十一葉紙背正德二年三月南京府軍左衛倉餘丁邵俊爲馱到江西瑞州府上高縣楊奇米事所呈執結狀殘件、第七册卷一三八第九葉紙背正德二年五月南京錦衣衛烏龍潭倉爲地方事申巡視倉場監察御史羅狀殘件等。

【録文】

1 南京錦衣衛烏龍潭倉爲禁約事。抄蒙

2 巡視倉場監察御史羅　案驗前事。備仰着落當該官攢照依案驗内事□

3 鋪行人等科歛打點使用爲名，不分真僞，許各該人員就行捉拿送院，以憑問發□

4 以憑查考施行。蒙此，依蒙本年四月初一日起至二十九日止，本倉並無親故皂隸□□

5 情幣。爲此，今將本倉官攢不致扶同重甘結狀，合行粘連申繳施行，須至申者。

6 　計繳執結一紙。

7 右　申

8 巡視倉場監察御史羅

9 正德二年五月（朱印）　初一　日副使王宗會

10 　禁約事

五、明正德二年（一五〇七）四月直隸松江府華亭縣糧長王洪等告完狀爲送納正德元年份秋糧米事殘件

【題解】

本件爲《國朝諸臣奏議》第八册卷一四三第十一葉紙背文書，現存文字三行，前後均完，上全下殘。從殘存内容來看，本件應爲明正德二年四月直隸松江府華亭縣糧長王洪等爲送納正德元年份秋糧米事所呈告完狀殘件。

本件文書中「王洪」一名又見於第一册丁集目録第九葉紙背文書之一正德二年四月王洪等爲領回原呈樣米事所呈領狀殘件、第八册卷一四三第十二葉紙背正德二年四月王洪等爲領到納完糧米實收一紙事所呈領狀殘件。

【録文】

1 告完狀人王洪等，係直隸松江府華亭縣粮長，狀告送納正德元年分秋[粮]□

2 南京羽林右衛養虎倉交納完足，具狀來告。

3 正德二年四月□

六、明正德二年（一五〇七）四月直隸松江府華亭縣糧長王洪等與領狀爲領到納完糧米實收一紙事殘件

【題解】

本件爲《國朝諸臣奏議》第八册卷一四三第十二葉紙背文書，現存文字三行，前後均完，上全下殘。從殘存内容來看，本件應爲明正德二年四月直隸松江府華亭縣糧長王洪等爲領到納完糧米實收一紙事所呈領狀殘件。

本件文書中「王洪」一名又見於第一册丁集目録第九葉紙背文書之一正德二年四月王洪等爲領回原呈樣米事所呈領狀殘件、第八册卷一四三第十一葉紙背正德二年四月王洪等爲送納正德元年份秋糧米事所呈告完狀殘件。

【録文】

1 直隸松江府華亭縣粮長王洪等今於

2 　與領狀。實領到納完粮米實收壹紙，領回

3 正德二年四月

七、明正德二年（一五〇七）梁萬春與執結爲送納税糧事殘件

【題解】

本件爲《國朝諸臣奏議》第八册卷一四三第十三葉紙背文書，現存文字二行，前缺後完，上殘下全。

《國朝諸臣奏議》紙背文書有明確紀年者，均爲正德二年有關税糧馬草交納或是南京倉場管理相關公文，據此結合本件文書殘存内容可知，其應爲明正德二年梁萬春爲送納税糧事所呈執結狀殘件。另，本件文書中『梁萬春』一名還見於第五册卷一二六第四葉紙背文書之一正德二年梁萬春爲送納厶年份秋糧米事所呈告完狀殘件、第七册卷一三六第七葉紙背文書之一梁萬春領狀殘件、卷一三六第八葉紙背文書之一梁萬春領狀殘件、第八册卷一四三第十四葉紙背梁萬春爲送納弘治十八年（一五〇五）份秋糧米事所呈告到狀殘件等。

【録文】

（前缺）

1 到倉照数交納，並不敢與人包攬及通同插和等情，如違甘罪，執結是實。

2 執　結　人梁萬春（背面簽押）

八、明正德二年（一五〇七）梁萬春告到狀爲送納弘治十八年（一五〇五）份秋糧米事殘件

【題解】

本件爲《國朝諸臣奏議》第八册卷一四三第十四葉紙背文書，現存文字二行，前缺後完，上殘下全。《國朝諸臣奏議》紙背文書有明確紀年者，均爲正德二年有關税糧馬草交納或是南京倉場管理相關公文，據此結合本件文書殘存内容可知，其應爲明正德二年梁萬春爲送納弘治十八年份秋糧米事所呈告到狀殘件等。另，本件文書中『梁萬春』一名還見於第五册卷一二六第四葉紙背文書之一正德二年梁萬春爲送納厶年份秋糧米事所呈告完狀殘件、第七册卷一三六第七葉紙背文書之一梁萬春領狀殘件、卷一三六第八葉紙背文書之一梁萬春領狀殘件、第八册卷一四三第十三葉紙背梁萬春爲送納税糧事所呈執結狀殘件。

【録文】

（前缺）

1 □治十八年分秋粮米伍百壹拾貳石，赴

（中缺）

2 □ 到 狀 人 梁萬春（背面簽押）

卷一四四（共十九葉）

一、明正德二年（一五〇七）三月江西撫州府金谿縣糧長全炫祖與領狀爲領到納完糧米在倉篩下稻碎事殘件

【題解】

本件爲《國朝諸臣奏議》第八册卷一四四第一葉紙背文書，現存文字四行，前後均完，上全下殘。從殘存内容來看，本件應爲明正德二年三月江西撫州府金谿縣糧長全炫祖爲領到納完糧米在倉篩下稻碎事所呈領狀殘件。

【録文】

1 江西撫州府金谿縣粮長全炫祖今於

2 　與領狀。實領到納完粮米在□

3 　　計開：稻碎米□

4 正德二年三月　　日與□

二、明正德二年（一五〇七）五月南京虎賁左衛倉與依准爲地方事殘件

【題解】

本件爲《國朝諸臣奏議》第八册卷一四四第二葉紙背文書，現存文字三行，前後均完，上全下殘；第三行鈐朱印一枚，印文不清，但從文義推斷，其應爲『南京虎賁左衛倉印』。從殘存内容來看，本件應爲明正德二年五月南京虎賁左衛倉爲地方事與依准殘件。

本書紙背現存『南京虎賁左衛倉』相關文書另有第四册卷一一一第十六葉紙背文書與同册卷一一五第十六葉紙背文書綴合之正德二年五月南京虎賁左衛倉爲看守倉糧事所呈執結狀、第五册卷一二六第二葉紙背正德二年三月南京留守右衛餘丁尹福

爲駄到江西瑞州府上高縣糧長付辰孫名下税糧事所呈執結狀殘件、第五册卷一二七第四葉紙背正德二年四月直隸蘇州府太倉州糧長陸文爲送納正德元年份秋糧米事所呈告完狀殘件、第八册卷一四二第十五葉紙背正德二年五月南京虎賁左衛倉爲地方事申巡視倉場監察御史羅狀殘件等。

【録文】

1 南京虎賁左衛倉

2 與依准爲地方事。依奉劄案内事理，遵奉□

3 正德二年五月（朱印）□

三、明正德二年（一五〇七）厶倉與依准殘件

【題解】

本件爲《國朝諸臣奏議》第八册卷一四四第五葉紙背文書，現存文字二行，前缺後完，上殘下全。

《國朝諸臣奏議》紙背文書有明確紀年者，均爲正德二年有關税糧馬草交納或是南京倉場管理相關公文，據此結合本件文書殘存内容推斷，其應爲明正德二年厶倉與依准殘件。

【録文】

（前缺）

1 □中間不致違悞，依准是實。

2 □使　郝聰（背面簽押）

3 攢典林繼□

四、明正德二年（一五〇七）厶倉申巡視倉場監察御史羅狀殘件

【題解】

本件爲《國朝諸臣奏議》第八册卷一四四第六葉紙背文書，現存文字一行，前缺後完，上殘下全；文書左下角鈐右半朱印半枚，印文不清，結合其他明代公文可知，其應爲標示紙張大小防止揭改之用。

《國朝諸臣奏議》紙背文書有明確紀年者，均爲正德二年有關税糧馬草交納或是南京倉場管理相關公文，據此結合本件文書殘存内容推斷，其應爲明正德二年厶倉申巡視倉場監察御史羅狀殘件。

【録文】

（前缺）

1 □具官攢不違依准，理合粘連申繳施行，須至申者。

（後缺）

五、明正德二年（一五〇七）五月直隸蘇州府長洲縣糧長秦宗告完狀爲送納正德元年份秋糧米事殘件

【題解】

本件爲《國朝諸臣奏議》第八册卷一四四第七葉紙背文書，現存文字三行，前後均完，上全下殘。從殘存内容來看，本件應爲明正德二年五月直隸蘇州府長洲縣糧長秦宗爲送納正德元年份秋糧米事所呈告完狀殘件。

【録文】

1 告完狀人秦宗，係直隸蘇州府長洲縣粮長，狀告送納正德元年分秋粮正餘□

2 南京河下水次兊軍交納完足，具狀來告。

3 正德二年五月

六、明正德二年（一五〇七）五月直隸蘇州府長洲縣糧長沈永錫與領狀爲領回原呈米樣事殘件

【題解】

本件爲《國朝諸臣奏議》第八册卷一四四第八葉紙背文書，現存文字三行，前後均完，上全下殘。從殘存内容來看，本件應爲明正德二年五月直隸蘇州府長洲縣糧長沈永錫爲領到原呈米樣事所呈領狀殘件。

【録文】

1 直隸蘇州府長洲縣粮長沈永錫今於

2 與領狀。實領到原呈米樣領囬，所領是實。

3 正德二年五月

七、明正德二年（一五〇七）船户厶與執結殘尾

【題解】

本件爲《國朝諸臣奏議》第八册卷一四四第九葉所存文書，其與《國朝諸臣奏議》内容位於同一面，現存文字一行，前缺後完，上下均殘。

《國朝諸臣奏議》紙背文書有明確紀年者，均爲正德二年有關税糧馬草交納或是南京倉場管理相關公文，據此結合本件殘存内容可知，其應爲明正德二年船户厶執結狀殘尾。

【録文】

（前缺）

1 □執　結　船户□

八、明正德二年（一五〇七）三月直隸滁州全椒縣里長張昌與領狀爲領到納完馬草實收一紙事殘件

【題解】

本件爲《國朝諸臣奏議》第八册卷一四四第十一葉紙背文書，現存文字三行，前後均完，上全下殘。從殘存内容來看，本件應爲明正德二年三月直隸滁州全椒縣里長張昌爲領到納完馬草實收一紙事所呈領狀殘件。

【録文】

1 直隸滁州全椒縣里長張昌今於

2 　　與領狀。實領到納完馬草實收壹□

3 正德二年三月　　日與□

九、明正德二年（一五〇七）三月直隸滁州解户吴璋告完狀爲送納正德元年份馬草事殘件

【題解】

本件爲《國朝諸臣奏議》第八册卷一四四第十二葉紙背文書，現存文字三行，前後均完，上全下殘。從殘存内容來看，本件應爲明正德二年三月直隸滁州解户吴璋爲送納正德元年份馬草事所呈告完狀殘件。

【録文】

1 告完狀人吴璋，係直隸滁州解户，送納正德元年分馬草貳

2 南京中軍都督府中和橋馬草場一早交納完足，具狀□□[一]。

3 正德二年三月

一〇、明正德二年（一五〇七）經紀厶與執結殘尾

【題解】

本件爲《國朝諸臣奏議》第八册卷一四四第十三葉所存文書，與《國朝諸臣奏議》位於同一面，現存文字一行，前缺後完，上下均殘。

《國朝諸臣奏議》紙背文書有明確紀年者，均爲正德二年有關税糧馬草交納或是南京倉場管理相關公文，據此結合本件文書殘存内容推斷，其應爲明正德二年經紀厶執結狀殘尾。

[一] 據明代公文書寫格式推斷，此處所缺文字應爲『來告』。

【録文】

（前缺）

1　□〔執〕　結　經　紀　□

一一、明正德二年（一五〇七）三月南京錦衣衛烏龍潭倉攢典蔡廷魁供狀爲役滿給由事殘件

【題解】

本件爲《國朝諸臣奏議》第八册卷一四四第十五葉紙背文書之一。該葉爲二紙拼接而成，紙背各殘存文書一件。本件爲紙背右側文書，現存文字四行，前後均完，上全下殘。從殘存内容來看，本件應爲明正德二年三月南京錦衣衛烏龍潭倉攢典蔡廷魁爲役滿給由事所呈供狀殘件。

【録文】

1　供狀人蔡廷魁，年三十歲，係廣東肇慶府四會縣人，狀供先以農民在〔外〕□

2　南京吏部告投，除撥辦事外，弘治拾柒年伍月二十四日實撥南京錦衣□

3　米。今蒙取供，所供是實。

4　正德貳年叁月　　日供□

一二、明正德二年（一五〇七）周宏英與領狀爲領到納完糧米實收一紙回縣銷繳事殘件

【題解】

本件爲《國朝諸臣奏議》第八册卷一四四第十五葉紙背文書之一。該葉爲二紙拼接而成，紙背各殘存文書一件。本件爲紙背左側文書，現存文字二行，前缺後完，上殘下全。

《國朝諸臣奏議》紙背文書有明確紀年者，均爲正德二年有關税糧馬草交納或是南京倉場管理相關公文，且本件文書中第一行殘存『紙領回本縣銷繳』等語，據同書紙背其他相似文書可知，其一般是指『領到納完糧米實收一紙回縣銷繳』，據此結合文書殘存内容推斷，其應爲明正德二年周宏英爲領到納完糧米實收一紙事所呈領狀殘件。兹據此擬定今題。

【録文】

（前缺）

1 □紙領迴本縣銷繳，中間不致冒領，所領是實。

2 □領　狀　人周宏英□[一]

一三、明正德二年（一五〇七）三月南京錦衣衛烏龍潭倉攢典蕭漕供狀爲役滿給由事殘件

【題解】

本件爲《國朝諸臣奏議》第八册卷一四四第十六葉紙背文書之一。該葉爲二紙拼接而成，紙背各殘存文書一件。本件爲紙背右側文書，現存文字五行，前後均完，上全下殘。從殘存内容來看，本件應爲明正德二年三月南京錦衣衛烏龍潭倉攢典蕭漕爲役滿給由事所呈供狀殘件。

[一] 據明代文書書寫格式可知，此處所缺應爲『周宏英』簽押。

【録文】

1 供狀人蕭澧，年二十九歲，湖廣荆州府夷陵州遠安縣民籍，狀供先以農民在外充吏□

2 北京吏部蒙撥辦事外，弘治十八年四月初四日告送

3 南京吏部，本年七月二十四日蒙撥錦衣衛烏龍潭倉，頂補弘治十四年分守支□□

4 南京吏部，本年九月二十八日考中二等冠帶，守支粮米未曾放支。今蒙取供□

5 正德二年三月　日□

一四、明正德二年（一五〇七）石昆訴狀爲運糧途中遇風雨吹翻運船事殘件

【題解】

本件爲《國朝諸臣奏議》第八册卷一四四第十六葉紙背文書之一。該葉爲二紙拼接而成，紙背各殘存文書一件。本件爲紙背左側文書，現存文字三行，前缺後完，上下均殘。

《國朝諸臣奏議》紙背文書有明確紀年者，均爲正德二年有關税糧馬草交納或是南京倉場管理相關公文，據此結合文書殘存内容推斷，其應爲明正德二年石昆爲運糧途中遇風雨吹翻運船事所呈訴狀殘件。

【録文】

（前缺）

1 □[十]六石八斗赴京倉交納，於上年五月間領運前到龍江閘停泊，不期風雨大作，吹打木排撞□

2 詳憐分豁便益。爲此，具狀來述。

3 訴　狀　人石　昆（背面簽押）

一五、明正德二年（一五〇七）五月南京金吾後衛南倉申巡視倉場監察御史羅狀爲地方事殘件

【題解】

本件爲《國朝諸臣奏議》第八册卷一四四第十七葉紙背文書，現存文字八行，前後均完，上全下殘；第七行鈐朱印一枚，印文不清，據文義推斷應爲『南京金吾後衛南倉印』。從殘存内容來看，本件應爲明正德二年五月南京金吾後衛南倉爲地方事申巡視倉場監察御史羅狀殘件。據考證，『巡視倉場監察御史羅』疑爲『羅鳳』。

本書紙背現存『南京金吾後衛南倉』相關文書另有第三册卷七十第三葉紙背正德二年三月南京留守右衛餘丁潘亮爲馱到湖廣岳州府平江縣納户厶名下税糧事所呈執結狀殘件、第五册卷一二三第二十葉紙背文書與同册同卷第十七葉紙背文書綴合之正德二年三月直隸蘇州府吴江縣糧長馮端爲送納正德元年份秋糧米事所呈告完狀、第五册卷一二五第四葉紙背正德二年四月湖廣岳州府平江縣納户羅志彰爲送納税糧事所呈告完狀殘件、第七册卷一三七第四葉紙背正德二年五月南京金吾後衛南倉爲看守倉糧事所呈執結狀殘件、第八册卷一四一第十四葉紙背正德二年三月南京金吾後衛南倉把門攢典梁廷用爲官軍俸糧事所呈執結狀殘件等。

【録文】

1 南京金吾後衛南倉爲地方事。抄蒙

2 巡視倉場監察御史羅　案驗前事。仰各該倉場抄案

3 憑，採擇回報施行，毋得違錯不便。抄案官攢先具不違

4 倉官攢不違依准，粘連理合申乞施行，須至申者。

5 右　　　　　　申

6 巡視倉場監察御史羅

7 正德二年五月（朱印）　　　　十二　　　　日副

8 地方事

綴合篇

一、明正德二年（一五〇七）三月直隸常州府武進縣糧長蔣鎮與執結爲送納正德元年份秋糧米事

【題解】

本件爲第一册趙汝愚撰《乞進〈皇朝名臣奏議〉劄子》第二葉紙背文書與第八册卷一三九第十四葉紙背文書綴合而成，兩件文書字迹相同，內容相關，可以綴合。其中，第一册趙汝愚撰《乞進〈皇朝名臣奏議〉劄子》第二葉紙背爲文書上半，現存文字三行，前後均完，第二、三行下部殘缺；第八册卷一三九第十四葉紙背爲文書下半，現存文字二行，前缺後完，上殘下全。兩者綴合後爲明正德二年三月直隸常州府武進縣糧長蔣鎮爲送納正德元年份秋糧事所呈執結狀。

【録文】

1 直隸常州府武進縣粮長蔣鎮今於

2 　與執結爲送納正德元年分秋粮□□[一]。依奉告納，中間並不敢揷和作弊等情，如違甘罪，執結是實。

3 正德二年三月　　日與　　執　　結　　人蔣鎮（背面簽押）

[一] 據文義及同書紙背相似文書推斷，此處所缺文字應爲『米事』。

二、明正德二年（一五〇七）四月直隸常州府武進縣糧長蔣鎮告完狀爲運到糧米豆事

【題解】

本件爲第六册卷一三一第一葉紙背文書與同册同卷第七葉紙背文書綴合而成，兩件文書字迹相同，内容相關，可以綴合。其中，第六册卷一三一第一葉紙背爲文書上半，現存文字六行，前後均完，第五、六行下部殘缺；第六册卷一三一第七葉紙背爲文書下半，現存文字二行，前缺後完，上殘下全。兩者綴合後爲正德二年四月直隸常州府武進縣糧長蔣鎮爲運到糧米豆事所呈告完狀。

【録文】

1　告完狀人蔣鎮，係直隸常州府武進縣粮長，運到粮米豆送赴
2　南京國子監交收完足。爲此，理合具狀來告
3　巡視倉場監察老爹　施行。
4　　計開：
5　　　實收過正粮白粳米五百石，正粮糙粳米五百石，　黄豆貳拾石。
6　　正德二年四月　□[一]告　完　狀　人蔣鎮（背面簽押）

三、明正德二年（一五〇七）四月浙江湖州府德清縣解户戴楊、馬顕與執結爲送納正德元年份秋糧事

【題解】

本件爲第一册乙集目録第十九葉紙背文書與第一册丙集目録第二十五葉紙背文書綴合而成，兩件文書字迹相同，内容相關，

[一] 據文義及明代文書書寫格式可知，此處所缺文字應爲『日』。

可以綴合。其中，第一册乙集目録第十九葉紙背爲文書上半，現存文字三行，前後均完，第二、三行下部殘缺；第一册丙集目録第二十五葉紙背爲文書下半，現存文字二行，前缺後完，上殘下全。兩者綴合後爲明正德二年四月浙江湖州府德清縣解户戴楊、馬顒爲送納正德元年份秋糧事所呈執結狀。

【録文】

1 浙江湖州府德清縣解户戴楊、馬顒今於

2 與執結為徵收正德元年秋粮事。依奉送納粮米到倉交納，中間並不敢□□[一]稻碎在内，執結是實。

3 正德二年四月　日與　執　結　人戴楊、馬顒（背面簽押）

四、明正德二年（一五〇七）三月直隸揚州府高郵州寶應縣糧長范林與執結爲解送馬草事

【題解】

本件爲第一册乙集目録第三葉紙背文書與第一册丁集目録第三葉紙背文書綴合而成，兩件文書字迹相同，内容相關，可以綴合。其中，第一册乙集目録第三葉紙背爲文書上半，現存文字三行，前後均完，第二、三行下部殘缺；第一册丁集目録第三葉紙背爲文書下半，現存文字二行，前缺後完，上殘下全。兩者綴合後爲明正德二年三月直隸揚州府高郵州寶應縣糧長范林爲解送馬草事所呈執結狀。

【録文】

1 直隸揚州府寶應縣粮長范林今於

[一] 據文義及同書紙背相似文書推斷，此處所缺文字應爲「插和」。

2　與執結為觧送馬草事。依奉照数上納，並不□□[二]和作弊等情，如違甘罪，執結是實。

3　正德二年三月　　日與　　執　　結　　人　范林（背面簽押）

五、明正德二年（一五〇七）三月直隸揚州府高郵州寶應縣糧長范林告到狀爲解送正德元年份馬草事

【題解】

本件爲第一册乙集目録第四葉紙背文書與第一册丁集目録第四葉紙背文書綴合而成，兩件文書字迹相同，内容相關，可以綴合。其中，第一册乙集目録第四葉紙背爲文書上半，現存文字三行，前後均完，第一、三行下部殘缺；第一册丁集目録第四葉紙背爲文書下半，現存文字二行，前缺後完，上殘下全。兩者綴合後爲明正德二年三月直隸揚州府高郵州寶應縣糧長范林爲解送正德元年份馬草事所呈告到狀。

【録文】

1　告到狀人范林，係直隸揚州府高郵州寶應縣粮長，狀告解送正德元年分□□[三]二十一包九斤一十一兩三錢柒分六厘，前赴

2　南京中和橋馬草場交納，理合具告。

3　正德二年三月　　日告　　到　　狀　　人　范林（背面簽押）

十四

[二] 據文義及同書紙背相似文書推斷，此處所缺文字應爲『敢插』。

[三] 據文義推斷，此處所缺文字應爲『馬草』。

六、明正德二年（一五〇七）五月浙江湖州府烏程縣糧長蔣張江告完狀爲解送正德元年份秋糧事

【題解】

本件爲第一册乙集目録第七葉紙背文書與第八册卷一三九第二十葉紙背文書綴合而成，兩件文書字迹相同，内容相關，可以綴合。其中，第一册乙集目録第七葉紙背爲文書上半，現存文字三行，前後均完，第一、三行下部殘缺；第八册卷一三九第二十葉紙背爲文書下半，現存文字二行，前缺後完，上殘下全。兩者綴合後爲明正德二年五月浙江湖州府烏程縣糧長蔣張江爲解送正德元年份秋糧事所呈告完狀。

【録文】

1 告完狀人蔣張江，係浙江湖州府烏程縣粮長，狀告解送正德元年分秋粮正余米一千一百五十三石五斗三合，赴

2 南京河下水次交兑完足，理合具告。

3 正德二年五月　□□[一]　完　狀　人　蔣張江（背面簽押）

七、明正德二年（一五〇七）五月浙江湖州府烏程縣糧長蔣張江與領狀爲領回原呈在官米樣事

【題解】

本件爲第一册乙集目録第八葉紙背文書與第八册卷一三九第十九葉紙背文書綴合而成，兩件文書字迹相同，内容相關，可以綴合。其中，第一册乙集目録第八葉紙背爲文書上半，現存文字三行，前後均完，第二、三行下部殘缺；第八册卷一三九第十九葉紙背爲文書下半，現存文字一行，前缺後完，上殘下全。兩者綴合後爲明正德二年五月浙江湖州府烏程縣糧長蔣張江爲領回原呈

[一] 據文義及明代文書書寫格式推斷，此處所缺文字應爲『日告』。

在官米様所呈領狀。

【録文】

1　湖州府烏程縣粮長蔣張江今於

2　與領狀。實領囬原呈在官米様，所領是實。

3　正德二年五月　日與　領　狀　人　蔣張江（背面簽押）

八、明正德二年（一五〇七）三月湖廣沔陽州景陵縣納户段鳳儀與領狀爲領到納完糧米實收一紙事

【題解】

本件爲第一册乙集目録第十三葉紙背文書與第八册卷一四一第五葉紙背文書綴合而成，兩件文書字迹相同，内容相關，可以綴合。其中，第一册乙集目録第十三葉紙背爲文書下半，現存文字二行，前缺後完，上殘下全；第八册卷一四一第五葉紙背爲文書上半，現存文字三行，前後均完，第二、三行下部殘缺。兩者綴合後爲明正德二年三月湖廣沔陽州景陵縣納户段鳳儀爲領到納完糧米實收一紙事所呈領狀。

【録文】

1　湖廣沔陽州景陵縣納户段鳳儀今於

2　與領狀。實領到納完粮米實收一紙，□□□[一]實。

[一] 據文義及明代文書書寫格式推斷，此處所缺文字應爲『所領是』。

3 正德二年三月　　日與　領　狀　人段鳳儀（背面簽押）

九、明正德二年（一五〇七）三月江西南昌府進賢縣納户樊日瀚與領狀爲領到原呈樣米事

【題解】

本件爲第一册丙集目録第十二葉紙背文書與第三册卷七十一第三葉紙背文書綴合而成，兩件文書字迹相同，内容相關，可以綴合。其中，第一册丙集目録第十二葉紙背爲文書下半，現存文字一行，前缺後完，上殘下全；第三册卷七十一第三葉紙背爲文書上半，現存文字三行，前後均完，第三行下部殘缺。兩者綴合後爲明正德二年三月江西南昌府進賢縣納户樊日瀚爲領到原呈樣米事所呈領狀。

【録文】

1 江西南昌府進賢縣納户樊日翰林今於

2 　　與領狀。實領到原呈樣米領囬，所領是實。

3 正德二年三月　　日與　領　狀　人　樊日翰（背面簽押）

一〇、明正德二年（一五〇七）三月江西南昌府進賢縣納户樊日瀚與領狀爲領到在倉篩下稻碎事

【題解】

本件爲第二册卷五十六第十一葉紙背文書與第二册卷五十七第六葉紙背文書綴合而成，兩件文書字迹相同，内容相關，可以綴合。其中，第二册卷五十六第十一葉紙背爲文書下半，現存文字二行，前缺後完，上下均殘；第二册卷五十七第六葉紙背爲文書上半，現存文字三行，前後均完，第二、三行下部殘缺。兩者綴合後爲明正德二年三月江西南昌府進賢縣納户樊日瀚爲領到在倉篩

下稻碎事所呈領狀。

【録文】

1 江西南昌府進賢縣納户樊日瀚今於

2 　與領狀。實領到在倉篩下稻碎，照数領出，□□[一]是實。

3 正德二年三月　　日與　　□[二]　　状　　人　　樊日瀚□[三]

一一、明正德二年（一五〇七）三月江西南昌府進賢縣納户樊日瀚與領狀爲領到納完弘治十八年（一五〇五）份秋糧實收一紙事

【題解】

本件爲第二册卷五十六第十二葉紙背文書與第二册卷五十七第五葉紙背文書綴合而成，兩件文書字迹相同，内容相關，可以綴合。其中，第二册卷五十六第十二葉紙背爲文書下半，現存文字二行，前缺後完，上下均殘；第二册卷五十七第五葉紙背爲文書上半，現存文字三行，前後均完，第二、三行下部殘缺。兩者綴合後爲明正德二年三月江西南昌府進賢縣納户樊日瀚爲領到納完弘治十八年份秋糧實收一紙事所呈領狀。

【録文】

1 江西南昌府進賢縣納户樊日瀚今於

[一] 據文義及明代文書書寫格式推斷，此處所缺文字應爲『所領』。

[二] 據文義及明代文書書寫格式推斷，此處所缺文字應爲『領』。

[三] 據文義及明代文書書寫格式推斷，此處所缺文字應爲『樊日瀚』簽押。

2 與領狀。實領到納完弘治十八年分秋粮實□□□[二]領繳，中間不致冒領是實。

3 正德二年三月　　日與　　領　　狀　　人　　樊日瀚□[三]

一二、明正德二年（一五〇七）二月江西南昌府進賢縣納户樊日瀚與領狀爲領回原呈樣米事

【題解】

本件爲第五册卷一二六第十一葉紙背文書與第七册卷一三五第八葉紙背文書綴合而成，兩件文書字迹相同，内容相關，可以綴合。其中，第五册卷一二六第十一葉紙背爲文書下半，現存文字一行，前缺後完，上殘下全；第七册卷一三五第八葉紙背爲文書上半，現存文字三行，前後均完，第三行下部殘缺。兩者綴合後爲明正德二年二月江西南昌府進賢縣納户樊日瀚爲領回原呈樣米事所呈領狀。

【録文】

1 江西南昌府進賢縣納户樊日瀚今於

2 　與領狀。實領到原呈樣米領囬，所領是實。

3 正德二年二月　　日與　　領　　狀　　人　　樊日瀚（背面簽押）

[二] 據文義及同書紙背相似文書推斷，此處所缺文字應爲『收一紙』。

[三] 據文義及明代文書書寫格式推斷，此處所缺文字應爲『樊日瀚』簽押。

一三、明正德二年（一五〇七）四月江西饒州府樂平縣納户徐席珎告到狀爲送納弘治十七年（一五〇四）份秋糧米事

【題解】

本件爲第一册丁集目録第十七葉紙背文書與第二册卷五十九第十葉紙背文書綴合而成，兩件文書字迹相同，内容相關，可以綴合。其中，第一册丁集目録第十七葉紙背爲文書上半，現存文字三行，前後均完，第一、三行下部殘缺；第二册卷五十九第十葉紙背爲文書下半，現存文字二行，前缺後完，上下均殘。兩者綴合後爲明正德二年四月江西饒州府樂平縣納户徐席珎爲送納弘治十七年份秋糧米事所呈告到狀。

【録文】

1　告到狀人徐席珎，係江西饒州府樂平縣納户，狀告送納弘治十七年分秋粮米□斗，赴

2　南京府軍右衛西倉交納，理合具狀來告。

3　正德二年四月　　日告　到　狀　人徐席□□[一]

一四、明正德二年（一五〇七）三月浙江湖州府歸安縣解户張瑞與領狀爲領到納完馬草實收一紙事

【題解】

本件爲第一册丁集目録第十九葉紙背文書與第七册卷一三六第五葉紙背文書綴合而成，兩件文書字迹相同，内容相關，可以綴合。其中，第一册丁集目録第十九葉紙背爲文書上半，現存文字三行，前後均完，第二、三行下部殘缺；第七册卷一三六第五葉紙背爲文書下半，現存文字二行，前缺後完，上殘下全。兩者綴合後爲明正德二年三月浙江湖州府歸安縣解户張瑞爲領到納完馬

[一] 據文義及明代文書書寫格式推斷，此處所缺文字應爲『珎（紙背簽押）』。

草實收一紙事所呈領狀。

【録文】

1 浙江湖州府帰安縣觧户張瑞今於

2 與領狀。實領到納完馬草實收壹紙，領□[二]銷繳，所領是實。

3 正德二年三月 初十 □□[三] 領 狀 人 張瑞（背面簽押）

一五、明正德二年（一五〇七）三月裘廷美告到狀爲送納税糧事

【題解】

本件爲第二册卷五十六第十四葉紙背文書與第四册卷一一三第四葉紙背文書綴合而成，兩件文書字迹相同，内容相關，可以綴合。其中，第二册卷五十六第十四葉紙背爲文書上半，現存文字三行，前後均完，第一、三行下部殘缺；第四册卷一一三第四葉紙背爲文書下半，現存文字二行，前缺後完，上殘下全。兩者綴合後爲明正德二年三月裘廷美爲送納税糧事所呈告到狀。

【録文】

（前缺）

1 告到狀人裘廷美，係□年分秋粮米柒百叁拾陸石叁斗貳升壹合玖勺，赴

2 南京旗手衛東倉交納，理合具告。

[二] 據文義及同書紙背相似文書推斷，此處所缺文字應爲「回」。

[三] 據文義及明代文書書寫格式推斷，此處所缺文字應爲「日與」。

3　正德二年三月　廿八　日□[一]到　狀　人裘廷美（背面簽押）

一六、明正德二年（一五〇七）四月南京中軍都督府中和橋馬草場堆夫洪茂等與執結爲搬運馬草事

【題解】

本件爲第二册卷五十四第二葉紙背文書與第二册卷五十六第六葉紙背文書綴合而成，兩件文書字迹相同，内容相關，可以綴合。其中，第二册卷五十四第二葉紙背爲文書下半，現存文字五行，前缺後完，第一、二行上部殘缺，三至五行爲署名及簽押；第二册卷五十六第六葉紙背爲文書上半，現存文字三行，前後均完，第二、三行下部殘缺。兩者綴合後爲明正德二年四月南京中軍都督府中和橋馬草場堆夫洪茂等爲搬運馬草事所呈執結狀。

【録文】

1　南京中軍都督府中和橋馬草場[堆]夫洪茂等今於

2　與執結爲搬運馬草事。依奉上年，如遇□□[二]州縣粮里人等，運納馬草到場，領給工銀，雇覔人夫搬運草
蓆上堆，中間不致違悮，執結是實。

3　正德二年四月　日與　執　結　人　洪茂（背面簽押）

4　趙成（背面簽押）

5　黃春（背面簽押）

6　張福（背面簽押）

[一] 據文義及明代文書書寫格式可知，此處所缺文字應爲『告』。

[二] 據文義及同書紙背其他相似文書推斷，此處所缺文字應爲『各府』。

一七、明正德二年（一五〇七）五月南京中軍都督府中和橋馬草場堆夫洪茂等與執結爲堆垛馬草事

【題解】

本件爲第六册卷一三四第一葉紙背文書與第八册卷一四〇第六葉紙背文書綴合而成，兩件文書字迹相同，内容相關，可以綴合。其中，第六册卷一三四第一葉紙背爲文書上半，現存文字三行，前後均完，第二、三行下部殘缺；第八册卷一四〇第六葉紙背爲文書下半，現存文字五行，前缺後完，第一、二行上殘，第三至五行爲署名及簽押。兩者綴合後爲明正德二年五月南京中軍都督府中和橋馬草場堆夫洪茂等爲堆垛馬草事所呈執結狀。

【録文】

1 南京中軍都督府中和橋馬草場堆夫洪茂等今於

2 與執結爲堆垛馬草事。依奉上年，如遇各府州縣粮里等運納馬草到場，領給工銀，雇覔人夫搬運草席上堆，中間不致違悞，執結是實。

3 正德二年五月　日與　執　結　人　洪茂

4 趙成

5 黄春

6 張福 [二]

[二] 據文義及明代文書書寫格式推斷，第三至六行所缺文字應爲各人簽押。

一八、明正德二年（一五〇七）五月浙江湖州府烏程縣解户丁鎧告完狀爲送納弘治十八年（一五〇五）份秋糧事

【題解】

本件爲第二册卷五十四第十二葉紙背文書與第四册卷一一六第十一葉紙背文書綴合而成，兩件文書字迹相同，内容相關，可以綴合。其中，第二册卷五十四第十二葉紙背爲文書上半，現存文字三行，前後均完，第一、三行下部殘缺；第四册卷一一六第十一葉紙背爲文書下半，現存文字二行，前缺後完，上殘下全。兩者綴合後爲明正德二年五月浙江湖州府烏程縣解户丁鎧爲送納弘治十八年份秋糧事所呈告完狀。

【録文】

1 告完狀人丁鎧，係浙江湖州府烏程縣解户，狀告送納弘治十八□□[一]灾無徵補納秋粮正余米五百二十二石一斗三升二合，赴

2 南京河下水次交兑，交納完足，具狀來告。

3 正德二年五月　日□[二]　完　狀　人丁鎧（背面簽押）

一九、明正德二年（一五〇七）三月直隸安慶府懷寧縣糧長汪華與執結爲送納正德元年份馬草事

【題解】

本件爲第四册卷一一二第十二葉紙背文書與第七册卷一三六第十一葉紙背文書綴合而成，兩件文書字迹相同，内容相關，可以綴合。其中，第四册卷一一二第十二葉紙背爲文書下半，現存文字二行，前缺後完，上殘下全；第七册卷一三六第十一葉紙背爲

[一] 據文義推斷，此處所缺文字疑爲『年因』。

[二] 據文義及明代文書書寫格式可知，此處所缺文字應爲『告』。

文書上半，現存文字三行，前後均完，第二、三行下部殘缺。兩者綴合後爲明正德二年三月直隸安慶府懷寧縣糧長汪華爲送納正德元年份馬草事所呈執結狀。

【録文】

1 直隸安慶府懷寧縣粮長汪華今於

2 與執結送納正德元年分馬草事。依奉並不敢挿和陳草在內，如違甘罪，執結是實。

3 正德二年三月　日與　執　結　人汪華（背面簽押）

二〇、明正德二年（一五〇七）五月浙江湖州府烏程縣糧長范榮告完狀爲解送正德元年份秋糧事

【題解】

本件爲第二册卷五十六第三葉紙背文書與第五册卷一二七第八葉紙背文書綴合而成，兩件文書字迹相同，内容相關，可以綴合。其中，第二册卷五十六第三葉紙背爲文書下半，現存文字二行，前缺後完，上下均殘；第五册卷一二七第八葉紙背爲文書上半，現存文字三行，前後均完，第一、三行下部殘缺。兩者綴合後爲明正德二年五月浙江湖州府烏程縣糧長范榮爲解送正德元年份秋糧事所呈告完狀。

【録文】

1 告完状人范荣，係浙江湖州府烏程縣粮長，状告解送正德元年分秋粮一千二百五十六石四斗一升二合三勺，赴

2 南京河下水次交兌完足，理合具告。

3 正德二年五月　日告　完　状　人　范荣□[一]

二一、明正德二年（一五〇七）五月浙江湖州府烏程縣糧長陸璋密與領狀爲領回原呈在官米樣事

【題解】

本件爲第二册卷五十六第四葉紙背文書與第七册卷一三六第二葉紙背文書綴合而成，兩件文書字迹相同，内容相關，可以綴合。其中，第二册卷五十六第四葉紙背爲文書下半，現存文字二行，前缺後完，上下均殘；第七册卷一三六第二葉紙背爲文書上半，現存文字三行，前後均完，第二、三行下部殘缺。兩者綴合後爲明正德二年五月浙江湖州府烏程縣糧長陸璋密爲領回原呈在官米樣事所呈領狀。

【録文】

1 湖州府烏程縣粮長陸璋密今於

2 　與領狀。實領囬原呈在官米樣，所領是□[二]。

3 正德二年五月　日與　領　状　人　陸璋密□[三]

[一] 據文義及明代文書書寫格式推斷，此處所缺文字應爲「范榮」簽押。

[二] 據文義及明代文書書寫格式可知，此處所缺文字應爲「實」。

[三] 據文義及明代文書書寫格式推斷，此處所缺文字應爲「陸璋密」簽押。

二三一、明正德二年（一五〇七）四月南京豹韜左衛倉把門攢典黃永興與執結爲官軍俸糧事

【題解】

本件爲第二册卷五十八第四葉紙背文書與第三册卷七十一第二葉紙背文書綴合而成，兩件文書字迹相同，内容相關，可以綴合。其中，第二册卷五十八第四葉紙背爲文書下半，現存文字二行，前缺後完，上下均殘；第三册卷七十一第二葉紙背爲文書上半，現存文字四行，前後均完，第二、三、四行下部殘缺。兩者綴合後爲明正德二年四月南京豹韜左衛倉把門攢典黃永興爲官軍俸糧事所呈執結狀。

【録文】

1 南京豹韜左衛倉把門攢典黃永興今於

2 與執結爲官軍俸粮事。依奉管得本倉於本年四月初五日坐放□□□[一]守中衛吏旗軍舍餘張志雄等共支補米

一千九百三十一石，本攢司把門餘丁王鳳等五名時常在倉搜檢，不□□[二]

3 頭進倉打攪，亦不許軍餘人等夾帶銅錢進倉買求扒揀好米，如違甘罪無詞，□□□□[三]。

4 正德二年四月□[四]

攢　　典　黃永興（背面簽押）

[一] 據文義推斷，此處所缺文字應爲「南京留」。

[二] 據文義推斷，此處所缺文字應爲「許倉」。

[三] 據文義及明代文書書寫格式可知，此處所缺文字應爲「執結是實」。

[四] 據文義及明代文書書寫格式可知，此處所缺文字應爲「日與　執　結」。

二三、明正德二年（一五〇七）三月直隸徽州府黟縣糧長楊守約告完狀爲送納弘治十八年（一五〇五）份秋糧事

【題解】

本件爲第二册卷六十第十二葉紙背文書與第五册卷一二八第十一葉紙背文書綴合而成，兩件文書字迹相同，内容相關，可以綴合。其中，第二册卷六十第十二葉紙背爲文書下半，現存文字二行，前缺後完，上下均殘；第五册卷一二八第十一葉紙背爲文書上半，現存文字三行，前後均完，第一、三行下部殘缺。兩者綴合後爲明正德二年三月直隸徽州府黟縣糧長楊守約爲送納弘治十八年份秋糧米事所呈告完狀。

【録文】

1 告完狀人楊守約，係直隸徽州府黟縣粮長，狀告送納弘治十八年分秋□□[一]叁百肆拾柒石肆斗柒升，赴

2 南京應天衛倉交納完足，理合具狀來告。

3 正德二年三月　**廿五**　□[二]告　完　狀　人楊守約□[三]

二四、明正德二年（一五〇七）三月江西袁州府宜春縣糧長李昇與執結爲遞納弘治十八年（一五〇五）份秋糧事

【題解】

本件爲第三册卷六十七第十三葉紙背文書與第五册卷一二三第三葉紙背文書綴合而成，兩件文書字迹相同，内容相關，可以綴合。其中，第三册卷六十七第十三葉紙背爲文書下半，現存文字二行，前缺後完，上全下殘；第五册卷一二三第三葉紙背爲文書

[一] 據文義及同書紙背相似文書推斷，此處所缺文字應爲『粮米』。

[二] 據文義及明代文書書寫格式可知，此處所缺文字應爲『日』。

[三] 據文義及明代文書書寫格式推斷，此處所缺文字應爲『楊守約』簽押。

上半，現存文字三行，前後均完，第二、三行下部殘缺。兩者綴合後爲明正德二年三月江西袁州府宜春縣糧長李昇爲遞納弘治十八年份秋糧米事所呈執狀。

【録文】

1 江西袁州府宜春縣粮長李昇今於

2 與執結爲遞納弘治十八年分秋粮事。依奉告□，□□[一]不致插和等情，如違甘罪，執結是實。

3 正德二年三月 □□[二] 執 結 人李昇（背面簽押）

二五、明正德二年（一五〇七）三月直隸蘇州府吳江縣糧長馮端與領狀爲領到納完糧米實收一紙事

【題解】

本件爲第三册卷七十第九葉紙背文書與第七册卷一三八第十二葉紙背文書綴合而成，兩件文書字迹相同，内容相關，可以綴合。其中，第三册卷七十第九葉紙背爲文書上半，現存文字三行，前後均完，第二、三行下部殘缺；第七册卷一三八第十二葉紙背爲文書下半，現存文字二行，前缺後完，上下均殘。兩者綴合後爲明正德二年三月直隸蘇州府吳江縣糧長馮端爲領到納完糧米實收一紙事所呈領狀。

【録文】

1 直隸蘇州府吳江縣粮長馮端今於

[一] 據文義及同書紙背相似文書推斷，此處所缺文字應爲『納，中間』。

[二] 據文義及明代文書書寫格式可知，此處所缺文字應爲『日與』。

2 與領狀。實領到納完粮米實收一紙，領回銷繳，所領□[二]實。

3 正德二年三月　日與　領　狀　人　馮端□[三]

二六、明正德二年（一五〇七）三月直隸蘇州府吴江縣糧長馮端告完狀爲送納正德元年份秋糧米事

【題解】

本件爲第五册卷一二三第十七葉紙背文書與第五册卷一二三第二十葉紙背文書綴合而成，兩件文書字迹相同，内容相關，可以綴合。其中，第五册卷一二三第十七葉紙背爲文書下半，現存文字二行，前缺後完，上殘下全；第五册卷一二三第二十葉紙背爲文書上半，現存文字三行，前後均完，第一、三行下部殘缺。兩者綴合後爲明正德二年三月直隸蘇州府吴江縣糧長馮端爲送納正德元年份秋糧米事所呈告完狀。

【録文】

1 告完狀人馮端，係直隸蘇州府吴江縣粮長，狀告送納正德元年分秋粮米□百玖拾伍石，赴

2 南京金吾後衛南倉交納完足，理合具狀來告。

3 正德二年三月　**卅**　日告　完　狀　人　馮端（背面簽押）

[二] 據文義及明代文書書寫格式可知，此處所缺文字應爲「是」。

[三] 據文義及明代文書書寫格式推斷，此處所缺文字應爲「馮端」簽押。

二七、明正德二年（一五〇七）三月江西臨江府新喻糧長郭德告完狀爲送納弘治十七年（一五〇四）份秋糧事

【題解】

本件爲第三册卷七十一第四葉紙背文書與第四册卷一一二第十一葉紙背文書綴合而成，兩件文書字迹相同，内容相關，可以綴合。其中，第三册卷七十一第四葉紙背爲文書上半，現存文字三行，前後均完，第一、三行下部殘缺；第四册卷一一二第十一葉紙背爲文書下半，現存文字二行，前缺後完，上殘下全。兩者綴合後爲明正德二年三月江西臨江府新喻糧長郭德爲送納弘治十七年份秋糧事所呈告完狀。

【録文】

1 告完狀人郭德，係江西臨江府新喻粮長，狀告送納弘治十七年分秋□□[一]四十七石八斗五升，赴

2 南京府軍右衛西倉交納完足，理合具狀來告。

3 正德二年三月　日告　完　狀　人郭德（背面簽押）

二八、明正德二年（一五〇七）五月直隸蘇州府嘉定縣糧長丘鉞告到狀爲送納正德元年份秋糧米事

【題解】

本件爲第三册卷七十三第一葉紙背文書與第六册卷一三一第十八葉紙背文書綴合而成，兩件文書字迹相同，内容相關，可以綴合。其中，第三册卷七十三第一葉紙背爲文書上半，現存文字三行，前後均完，第一、三行下部殘缺；第六册卷一三一第十八葉紙背爲文書下半，現存文字二行，前缺後完，上殘下全。兩者綴合後爲明正德二年五月直隸蘇州府嘉定縣糧長丘鉞爲送納正德元

[一] 據文義及同書紙背相似文書推斷，此處所缺文字應爲『粮米』。

年份秋糧事所呈告到狀。

【録文】

1 告到狀人丘鉞，係直隸蘇州府嘉定縣粮長，狀告送納正德□□[一]分秋粮米貳百陸拾石，前赴

2 南京兵部會同館交納，理合具告。

3 正德二年五月　**初五**　日告　到　狀　人丘鉞（背面簽押）

二九、明正德二年（一五〇七）四月直隸滁州里長葛春與領狀爲領回原呈糙粳米樣事

【題解】

本件爲第三册卷七十四第三葉紙背文書與第六册卷一三一第十七葉紙背文書綴合而成，兩件文書字迹相同，内容相關，可以綴合。其中，第三册卷七十四第三葉紙背爲文書上半，現存文字三行，前後均完，第二、三行下部殘缺；第六册卷一三一第十七葉紙背爲文書下半，現存文字二行，前缺後完，上殘下全。兩者綴合後爲明正德二年四月直隸滁州里長葛春爲領回原呈糙粳米樣事所呈領狀。

【録文】

1 直隸滁州里長葛春今於

2 　　與領狀。實領到原呈糙粳米樣領囬，所領是實。

[一] 據文義及同書紙背相似文書推斷，此處所缺文字應爲『元年』。

3 正德二年四月　日與　領　狀　人葛春（背面簽押）

三〇、明正德二年（一五〇七）五月直隸徽州府照磨所照磨范英告完狀爲送納休寧等陸縣弘治十八年（一五〇五）份秋糧米事

【題解】

本件爲第四册卷一一一第四葉紙背文書與第六册卷一三三第十五葉紙背文書綴合而成，兩件文書字迹相同，内容相關，可以綴合。其中，第四册卷一一一第四葉紙背爲文書上半，現存文字七行，前後均完，第一、二、四、五、六、七行下部殘缺；第六册卷一三三第十五葉紙背爲文書下半，現存文字五行，前缺後完，上殘下全。兩者綴合後爲明正德二年四月直隸徽州府照磨所照磨范英爲送納休寧等陸縣弘治十八年份秋糧米事所呈告完狀。

【録文】

1 告完狀人范英，係直隸徽州府照磨所照磨，狀告蒙本府批差總部休寧等陸□[一]弘治拾捌年分秋糧米共叁萬貳千碩正，
前赴

2 南京户部告判錦衣等衛、烏龍潭等倉并水次兊夫，交納完足。爲此，具狀來□[二]。

3 計：開納完

4 休寧縣，米陸千玖百捌拾玖石正；　歙縣，米捌千壹百叁拾玖石正；

5 婺源縣，米柒千貳百肆拾石正；　黟縣，米貳千玖百捌拾肆石正；

6 祁門縣，米貳千玖百捌拾石正；　績溪縣，米叁千陸百陸拾捌石正。

[一] 據文義推斷，此處所缺文字應爲『縣』。

[二] 據文義推斷，此處所缺文字應爲『告』。

7 正德貳年伍月　**初九**　日告　完　狀　人范英（背面簽押）

三一、明正德二年（一五〇七）四月直隸寧國府太平縣解户焦進祥與領狀爲領到驗封過本縣草價銀兩事

【題解】

本件爲第四册卷一一三第九葉紙背文書與第五册卷一二三第六葉紙背文書綴合而成，兩件文書字迹相同，内容相關，可以綴合。其中，第四册卷一一三第九葉紙背爲文書上半，現存文字五行，前後均完，第二、四、五行下部殘缺；第五册卷一二三第六葉紙背爲文書下半，現存文字三行，前缺後完，上殘下全。兩者綴合後爲明正德二年四月直隸寧國府太平縣解户焦進祥爲領到驗封過本縣草價銀兩事所呈領狀。

【録文】

1 直隸寧國府太平縣解户焦進祥今於

2 與領狀。實領到驗封過本縣草價銀兩，領　　聽候收受完足，當官給散，中間並無欺，領狀是實。

3 計開：

4 馬草六千三百三十二包，　價銀一百三十九兩三錢四厘。

5 正德二年四月　**廿四**　日與　□　□[一]　解　户　焦進祥（背面簽押）

[一] 據文義及明代文書書寫格式推斷，此處所缺文字應爲『領狀』。

三二、明正德二年（一五〇七）四月江西吉安府永新縣糧長李乾秀與領狀爲領到納完糧米實收一紙事

【題解】

本件爲第四册卷一一二第十四葉紙背文書與第七册卷一三六第十三葉紙背文書綴合而成，兩件文書字迹相同，內容相關，可以綴合。其中，第四册卷一一二第十四葉紙背爲文書上半，現存文字三行，前後均完，第二、三行下部殘缺；第七册卷一三六第十三葉紙背爲文書下半，現存文字二行，前缺後完，上殘下全。兩者綴合後爲明正德二年四月江西吉安府永新縣糧長李乾秀爲領到納完糧米實收一紙事所呈領狀。

【録文】

1 江西吉安府永新縣粮長李乹秀今於

2 與領狀。實領到納完粮米實收一紙，領囬銷繳，所領是實。

3 正德二年四月　　日領　　狀　　人李乹秀（背面簽押）

三三、明正德二年（一五〇七）四月江西吉安府永新縣糧長李乾秀與領狀爲領回原呈米樣事

【題解】

本件爲第七册卷一三六第十四葉紙背文書與第八册卷一四一第十二葉紙背文書綴合而成，兩件文書字迹相同，內容相關，可以綴合。其中，第七册卷一三六第十四葉紙背爲文書下半，現存文字二行，前缺後完，上殘下全；第八册卷一四一第十二葉紙背爲文書上半，現存文字三行，前後均完，第二、三行下部殘缺。兩者綴合後爲明正德二年四月江西吉安府永新縣糧長李乾秀爲領回原呈米樣事所呈領狀。

【録文】

1 江西吉安府永新縣粮長李乹秀今於

2 與領狀。實領到原呈米樣領囬，所領是實。

3 正德二年四月　日領　狀　人李乹秀（背面簽押）

三四、明正德二年（一五〇七）四月江西吉安府永新縣糧長李乾秀與領狀爲領到餘剩糧米稻碎事

【題解】

本件爲第七册卷一三七第十一葉紙背文書與第八册卷一四一第十一葉紙背文書綴合而成，兩件文書字迹相同，内容相關，可以綴合。其中，第七册卷一三七第十一葉紙背爲文書下半，現存文字二行，前缺後完，上殘下全；第八册卷一四一第十一葉紙背爲文書上半，現存文字三行，前後均完，第二、三行下部殘缺。兩者綴合後爲明正德二年四月江西吉安府永新縣糧長李乾秀爲領到餘剩糧米稻碎事所呈領狀。

【録文】

1 江西吉安府永新縣粮長李乹秀今於

2 與領狀。實領到余剩粮米稻碎，照数□[一]出，所領是實。

3 正德二年四月　日領　狀　人　李乹秀（背面簽押）

[一] 據文義及明代文書書寫格式推斷，此處所缺文字應爲『領』。

三五、明正德二年（一五〇七）三月直隸滁州來安縣里長李惠告完狀爲送納正德元年份秋糧事

【題解】

本件爲第五册卷一二八第十二葉紙背文書與第八册卷一三九第一葉紙背文書綴合而成，兩件文書字迹相同，内容相關，可以綴合。其中，第五册卷一二八第十二葉紙背爲文書上半，現存文字三行，前後均完，第一、三行下部殘缺；第八册卷一三九第一葉紙背爲文書下半，現存文字二行，前缺後完，上殘下全。兩者綴合後爲明正德二年三月直隸滁州來安縣里長李惠爲送納正德元年份秋糧米事所呈告完狀。

【録文】

1　告完狀人李惠，係直隸滁州來安縣里長，狀告送納正德元年分秋□□[一]壹拾石，前赴

2　南京府軍衛倉交納完足，理合具狀來告。

3　正德二年三月　十二　日告完　狀　人　李惠（背面簽押）

三六、明正德二年（一五〇七）三月直隸滁州來安縣里長李惠與領狀爲領回原呈米樣事

【題解】

本件爲第五册卷一二九第十四葉紙背文書與第八册卷一三九第二葉紙背文書綴合而成，兩件文書字迹相同，内容相關，可以綴合。其中，第五册卷一二九第十四葉紙背爲文書上半，現存文字三行，前後均完，第二、三行下部殘缺；第八册卷一三九第二葉紙背爲文書下半，現存文字一行，前缺後完，上殘下全。兩者綴合後爲明正德二年三月直隸滁州來安縣里長李惠爲領回原呈米樣

[一] 據文義及同書紙背其他相似文書推斷，此處所缺文字應爲『糧米』。

事所呈領狀。

【録文】

1 直隸滁州來安縣里長李惠今於

2 　與領狀。實領到原呈米樣領囬，所領□□[一]。

3 正德二年三月　日與　領　狀　人　李惠（背面簽押）

三七、明正德二年（一五〇七）五月南京中軍都督府中和橋馬草場大堆夫曲信等與執結爲堆垛馬草事

【題解】

本件爲第二册卷五十四第一葉紙背文書與第六册卷一三四第二葉紙背文書綴合而成，兩件文書字迹相同，内容相關，可以綴合。其中，第二册卷五十四第一葉紙背爲文書下半，現存文字九行，前後均完，第二行上部殘缺，第三至九行爲署名及簽押；第六册卷一三四第二葉紙背爲文書上半，現存文字三行，前後均完，上全下殘。兩者綴合後爲明正德二年五月南京中軍都督府中和橋馬草場大堆夫曲信等爲堆垛馬草事所呈執結狀。

【録文】

1 南京中軍都督府中和橋馬草場大堆夫曲信等今於

2 　與執結爲堆垛馬草事。依奉上年事，如遇各府州縣粮□[二]人等運草到場，領給工銀收買猫竹，砍削丁弓軟篾，雇覔人夫听候收受，中間不致違悮，執結是實。

[一] 據文義及明代文書書寫格式可知，此處所缺文字應爲『是實』。

[二] 據第六册卷一三四第十葉紙背相似文書可知，此處所缺文字應爲『里』。

3 正德二年五月　　日與　　執　　結　　人曲信（背面簽押）
4 　　　　　　　　　　　　　　　　　　余隆（背面簽押）
5 　　　　　　　　　　　　　　　　　　王林（背面簽押）
6 　　　　　　　　　　　　　　　　　　李成（背面簽押）
7 　　　　　　　　　　　　　　　　　　孫喜（背面簽押）
8 　　　　　　　　　　　　　　　　　　袁達（背面簽押）
9 　　　　　　　　　　　　　　　　　　楊禹（背面簽押）
10 　　　　　　　　　　　　　　　　　 葉斌（背面簽押）

三八、明正德二年（一五〇七）三月南京留守右衛餘丁李安與執結爲馱到江西瑞州府上高縣納户李崇錦米事

【題解】

本件爲第六册卷一三四第七葉紙背文書與第八册卷一四一第九葉紙背文書綴合而成，兩件文書字迹相同，内容相關，可以綴合。其中，第六册卷一三四第七葉紙背爲文書上半，現存文字四行，前後均完，第二、三、四行下部殘缺；第八册卷一四一第九葉紙背爲文書下半，現存文字三行，前缺後完，上殘下全。兩者綴合後爲明正德二年三月南京留守右衛餘丁李安爲馱到江西瑞州府上高縣納户李崇錦米事所呈執結狀。

【録文】

1 南京留守右衛余丁李安今於
2 　　與執結駝到江西瑞州府上高縣納户李崇錦米貳拾捌石，赴
3 南京旗手衛西倉交卸，中途並不敢短少、多取脚錢使用，如違甘罪，執□[一]是實。

[一] 據文義及明代文書書寫格式推斷，此處所缺文字應爲『結』。

4 正德二年三月　　日執　　結　　人 李安（背面簽押）

三九、明正德二年（一五〇七）五月南京南城兵馬指揮司呈巡視倉場監察御史羅狀爲禁革奸弊事

【題解】

本件爲第一册總目第十三葉紙背文書與第四册卷一一五第十七葉紙背文書綴合而成，兩件文書字迹相同，内容相關，可以綴合。其中，第一册總目第十三葉紙背爲文書上半，現存文字九行，前後均完，第二至五、八行下部殘缺；第四册卷一一五第十七葉紙背爲文書下半，現存文字五行，前缺後完，上殘下全。兩者綴合後爲明正德二年五月南京南城兵馬指揮司爲禁革奸弊事呈巡視倉場監察御史羅狀。據考證，『巡視倉場監察御史羅』疑爲『羅鳳』。

【録文】

1 南京南城兵馬指揮司爲禁革奸弊事。案照先抄蒙

2 巡視倉場監察御史史　案驗前事，仰本司着落當該官吏，照依案驗内□[一]理，即便嚴督該晉地方火甲人等用心緝訪，遇有前項積年光棍打攬倉場、挾詐粮納，即便擒拿

3 解院，以憑照例問發。及不時省諭附近居住軍民謹慎火燭，隄防盜賊，不許牲畜作踐墻垣，壅塞水道。仍仰每月貳次具官吏并火甲人等，不致縱容隱匿結狀繳報。如

4 或不行嚴督用心緝捕，事發一体条究不恕。蒙此，依蒙案驗内事理，嚴□[二]該晉地方火甲人等用心緝訪，遇有前項積年光棍、違犯之徒擒拿另解，及不時省諭附近居住

5 軍民謹慎火燭，一体遵依外。爲此，今將取到該倉地方火甲結狀，同本司官吏不扶執結，理合呈繳施行，須至呈者。

6 右　　　　呈

[一] 據文義及明代文書書寫格式推斷，此處所缺文字應爲『事』。

[二] 據文義推斷，此處所缺文字應爲『督』。

7 巡視倉場監察御史羅

8 正德二年五月（朱印）　初二　日指揮楊華　副指揮 魏□[一] 鄭□

9 禁革奸弊事　□[二]目陶瑞

四〇、明正德二年（一五〇七）四月南京金吾後衛西倉申巡視倉場監察御史羅狀爲禁約事

【題解】

本件爲第三册卷六十八第十葉紙背文書與第五册卷一二九第四葉紙背文書綴合而成，兩件文書字迹相同，内容相關，可以綴合。其中，第三册卷六十八第十葉紙背爲文書下半，現存文字四行，前缺後完，上下均殘；第五册卷一二九第四葉紙背爲文書上半，現存文字八行，前後均完，上全下殘。兩者綴合後爲明正德二年四月南京金吾後衛西倉爲禁約事申巡視倉場監察御史羅狀。據考證，『巡視倉場監察御史羅』疑爲『羅鳳』。

【録文】

1 南京金吾後衛西倉爲禁約事。抄蒙

2 巡視倉場監察御史羅　案驗，該奉

3 南京都察院劄付，備仰本倉着落當該官攢，照依案驗内事理，今後但□[三]指稱本院家人、弟男、子姪、親故及皂隸、跟隨、書

[一] 據第四册卷一一五第十一葉紙背文書可知，副指揮應爲『魏雲、鄭鶴』。

[二] 據第四册卷一一五第十一葉紙背文書可知，此處所缺文字應爲『吏』。

[三] 據文義推斷，此處所缺文字應爲『有』。

辨、人役名色，在所屬倉場索取財物、借倩人夫、百計求爲，□[二]

4 積年光棍、攬頭、歇家、跟子、鋪行人等科斂誆騙，假以打點使用爲名者，不分真僞，許各該□□[三]就行捉拿送院，以憑問

發。蒙此，依蒙外，今將本倉官攢重甘結狀，理合粘連申繳施行，須至申者。

本日到

5 右　申

6 巡視倉場場[三]監察御史羅

7 正德貳年肆月（朱印）　初一　□[四]副使王海

8 禁約事

四一、明正德二年（一五〇七）四月南京旗手衛西倉申巡視倉場監察御史羅狀爲禁約事

【題解】

本件爲第四册卷一一六第十五葉紙背文書與第八册卷一四三第七葉紙背文書綴合而成，兩件文書字迹相同，內容相關，可以綴合。其中，第四册卷一一六第十五葉紙背爲文書下半，現存文字三行，前缺後完，上殘下全；第八册卷一四三第七葉紙背爲文書上半，現存文字七行，前後均完，上全下殘。兩者綴合後爲明正德二年五月南京旗手衛西倉爲禁約事申巡視倉場監察御史羅狀。據考證，『巡視倉場監察御史羅』疑爲『羅鳳』。

[二] 據文義推斷，此處所缺文字應爲『及』。

[三] 據第八册卷一四三第八葉紙背可知，此處所缺文字應爲『人員』。

[三] 據文義推斷，此『場』字應爲衍文。

[四] 據文義推斷，此處所缺文字應爲『日』。

【録文】

背：

1 南京旗手衛西倉爲禁約事。案照先抄奉

2 巡按倉場監察御史羅　案驗前事。奉此，除遵奉案驗内事理遵守外。蒙此，依蒙本年三月初一日起至三十日止，本倉並
無親故及皂隸、跟隨、書辦、人役名色，在於

3 弟姪、親故及皂隸、跟隨、書辦、人役名色前來本倉索取財物、誆騙，假以□[一]點使用爲名，委無前項情弊緣由。爲此，今將
通倉官攢不致扶同重甘結狀，合行粘連繳報施行，須至申者。

4 **本日到**

5 右　　申

6 巡視倉場監察御史羅

7 正德二年四月（朱印）　　初壹　　日副使李宗

8 禁約事

正：

1 當該攢典李昌字無洗補

[一] 據文義及同書紙背相似文書可知，此處所缺文字應爲『打』。

四二、明正德二年（一五〇七）三月南京金吾後衛西倉與執結爲禁約事

【題解】

本件爲第三册卷六十八第九葉紙背文書與第四册卷一一三第十葉紙背文書綴合而成，兩件文書字迹相同，内容相關，可以綴合。其中，第三册卷六十八第九葉紙背爲文書下半，現存文字十一行，前缺後完，上下均殘；第四册卷一一三第十葉紙背爲文書上半，現存文字三行，前後均完，上全下殘。兩者綴合後爲明正德二年三月南京金吾後衛西倉爲禁約事所呈執結狀。

【録文】

1 南京金吾后衛西倉今於

2 　與結狀爲禁約事。依奉管得本年三月初一日起至三十□□[一]，本倉並無指稱本院家人、弟男、子姪、親故及
　　皂隸、跟隨、書辦、人役到倉索取財物、借倩丁夫、百計□□[二]

3 及通同積年光棍、攬頭、歇家、跟子、鋪行人等科斂誆騙，假以打點使用，亦無詐僞□[三]意阿縱，扶同作弊。如有前情，甘
當重罪無詞，結狀是實。

4 正德貳年叁月（朱印）　□□　□[四]　王

5 陳

6 項

7 田

8 攢　典　陳

[一] 據文義及同書紙背其他相似文書推斷，此處所缺文字應爲「日止」。
[二] 據第七册卷一三五第十九葉可知，此處所缺文字應爲「求爲」。
[三] 據文義推斷，此處所缺文字疑爲「曲」。
[四] 據文義推斷，此處所缺文字應爲「日副　使」。

9 蔡□

10 何□

11 李□

12 何□[一]

四三、明正德二年（一五〇七）四月南京金吾後衛東倉與執結爲禁約事

【題解】

本件爲第二册卷五十六第五葉紙背文書與第四册卷一一二第十七葉紙背文書綴合而成，兩件文書字迹相同，内容相關，可以綴合。其中，第二册卷五十六第五葉紙背爲文書上半，現存文字四行，前後均完，上全下殘；第四册卷一一二第十七葉紙背爲文書下半，現存文字三行，前缺後完，上殘下全。兩者綴合後爲明正德二年四月南京金吾後衛東倉爲禁約事所呈執結狀。

【録文】

1 南京金吾後衛東倉今於

2 與執結爲禁約事。依蒙案驗内事理，嚴督軍餘□[二]等晝夜在倉提鈴敲梆，看守倉粮，謹防火盜。通倉
官攢，並無阿縱扶同作弊。中間不致有違，□[三]

3 結是實。

4 正德貳年肆月（朱印） 日副 使 葉紳（背面簽押）

5 攢典梁昇（背面簽押）

[一] 據文義及明代文書書寫格式推斷，第四至十二行所缺應爲各人姓名及簽押。

[二] 據文義推斷，此處所缺文字應爲『人』。

[三] 據文義及明代文書書寫格式推斷，此處所缺文字應爲『執』。

四四、明正德二年（一五〇七）五月南京虎賁左衛倉與執結爲看守倉糧事

【題解】

本件爲第四册卷一一一第十六葉紙背文書與第四册卷一一五第十六葉紙背文書綴合而成，兩件文書字迹相同，内容相關，可以綴合。其中，第四册卷一一一第十六葉紙背爲文書上半，現存文字三行，前後均完，上全下殘；第四册卷一一五第十六葉紙背爲文書下半，現存文字三行，前缺後完，上下均殘。兩者綴合後爲明正德二年五月南京虎賁左衛倉爲看守倉糧事所呈執結狀。

【録文】

1 南京虎賁左衛倉今於

2 與執結爲看守倉粮事。依奉管得本倉軍餘等，在倉提鈴敲梆，看守倉粮，謹防火盗。中間不致有違，執結是實。

3 正德貳年伍月（朱印）　日副　使　廖□[一]

4 攢典宋礼太（背面簽押）

[一] 據文義及明代文書書寫格式推斷，此處所缺文字應爲副使姓名及簽押。

研究編

天一閣藏《國朝諸臣奏議》紙背明代公文概述復原及價值初探

宋坤

寧波天一閣藏宋淳祐十年（一二五〇）史季温福州刻、元明遞修本《國朝諸臣奏議》爲公文紙印本，其刊印所用紙張爲明正德二年（一五〇七）南京各衛倉場文書。關於這批明代文書，目前學界僅見有孔繁敏先生於《文獻》一九八八年第二期刊發的《明代南京倉場及殘存的公文資料》一文進行過簡要介紹。孔先生言：

> 南宋趙汝愚編輯《國朝諸臣奏議》，原有宋四川、福州刻印本，久已失傳。傳世的有宋刻元印本、宋刻明印本及明活字本、清四庫全書本。天一閣藏二部殘本：一爲范氏所藏二十八卷殘本，共六册（其中五册所含卷次爲一一一至一一六、一二三至一二九、一三〇至一三四、一三五至一三八、一三九至一四四。一册爲目録，分甲、乙、丙、丁集）；另一殘本爲藏書家馮貞群所捐，存十五卷，共二册（每册所含卷次爲五十四至六十、六十七至七十四）。兩部殘本皆宋刻明印，用白綿公文紙，框高23.2厘米，寬16.3厘米。散見此書（包括范氏所藏與馮貞群所捐的二部殘本）紙背的公文，用毛筆手寫，長者八、九行，短者一、二行，也有一部分空白紙。其時間集中在明武宗正德二年三、四、五月。[一]

據業師孫繼民先生及筆者實際查閲所見，這二部殘本版式相同，所用紙張相同，紙背文書內容相關，應爲同一版本且同一批公文紙刊印無疑。

此外，通過實際查閲，另有以下幾點需要特別説明：

首先，孔先生所言『框高23.2厘米，寬16.3厘米』，是指書籍正面《國朝諸臣奏議》版式的框高及寬，紙背公文內容無框，單葉紙張總高29.8厘米，寬18.3厘米。

[一] 孔繁敏：《明代南京倉場及殘存的公文資料》，《文獻》一九八八年第二期，第一百三十九頁。

其次，孔先生言公文內容『散見此書（包括范氏所藏與馮貞群所捐的二部殘本）紙背』，實際情況是絕大部分文書位於《國朝諸臣奏議》的紙背，但也有少數幾葉，文書與《國朝諸臣奏議》位於同一面，即位於正面。例如第二册卷五十八第一葉正面存一行公文，第三册卷六十九第八葉正面存一行公文，第八册卷一四四第九葉正面存一行公文等。這些位於正面的文書內容一般字數較少，應爲印刷時未注意區分造成的。

再次，有些葉正背兩面均有公文內容。例如第一册丙集目録第二十一葉背面存公文三行，正面存公文一行，且正面地脚處存殘朱印，公文文字方向與《國朝諸臣奏議》文字方向成經緯狀；第四册卷一一五第十一葉背面存公文六行，正面天頭處存公文一行，正面地脚處存殘朱印。在紙張兩面均書寫有公文之時，一般都是選擇字數較少、對印刷影響較小的一面印刷書籍。

最後，部分書葉是由兩件文書殘件拼接粘連而成。例如第一册丁集目録第九葉，紙背右側公文紙殘存公文三行，爲一件公文的上半部分；左側公文紙殘存公文二行，爲另一件公文的下半部分。又如，第二册卷五十七第一葉，紙背右側公文紙殘存公文二行，爲一件公文上半部分；左側公文紙殘存公文一行，爲另一件公文的下半部分。

孔先生在文中共抄録了該書紙背的十六件公文，但通過實際查閱得見，天一閣現將二部殘本共八册進行了重新排序，其各册葉碼總數及帶公文內容的紙張數目如下：

第一册（原范氏所藏）存跋二通（共十葉，公文紙二葉）、《乞進〈皇朝名臣奏議〉劄子》二通（共五葉，公文紙二葉）、總目一卷（共十三葉，公文紙三葉）、甲集目録一卷（共二十九葉，公文紙七葉）、乙集目録一卷（共三十六葉，公文紙十七葉）、丙集目録一卷（共二十九葉，公文紙八葉）、丁集目録一卷（共十九葉，公文紙十六葉）。總計一百四十一葉，公文紙五十五葉。

第二册（原馮貞群所捐）存卷五十四至卷六十，共七卷。其中，卷五十四共十九葉，公文紙十一葉；卷五十五共十七葉，公文紙十二葉；卷五十六共十四葉，公文紙九葉；卷五十七共十五葉，公文紙八葉；卷五十八共十一葉，公文紙七葉；卷五十九共十葉，公文紙二葉；卷六十共十八葉，公文紙十二葉。總計一百零四葉，公文紙六十一葉。

第三册（原馮貞群所捐）存卷六十七至卷七十四，共八卷。其中，卷六十七共十五葉，公文紙十葉；卷六十八共十葉，公文紙四葉；卷六十九共十七葉，公文紙十一葉；卷七十共十四葉，公文紙六葉；卷七十一共十三葉，公文紙十葉；卷七十二共十六葉，公文紙七葉；卷七十三共十葉，公文紙八葉；卷七十四共十葉，公文紙三葉。總計一百零五葉，公文紙五十九葉。

第四册（原范氏所藏）存卷一一一至卷一一六，共六卷。其中，卷一一一共十七葉，公文紙五葉；卷一一二共十九葉，公文紙九葉；卷一一三共二十一葉，公文紙七葉；卷一一四共十六葉，公文紙九葉；卷一一五共十九葉，公文紙五葉；卷一一六共十九葉，公文紙八葉。另本册內封紙二葉中存公文紙一葉。總計一百十三葉，公文紙四十四葉。

第五册（原范氏所藏）存卷一二三至卷一二九，共七卷。其中，卷一二三共二十葉，公文紙十二葉；卷一二四共二十葉，公文紙七葉；卷一二五共十三葉，公文紙六葉；卷一二六共十一葉，公文紙十葉；卷一二七共十三葉，公文紙十葉；卷一二八共十四葉，公文紙十二葉；卷一二九共十九葉，公文紙五葉。總計一百十葉，公文紙六十二葉。

第六册（原范氏所藏）存卷一三〇至卷一三四，共五卷。其中，卷一三〇共二十一葉，公文紙九葉；卷一三一共二十葉，公文紙十二葉；卷一三二共二十六葉，公文紙十二葉；卷一三三共二十三葉，公文紙十三葉；卷一三四共十八葉，公文紙十葉。總計一百零八葉，公文紙五十六葉。

第七册（原范氏所藏）存卷一三五至卷一三八，共四卷。其中，卷一三五共二十五葉，公文紙十葉；卷一三六共二十三葉。公文紙十二葉；卷一三七共二十四葉，公文紙六葉；卷一三八共二十葉，公文紙七葉。總計九十二葉，公文紙三十五葉。

第八册（原范氏所藏）存卷一三九至卷一四四，共六卷。其中，卷一三九共二十一葉，公文紙十葉；卷一四〇共二十二葉，公文紙六葉；卷一四一共十七葉，公文紙九葉；卷一四二共二十二葉，公文紙十葉；卷一四三共十四葉，公文紙八葉；卷一四四共十九葉，公文紙十一葉。另有内封二葉，其中公文紙一葉。總計一百十七葉，公文紙五十五葉。

綜上，《國朝諸臣奏議》全八册總計八百九十葉，其中帶有公文内容的紙張共四百二十七葉，約占百分之四十八左右。孔先生所抄録的十六件公文，僅占全部文書數量的百分之三點七左右。

在抄録過程中，筆者還發現，該書紙背文書存在較爲嚴重的錯簡問題，相當部分文書可進行綴合復原。産生錯簡的主要原因是天一閣藏《國朝諸臣奏議》屬於公文紙印本，是使用官府廢棄公文紙張印刷而成。而古人在使用廢棄公文紙張印刷書籍時，關注的均是所印書籍内容，對紙張原始文獻内容並不會加以考慮，故而爲了適應所印書籍版式，往往會對紙張進行裁切。具體到本書而言，通過比對可知，在印刷之時應是將原來的一紙完整文書，從中一裁爲二，分爲上下兩部分，各作爲一葉使用。同時，對於裁切後的紙張，在印刷之時，也不會專門注意其順序，這就導致原屬同一文書的兩葉紙張被分散到不同卷目，甚至是不同册，造成了大量錯簡問題。

而錯簡問題對於學者理解和利用這批文書，無疑會帶來極大的困擾與不便。對錯簡進行綴合和復原，以最大限度展現文書的原始、完整信息，是對公文紙本古籍中原始文獻展開研究的前提和基礎。因此，錯簡綴合復原，是公文紙本古籍原始文獻整理研究所需解決的首要問題。

從内容來看，這批被用於印刷的明代文書，主要圍繞正德二年二、三、四、五月南京各衛倉場收納南直隸及浙江、湖廣、江西等各州縣税糧、馬草及日常管理等事。孔繁敏先生在《明代南京倉場及殘存的公文資料》一文中將所抄録的十六件文書，大致分爲了五類：一是關於糧草收貯的憑證，公文中均帶有『與執結』字樣，『執結』人均爲南京衛所的『餘丁』；二是公文中皆有『與領狀』字樣；三是開頭皆有『供狀人』字樣；四是有『與依准』『與執』等字樣，分爲『巡視倉場』『禁革奸弊』或『禁

約事』；五是皆有『抄蒙』字樣。[二]

但因孔先生未抄録全部文書，故其分類存在誤漏之處。根據公文撰擬主體，該書紙背公文可大致分爲兩類：一是個人撰擬公文，一是行政機構撰擬公文。而每一大類又可分爲幾個小類。孔先生分類中的前三類基本屬於個人撰擬公文，後二類基本屬於機構撰擬公文。

一、個人撰擬公文概述及復原

天一閣藏《國朝諸臣奏議》紙背所存個人撰擬公文，撰擬人身份主要包含五類：一是解運糧草人員，含各地糧長、里長、解户、納户及地方吏員，負責從地方解運糧草入南京倉場交納；二是攬納交糧人員，主要爲各衛所餘丁及鋪户等，負責馱到、賣到各縣糧長、納户等應繳税糧、馬草與南京倉場；三是各倉副使、攢典，主要涉及放支官軍俸糧、馬草支領及役滿考核給由等事；四是各倉堆夫，主要涉及堆垛馬草等事；五是鋪户，涉及出賣蘆席與倉場等事。其中，糧長、里長、解户、納户及地方吏員來源地域包含直隸蘇州府吴縣、直隸蘇州府長洲縣、直隸蘇州府崑山縣、直隸蘇州府太倉州、直隸蘇州府吴江縣、直隸蘇州府嘉定縣、直隸松江府華亭縣、直隸松江府上海縣、直隸寧國府旌德縣、直隸寧國府宣城縣、直隸寧國府太平縣、直隸揚州府寶應縣、直隸揚州府高郵州、直隸常州府武進縣、直隸常州府江陰縣、直隸滁州、直隸滁州全椒縣、直隸滁州來安縣、直隸徽州府照磨所、直隸徽州府黟縣、直隸徽州府休寧縣、直隸徽州府歙縣、直隸安慶府潛山縣、直隸安慶府懷寧縣、直隸安慶府太湖縣、浙江湖州府德清縣、浙江湖州府烏程縣、浙江湖州府武康縣、浙江湖州府孝豐縣、浙江湖州府安吉縣、浙江湖州府歸安縣、浙江杭州府臨安縣、浙江嘉興府嘉善縣、浙江嘉興府崇德縣、浙江紹興府嵊縣、浙江衢州府江山縣、湖廣沔陽州景陵縣、湖廣岳州府平江縣、湖廣長沙府茶陵縣、湖廣荆州府江陵縣、湖廣漢陽府漢川縣、江西南昌府進賢縣、江西饒州府德興縣、江西饒州府樂平縣、江西袁州府宜春縣、江西袁州府萬載縣、江西臨江府新喻縣、江西吉安府永新縣、江西瑞州府高安縣、江西瑞州府上高縣、江西饒州府浮梁縣、江西撫州府金谿縣，等等。

按照文體來分，天一閣藏《國朝諸臣奏議》中所存個人撰擬公文主要可分爲告到狀、告完狀、執結狀、領狀、供狀等五類。我們可以根據文書文體及其筆迹、行距、内容等因素，對其中的錯簡文書進行綴合復原。現每類文體各舉例如下。

[二] 孔繁敏：《明代南京倉場及殘存的公文資料》，《文獻》一九八八年第二期，第一百四十四至一百四十六頁。

（一）『告到狀』

此類文書開頭皆有『告到狀人某某』等字樣，如第一册乙集目録第四葉紙背文書與丁集目録第四葉紙背文書綴合後的正德二年三月直隸揚州府高郵州寶應縣糧長范林解送正德元年份馬草告到狀。

第一册乙集目録第四葉背面存文書三行：

1 告到狀人范林，係直隸揚州府高郵州寶應縣糧長，狀告解送正德元年分□

2 南京中和橋馬草場交納，理合具告。

3 正德二年三月　　日告　□

十四

第一册丁集目録第四葉背面存文書二行：

（前缺）

1 □□二十一包九斤一十一兩三錢柒分六厘，前赴

（中缺）

2 □　到　狀　人　范林（背面簽押）

此兩葉紙背文書筆迹、墨色一致，行距相同，且乙集目録第四葉紙背首行『告到狀人范林』與丁集目録第四葉紙背末行『到狀人范林』正可呼應，故知此兩葉紙背文書可以綴合，綴合後内容如下：

1 告到狀人范林，係直隸揚州府高郵州寶應縣糧長，狀告解送正德元年分□□[一]二十一包九斤一十一兩三錢柒分六厘，前赴

2 南京中和橋馬草場交納，理合具告。

[一] 據文義推斷，此處所缺文字應爲『馬草』。

十四

3　正德二年三月　　日告　到　狀　人范林（背面簽押）

據此綴合標準，《國朝諸臣奏議》紙背還可綴合的告到狀計有第一册丁集目録第十七葉紙背文書與第二册卷五十九第十葉紙背文書綴合之明正德二年四月江西饒州府樂平縣納户徐席珎爲送納弘治十七年（一五〇四）份秋糧米告到狀，第二册卷五十六第十四葉紙背文書與第四册卷一一三第四葉紙背文書綴合之明正德二年三月裘廷美送納秋糧告到狀，第三册卷七十三第一葉紙背文書與第六册卷一三一第十八葉紙背文書綴合之明正德二年五月直隸蘇州府嘉定縣糧長丘鉞爲送納正德元年份秋糧米告到狀等。

從現存文書看，此類告到狀撰擬者均爲各縣糧長或解户、納户，應爲其將所需交納税糧、馬草等運送到指定地點（某倉或某草場）之後所呈文書。文書要素主要有告到狀人姓名、身份、送納税糧的年份及數量、交納地點、告到狀時間及申狀人簽押，等等。另外，有兩點需要特别指出：一是此類文書大部分均帶有具體日期，[一]且具體日期字體較大、墨色較濃，爲二次書寫，應爲糧草送達之日填寫；二是此類文書應爲税糧馬草運到之時上呈。

（二）『告完狀』

此類文書開頭皆有『告完狀人某某』等字樣，如第四册卷一一一第四葉紙背文書與第六册卷一三三第十五葉紙背文書綴合之明正德二年五月直隸徽州府照磨所照磨范英爲送納休寧等陸縣弘治十八年份秋糧米事告完狀。

第四册卷一一一第四葉背面存文書七行：

1　告完狀人范英，係直隸徽州府照磨所照磨，狀告蒙本府批差總部休寧等陸

2　南京户部告判錦衣等衛馬龍潭等倉并水次充夫，交納完足。爲此，具狀來

3　計開：納完

4　休寧縣，米陸千玖百捌拾玖石正

5　婺源縣，米柒千貳百肆拾石正

6　祁門縣，米貳千玖百捌拾石正

7　正德貳年伍月　初九

[一] 現存公文當中僅一件未見有具體日期，即『徐席珎告到狀』。

第六册卷一三三第十五葉背面存文書五行：

（前缺）

1 □弘治拾捌年分秋糧米共叁萬貳千碩正，前赴

（中缺）

2 □　歙縣，米捌千壹百叁拾玖石正；

3 □　黟縣，米貳千玖百捌拾肆石正；

4 □　績溪縣，米叁千陸百陸拾捌石正。

5 □　日告　完　狀　人范英（背面簽押）

兩葉紙背文書綴合：

1 告完狀人范英，係直隸徽州府照磨所照磨，狀告蒙本府批差總部休寧等陸□[二]弘治拾捌年分秋糧米共叁萬貳千碩正，
前赴

2 南京户部告判錦衣等衛馬龍潭等倉并水次充夫，交納完足。爲此，具狀來□[三]。

3 計開：納完

4 休寧縣，米陸千玖百捌拾玖石正；　歙縣，米捌千壹百叁拾玖石正；

5 婺源縣，米柒千貳百肆拾石正；　黟縣，米貳千玖百捌拾肆石正；

6 祁門縣，米貳千玖百捌拾石正；　績溪縣，米叁千陸百陸拾捌石正。

7 正德貳年伍月　**初九**　日告　完　狀　人范英（背面簽押）

[二] 據文義推斷，此處所缺文字應爲「縣」。

[三] 據文義推斷，此處所缺文字應爲「告」。

此兩葉紙背文書的綴合理由與上文告到狀相同，主要是依據兩葉紙背文書的筆迹、墨色、行距及内容等因素判定。另外可以綴合的告完狀還有第一册乙集目録第七葉紙背文書與第八册卷一三九第二十葉紙背文書綴合之明正德二年五月浙江湖州府烏程縣糧長蔣張江爲解送正德元年份秋糧事告完狀，第二册卷五十四第十二葉紙背文書與第四册卷一一六第十一葉紙背文書綴合之明正德二年五月浙江湖州府烏程縣解户丁鎧爲送納弘治十八年份秋糧事告完狀，第二册卷五十六第三葉紙背文書與第五册卷一二七第八葉紙背文書綴合之明正德二年五月浙江湖州府烏程縣糧長范榮爲解送正德元年份秋糧事告完狀，第二册卷六十第十二葉紙背文書與第五册卷一二八第十一葉紙背文書綴合之明正德二年三月直隸徽州府黟縣糧長楊守約爲送納弘治十八年份秋糧事告完狀，第三册卷七十一第四葉紙背文書與第四册卷一一二第十一葉紙背文書綴合之明正德二年三月江西臨江府新喻糧長郭德爲送納弘治十七年份秋糧事告完狀，第五册卷一二三第十七葉紙背文書與第二十葉紙背文書綴合之明正德二年三月直隸蘇州府吴江縣糧長馮端爲送納正德元年份秋糧米事告完狀，第五册卷一二八第十二葉紙背文書與第八册卷一三九第一葉紙背文書綴合之明正德二年三月直隸滁州來安縣里長李惠爲送納正德元年份秋糧事告完狀，第六册卷一三一第一葉紙背文書與第七葉紙背文書綴合之明正德二年四月直隸常州府武進縣糧長蔣鎮爲運到糧米豆事告完狀等。

此類告完狀的撰擬人除各縣糧長、解户、納户外，還包括縣里長、縣主簿、縣典史、州照磨所照磨等。從文書中『交納完足』一語可知，其應爲將全部運到税糧、馬草交納入倉完成之後所呈狀文，故稱『告完狀』，以與上文『告到狀』相區别。

目前所見告完狀大致有三種類型：一種是與『告到狀』基本相同，含有告完狀人姓名、身份、送納税糧的年份及數量、交納地點、交納完足、告完狀時間及申狀人簽押等；一種是在上一類型基礎上，在交納完足之後多出了『理合具狀來告/巡視倉場監察老爹（大人）施行/計開/（交納種類、各類數量）』等内容，這兩種類型告完狀撰擬主體一般均爲各縣里長、糧長、解户及納户等，其交納税糧、馬草均限於本縣；第三種是撰擬主體爲縣主簿、縣典史及州照磨所照磨等官員的告完狀，此類告完狀所交納的税糧、馬草等物往往是屬於兩個或兩個以上縣，例如上文所引直隸徽州府照磨所照磨范英告完狀中所交納税糧即屬於休寧等六縣，又如第八册卷一四二第七葉紙背浙江嘉興府崇德縣典史王德誠告完狀交納税糧屬崇德、嘉善兩縣（此葉文書不能綴合，故未出現在上文所列綴合後的告完狀當中）。這些官員前往部糧交納，一般都是受府司或是布政司批差。另外，告完狀中具體日期有些狀文中存在，有些則無，未見具體規律。其中有具體日期的，與告到狀相同，均字體較大，墨色較濃，爲二次書寫。

（三）『執結狀』

此即孔先生所言第一類，皆帶有『執結』字樣的文書。按，孔先生文中言此類文書，『執結』人皆爲南京衛所的『餘丁』有誤，從目前現存文書可見，此類『執結狀』的撰擬主體既包括個人，也包括行政機構。個人包括各縣糧長、里長、解户、納户、鋪户、各衛所餘丁及各倉副使、攢典、堆夫等；行政機構則主要爲各衛倉場。

從性質來看，『執結狀』應是屬於爲自己所承擔事務不致違誤而出具的保結書，且依據撰擬主體身份的不同，其保結的具體事項也不相同。就《國朝諸臣奏議》紙背文書而言，其中個人撰擬『執結狀』，主要有以下幾種。

第一種，糧長、里長、解户、納户、鋪户等人所呈執結狀，均是爲自己所交納税糧、馬草或是所賣物品中未敢摻入殘次物品等事出具保結。如第一册乙集目録第三葉紙背文書與第一册丁集目録第三葉紙背文書綴合之明正德二年三月直隸揚州府寶應縣糧長范林爲解送馬草事執結狀。

第一册乙集目録第三葉背面存文書三行：

1 直隸揚州府寶應縣糧長范林今於

2 與執結爲解送馬草事。依奉照数上納，並不□

3 正德二年三月　日與□

第一册丁集目録第三葉背面存文書二行：

（前缺）

1 □和作弊等情，如違甘罪，執結是實。

2 □　執　結　人　范林（背面簽押）

綴合後：

1 直隸揚州府寶應縣糧長范林今於

2 與執結爲解送馬草事。依奉照数上納，並不□□[一]和作弊等情，如違甘罪，執結是實。

3 正德二年三月　日與　執　結　人　范林（背面簽押）

[一] 據文義及同書紙背相似文書推斷，此處所缺文字應爲『敢插』。

此類執結狀可綴合的還有第一册《乞進〈皇朝名臣奏議〉劄子》第二葉紙背文書與第八册卷一三九第十四葉紙背文書綴合之明正德二年三月直隸常州府武進縣糧長蔣鎮爲送納正德元年份秋糧米事執結狀，第一册乙集目録第十九葉紙背文書與第一册丙集目録第二十五葉紙背文書綴合之明正德二年四月浙江湖州府德清縣解户戴楊、馬顒爲送納正德元年份秋糧事執結狀，第四册卷一一二第十二葉紙背文書與第七册卷一三六第十一葉紙背文書綴合之明正德二年三月直隸安慶府懷寧縣糧長汪華爲送納正德元年份馬草事執結狀，第三册卷六十七第十三葉紙背文書與第五册卷一一三第三葉紙背文書綴合之明正德二年三月江西袁州府宜春縣糧長李昇爲遞納弘治十八年份秋糧事執結狀等。

第二種，各衛所餘丁所呈執結狀，均是爲馱到、賣到各縣糧長、納户等應繳税糧、馬草等事出具保結。如第六册卷一三四第七葉紙背文書與第八册卷一四一第九葉紙背文書綴合之明正德二年三月南京留守右衛餘丁李安爲馱到江西瑞州府上高縣納户李崇錦米事執結狀。

第六册卷一三四第七葉背面存文書四行：

1 南京留守右衛餘丁李安今於

2 　與執結馱到江西瑞州府上高縣納户李崇錦米貳□

3 南京旗手衛西倉交卸，中途並不敢短少、多取脚錢使用，如違甘罪，執□□□。

4 正德二年三月　□

第八册卷一四一第九葉背面存文書三行：

（前缺）

1 □拾捌石，赴

2 □是實。

3 □日執　　結　　人李安（背面簽押）

綴合後：

1 南京留守右衛餘丁李安今於

2 與執結駝到江西瑞州府上高縣納户李崇錦米貳拾捌石，赴

3 南京旗手衛西倉交卸，中途並不敢短少、多取脚錢使用，如違甘罪，執□[一]是實。

4 正德二年三月　　日執　　結　　人李安（背面簽押）

此類執結狀可綴合的僅此一件，但另有幾件不可綴合者，如第一册丙集目録第七葉紙背明正德二年四月南京錦衣衛餘丁周昪爲賣到浙江嘉興府嘉善縣糧長李昌名下馬草事執結狀殘件、第八葉紙背明正德二年四月南京錦衣衛餘丁陶宣爲賣到直隸安慶府太湖縣糧長陳源名下馬草事執結狀殘件等。由這些各衛所餘丁所出具的執結狀中『駄到某納户米』『賣到某馬草』等内容來看，這些餘丁在税糧交納過程中進行的似乎是包攬活動。高壽仙先生《明代攬納考論——以解京錢糧物料爲中心》一文曾對明代的包攬現象、人員身份、危害等問題進行詳細論述。[二] 高先生指出明代進行包攬活動的人員當中有很多是將軍、力士、厨役、校尉、軍旗人等，他們服役在官，享受一定的優免待遇，因而北京及周邊百姓競相投充。[三] 文書中的餘丁即屬於軍旗人等。由此可見，包攬户在交納所包攬税糧、馬草之時，也需像普通納户那樣出具保證交納物品品質的執結狀。

第三種，各倉副使、攢典等人執結狀，主要涉及放支官軍俸糧及各馬場馬草支領等事。如第二册卷五十八第四葉紙背文書與第三册卷七十一第二葉紙背文書綴合後爲正德二年四月南京豹韜左衛倉把門攢典黄永興爲官軍俸糧事執結狀。

第二册卷五十八第四葉背面存文書二行：

（前缺）

1 □守中衛吏旗軍舍餘張志雄等共支補米一千九百三十一石，本攢司把門餘丁王鳳等五名時常在倉搜檢，

2 不□

（中缺）

[一] 據文義及明代文書書寫格式推斷，此處所缺文字應爲『結』。

[二] 高壽仙：《明代攬納考論——以解京錢糧物料爲中心》，《中國史研究》二〇〇七年第三期。

[三] 高壽仙：《明代北京雜役考述》，《中國社會經濟史研究》二〇〇三年第四期，第三十八至三十九頁。

2 攢　典　黃永興（背面簽押）

第三册卷七十一第二葉背面存文書四行：

1 南京豹韜左衛倉把門攢典黃永興今於

2 與執結爲官軍俸粮事。依奉管得本倉於本年四月初五日坐放

3 頭進倉打攬，亦不許軍餘人等夾帶銅錢進倉買求扒揀好米，如違甘罪無詞

4 正德二年四月

綴合後：

1 南京豹韜左衛倉把門攢典黃永興今於

2 與執結爲官軍俸粮事。依奉管得本倉於本年四月初五日坐放□□□[一]守中衛吏旗軍舍餘張志雄等共支補米

一千九百三十一石，本攢司把門餘丁王鳳等五名時常在倉搜檢，不□□[二]

3 頭進倉打攬，亦不許軍餘人等夾帶銅錢進倉買求扒揀好米，如違甘罪無詞，□□□□[三]。

4 正德二年四月　[四]　攢　典　黃永興（背面簽押）

此類執結狀可綴合者，目前僅見此一件。據現存内容來看，各倉副使、攢典的執結狀主要涉及倉場官軍俸糧發放及馬草支領等事。如上引攢典黃永興執結狀，即是爲了在俸糧發放過程中，杜絶『軍餘人等夾帶銅錢進倉買求扒揀好米』一事所出具保證書。又如第六册卷一三四第十九葉紙背明正德二年三月南京旗手衛西倉捉解副使陳銘執結狀云『與執結爲馬匹草料事，依奉放支南京牧……』，則是爲『放支馬料』出具的執結。其餘文書與此大體相同。

[一] 據文義推斷，此處所缺文字應爲『南京留』。
[二] 據文義推斷，此處所缺文字應爲『許倉』。
[三] 據文義及明代文書書寫格式可知，此處所缺文字應爲『執結是實』。
[四] 據文義及明代文書書寫格式可知，此處所缺文字應爲『日與　執　結』。

第四種，各倉堆夫所呈執結狀，主要涉及堆垛馬草無有違誤等事。如第二册卷五十四第二葉紙背文書與第二册卷五十六第六葉紙背文書綴合之明正德二年四月南京中軍都督府中和橋馬草場堆夫洪茂等爲搬運馬草事執結狀。

第二册卷五十四第二葉背面存文書五行：

（前缺）

1 州縣糧里人等，運納馬草到場，領給工銀，僱覓人夫搬運草席上堆，中間不致違悞，執結是實。

2 日與　執　結　人　洪茂（背面簽押）

3 趙成（背面簽押）

4 黃春（背面簽押）

5 張福（背面簽押）

第二册卷五十六第六葉背面存文書三行：

1 南京中軍都督府中和橋馬草場堆夫洪茂等今於

2 與執結爲搬運馬草事。依奉上年，如遇

3 正德二年四月

綴合後：

1 南京中軍都督府中和橋馬草場堆夫洪茂等今於

2 與執結爲搬運馬草事。依奉上年，如遇□□[一]州縣糧里人等，運納馬草到場，領給工銀，僱覓人夫搬運草席上堆，中間不致違悞，執結是實。

[一] 據文義及同書紙背其他相似文書推斷，此處所缺文字應爲『各府』。

3　正德二年四月　　日與　　執　　結　　人　　洪茂（背面簽押）

4　　　　　　　　　　　　　　　　　　　　　趙成（背面簽押）

5　　　　　　　　　　　　　　　　　　　　　黃春（背面簽押）

6　　　　　　　　　　　　　　　　　　　　　張福（背面簽押）

此類執結狀可綴合的還有第二册卷五十四第一葉紙背文書與第六册卷一三四第二葉紙背文書綴合之明正德二年五月南京中軍都督府中和橋馬草場大堆夫曲信等爲堆垛馬草事執結狀，第六册卷一三四第一葉紙背文書與第八册卷一四〇第六葉紙背文書綴合之明正德二年五月南京中軍都督府中和橋馬草場堆夫洪茂等爲堆垛馬草事執結狀（與上舉洪茂執結狀非同一月份）。堆夫執結狀涉及事項主要有二：一是如曲信執結狀，『當官領給工銀，買下貓竹砍削丁弓軟簽，僱覓人夫』；二是如洪茂執結狀，『領給工銀，僱覓人夫搬運草蓆上堆，中間不致違悞』，均與馬草的日常搬運、堆垛有關。

（四）『領狀』

此類即孔先生所指第二類，皆有『與領狀』字樣的文書。就現存文書來看，其撰擬主體主要是各縣糧長、里長、解户、納户及鋪户等，均屬爲領回某物所上申狀。目前所見領回物品包括原呈在官米樣、餘剩稻碎、實收一紙、銀兩等。現分述如下。

首先，領回原呈米樣，如第一册乙集目録第八葉紙背文書與第八册卷一三九第十九葉紙背文書綴合之明正德二年五月浙江湖州府烏程縣糧長蔣張江爲領回原呈在官米樣事領狀。

第一册乙集目録第八葉背面存文書三行：

1　湖州府烏程縣糧長蔣張江今於

2　與領狀。實領回原呈在官米樣，所領是□。

3　正德二年五月　　日與　□

第八册卷一三九第十九葉背面存文書二行：

（前缺）

1　□實。

2 □領　狀　人　蔣張江（背面簽押）

綴合後：

1 湖州府烏程縣糧長蔣張江今於

2 　與領狀。實領回原呈在官米樣，所領是實。

3 正德二年五月　　日與　領　狀　人　蔣張江（背面簽押）

此類領狀可綴合的還有第一冊丙集目録第十二葉紙背文書與第三冊卷七十一第三葉紙背文書綴合之明正德二年三月江西南昌府進賢縣納户樊日瀚領狀，第五冊卷一二六第十一葉紙背文書與第七冊卷一三五第八葉紙背文書綴合之明正德二年三月江西南昌府進賢縣納户樊日瀚領狀（與前一件非同件領狀），第二冊卷五十六第四葉紙背文書與第七冊卷一三六第二葉紙背文書綴合之明正德二年五月浙江湖州府烏程縣糧長陸璋密領狀，第三冊卷七十四第三葉紙背文書與第六冊卷一三一第十七葉紙背文書綴合之明正德二年四月直隸滁州里長葛春領狀，第七冊卷一三六第十四葉紙背文書與第八冊卷一四一第十二葉紙背文書綴合之明正德二年四月江西吉安府永新縣糧長李乾秀領狀，第五冊卷一二九第十四葉紙背文書與第八冊卷一三九第二葉紙背文書綴合之明正德二年三月直隸滁州來安縣里長李惠領狀等。

此類領狀内容基本相同。由其可知，明代糧長、納户等人在交納税糧之前，須先呈交米樣以備查驗。且據第七冊卷一三六第二十三葉紙背『實領到原呈米樣一桶』一語可知，一般呈交米樣數量應爲一桶。《明會典》卷二十七《會計三・凡樣米》條載：『宣德十年（一四三五）題准：各處起運京倉大小米麥，先封幹圓潔凈樣米送部，轉發各倉收，候運糧至日，比對相同，方許收納。』[二] 由此可知明代確立『樣米』制度於宣德十年，且由文書可知，除各處起運京倉漕糧需向户部呈交樣米之外，各縣糧長、納户交納税糧之時，也需先呈交樣米，所交税糧與樣米比對相同之後，方許收納入倉。在税糧交納完畢之後，樣米再由交納人領回，交納人需出具領狀一份。

其次，領回餘剩稻碎，例如第二冊卷五十六第十一葉紙背文書與第二冊卷五十七第六葉紙背文書綴合之明正德二年三月江西南昌府進賢縣納户樊日瀚爲領到在倉篩下稻碎事領狀。

第二冊卷五十六第十一葉背面存文書二行：

（前缺）

1 □是實。

〔二〕萬曆《明會典》卷二十七《會計三・凡樣米》，《續修四庫全書》第七八九冊，上海古籍出版社，一九九五年，第四百八十八頁。

2 □　狀　人　樊日瀚[二]

第二册卷五十七第六葉背面存文書三行：

1 江西南昌府進賢縣納户樊日瀚今於

2 與領狀。實領到在倉篩下稻碎，照数領出，□

3 正德二年三月　日與

綴合後：

1 江西南昌府進賢縣納户樊日瀚今於

2 與領狀。實領到在倉篩下稻碎，照數領出，□□[三]是實。

3 正德二年三月日　與□[三]　狀　人　樊日瀚□[四]

此類領狀可綴合的另有第七册卷一三七第十一葉紙背文書與第八册卷一四一第十一葉紙背文書綴合之明正德二年四月江西吉安府永新縣糧長李乾秀領狀。由内容可知，此類領狀是爲領取在倉篩下稻碎（第一册丁集目録第十二葉紙背云『實領到本倉餘剩稻碎二米』）而呈。按，《明會典》卷四十二《糧儲》載，嘉靖四十五年（一五六六）『又議准：各省解到南京倉糧，每百石除收正耗之外，有餘，盡令糧長領回，免收平斛米石。碎米亦令領回，不必扣給官攢』[五]。文書中的『餘剩稻碎二米』即指納糧時除應收正耗米之外，所剩餘的稻米及碎米。且由文書可知，在正德二年時，即已經將納户剩餘稻碎米盡數歸還了，而納户在領取剩餘稻碎米時，亦須出具領狀。

再次，領回實收一紙領狀，例如第四册卷一一二第十四葉紙背文書與第七册卷一三六第十三葉紙背文書綴合之明正德二年四

[二] 據明代文書書寫格式推斷，此處所缺應爲簽押。

[三] 據其他領狀推斷，此處所缺兩字應爲『所領』。

[三] 據其他領狀推斷，此處所缺文字應爲『領』。

[四] 據明代文書書寫格式推斷，此處所缺應爲簽押。

[五] 萬曆《明會典》卷四十二《户部二九·南京户部·糧儲》，《續修四庫全書·史部》第七八九册，上海古籍出版社，一九九五年，第七百四十三至七百四十四頁。

月江西吉安府永新縣糧長李乾秀爲領到納完糧米實收一紙事領狀。

第四册卷一一二第十四葉背面存文書三行：

1 江西吉安府永新縣糧長李乾秀今於

2 與領狀。實領到納完糧米實收一紙，領回□

3 正德二年四月 □

第七册卷一三六第十三葉背面存文書二行：

（前缺）

1 □銷繳，所領是實。

2 □ 日領 狀 人李乾秀（背面簽押）

綴合後：

1 江西吉安府永新縣糧長李乾秀今於

2 與領狀。實領到納完糧米實收一紙，領回銷繳，所領是實。

3 正德二年四月 日領 狀 人李乾秀（背面簽押）

此類領狀可綴合的另有第一册乙集目録第十四葉紙背文書與第八册卷一四一第五葉紙背文書綴合之明正德二年三月湖廣沔陽州景陵縣納户段鳳儀領狀，第一册丁集目録第十九葉紙背文書與第五册卷一一六第十七葉紙背文書綴合之明正德二年三月浙江湖州府歸安縣解户張瑞領狀（交納馬草），第二册卷五十六第十二葉紙背文書與卷五十七第五葉紙背文書綴合之明正德二年三月江西南昌府進賢縣納户樊日瀚爲領到納完弘治十八年份秋糧實收一紙事領狀，第三册卷七十第九葉紙背文書與第七册卷一三八第十二葉紙背文書綴合後明正德二年三月直隸蘇州府吴江縣糧長馮端領狀等。

由内容可知，此類領狀爲糧長、納户等交納完税糧、馬草等後領取實收票據之時所出具。《明會典》卷二十一《倉庾一・凡糧食收支》條載：『宣德六年（一四三一）令南京及淮安、徐州、臨清各倉實收通關，户部刊印，仍置號簿，編寫内外字號，用半印，空填年月，每年量印幾千道，并外號簿，發監收官執掌。眼同該倉官攢，查明填寫實收米數，給付納户，原籍官司告繳，比對查考。』[二] 據此可知，文書當中所謂『實收一紙』應即『實收通關』，其上爲半印，且年月、納糧數目空，在納户交納税糧之時，由收糧倉官攢等填寫年月、實收税糧數目，之後交給納户。此處的實收一紙即相當於勘合，而納户在領取此紙之時，也需呈交領狀一份。且由現存文書可知，交納馬草程式與此相同。

另外，在某些領狀當中，有將領取原呈米樣及實收一紙合二爲一者，如第七册卷一三六第二十三葉紙背明正德二年五月直隸徽州府休寧縣糧長孫以得領狀：

1　直隸徽州府休寧縣糧長孫以得今於

2　與領狀。實領到原呈米樣一桶，并實收小票。今領回備照，所領是□[三]。

3　正德二年五月　　日領

此處的實收小票應即實收一紙，由此可見領取原呈米樣和實收票據的時間應相同，兩者應同時領取。

最後，領取銀兩領狀。此類領狀撰擬者包括鋪户、糧長、解户等。其中，鋪户所出領狀與上文所提幾類領狀格式基本相同，僅多出了實際領銀數目。如第八册卷一四二第八葉紙背明正德二年四月應天府上元縣賣席鋪户張源爲領到巡視倉場監察御史羅處蘆席價銀事領狀殘件：

1　應天府上元縣賣席鋪户張源等今於

2　與領狀。實領到

3　巡視倉場監察御史老爹羅　處蘆席價銀，不致冒領，所領是[實]。

4　計開：實領銀肆錢整。

[二] 萬曆《明會典》卷二十一《倉庾一・凡糧食收支》，《續修四庫全書・史部》第七八九册，上海古籍出版社，一九九五年，第三百五十二頁。

[三] 據明代文書書寫格式可知，此處所缺文字應爲『實』。

5 正德二年四月　十三　日

另，此類領取銀兩領狀多書寫有具體日期，日期同爲二次書寫。

（五）『供狀』

此類文書即孔先生所言第三類，皆帶有『供狀人』字樣。可惜的是此類文書未見有可綴合者。第八册卷一四四第十六葉紙背所存明正德二年三月南京錦衣衛烏龍潭倉攢典蕭漕爲役滿給由事供狀殘件云：

1 供狀人蕭漕，年二十九歲，湖廣荆州府夷陵州遠安縣民籍，狀供先以農民在外充吏

2 北京吏部蒙撥辦事外，弘治十八年四月初四日告送

3 南京吏部，本年七月二十四日蒙撥錦衣衛烏龍潭倉，頂補弘治十四年分守支□

4 南京吏部，本年九月二十八日考中二等冠帶，守支糧米未曾放支，今蒙取供

5 正德二年三月　日

與前四類文書相比，此類文書獨特之處主要有二：一是撰擬主體雖也爲個人，但均爲參與倉場管理的攢典、吏員，而非承擔納糧職責的糧長、解户等人；二是文書内容主要涉及攢典、吏員役滿陞遷考核，應爲出具給由所需的供狀，非是接納税糧、馬草文書。

具體到蕭漕供狀而言，其與明代相關制度規定可相互印證。如，《明會典》卷四十二『倉庚』條載：『（成化）十八年（一四八二），令烏龍潭等三十五倉并中和橋等二馬草場攢典，周歲起送冠帶，仍要守支；其長安等門一十一倉攢典，三年役滿冠帶。』[二] 蕭漕服役於烏龍潭倉，故其應爲一年即起送冠帶。另外，梁科《明代京通倉儲制度研究》一文指出明代『通倉攢典支俸十月，有兩個月停俸，這兩個月裏赴吏部冠帶後回來再守支，接着支原來的俸禄』[三]，這與文書中『本年七月二十四日蒙撥錦衣衛烏龍潭倉』，『本年九月二十八日考中二等冠帶，守支糧米未曾放支』正相符合。

[二] 萬曆《明會典》卷四十二《户部二九・南京户部・倉庚》，《續修四庫全書・史部》第七八九册，上海古籍出版社，一九九五年，第七百三十九頁。

[三] 梁科：《明代京通倉儲制度研究》，北京大學碩士學位論文，二〇〇五年，第三十頁。

二、機構撰擬公文概述及復原

天一閣藏《國朝諸臣奏議》紙背所存機構撰擬公文，從撰擬主體來看，主要包含兩類：一是南京各倉場撰擬公文，二是南京兵馬指揮司撰擬公文。其中，所見南京倉場包括南京長安門倉、錦衣衛烏龍潭倉、旗手衛東倉、旗手衛西倉、金吾後衛東倉、金吾後衛西倉、金吾後衛南倉、虎賁左衛倉、虎賁右衛倉、驍騎右衛倉、鷹揚衛倉、留守左衛倉、豹韜左衛倉、府軍衛倉、府軍右衛西倉、羽林右衛復成橋倉、羽林右衛養虎倉、横海衛倉、應天衛倉等十九倉及中軍都督府中和橋馬草場一個草場；南京兵馬指揮司文書則見有南京南城兵馬指揮司和西城兵馬指揮司等兩個指揮司。

從文書内容可知，這批機構撰擬公文的呈送對象均應爲『巡視倉場監察御史羅』。按，筆者檢索史籍，有記載之正德二年左右羅姓南京監察御史僅見有『羅鳳』一人。如《明武宗實録》載：

> 正德元年十二月，甲戌，陞推官陳察、羅鳳，知縣李鑑、李春芳、吴蘭、何棐，行人喻文璧、王奎、張璉，國子監學録任賢，俱爲南京試監察御史。[一]

據此，正德元年十二月，羅鳳被擢陞爲南京試監察御史。另，《明武宗實録》又載：

> 正德九年正月，丁卯，南京十三道御史羅鳳等言：『寧王自交通逆瑾，陳乞護衛，愈生驕恣，掊剋富室，侵奪腴田，淫刑酷法，動至滅族……』[二]

由此可知，正德九年時羅鳳依舊任職於南京十三道監察御史之一。可見，從正德元年至正德九年羅鳳應一直擔任南京監察御史。而這批公文撰擬時間集中於正德二年，恰爲羅鳳陞爲南京監察御史後的第二年，那麽公文中的『巡視倉場監察御史羅』極有可能就是羅鳳。

按照文體來分，天一閣藏《國朝諸臣奏議》紙背所存機構撰擬公文主要包括申狀、執結狀、依准狀等三大類，同樣存在嚴重

[一]《明武宗實録》卷二十『正德元年（一五〇六）十二月甲戌』條，臺灣『中央研究院』歷史語言研究所校印本，一九六二年，第五百八十九至五百九十頁。

[二]《明武宗實録》卷一〇八『正德九年（一五一四）正月丁卯』條，臺灣『中央研究院』歷史語言研究所校印本，一九六二年，第二千二百至二千二百零一頁。

錯簡問題，其中部分公文可以依據公文文體及筆迹、行距、内容等因素，進行錯簡綴合復原。現概述如下。

（一）申狀

此類公文即孔繁敏先生文中所言第五類，文書中皆有「抄蒙」字樣。孔先生在文中指出，「抄蒙」一詞爲明公文術語，此判定無誤。從現存明代公文可見，「抄蒙」一般用於下級機構轉引上級機構公文内容，但其並不能用來判定文書性質。天一閣藏《國朝諸臣奏議》紙背所存帶有「抄蒙」字樣的公文，撰擬機構均爲南京各倉場，而結尾處基本帶有「須至申（或呈）者」和「右申（或呈）」字樣，且申文對象均爲「巡視倉場監察御史羅」，據此可知，此類公文應爲南京各倉場或南京南城兵馬指揮司申巡視倉場監察御史羅狀。

據統計，天一閣藏《國朝諸臣奏議》紙背所存此類公文共計二十三葉，分别爲第一册丙集目録第二十一葉紙背明正德二年三月南京府軍衛倉爲禁約事申狀殘件、第二册卷五十四第十三葉紙背明正德二年三月南京豹韜左衛倉申巡視倉場監察御史羅狀爲巡視倉場事殘件、第二册卷五十五第十四葉紙背明正德二年南京厶倉場申狀爲禁約事殘件、第二册卷六十第五葉紙背明正德二年厶倉申狀爲禁約事殘件、第二册卷六十第八葉紙背明正德二年三月南京鷹揚衛倉申巡視倉場監察御史羅狀爲巡視倉場事殘件、第三册卷六十七第十五葉紙背明正德二年五月南京留守左衛倉申巡視倉場監察御史羅狀爲總督糧儲事殘件、第三册卷六十八第七葉紙背明正德二年三月南京羽林右衛復成橋倉申巡視倉場監察御史羅狀爲禁約事殘件、第三册卷六十八第十葉紙背明正德二年四月南京金吾後衛西倉申巡視倉場監察御史羅狀爲禁約事殘件、第三册卷七十三第二葉紙背明正德二年厶倉場申巡視倉場監察御史羅狀爲禁約事殘件、第四册卷一一六第十五葉紙背明正德二年四月南京旗手衛西倉申巡視倉場監察御史羅狀爲禁約事殘件、第五册卷一二三第十一葉紙背明正德二年五月十三日南京虎賁右衛倉申巡視倉場監察御史羅狀爲地方事殘件、第五册卷一二五第七葉紙背明正德二年三月南京金吾後衛東倉申巡視倉場監察御史羅狀爲地方事殘件、第五册卷一二七第十二葉紙背明正德二年厶倉申巡視倉場監察御史羅狀爲禁約事殘件、第五册卷一二九第四葉紙背明正德二年四月南京金吾後衛西倉申巡視倉場監察御史羅狀爲禁約事殘件、第六册卷一三〇第十四葉紙背明正德二年厶倉申巡視倉場監察御史羅狀殘件、第七册卷一三五第十九葉紙背明正德二年四月南京驍騎右衛倉申巡視倉場監察御史羅狀爲禁約事殘件、第七册卷一三八第九葉紙背明正德二年南京錦衣衛烏龍潭倉申巡視倉場監察御史羅狀爲地方事殘件、第八册卷一四〇第四葉紙背明正德二年五月南京虎賁右衛倉申巡視倉場監察御史羅狀爲總督糧儲事殘件、第八册卷一四二第十五葉紙背明正德二年五月南京虎賁左衛倉申巡視倉場監察御史羅狀爲地方事殘件、第八册卷一四三第七葉紙背明正德二年四月南京旗手衛西倉申巡視倉場監察御史羅狀爲禁約事殘件、第八册卷一四三第八葉紙背明正德二年南京錦衣衛烏龍潭倉申巡視倉場監察御史羅狀爲禁約事殘件、第八册卷一四四第六葉紙背明正德二年厶倉申巡視倉場監察御史羅狀殘件、第八册卷一四四第十七葉紙背明正德二年五月南京虎賁右衛倉申巡視倉場監察御史羅狀爲地方事殘件及第一册總目第十三葉紙背、第四册卷一一五第十一葉紙背、第四册卷一一五第十七葉紙背、第八册卷一四二第二十三葉紙背等四葉明正德二年南京南城、西城兵馬指揮司呈巡視倉場監察御史羅狀爲禁革奸弊事殘件。

由上可見，天一閣藏《國朝諸臣奏議》紙背所存機構撰擬公文，均與明代監察御史巡視倉場的管理職能相關，所涉事項主要包括禁約事、巡視倉場事、總督糧儲事、地方事及禁革奸弊事等。

1. 禁約事

涉及此事的申文可綴合的僅兩件，分别爲第三册卷六十八第十葉紙背文書與第五册卷一二九第四葉紙背文書綴合之明正德二年四月南京金吾後衛西倉申巡視倉場監察御史羅狀爲禁約事及第四册卷一一六第十五葉紙背文書與第八册卷一四三第七葉紙背文書綴合之明正德二年四月南京旗手衛西倉申巡視倉場監察御史羅狀爲禁約事。

第三册卷六十八第十葉紙背現存文字四行：

（前缺）

1 □指稱本院家人、弟男、子姪、親故及皂隸、跟隨、書辦、人役名色，在所屬倉場索取財物、借倩人夫、百計求爲，□

2 □就行捉拿送院，以憑問發。蒙此，依蒙外，今將本倉官攢重甘結狀，理合粘連申繳施行，須至申者。

（中缺）

3 **本日到**

4 □　副使王海

第五册卷一二九第四葉紙背現存文字

1 南京金吾後衛西倉爲禁約事。抄蒙

2 巡視倉場監察御史羅　案驗，該奉

3 南京都察院劄付，備仰本倉着落當該官攢，照依案驗内事理，今後但□

4 積年光棍、攬頭、歇家、跟子、鋪行人等科斂誆騙，假以打點使用爲名者，不分真僞，許各該□

5 右　申

6 巡視倉場場[一]監察御史羅

7 正德貳年肆月（朱印）　初一

8 禁約事

此兩葉文書字迹相同，内容相關，可以綴合，綴合後内容如下：

1 南京金吾後衛西倉爲禁約事。抄蒙

2 巡視倉場監察御史羅　案驗，該奉

3 南京都察院劄付，備仰本倉着落當該官攢，照依案驗内事理，今後但□[二]指稱本院家人、弟男、子姪、親故及皂隸、跟隨、書辦、人役名色，在所屬倉場索取財物、借倩人夫、百計求爲，□[三]

4 積年光棍、攬頭、歇家、跟子、鋪行人等科斂誆騙，假以打點使用爲名者，不分真僞，許各該□□[四]就行捉拿送院，以憑問發。蒙此，依蒙外，今將本倉官攢重甘結狀，理合粘連申繳施行，須至申者。

本日到

5 右　申

6 巡視倉場場[五]監察御史羅

7 正德貳年肆月（朱印）　初一　□[六]副使王海

8 禁約事

[一] 據文意推斷，此「場」字應爲衍文。
[二] 據文義推斷，此處所缺文字應爲「有」。
[三] 據文義推斷，此處所缺文字應爲「及」。
[四] 據第八册卷一四三第八葉紙背可知，此處所缺文字應爲「人員」。
[五] 據文義推斷，此「場」字應爲衍文。
[六] 據文義推斷，此處所缺文字應爲「日」。

第四册卷一一六第十五葉紙背現存文字三行：

（前缺）

1 □理遵守外。蒙此，依蒙本年三月初一日起至三十日止，本倉並無親故及皂隸、跟隨、書辦、人役名色，在於

2 □點使用爲名，委無前項情弊緣由。爲此，今將通倉官攢不致扶同重甘結狀，合行粘連繳報施行，須至申者。

3 **本日到**

（後缺）

正面現存文字一行：

1 當該攢典李昌字無洗補

第八册卷一四三第七葉紙背現存文字七行：

1 南京旗手衛西倉爲禁約事。案照先抄奉

2 巡按倉場監察御史羅　案驗前事。奉此，除遵奉案驗內事□

3 弟姪、親故及皂隸、跟隨、書辦、人役名色前來本倉索取財物、誆騙，假以□

4 右　申

5 巡視倉場監察御史羅

6 正德二年四月（朱印）　初壹　日副使李宗

7 禁約事

此兩葉紙背文書字迹、行距相同，内容相關，可以綴合，綴合後内容如下：

背面：

1 南京旗手衛西倉爲禁約事。案照先抄奉

2 巡按倉場監察御史羅　案驗前事。奉此，除遵奉案驗内事理遵守外。蒙此，依蒙本年三月初一日起至三十日止，本倉並
無親故及皂隸、跟隨、書辦、人役名色，在於

3 弟姪、親故及皂隸、跟隨、書辦、人役名色前來本倉索取財物、誆騙，假以□[二]點使用爲名，委無前項情弊緣由。爲此，今將
通倉官攢不致扶同重甘結狀，合行粘連繳報施行，須至申者。

4 **本日到**

5 右　申

6 巡視倉場監察御史羅

7 正德二年（朱印）四月　初壹　日副使李宗

8 禁約事

正面：

1 當該攢典李昌字無洗補

從綴合後明正德二年四月南京旗手衛西倉爲禁約事申巡視倉場監察御史羅狀中『本年三月初一日起至三十日止』一語及該件文書上呈日期爲『四月初壹』可推斷，此類倉場爲禁約事申『巡視倉場監察御史』狀，應是采用了『月報』制度，按月申報。禁約内容包含兩個方面：

一是禁止有人『指稱本院家人、弟男、子姪、親故及皂隸、跟隨、書辦、人役名色，在所屬倉場索取財物、借倩人夫、百計求爲』。其中『本院』應指南京都察院，因綴合後明正德二年四月南京金吾後衛西倉爲禁約事申巡視倉場監察御史羅狀中，該句話明顯爲南京金吾後衛西倉轉引監察御史羅公文而來，監察御史隸屬都察院，故其公文中『本院』應指南京都察院。

二是禁止有人冒充『積年光棍、攬頭、歇家、跟子、鋪行人等科斂誆騙，假以打點使用爲名』誆騙財物。但從綴合後明正德二年四月南京金吾後衛西倉爲禁約事申巡視倉場監察御史羅狀中，該句後有『不分真僞』一句及公文中存在軍餘、鋪户代繳税糧的現象，則此條禁令所禁應主要是『科斂誆騙』的行爲，正常的攬納代繳税糧行爲，應不在禁止之列。

[二] 據文義及同書紙背相似文書可知，此處所缺文字應爲『打』。

文書所載禁約内容，與萬曆《明會典》所載基本相同。萬曆《明會典》卷二十二《倉庾二·内外各倉通例》載：

> 弘治十三年（一五〇〇）又奏准，在京在外并各邊，但係一應收放糧草去處，若職官子弟、積年光棍、跟子、買頭、小脚、跟官、伴當人等，三五成群搶奪籌斛、占堆行概等項，打攪倉場及欺淩官攢，或挾詐運納軍民財物者，杖罪以下，於本處倉場門首枷號一個月發落。徒罪以上，與再犯杖罪以下，免其枷號，屬軍衛者，發邊衛；屬有司者，發附近，俱永遠充軍。[二]

此外，上述兩件綴合後申文，末尾均有『今將通倉官攢不致扶同重甘結狀，合行粘連繳報施行』等語，可見此類申文應是與倉場攢典、官員的執結狀一並申呈，天一閣藏《國朝諸臣奏議》紙背即存有此類執結狀，詳見下文。

此類涉及『禁約事』的申文，因需每月申報一次，故部分倉場將其内容簡化，不再轉引巡視倉場監察御史的公文原文。簡化的申文内容如第三册卷六十八第七葉紙背明正德二年四月南京虎賁右衛倉申巡視倉場監察御史羅狀爲禁約事殘件：

1 南京虎賁右衛倉爲禁約事。抄蒙
2 巡視倉場監察御史羅　案驗前事。蒙此，依蒙案驗内事理□
3 右　　申
4 巡按倉場監察御史羅
5 正德二年四月（朱印）　十二　日副使
6 　禁約事

此公文即將原接收到的『巡視倉場監察御史』案驗公文的内容，即各種禁約條例進行了省略，但結合其他相似公文可知，其禁約應與上述兩個方面相同。

[二] 萬曆《明會典》卷二十二《倉庾二·内外各倉通例》，《續修四庫全書·史部》第七八九册，上海古籍出版社，一九九五年，第三百八十二至三百八十三頁。

2. 巡視倉場事

天一閣藏《國朝諸臣奏議》紙背所存涉及此事的機構撰擬公文，均不能綴合，僅第二册卷六十第八葉紙背明正德二年三月南京鷹揚衛倉申巡視倉場監察御史羅狀爲巡視倉場事殘件所存内容較爲豐富，現謄録如下：

1 南京鷹揚衛倉爲巡視倉場事。抄奉
2 巡視倉場監察御史羅　案驗，奉
3 南京都察院劄付，仰抄案回倉着落當該官攢照依劄付内事
4 弊，中間如或□□當與弊，自當□許各陳所見呈來，以憑覈實
5 右　申
6 巡視倉場監察御史羅
7 正德二年三月（朱印）　初柒
8 巡視倉場事

從文書所存内容來看，此類事件應是巡倉御史奉南京都察院劄付，下文給倉場，許各倉場自陳有無違約情弊等事，當屬巡倉御史職責之一部分。

3. 總督糧儲事

天一閣藏《國朝諸臣奏議》紙背所存涉及此事的機構撰擬公文也未見可綴合者，其中第三册卷七十二第八葉紙背明正德二年五月南京羽林右衛復成橋倉申巡視倉場監察御史羅狀爲總督糧儲事殘件所存文字較多，現謄録如下：

1 南京羽林右衛復成橋倉爲總督糧儲事。抄蒙
2 巡視倉場監察御史羅　案驗，奉
3 欽差總督南京粮儲都察院左僉都御史儲　劄付前事，備仰抄案回倉
4 蒙此，除欽遵外，今具本倉官攢不違依准，理合粘連申繳

5　右　　申

6　巡視倉場監察御史羅

7　正德貳年伍月（朱印）

8　總督粮儲事

從現存内容來看，『總督糧儲事』基本與『欽差總督南京粮儲都察院左僉都御史儲』有關。

孔繁敏先生根據《國朝獻徵録》卷二十七《通議大夫南京吏部左侍郎儲公巏行狀》和《甘泉先生文集》外編卷三《送都憲儲先生之南都序》等判定，文書中『欽差總督南京糧儲都察院左僉都御史儲』應爲儲巏[一]，筆者同意孔先生之判定。關於儲巏，《明史》有傳：

儲巏，字静夫，泰州人。九歲能屬文。母疾，刲股療之，卒不起。家貧，力營墓域。旦哭冢，夜讀書不輟。成化十九年鄉試，明年會試，皆第一。授南京考功主事。孝宗嗣位，疏薦前直諫貶謫者，主事張吉、王純，中書舍人丁璣，進士李文祥，吉等皆録用。久之，進郎中。吏部尚書耿裕知其賢，調北部，考注臧否，一出至公……擢太僕少卿，請命史官記注言動，如古左右史，時不能用。進本寺卿。

武宗立……正德二年改左僉都御史，總督南京糧儲。召爲户部右侍郎，尋轉左，督倉場，所至宿弊盡釐。[二]

據此載，儲巏在成化二十年（一四八四）會試考舉第一，後歷任授南京考功主事、太僕寺卿。正德二年（一五〇七）提爲左僉都御史，總督南京糧儲，之後，又陞爲户部右侍郎，總督倉場。關於儲巏出任『左僉都御史』『總督南京糧儲』的具體時間，《明武宗實録》載：

[一] 孔繁敏：《明代南京倉場及殘存的公文資料》，《文獻》一九八八年第二期，第一百四十五頁。

[二] （清）張廷玉等：《明史》卷二八六《儲巏傳》，中華書局，一九七四年，第七千三百四十五至七千三百四十六頁。

正德二年閏正月壬申，陞太僕寺卿儲巏爲都察院右僉都御史，總督南京糧儲。[一]

由此可知，儲巏出任「僉都御史」是正德二年閏正月。然而，此處所載其職爲都察院右僉都御史，與明史及公文所見職位有異。但據《明武宗實録》卷四十五載：

正德三年十二月庚寅，陞提督南京糧儲、都察院左僉都御史儲巏爲户部右侍郎，總督漕運。[二]

同是《明實録》，但關於儲巏任職南京都察院僉都御史的記載却出現了前後抵牾之情況，另，《顧華玉集》卷三十四《通議大夫南京吏部左侍郎儲公行狀》載：

公諱巏，字静夫，別號柴墟……（弘治）丁巳（一四九七）擢太僕少卿……乙丑（一五〇五）陞本寺卿……奏擢都察院左僉都御史、總督南京糧儲……正德戊辰（一五〇八）擢户部右侍郎。[三]

結合《明史・儲巏傳》所載，尤其是公文所載，可知《明武宗實録》「正德二年閏正月壬申」條所載「陞太僕寺卿儲巏爲都察院右僉都御史」有誤，其所任職應爲「左僉都御史」。

據史籍記載，「總督南京糧儲」，有明一朝曾在都御史及南京户部侍郎之間有所反複。《明會要》卷三十一《職官三・督理糧儲》載：

南京糧儲，舊督以都御史。正統十二年（一四四七）冬，命户部侍郎張鳳兼理，廉謹善執法，號「板張」。（《張鳳傳》）

天順二年（一四五八），南京督理糧儲缺官。帝問李賢：「大臣中誰曾居此職者？」賢以軒輗對，且稱其廉。帝乃

[一]《明武宗實録》卷二十二「正德二年（一五〇七）閏正月壬申」條，臺灣「中央研究院」歷史語言研究所校印本，一九六二年，第六百二十八頁。

[二]《明武宗實録》卷四十五「正德三年（一五〇八）十二月庚寅（一五〇九年一月十七日）」條，臺灣「中央研究院」歷史語言研究所校印本，一九六二年，第一千零三十五至一千零三十六頁。

[三]（明）顧璘《顧華玉集》卷三十四《通議大夫南京吏部左侍郎儲公行狀》，《金陵叢書》第四函甲集六第三十二册，上海蔣氏慎修書屋一九一四年鉛印本，第十一頁。

命以左都御史往。（《軒輗傳》）

南京糧儲，自成化後皆以都御史領之。至嘉靖二十六年（一五四七），始命户部兼理。三十九年（一五六〇），振武營軍亂，言者請復舊制。（《王廷傳》）

三月丁巳，遂以都御史章煥督理糧儲。（《大政記》）

隆慶四年（一五七〇）三月，裁革總督南京糧儲都御史，以其事屬之南京户部侍郎，仍設巡倉御史一員佐之。（王圻《通考》）

崇禎三年（一六三〇），擢呂維祺南京户部右侍郎，總督糧儲。設會計簿，鈎考隱没侵欺及積逋不輸各數十百萬。大者彈奏，小者捕治，立法嚴督，屯課倉庾漸充。條上六議，帝稱善，即行之。（《呂維祺傳》）[一]

關於『總督糧儲』的具體職責，唐文基先生在《明代糧食倉儲制度》一文中指出：

這些總督糧儲大員職責，史無明文。但依大量文獻資料判斷，大體有三：第一，掌握糧儲消漲動態，及時向皇帝奏報；第二，對增加糧儲的辦法，如糴買、開中納糧、捐納等具體措施，提出建議；第三，對必要時非常規的儲糧動用，如賑災、平糶、調撥等，提出具體建議。[二]

其實，除上述職責之外，『總督南京糧儲』應還負有聯合南京户部，管理南京税糧運納收儲及監督相關辦理官員的職責，如《明會典》卷四十二《南京户部》載：

正德十一年（一五一六），令本部（筆者按：南京户部）并總督南京糧儲衙門，每年候所屬府州縣，解到總部部運官員職名並糧納，各分解備細數目文册，查對判撥，交納户部。部運委官，將帶批文私自回家，違限三個月之上者送問；半年之上者，照不謹事例，問革爲民。[三]

[一]（清）龍文彬：《明會要》卷三十一《職官三·督理糧儲》，中華書局，一九五六年。

[二] 唐文基：《明代糧食倉儲制度》，《明史研究論叢》（第六輯），黄山書社，二〇〇四年，第三百四十一頁。

[三] 萬曆《明會典》卷四十二《户部二九·南京户部·糧儲》，《續修四庫全書·史部》第七八九册，上海古籍出版社，一九九五年，第七百四十一頁。

具體到天一閣藏《國朝諸臣奏議》紙背所存相關公文而言，『總督糧儲事』基本爲巡視倉場監察御史奉欽差總督南京糧儲都察院左僉都御史劄付辦理相關事宜。但可惜的是，因爲文書内容殘缺，所涉及具體事宜内容不明。但根據文書内容可知，各倉場在接到巡倉御史此類事件公文後，需出具『不違依准』，與申文一起上報。此類『不違依准』，天一閣藏《國朝諸臣奏議》紙背也保存有相關公文。

4. 地方事

天一閣藏《國朝諸臣奏議》紙背存涉及此類事項的機構撰擬公文同樣未見可綴合者，其中以第五册卷一二五第七葉紙背明正德二年三月南京金吾後衛東倉申巡視倉場監察御史羅狀爲地方事殘件所存文字較多，現眷録如下：

1 南京金吾後衛東倉爲地方事。抄奉

2 巡視倉場監察御史羅　案驗，該奉

3 欽差總督南京糧儲都察院左僉都御史儲　劄付前事，仰各

4 明白開報，以憑采擇回報施行，毋得違錯不便。抄案□

5 官攢不致有違依准，粘連申報施行，須至申者。

6 右　　申

7 巡視倉場監察御史羅

8 正德貳年伍月（朱印）　　拾壹　　日副

9 地方事

通過文書殘存内容可見，此類『地方事』基本與『總督糧儲事』相似，同是由『巡視倉場監察御史』奉『欽差總督南京糧儲都察院左僉都御史』之命下文給各倉場辦理，各倉場接到相關公文後，需『明白開報，以憑采擇回報施行』，並且與『不違依准』一起呈報。各倉場的『不違依准』，天一閣藏《國朝諸臣奏議》紙背現存有部分相關公文。至於具體事項『明白開報，以憑采擇回報施行』，結合『總督南京糧儲』的具體職責推斷，或許可能與各地糧食的糧價、糴米有關。但未見完整公文，筆者也不敢妄下定論。

5. 禁革奸弊事

天一閣藏《國朝諸臣奏議》紙背現存涉及「禁革奸弊事」機構撰擬申狀，撰擬主體除倉場外，另有四葉兵馬指揮司涉及此事項的申狀，分别爲第一册總目第十三葉紙背、第四册卷一一五第十一葉紙背、第四册卷一一五第十七葉紙背、第八册卷一四二第二十三葉紙背。其中，第一册總目第十三葉紙背和第八册卷一四二第二十三葉紙背屬公文上半部分，撰擬機構分别爲南京南城兵馬指揮司和南京西城兵馬指揮司，呈文對象均爲巡視倉場監察御史羅；第四册卷一一五第十一葉紙背和第四册卷一一五第十七葉紙背則均爲公文下半部分，内容基本相同，據其中所存官員姓名判定，應同屬南京南城兵馬指揮司公文。

經過對四件公文殘葉筆迹、行距的仔細對比，可確定第一册總目第十三葉紙背和第四册卷一一五第十七葉紙背應同屬一件公文，可以綴合，綴合後爲明正德二年五月南京南城兵馬指揮司爲禁革奸弊事呈巡視倉場監察御史羅狀。其中，第一册總目第十三葉紙背現存文字九行：

1 南京南城兵馬指揮司爲禁革奸弊事。案照先抄蒙

2 巡視倉場監察御史史　案驗前事，仰本司着落當該官吏照依案驗内

3 解院以憑照例問發。及不時省諭附近居住軍民謹慎火燭，提防盗賊，不

4 或不行嚴督用心緝捕，事發一体參究不恕。蒙此，依蒙案驗内事理，嚴

5 軍民謹慎火燭，一体遵依外。爲此，今將取到該倉地方火甲結狀，同本司官吏

6 右　呈

7 巡視倉場監察御史羅

8 正德二年五月（朱印）　初二　日指揮楊華　副指揮　魏□[二]　鄭□

9 禁革奸弊事

[二] 據同書第四册卷一一五第十一葉紙背文書可知，副指揮應爲「魏雲、鄭鶴」。

第四册卷一一五第十七葉紙背現存文字五行：

（前缺）

1 □理即便嚴督該管地方火甲人等用心緝訪，遇有前項積年光棍打攬倉場、挾詐糧納，即便擒拿

2 □許牲畜，作踐墻垣，壅塞水道。仍仰每月貳次具官吏並火甲人等，不致縱容隱匿結狀繳報。如

3 □該管地方火甲人等用心緝訪，遇有前項積年光棍、違犯之徒擒拿另解，及不時省諭附近居住

4 □不扶執結，理合呈繳施行，須至呈者。

（中缺）

5 □[一]目陶瑞

兩者綴合後内容如下：

1 南京南城兵馬指揮司爲禁革奸弊事。案照先抄蒙

2 巡視倉場監察御史史　案驗前事，仰本司着落當該官吏，照依案驗内□[二]理，即便嚴督該管地方火甲人等用心緝訪，遇
有前項積年光棍打攬倉場、挾詐糧納，即便擒拿

3 解院，以憑照例問發。及不時省諭附近居住軍民謹慎火燭，提防盜賊，不許牲畜作踐墻垣，壅塞水道。仍仰每月貳次具官
吏并火甲人等，不致縱容隱匿結狀繳報。如

4 或不行嚴督用心緝捕，事發一体參究不恕。蒙此，依蒙案驗内事理，嚴□[三]該管地方火甲人等用心緝訪，遇有前項積年光
棍、違犯之徒擒拿另解，及不時省諭附近居住

5 軍民謹慎火燭，一体遵依外。爲此，今將取到該倉地方火甲結狀，同本司官吏不扶執結，理合呈繳施行，須至呈者。

6 右　　呈

[一] 據第四册卷一一五第十一葉可知，此處所缺文字應爲『吏』。
[二] 據文義及明代文書書寫格式推斷，此處所缺文字應爲『事』。
[三] 據文義推斷，此處所缺文字應爲『督』。

7　巡視倉場監察御史羅

8　正德二年五月（朱印）　初二　日指揮楊華　副指揮　魏□[二]　鄭□　□[三]目陶瑞

9　禁革奸弊事

第八册卷一四二第二十三葉紙背屬南京西城兵馬指揮司撰擬公文，内容與上述復原公文大體相同，可知此類文書應屬當時南京五城兵馬指揮司日常事務辦理呈報文書。

從綴合後公文内容來看，此類公文爲南京五城兵馬指揮司接到『巡按倉場監察御史』（監察御史史待考）案驗公文之後，將相關事務辦理情況彙報巡視倉場監察御史羅的呈文。另據公文中『仍仰每月貳次具官吏并火甲人等，不致縱容隱匿結狀繳報』一語可知，此類公文需要一月申報二次，且與兵馬指揮司官吏並火甲人等的結狀一同繳報。

公文所涉及的『禁革奸弊事』，所禁革内容主要包括：一、嚴督該管地方火甲人等用心緝訪積年光棍打攬倉場、挾詐糧納的行爲，體現了兵馬指揮司負有維護倉場糧納秩序，對擾亂秩序的不法分子采取强制措施實施抓捕的職責；二、不時省諭附近居住軍民謹慎火燭，提防盜賊，體現了兵馬指揮司負有倉場附近消防與治安的職責；三、不許牲畜作踐墻垣、壅塞水道，則體現了兵馬指揮司負責與倉場有關的城墻保護和河道暢通工作，這是南城兵馬指揮司市政工程管理職能的具體體現。

（二）執結狀

天一閣藏《國朝諸臣奏議》紙背公文所見執結狀，撰擬主體既有個人，也有行政機構。其中，個人撰擬執結狀上文已經述及，在此主要介紹一下行政機構撰擬執結狀。

據統計，《國朝諸臣奏議》紙背現存機構撰擬執結狀共計十四件殘葉，分别爲第一册丁集目録第五葉紙背明正德二年三月南京金吾後衛東倉與執結爲禁約事殘件、第二册卷五十六第五葉紙背明正德二年四月南京金吾後衛東倉與執結爲禁約事殘件、第二册卷五十七第十三葉紙背明正德二年四月南京旗手衛西倉與執結爲禁約事殘件、第三册卷六十八第九葉紙背明正德二年三月南京金吾後衛西倉與執結爲禁約事殘件、第三册卷六十九第十三葉紙背明正德二年五月南京金吾後衛西倉與執結爲禁革奸弊事

[二] 據第四册卷一一五第十一葉紙背文書可知，副指揮應爲『魏雲、鄭鶴』。

[三] 據第四册卷一一五第十一葉紙背文書可知，此處所缺文字應爲『吏』。

殘件、第四册卷一一一第十六葉紙背明正德二年五月南京虎賁左衛倉與執結爲看守倉糧事殘件、第四册卷一一三第十葉紙背明正德二年三月南京金吾後衛西倉與執結爲禁約事殘件、第四册卷一一五第十六葉紙背明正德二年五月南京虎賁左衛倉與執結爲看守倉糧事殘件、第六册卷一三〇第十三葉紙背明正德二年南京豹韜左衛倉與執結爲禁革奸弊事殘件、第六册卷一三二第二十四葉紙背明正德二年五月南京府軍右衛西倉與執結爲看守倉糧事殘件、第七册卷一三五第二十葉紙背明正德二年四月南京驍騎右衛倉與執結爲禁約事殘件、第七册卷一三七第三葉紙背明正德二年五月南京虎賁右衛倉與結狀爲禁革奸弊事殘件、第七册卷一三七第四葉紙背明正德二年五月南京金吾後衛南倉與結狀爲看守倉糧事殘件、第八册卷一四二第十七葉紙背明正德二年五月南京旗手衛東倉與執結爲禁革奸弊事殘件。

由上舉各件文書可見，天一閣藏《國朝諸臣奏議》紙背機構撰擬執結狀所涉及事項包括禁約事、看守倉糧事、禁革奸弊事等。現分别舉例如下。

1. 禁約事

天一閣藏《國朝諸臣奏議》紙背機構撰擬涉及禁約事執結狀中，以第三册卷六十八第九葉紙背文書與第四册卷一一三第十葉紙背文書綴合之明正德二年三月南京金吾後衛西倉爲禁約事執結狀最爲完整。其中，第三册卷六十八第九葉紙背現存文字十一行：

（前缺）

1 本倉並無指稱本院家人、弟男、子姪、親故及皂隸、跟隨、書辦、人役到倉索取財物、借倩丁夫、百計

2 意阿縱，扶同作弊。如有前情，甘當重罪無詞，結狀是實。

3 王

4 陳

5 項

6 田

7 攢　典　陳

8 蔡

9 何

10 李

11　何

第四冊卷一一三第十葉紙背現存文字四行：

1　南京金吾後衛西倉今於

2　與結狀爲禁約事。依奉管得本年三月初一日起至三十

3　及通同積年光棍、攬頭、歇家、跟子、鋪行人等科斂誆騙，假以打點使用，亦無詐僞

4　正德貳年叁月（朱印）

兩者綴合內容如下：

1　南京金吾后衛西倉今於

2　與結狀爲禁約事。依奉管得本年三月初一日起至三十□□[一]，本倉並無指稱本院家人、弟男、子姪、親故及
皂隸、跟隨、書辦、人役到倉索取財物、借倩丁夫、百計□□[二]

3　及通同積年光棍、攬頭、歇家、跟子、鋪行人等科斂誆騙，假以打點使用，亦無詐僞□[三]意阿縱，扶同作弊。如有前情，甘
當重罪無詞，結狀是實。

4　正德貳年叁月（朱印）　□□　□[四]　王

5　陳

6　項

7　田

[一] 據文義及同書紙背其他相似文書推斷，此處所缺文字應爲『日止』。

[二] 據第七冊卷一三五第十九葉可知，此處所缺文字應爲『求爲』。

[三] 據文義推斷，此處所缺文字疑爲『曲』。

[四] 據文義推斷，此處所缺文字應爲『日副　使』。

8　攢　典　陳

9　蔡

10　何

11　李

12　何[二]

從綴合後公文内容可見，其中所列『禁約事項』基本與上文所述各倉場呈巡視倉場監察御史關於禁約事的申狀所列相同，且申狀中明確指出，禁約事申狀需與各倉官攢不致扶同結狀一同粘連繳報，由此可確定此類公文即申狀當中所言結狀。

另外，天一閣藏《國朝諸臣奏議》紙背文書中還見有倉場官攢個人爲禁約事所撰執結狀，如第一册乙集目録第二十葉紙背明正德二年三月南京府軍衛倉官攢蘇良浩等與執結爲禁約事殘件：

1　南京府軍衛倉官攢蘇良浩等今於

2　與結狀爲禁約事。蒙此，除依蒙案驗内□

3　如違甘罪無詞，結狀是實。

4　正德貳年叁月□

由此結合上文所述申狀可知，明代各倉場日常管理中，每月各倉需以倉場名義出具無有扶同作弊、違背禁約的執結狀，同時倉場官吏、攢典等也需以個人名義出具相似執結狀，連同倉場申狀一同繳申巡視倉場監察御史。

2. 看守倉糧事

天一閣藏《國朝諸臣奏議》紙背機構撰擬涉及看守倉糧事執結狀中，以第四册卷一一一第十六葉紙背文書與同册卷一一五第十六葉紙背文書綴合之明正德二年五月南京虎賁左衛倉與執結爲看守倉糧事最爲完整。其中，第四册卷一一一第十六葉紙背現存文字三行：

1　南京虎賁左衛倉今於

[二] 據文義及明代文書書寫格式推斷，第四至十二行所缺應爲各人姓名及簽押。

2　與執結爲看守倉糧事。依奉管得本倉軍餘等□

3　正德貳年伍月（朱印）□

卷一一五第十六葉紙背現存文字三行：

（前缺）

1　□在倉提鈴敲梆，看守倉糧，謹防火盜。中間不致有違，執結是實。

2　□日副　使　廖□

3　攢典宋礼太（背面簽押）

兩者綴合內容如下：

1　南京虎賁左衛倉今於

2　與執結爲看守倉糧事。依奉管得本倉軍餘等，在倉提鈴敲梆，看守倉糧，謹防火盜。中間不致有違，執結是實。

3　正德貳年伍月（朱印）　日副　使　廖□[二]

4　攢典宋礼太（背面簽押）

由綴合後公文內容可見，倉場看守倉糧職責主要由各倉軍餘人等負責，最主要是防火防盜。此類文書書寫格式與禁約事執結狀基本相同，根據情理推斷，此類公文應同屬於倉場上呈巡視倉場監察御史文狀。由此可知，巡視倉場監察御史還負責有監督各倉場看守倉糧是否到位的職責。

[二]　據文義及明代文書書寫格式推斷，此處所缺文字應爲副使姓名及簽押。

3. 禁革奸弊事

天一閣藏《國朝諸臣奏議》紙背現存涉及此類事項的機構撰擬執結狀無可綴合者，但現存相關文書，既有以倉場名義出具的執結狀，也有以倉場官攢個人名義出具的執結狀。前者如第三册卷六十九第十三葉紙背明正德二年五月南京金吾後衛西倉與執結爲禁革奸弊事殘件：

1　南京金吾後衛西倉今於

2　　與執結爲禁革奸弊事。依奉管得本倉軍餘□

3　正德貳年伍月（朱印）□

後者如第四册卷一一一第十五葉紙背明正德二年五月南京羽林右衛復成橋倉把門副使熊壯與執結爲禁革奸弊事殘件：

1　南京羽林右衛復成橋倉把門副使熊壯今於

2　　與執結爲禁革奸弊事。依奉管得本倉正德貳年伍月分坐放南京牧馬□

3　正德貳年伍月□

但可惜的是，因爲文書殘缺，各倉場『禁革奸弊事』具體内容不明，其與兵馬指揮司『禁革奸弊』的異同也不清楚。但可以肯定的是，此類禁革奸弊事執結狀，應與禁約事執結狀相同，每月各倉以倉場名義、倉中官攢則應以個人名義共同出具，一併與相關申狀一同粘連申繳巡視倉場監察御史。

另外，在上文個人撰擬公文概述中，筆者曾指出，天一閣藏《國朝諸臣奏議》紙背存有倉場官攢所撰涉及『官軍俸糧』『放支馬草』等事的執結狀，如第二册卷五十八第四葉紙背文書與第三册卷七十一第二葉紙背文書綴合之正德二年四月南京豹韜左衛倉把門攢典黄永興爲官軍俸糧事執結狀、第六册卷一三四第十九葉紙背明正德二年三月南京旗手衛西倉捉斛副使陳銘爲放支馬匹草料事執結狀等，結合上述機構撰擬執結狀可推知，『官軍俸糧』『放支馬草』等執結狀申報對象應同爲巡視倉場監察御史，故巡倉御史也負有監督俸糧、馬草放支是否違規的職責。

（三）依准狀

天一閣藏《國朝諸臣奏議》紙背現存依准狀，即孔先生文中所言第四類，文書内容均含有『與依准』字樣的公文。

據統計，此類文書現存十四葉，分别爲第一册丁集目録第六葉紙背明正德二年三月南京府軍衛倉與依准爲禁約事殘件、第二册卷五十四第十四葉紙背明正德二年三月南京豹韜左衛倉與依准爲巡視倉場事殘件、第四册卷一一二第十六葉紙背明正德二年厶倉與依准殘件、第五册卷一二三第十二葉紙背明正德二年五月南京虎賁右衛倉與依准爲地方事殘件、第五册卷一二五第八葉紙背明正德二年三月南京金吾後衛東倉與依准爲總督糧儲事殘件、第五册卷一二七第十一葉紙背明正德二年南京旗手衛西倉與依准殘件、第六册卷一三三第二十三葉紙背明正德二年三月南京虎賁右衛倉與依准爲禁約事殘件、第七册卷一三五第四葉紙背明正德二年南京驍騎右衛倉與依准殘件、第七册卷一三五第十三葉紙背明正德二年南京驍騎右衛倉與依准殘件、第七册卷一三五第十四葉紙背明正德二年三月南京鷹揚衛倉與依准爲巡視倉場事殘件、第七册卷一三八第十四葉紙背明正德二年五月南京金吾後衛東倉與依准爲地方事殘件、第八册卷一四〇第三葉紙背明正德二年五月南京虎賁右衛倉與依准爲總督糧儲事殘件、第八册卷一四四第二葉紙背明正德二年五月南京虎賁左衛倉與依准爲地方事殘件、第八册卷一四四第五葉紙背明正德二年厶倉與依准殘件。

從上列各文書殘件可見，該類文書均是南京各衛倉就上級指示履行各類職責所書呈狀，涉及事項包括倉場『禁約事』『巡視倉場事』『地方事』『總督糧儲事』『倉糧事』，等等。可惜的是，此類公文無可綴合者。但由現存公文可見，此類公文書寫格式與『執結狀』基本相同，如第一册丁集目録第六葉紙背明正德二年三月南京府軍衛倉與依准爲禁約事殘件：

1 南京府軍衛倉今於

2 與依准爲禁約事。蒙此，除依蒙案驗内事□

3 正德貳年叁月（朱印）□

此爲『依准狀』上半部分，其下半部分書寫格式如第四册卷一一二第十六葉紙背明正德二年厶倉與依准殘件：

（前缺）

1 □外，管不違悮，依准是實。

2 □日副　使　薛钊（背面簽押）

3 攢典蒲永敬（背面簽押）

由此可見，依准狀與執結狀格式基本相同。另外，上文所述『申狀』文書中，部分『申狀』文書言，需與倉場『不違依准』一同繳報申呈，如第五册卷一二五第七葉紙背明正德二年三月南京金吾後衛東倉申巡視倉場監察御史羅狀爲地方事殘件第五行言『官攢不致有違依准，粘連申報施行』，由此可知，此類依准狀，應即申狀所言『不違依准』，其需與申狀一併上呈。據此進一步可知，此類依准狀中所涉『禁約事』『巡視倉場事』『地方事』『總督糧儲事』『倉糧事』等，應與申狀所涉相同事項内容相同。

綜上所述，天一閣藏《國朝諸臣奏議》紙背現存機構撰擬公文，均爲各倉場及兵馬指揮司上呈巡視倉場監察御史狀文，文體包含『申狀』『執結狀』『依准狀』等，相同事項的『申狀』與『執結狀』或『依准狀』需一同繳報上呈。而其中所涉事項，包括『禁約事』『巡視倉場事』『地方事』『總督糧儲事』『禁革奸弊事』『看守倉糧事』『放支官軍俸糧事』『放支馬草事』等，均應屬巡倉御史監察範圍，由此可對巡倉御史的職責有更深一步的認知。

三、文書價值簡析

以上主要是從文書撰擬主體和文體性質兩個角度對天一閣藏《國朝諸臣奏議》紙背明代倉場公文進行了概述，並對部分文書進行了綴合復原。而如果從公文應用角度來看，這些公文又可以分爲以下四類：第一，與税糧、馬草解運、交納相關公文，主要包括告到狀、告完狀、運糧執結狀以及各種領狀；第二，與倉糧、馬草的放支、保管相關公文，主要是副使、攢典及堆夫等人執結狀；第三，與倉場吏員考核相關公文，即第五類供狀，主要涉及倉場攢典、吏員的考核遷轉；第四，倉場日常管理相關公文，即機構撰擬公文。

總體來看，這批紙背公文是關於明代税糧徵納、倉庫管理極爲難得的一手文獻資料，對於明代倉儲管理及公文制度有着極爲重要的史料價值。簡要而言，其價值可大體歸納爲以下幾個方面。

第一，提供了研究明代税糧交納程序的新資料。目前學界關於明代税糧的研究大部分集中於税糧制度、税糧數量等方面，但是對於税糧交納的具體程序，尤其是其中涉及的相關公文研究較少。而由這批紙背公文結合史籍記載可知，明代税糧交納程序大體如下：第一，在將税糧運到指定交納地點之後，運送人需先赴都察院提交告到狀；第二，在交納税糧之時，納糧人還需出具執結，即保證書，保證在所交納税糧中無以次充好的行爲，如有則甘當官罪；第三，在納糧之前，還需先提供米樣。史籍中關於米樣制度的記載多爲漕運制度方面，但據這批紙背公文可知，在各地納糧之時，也需事先提供米樣。所提供米樣在將税糧核對完成入倉之後，再由原納糧人領回，領回之時，納糧人出具領狀；第四，納糧之後所剩餘稻、碎米也由原納糧人出具領狀領回；第五，在納糧全部完成之後，收税倉出具實收小票，由納糧人交過領狀之後領出。納糧人領取小票之後，還需向都察院呈交告完狀，之後回原籍與原籍官員所掌號簿比對銷繳，至此納糧程序纔全部完成。馬草的交納過程與税糧基本相同。

第二，對於研究明代税糧運解制度提供了新資料。這批紙背公文中出現的關於明代税糧的解納，既有民解，又有官解。其中又以民解爲主，官解僅出現三份文書，即徽州府照磨所照磨范英及嘉興府崇德縣典史王德誠、松江府華亭縣主簿吴鸞等三人的告完狀。明代前期税糧的解運一直以民解爲主，但因當時交通條件較差，遠距離運輸實物，不但耗費極大，且面臨衆多風險。再加上明代鄉村比較閉塞，鄉民一旦被僉點爲解户，需要長途跋涉，難免會産生畏難情緒，故而不少解户爲免奔波之苦，便將錢糧物料委托給他人，即包攬人員代輸。[一] 但這些包攬人員往往會營私舞弊，以次充好，或是不按時解運，因此明中後期屢有官員疏請改用官解。如嘉靖四十三年（一五六四），給事中張岳建議：『各府所屬錢糧，歲委賢能佐貳一人類解，不得更僉大户累民。』[二] 萬曆元年（一五七三），『令凡遇起解一應錢糧，除陰、醫、武職、義民等官不許濫委。原係民解者，務選殷實大户，原係官解者，務選府州縣廉幹佐貳官員，酌量地理，定立期限前來』[三]。而這批公文中出現的官解文書屬於明代較早的官解資料，其標準、内涵與明後期官員上疏建議基本一致，這無疑對研究明代税糧的解運有着極爲重要的意義。

第三，爲研究衛所餘丁職能提供了新資料。陳瑞青先生即曾據這批公文中的餘丁文書，撰寫了《論明代軍户餘丁在糧草運輸和管理中的職能》一文，指出『餘丁』是相對於『正丁』和『正軍』而言的，是明代軍户丁員的重要組成部分，屬於正軍的預備役。除協助正軍戍守外，軍户餘丁還須到衛所承擔各種雜役。目前學界尚未有專門研究明代軍户餘丁的論著，一些論文在探討明代軍户問題時雖對軍户餘丁有所涉及，但更多的是關注餘丁作爲正軍兵員來源這一問題，對軍户餘丁承擔雜役情況則研究不足。而這批公文中所見衛所餘丁的執結狀，即爲研究明代餘丁在税糧解運過程中的差役及職能問題提供了新資料。通過對其展開分析可見，『餘丁』作爲正軍的預備役，在税糧運輸和倉庫管理中起到了十分重要的作用。而糧賦、馬草又事關軍政大體，因此明代各衛所對餘丁在運輸過程中是否造成糧食疏失升合與多取脚錢，是否造成馬草破損或插和濕草等進行嚴格的監督。《國朝諸臣奏議》紙背公文中保留的大量衛所餘丁執結狀，即是餘丁協助納户、糧長交納官糧、馬草後書寫的保證書，反映了明代倉庫管理的嚴密性。[四]

第四，爲研究明代巡視倉場監察御史職能權限提供了新資料。學界關於明代監察御史研究已有成果頗多，但其中關於『巡倉御史』的專題研究，則僅見連啓元先生《明代的巡倉御史》[五] 一篇專論。連先生在文中對明代巡倉御史的建置沿革進行了梳

[一] 高壽仙：《明代攬納考論——以解京錢糧物料爲中心》，《中國史研究》二〇〇七年第三期，第一百三十五頁。

[二] 《明世宗實録》卷五四〇『嘉靖四十三年（一五六四）十一月戊午』條，臺灣『中央研究院』歷史語言研究所校印本，一九六二年，第八千七百四十二頁。

[三] 萬曆《明會典》卷二十八《會計四·京糧》，《續修四庫全書·史部》第七八九册，上海古籍出版社，一九九五年，第五百零六頁。

[四] 陳瑞青：《論明代軍户餘丁在糧草運輸和管理中的職能——以天一閣藏〈國朝諸臣奏議〉紙背文獻爲中心》，《軍事歷史研究》二〇一六年第一期。

[五] 連啓元：《明代的巡倉禦史》，《明史研究專刊》二〇〇三年第十四期。

理，並對其職掌權限，從查核錢糧、催徵逋欠、清理河道、修繕倉廒、風憲糾劾等五個方面進行了論述。但文中關於巡倉御史在稅糧收納、倉場日常管理等方面的監管職能涉及較少。綜合來看，《國朝諸臣奏議》全部紙背文書的呈文對象都應是巡視倉場監察御史，故而對其展開分析研究，必將使我們對巡倉御史的職責權限有一個更深入、清晰的瞭解。例如，由納户、糧長等人在交糧過程中，需向巡倉御史呈交告到狀、執結狀、領狀、告完狀等一系列文狀可見，巡倉御史對稅糧交納過程進行全程監察。又如，從紙背保存的各倉場呈遞巡倉御史的申文來看，各倉場日常放支俸糧馬草、看守倉糧等行爲，也全部處於巡倉御史的監管之下。尤其難能可貴的是，文書中保存的南京南城兵馬指揮司呈巡倉御史狀中載，巡倉御史要求兵馬指揮司『嚴督該管地方火甲人等用心緝訪，遇有前項積年光棍打攪倉場、挾詐糧納，即便擒拿解院，以憑照例問發。及不時省諭附近居住軍民謹慎火燭，提防盜賊，不許牲畜作踐墻垣，壅塞水道。仍仰每月貳次具官吏并火甲人等，不致縱容隱匿結狀繳報。如或不行嚴督用心緝捕，事發一體參究不恕』。由此可見，明代五城兵馬指揮司所負責的工作中，凡是涉及倉場治安、消防及市政内容者，也全部屬於巡倉御史的監管權限。據此可見，明代巡倉御史的職能權限涉及稅糧及倉場的方方面面，可以説，凡是與稅糧徵收放支及倉場管理有關的事務，均屬其監察範疇。

第五，爲瞭解明代倉場官吏設置提供了新資料。目前學界關於明代倉場的研究成果中，凡是提及倉場官吏設置者，基本都是依據《明史》《明會典》等史籍記載，簡述稱明代倉場，每倉設『大使一員、副使一員』。但從《國朝諸臣奏議》紙背文書來看，涉及十九個軍衛倉的四百多葉文書中，無一件文書出現有『大使』，所有以軍衛倉名義撰擬的文書末尾官吏署押，均是副使和攢典。僅中和橋馬草場相關公文中見有大使署押。此現象不能用巧合來解釋，其證明最少是正德年間，各軍衛倉的大使應不常設，軍衛倉工作應是由副使負責。另外，由紙背文書還可見，各倉副使也不全部是一員，最多有設置四員者，且出現了『把門副使』『捉斛副使』等專職副使的稱呼。對其展開分析探討，無疑可進一步推動關於明代倉場管理研究的深入。

第六，爲研究明代基層公文制度提供了新資料。目前學界關於明代公文文體、制度的研究，關注較多的是皇帝詔敕、臣僚奏表及各中央機構的關牒公文，對於基層行政機構日常管理中所産生的各種公文則關注較少。而這批公文均爲南京各衛倉場日常行政當中産生的實用公文，爲我們研究明代基層公文制度提供了不可多得的寶貴資料。例如，通過將這批公文與唐宋元時期公文對比來看，我們可以清楚認識到明代公文對前代公文的繼承與發展。以元、明兩朝公文爲例，明代公文用語及文式在很大程度上繼承了元代公文。如在公文中常用『奉此』『准此』等語及一件公文中轉引有其他公文内容的公文結構等方面，明代公文均與元代漢語公文極爲相似。[一] 但明代公文在繼承前代公文文式上，又有自己的創新與改變。如，公文末尾的簽押，從唐至元均是與公

[一] 敦煌文書中保存有大量唐代公文原件，黑水城文書中則保存有大量元代漢文公文，並有部分宋代公文原件，將公文紙本古籍紙背的明代公文與其他各朝公文對比可見，明代公文在用語和結構方面，與元代漢語公文最爲相近，而與唐宋時期公文差别較大。

文内容位於同一面，而明代公文中的簽押，均位於公文内容的另一面，此爲明代公文的獨有特點。又如，明代對於隨意增減文書内容，處罰極爲嚴厲，明律規定：『凡增減官文書者，杖六十。若有所規避，杖罪以上各加本罪二等，罪止杖一百，流三千里；未施行者，各減一等，規避死罪者依常律。其當該官吏自有所避增減文案者，罪同。若增減以避遲錯者，笞四十。若行移文書，誤將軍馬、錢糧、刑名重事緊關字樣傳寫錯誤而洗補改正者，吏典笞三十，首領官失於對同，減一等；干礙調撥軍馬及供給邊方軍需錢糧數目者，首領官、吏典皆杖八十。若有規避故改補者，以增減官文書論，未施行者各減一等，因而失誤軍機者，無問過失，並斬。』[一]而爲了容易追責，明代公文在公文内容的背面會要求書寫上『字無洗補』的字樣，即文書内容沒有增減、改正的意思，以便保證公文内容不會被隨意塗改、增删。如《國朝諸臣奏議》第一册丙集目録第二十一葉正面即存一行文字『攢典程欽字無洗補』，丁集目録第一葉背面也存一行文字『攢典吴朝字無洗補』。這種標注公文無有修改的方式，同樣不見於前代公文。而無論是公文簽押方式的改變，還是『字無洗補』字樣的出現，均只有通過公文原件纔能瞭解，這也是這批公文對於研究明代公文制度的文獻價值所在。

當然，這批公文的價值意義也絶非僅限於以上幾點，以上總結難免挂一漏萬。筆者相信隨着這批資料的公布，必然會對明代税糧解納、倉儲管理、公文流轉的相關研究起到較大的推進作用。

總之，雖然明代傳世史籍數量衆多，但公文檔案資料仍具有不可替代的史料價值。衆所周知，檔案是原始的歷史記録，兼具原始性與記録性於一身，因而備受古今中外史學研究者的重視。檔案具有未經編輯的特性，在印證歷史事實、糾正史籍訛誤等方面具有其他史料無可比擬的權威性。而且新檔案資料的發現，往往能够推動史學研究取得極大發展。如近代以來，新發現的商周甲骨、漢晋簡牘、敦煌文書、内閣大庫檔案四大新史料，其中大多可視爲是檔案資料。這些新發現史料，對於先秦、魏晋南北朝、隋唐及明清史的研究均産生了重大影響，並形成了新的世界性學科，如敦煌學、簡牘學等。明代公文紙本古籍紙背文獻的數量及重要性，雖然不能與四大新材料相比肩，但也仍有其獨到之處，同樣可對明史研究産生一定的推動作用，爲明史研究領域的一項新課題。

（本文部分内容曾以《天一閣藏〈國朝諸臣奏議〉紙背公文復原與價值新探——以個人撰擬公文爲中心》爲名刊發於《文獻》二〇一八年第二期，當時限於篇幅，僅摘取了個人撰擬公文概述、復原及價值分析内容，現恢復全文收録。）

[一]（明）朱元璋敕撰，劉惟謙等撰：《大明律集解附例》卷三《吏律二》，江蘇廣陵古籍刻印社影印清光緒三十四年（一九〇八）修訂法律館刻本，一九八九年，第二十六頁。

天一閣藏《國朝諸臣奏議》紙背文書所見明代南京軍衛倉區位復原

耿洪利、宋坤

據史籍記載，明代南京倉場的大規模營建始於洪武三年（一三七〇），當時爲解決在京衛所糧草問題，朱元璋下令户部擴建軍衛倉二十所，「各置官，司其事，自一至第二十依次以數名之」[一]。至洪武二十八年設置長安門倉、東安門倉、西安門倉和北安門倉等皇城四門倉，「儲糧給守禦軍。增京師諸衛倉凡四十一」[二]。正德《明會典》卷三十九《户部二十四·倉庾》載四十一所衛倉名稱如下：

錦衣衛烏龍潭倉、旗手衛倉、金吾前衛倉、金吾後衛倉、羽林左衛倉、羽林右衛倉、虎賁左衛倉、虎賁右衛倉、驍騎右衛倉、龍驤衛倉、鷹揚衛倉、神策衛倉、留守中衛倉、留守左衛倉、留守右衛倉、留守前衛倉、留守後衛倉、興武衛倉、豹韜衛倉、府軍衛倉、府軍左衛倉、府軍右衛倉、府軍後衛倉、龍虎衛倉、武德衛倉、和陽衛倉、鎮南衛倉、瀋陽左衛倉、瀋陽右衛倉、孝陵衛倉、廣洋衛倉、天策衛倉、江陰衛倉、水軍左衛倉、水軍右衛倉、應天衛倉、横海衛倉、龍江左衛倉、龍江右衛倉、龍虎左衛倉、豹韜衛倉。[三]

萬曆《明會典》卷四十二《南京户部·倉庾》所載與此相同。[四] 按，《明會典》所載四十一所衛倉名稱中，有兩處「豹韜衛倉」，應有一處有誤。且其中所載四十一倉也並非是明代南京全部的軍衛倉名稱，如宣德十年（一四三五）南京都察院即曾上奏「南京諸衛倉六十餘處」[五]。另，天一閣藏《國朝諸臣奏議》紙背文書中也保存有幾處未見於《明會典》記載的軍衛倉。

[一]《明太祖實録》卷五十四「洪武三年（一三七〇）秋七月丁酉」條，臺灣「中央研究院」歷史語言研究所校印本，一九六二年，第一千零六十二至一千零六十三頁。

[二]〔清〕張廷玉等：《明史》卷七十九《食貨三·倉庫》，中華書局，一九七四年，第一千九百二十四頁。

[三]正德《明會典》卷三十九《户部二十四·倉庾》，汲古書院，一九八九年，第四百三十六至四百三十七頁。

[四]萬曆《明會典》卷四十二《户部二九·南京户部·倉庾》，《續修四庫全書·史部》第七八九册，上海古籍出版社，一九九五年，第七百三十八頁。

[五]《明英宗實録》卷十一「宣德十年（一四三五）十一月癸未」條，臺灣「中央研究院」歷史語言研究所校印本，一九六二年，第二百零八頁。

據統計，天一閣藏《國朝諸臣奏議》紙背文書現存二十個南京倉場名稱，其中倉庫十九個，分別爲南京長安門倉、應天衛倉、南京錦衣衛烏龍潭倉、南京旗手衛東倉、南京旗手衛西倉、南京金吾後衛東倉、南京金吾後衛西倉、南京金吾後衛南倉、南京虎賁左衛倉、南京虎賁右衛倉、南京驍騎右衛倉、南京鷹揚衛倉、南京留守左衛倉、南京豹韜左衛倉、南京府軍衛倉、南京府軍右衛倉、南京府軍右衛西倉、南京羽林右衛復成橋倉、南京羽林右衛養虎倉、橫海衛倉；草場一個，即南京中軍都督府中和橋馬草場。

其中，軍衛倉共計十八個，以此與《明會典》所載進行比較，可見兩者有以下幾處不同：

首先，《明會典》所載「旗手衛倉」，文書中則存「旗手衛東倉」和「旗手衛西倉」兩處倉場；

其次，《明會典》所載「金吾後衛倉」，文書中則存「金吾後衛東倉」「金吾後衛西倉」「金吾後衛南倉」三處倉場；

再次，《明會典》中記載有兩處「豹韜衛倉」，但文書中則存一處「豹韜左衛倉」，故《明會典》中應有一處「豹韜衛倉」爲「豹韜左衛倉」之訛；

復次，《明會典》中記載有「府軍右衛倉」，而文書中存有「府軍右衛西倉」一名；

最後，《明會典》中記載「羽林右衛倉」，而文書中則記有「羽林右衛復成橋倉」「羽林右衛養虎倉」兩處。

關於文書中所載幾處不見於《明會典》記載的軍衛倉名稱，在《明實録》中倒見有零星記載。如關於「金吾後衛西倉」，見於《明武宗實録》卷二十三「正德二年（一五〇七）二月乙酉」條：

> 正德二年二月乙酉，南京應天府常平倉大使、廣積庫副使、金吾後衛西倉副使，共三員。[一]

「旗手衛西倉」，見於《明憲宗實録》卷一七七「成化十四年（一四七八）夏四月丁未」條：

> 丁未，户部奏：南京旗手衛西倉火，延燒署字等廒。巡視倉糧南京御史郭經、監督主事林表及總督糧儲副都御史胡拱辰防範不嚴，俱宜逮問。[二]

「羽林右衛復成橋倉」則見於《明英宗實録》卷二三一「景泰四年（一四五三）秋七月辛未」條：

[一]《明武宗實録》卷二十三「正德二年（一五〇七）二月乙酉」條，臺灣「中央研究院」歷史語言研究所校印本，一九六二年，第六百三十七頁。

[二]《明憲宗實録》卷一七七「成化十四年（一四七八）夏四月丁未」條，臺灣「中央研究院」歷史語言研究所校印本，一九六二年，第三千一百九十六頁。

辛未添設南京羽林右衛復成橋倉，置副使一員。[一]

天一閣藏《國朝諸臣奏議》紙背文書現存十九個倉庫中，「長安門倉」屬南京皇城四門倉之一，位置較爲明確，而十八個軍衛倉則位置不明。筆者在翻閲《南京都察院志》時偶見相關記載，同時詳列這些軍衛倉的位置所在，故筆者擬依據《南京都察院志》所載内容，同時結合洪武《京城圖志》及《金陵古今圖考》等，對文書所涉及的軍衛倉進行區位復原，以便更形象、更具體地還原明代南京軍衛倉地理位置，不妥之處，祈請方家指正。

一、《南京都察院志》所載南京軍衛倉及其區位復原

《南京都察院志》爲明末施沛所修，編修於天啓元年（一六二一），成書於天啓三年。在纂修過程中，參考了《明實録》《明會典》《通志》《郡邑志》等書和南京都察院所存官檔，詳細記載了明代南京御史臺的官僚设置和職掌事迹。在具體内容上，分皇綸、廨宇、職官、職掌、儀注、奏疏、奏議、藝文志等目，内容豐富詳實。特别是在職掌中對南京五城兵馬指揮司的記載，按照具體方位的不同，分中城、東城、南城、西城、北城，詳列每城兵馬指揮司的本城事宜、公署、員役、錢糧、輿地、境内廨宇、城垣、山川等目，而境内廨宇中就包括了倉儲項。因此，本文首先擬對《南京都察院志》所載軍衛倉進行區位復原，然後再根據《南京都察院志》中載文書所見南京軍衛倉，結合洪武《京城圖志》及《金陵古今圖考》中明代南京城市圖，進行更爲精確的區位復原。

據《南京都察院志》所載，南京諸衛倉的地理位置分布於南京中、東、西、南、北五個不同方位，分屬南京中、東、西、南、北五城兵馬指揮司所轄。由此可知，南京五城兵馬指揮司與南京各軍衛倉之間有着不可分割的關係，關於此點，後文將詳細論述，在此主要擬進行南京軍衛倉的區位復原。

首先，中城兵馬司轄域内的南京軍衛倉分布情况，據《南京都察院志·中城職掌·倉》載：

旗手東倉，貞字鋪。旗手西倉，坐字鋪。留守左倉，聽字鋪。虎賁左倉，推字鋪。錦衣大倉，朝字鋪。驍騎倉，終字鋪。虎賁右倉，唐字鋪。長平倉，係應天府賑濟飢民，夜字鋪。留守右倉，上字鋪。羽林右倉，若字鋪。府軍倉，今改鑄錢

[一]《明英宗實録》卷二三一「景泰四年（一四五三）秋七月辛未」條，臺灣「中央研究院」歷史語言研究所校印本，一九六二年，第五千零五十六頁。

廠，端字鋪。[一]

據此可知，中城轄域内倉庫共計十一個，其中軍衛倉十個，分別爲旗手東倉、旗手西倉、留守左倉、虎賁左倉、錦衣大倉、驍騎倉、虎賁右倉、留守右倉、羽林右倉、府軍倉；另有長平倉一處，因其不屬於南京軍衛倉，故本文不對其進行區位的復原論述。中城十個南京軍衛倉分布於南京中城兵馬司轄域内不同『鋪』位。此處所言之『鋪』不同於今日含義，明代的『鋪』有着多種含義，其主要是一種區域性的組織。

關於『鋪』的建置，萬曆《明會典》卷一八七《工部七・營造五》載：

凡各處城樓、窩鋪，洪武元年（一三六八）令：腹裏有軍城池，每二十丈置一鋪；邊境城，每十丈一鋪；其總兵官隨機應變增置者，不在此限；無軍處所，有司自行設置。[二]

『鋪』在上述史籍中應爲一種軍事組織，除此之外明中後期『鋪』也是一種基層保甲組織單位。[三] 不論是軍事組織還是地方基層保甲組織，『鋪』在明代都是一種地方行政規劃單位，上述中城轄域内的十個軍衛倉鋪位，在中城行政區劃内有着詳細記載：

本城兵馬司爲中央。

東南司前左……留守左衛……聽字鋪……以上地方直抵本城聚寶門裏城脚下左邊止，俱副兵馬分管地方；

驍騎右衛……終字鋪……以上地方直抵聚寶門城脚下右邊止……俱副兵馬分管地方。

正西司前右……留守右衛……上字鋪……以上地方直抵本城石城門裏大街，止俱副兵馬分管地方；

西北司後左……虎賁左衛……推字鋪……府軍衛……端字鋪……以上地方直抵北城乾河岩止，俱副兵馬分管地方；

[一]（明）施沛：《南京都察院志》卷二十一《中城職掌・倉》，《四庫全書存目叢書補編》第七十三册，齊魯書社，二〇〇一年，第五百九十九頁。

[二] 萬曆《明會典》卷一八七《工部七・營造五》，《續修四庫全書・史部》第七九二册，上海古籍出版社，一九九五年，第二百五十六至二百五十七頁。

[三] 詳見于清良：《明代『鋪』『境』『社』含義考辨——以福建地區爲例》，載王日根、張侃、毛蕾主編：《廈大史學》第四輯，廈門大學出版社，二〇一三年，第二百六十七頁。

> 虎賁右衛……唐字鋪……坐字鋪、朝字鋪……以上地方直抵本城石城門裏井亭巷止，俱吏目分管地方；
>
> 正北司後左……羽林右衛……若字鋪……以上地方直抵本城北門橋止，俱吏目分管地方；
>
> 旗手衛貞字鋪……以上地方直抵本城珍珠橋止，俱副兵馬分管地方。[一]

上述對於中城範圍記載可謂十分詳實，但本文所引僅是與上文所列十個軍衛倉相吻合的具體鋪位，涉及了中城的東南、正西、西北和正北四個方位，原文尚有正東、正南、西南、東北四個方位。史料中所言的本城兵馬司爲中央意爲以中城兵馬司官署所在爲中央，分爲八個方位。由此來看，史籍對中城轄域的記載，按照以中城兵馬司爲中央，分東、東南、南、西南、西、西北、北、東北八個具體方位。同時，從上述所引記載可知，每個不同的方位最後都給出了其具體的界點和界綫，這就更加有利於對這些鋪位的軍衛倉進行區位的復原工作。

其次，根據《南都察院志》記載，東城和南城兵馬司轄域並無軍衛倉，但南城載有養虎倉一處，這與後文中所涉内容相關，故在此也將其納入區位復原範圍。對於該處養虎倉，《南都察院志・南城職掌・倉》載：『羽林右衛養虎倉，在本衛輔字鋪地方，看守人夫二十名。』[二] 值得注意的是，該則史料中不僅記載了南城養虎倉的位置，還注明了其看倉之人和員額。該倉所在的地理位置在《金陵古今圖考》中的明都城圖中已有明確標注，這裏不再贅述。

復次，西城兵馬司轄域内的軍衛倉分布。據《南京都察院志・西城職掌・倉》載：

> 水軍左衛倉，坐落綿字鋪，看守人夫十名。龍江左衛倉，坐落南字鋪，看守人夫十五名。預備倉，係上元縣屬看守，坐落賞字鋪。豹韜西倉，坐落貢字鋪，看守人夫七名。豹韜東倉，坐落孟字鋪，看守人夫八名。豹韜左倉，坐落孰字鋪，看守人夫八名。天策南倉，坐落中字鋪，看守人夫十五名。天策北倉，坐落史字鋪，看守人夫十五名。鷹揚倉，坐落稷字鋪，看守人夫十名。[三]

根據上述記載，西城兵馬司轄域内的軍衛倉共計八個，分別是水軍左衛倉、龍江左衛倉、豹韜西倉、豹韜東倉、豹韜左倉、天策

[一]（明）施沛：《南京都察院志》卷二十一《中城職掌・輿地》，《四庫全書存目叢書補編》第七十三册，齊魯書社，二〇〇一年，第五百九十六至五百九十八頁。

[二]（明）施沛：《南京都察院志》卷二十二《南城職掌・倉》，《四庫全書存目叢書補編》第七十三册，齊魯書社，二〇〇一年，第六百二十頁。

[三]（明）施沛：《南京都察院志》卷二十二《西城職掌・倉》，《四庫全書存目叢書補編》第七十三册，齊魯書社，二〇〇一年，第六百二十九頁。

南倉、天策北倉、鷹揚倉，分布於不同鋪位。與南城兵馬司轄域内的養虎倉記載相同，對於西城這八個南京軍衛倉除了記載具體的鋪位外，同時分别注明了其各自的看守人夫員額。

西城八個軍衛倉所在鋪位的地理位置，相比於中城明顯有着自身的特點，據《南京都察院志・西城職掌・輿地》載：

> 本城兵馬司爲中央
>
> 東北司左石城門外……水軍左衛……綿字鋪……龍江左衛……南字鋪……以上俱副兵馬分管地方。
>
> 鷹揚衛稷字鋪與中城佐字鋪[一]、北城陳字鋪相接……豹韜衛貢字鋪……敦字鋪、孟字鋪……天策衛史字鋪……龍虎左衛中字鋪。[二]

據此來看，與中城轄域内軍衛倉分布不同的是，西城轄域内的八個軍衛倉均位於西城兵馬司官署所在的東北方向，位置分布相對集中。另外，西城兵馬司的這些轄域範圍，僅記載了其所轄鋪位，並未如中城一樣每個方位最後又説明界址。因此，西城的軍衛倉區位復原就要比中城的複雜和困難，無法更爲具體。

最後，北城兵馬司轄域内的軍衛倉分布。相比中、東、南、西四個兵馬司轄域而言，北城兵馬司轄域内的軍衛倉最多，分布最廣。據《南京都察院志・北城職掌・倉》載：

> 府軍左衛東倉，府軍右衛委字鋪，看守人夫十五名。府軍左衛西倉，府軍右衛的字鋪，看守人夫九名。府軍右衛西倉，府軍左衛易字鋪，看守人夫十五名。興武衛南倉，本衛譏字鋪，看守人夫十二名。興武衛北倉，本衛足字鋪，看守人夫十五名。江陰衛倉，本衛牒字鋪，看守人夫十八名。廣洋衛倉，本衛康字鋪，看守人夫十七名。留守中衛倉，本衛射字鋪，看守人夫十五名。以上見存人夫工食俱北城庫錢支。
>
> 龍驤倉，本衛晝字鋪。府軍右衛東倉，本衛莽字鋪。神策衛倉，本衛詳字鋪。府軍後衛倉，本衛絳字鋪。以上四倉俱隆慶四年户部奉革，召種納租。
>
> 金吾後衛南倉，本衛組字鋪。金吾後衛東倉，本衛嘉字鋪。金吾後衛西倉，本衛林字鋪。以上三倉俱萬曆十九年革

[一] 原書有誤，應是與南城佐字鋪相接（《南京都察院志》卷二十二《南城職掌・輿地》，《四庫全書存目叢書補編》第七十三册，齊魯書社，二〇〇一年，第六百一十九頁。

[二] 〔明〕施沛：《南京都察院志》卷二十二《西城職掌・輿地》，《四庫全書存目叢書補編》第七十三册，齊魯書社，二〇〇一年，第六百二十八頁。

折，召種納租。

軍儲倉，金川門裏興武衛，足字鋪。今革，折召種納租。

浦子口應天衛倉，在户部公署之右。横海衛倉，在户部公署之右。龍虎衛倉，在該衛地方。

和楊衛倉、武德衛倉，以上二倉僅存遺址。〔二〕

由上述記載來看，北城轄域内的軍衛倉共有二十個之多，其中的『軍儲倉』一名不見於《明會典》中的四十一所衛倉，本文所分析的天一閣藏《國朝諸臣奏議》紙背文書中亦未見記載。另外，較之前言所述及的中、東、南、西四個兵馬司相比，北城轄域内軍衛倉的記載不僅限於鋪位和看守人夫的員額，同時分别注明了其看守人夫的費用來源、倉場的裁革時間和裁革後的用途。其中，府軍左衛東倉、府軍左衛西倉、府軍右衛西倉、興武衛南倉、興武衛北倉、江陰衛倉、廣洋衛倉和留守中衛倉等八個軍衛倉中的看守人夫工食，全部從北城的庫錢中支領；龍驤倉、府軍右衛東倉、神策衛倉和府軍後衛倉等四倉均在隆慶四年（一五七〇）被户部裁革，召人耕種繳納租税；金吾後衛南倉、金吾後衛東倉和金吾後衛西倉等三倉均在萬曆十九年（一五九一）被裁革，召人耕種繳納租税；軍儲倉，載『今革』，由於《南京都察院志》成書於天啓三年（一六二三），故裁革時間應爲天啓三年之前，召人耕種繳納租税；浦子口應天衛倉、横海衛倉、龍虎衛倉等三倉在各自本衛所在之地；和楊衛倉和武德衛倉僅存遺址，時間也是明朝末年。天一閣藏《國朝諸臣奏議》紙背文書的撰擬時間爲正德二年（一五〇七），因此上述史料中所載裁革軍衛倉尚有建置。

北城兵馬司轄域内的軍衛倉不僅數量上多於前文的四個兵馬司，其分布的範圍也相對較廣。《南京都察院志·北城職掌·輿地》載：

本城兵馬司爲中央

正東司左……府軍後衛……絳字鋪……以上俱副兵馬分管地方。

金吾後衛……林字鋪……國子監牌坊嘉字鋪……南倉巷……組字鋪……以上各鋪副兵馬管春秋二季，吏目管夏冬二季，本地方接中城旗手衛事字鋪止。

東南司前左……以上俱副兵馬分管地方……府軍右衛鍾、鼓樓委字鋪……以上俱吏目分管地方。

〔二〕〔明〕施沛：《南京都察院志》卷二十二《北城職掌·倉》，《四庫全書存目叢書補編》第七十三册，齊魯書社，二〇〇一年，第六百三十六至六百三十七頁。

正南司前……府軍左衛青石橋……易字鋪……以上俱副兵馬分管地方。

府軍右衛……莽字鋪、的字鋪……以上俱吏目分管本地方，接西城鷹揚衛稷字鋪止。

正西司右……留守中衛李花橋射字鋪……以上俱吏目分管本地方，接西城龍江左衛南字鋪止。

西北司右井亭興武衛……譏字鋪、足字鋪；廣洋衛魚橋……康字鋪。

正北司後……江陰衛……江陰倉前牒字鋪。

東北司左……龍驤衛晝字鋪……神策衛……詳字鋪……以上副兵馬管。[一]

根據上述記載來看，北城兵馬司轄域内的軍衛倉遍布在正東、東南、正南、正西、西北、正北、東北七個不同的位置，幾乎遍及北城兵馬司轄域的每一個方位。同時，部分軍衛倉的位置分布注明了界址，便於後文的區位復原。

綜上所述，根據《南京都察院志》所載，計得軍衛倉三十八個，分別是旗手東倉、旗手西倉、留守左倉、虎賁左倉、錦衣大倉[二]、驍騎倉、虎賁右倉、留守右倉、羽林右倉、府軍倉、水軍左衛倉、龍江左衛倉、豹韜西倉、豹韜東倉、豹韜左倉、天策南倉、天策北倉、鷹揚倉、府軍左衛東倉、府軍左衛西倉、府軍右衛西倉、興武衛南倉、興武衛北倉、江陰衛倉、廣洋衛倉、留守中衛倉、龍驤倉、府軍右衛東倉、神策衛倉、府軍後衛倉、金吾後衛南倉、金吾後衛東倉、金吾後衛西倉、應天衛倉、橫海衛倉、龍虎衛倉、和楊衛倉、武德衛倉。與《明會典》相比在數量上少三個，但在具體的軍衛倉名稱上却又略有差異，如《國朝諸臣奏議》紙背文書中所出現的旗手衛東倉、旗手衛西倉、金吾後衛東倉、金吾後衛南倉、金吾後衛西倉等五個軍衛倉，《明會典》未見有載，但在《南京都察院志》中均有記載，且詳細載有其具體的地理位置。

今筆者根據所查到的洪武《京城圖志》及《金陵古今圖考》中明代南京城圖對這些軍衛倉進行區位復原，這裏的復原並非《明會典》中所載的四十一所衛倉，而是《南京都察院志》中所載三十八個軍衛倉，因爲這三十八個軍衛倉幾乎涵蓋了前文所梳理的《國朝諸臣奏議》紙背文書中的全部軍衛倉。筆者根據所截取的南京官署圖和明代都城圖，同時參考弘治十三年（一五〇〇）南京應天府城圖[三]，對《南京都察院志》所載三十八個軍衛倉進行了區位復原。

[一]（明）施沛：《南京都察院志》卷二十二《北城職掌·輿地》，《四庫全書存目叢書補編》第七十三册，齊魯書社，二〇〇一年，第六百三十四至六百三十五頁。

[二] 根據《南京都察院志》中對其位置的記載，疑爲錦衣衛烏龍潭倉，詳見插圖。

[三] 來源：http://tieba.baidu.com/p/1162571730。

官署圖

京城圖志

中城兵馬司官署

北城兵馬司官署

西城兵馬司官署

南城兵馬司官署

户部官署

東城兵馬司官署

南京官署圖[一]

[一]〔明〕王俊華：洪武《京城圖志》,《北京圖書館藏古籍珍本叢刊》第二十四册《史部・地理類》,書目文獻出版社,一九九〇年,第七頁。

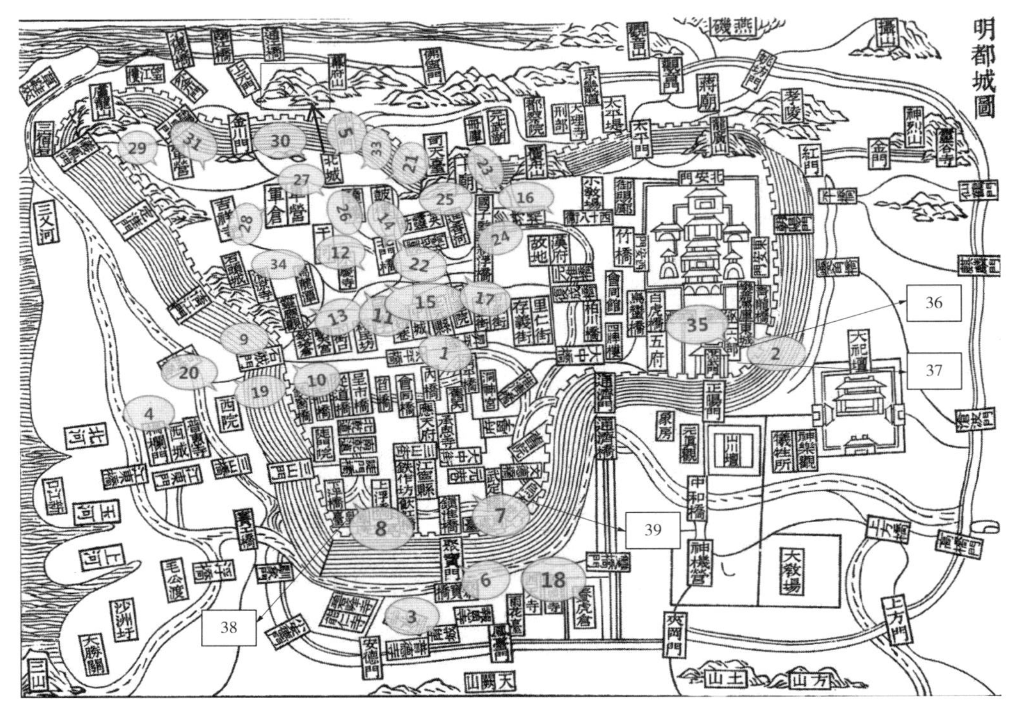

《秣陵集·明都城圖考》軍衛倉圖[一]

圖注和説明：

1 中城兵馬司官署　2 東城兵馬司官署　3 南城兵馬司官署
4 西城兵馬司官署　5 北城兵馬司官署　6 聚寶門
7 留守左衛倉　8 驍騎衛倉（驍騎右衛倉）　9 石城門
10 留守右衛倉　11 虎賁左衛倉　12 府軍衛倉
13 虎賁右衛倉、旗手衛西倉、錦衣衛大倉[二]　14 北門橋
15 羽林右衛倉　16 珍珠橋　17 旗手衛東倉
18 養虎倉　19 水軍左衛倉、龍江左衛倉
20 鷹揚衛倉、豹韜衛西倉、豹韜左衛倉、豹韜衛東倉、天策衛北倉、天策衛南倉
21 府軍後衛倉　22 金吾後衛西倉　23 國子監
24 金吾後衛東倉　25 金吾後衛南倉　26 府軍左衛東倉
27 府軍右衛東倉　28 府軍右衛西倉　29 留守中衛倉
30 興武衛南倉、興武衛北倉　31 廣洋衛倉
32 江陰衛倉（北城兵馬司官署正北）
33 龍驤衛倉、神策衛倉
34 烏龍潭　35 六部官署[三]　36 應天衛倉
37 横海衛倉　38 鳳凰臺　39 武定橋

[一]〔清〕陳文述：《秣陵集·明都城圖考》，南京出版社，二〇〇九年，第四十五頁。該圖爲陳文述依據明陳沂撰《金陵古今圖考》所繪。

[二] 根據《南京都察院志》所載該倉在中城西北的石城門裏，據此推測其位置在烏龍潭附近，而《明會典》《明實録》史料中有關錦衣衛倉儲僅見有錦衣衛烏龍潭倉一處，因此這裏的錦衣衛大倉疑爲錦衣衛烏龍潭倉。

[三] 根據南京官署圖所載，這裏的六部官署分別是南京宗人府、吏部、户部、禮部、工部和兵部，其中户部官署在位置上爲第三個。

需要説明的是，限於筆者能力和學識，未能搜尋到更爲精確的明代南京城區規劃圖或厢坊圖，加之本圖比例較小，無法進行更爲詳實的編輯，因此圖中所進行的軍衛倉區位標注並不十分精確，只是大概方位，這其中包括一個標注含兩個或兩個以上軍衛倉者。圖中對於南京軍衛倉的標注雖不十分精確，但結合《南京都察院志》中有關五城兵馬司各自轄域内『輿地』和『倉』的位置記載，同時參考弘治十三年南京應天府城圖，可以確保其各軍衛倉的基本位置準確。

二、《國朝諸臣奏議》紙背文書所見南京軍衛倉區位復原

據前文對《國朝諸臣奏議》紙背文書的梳理，計得十八個南京軍衛倉，分别是錦衣衛烏龍潭倉、旗手衛東倉、旗手衛西倉、金吾後衛東倉、金吾後衛南倉、金吾後衛西倉、虎賁左衛倉、虎賁右衛倉、驍騎右衛倉、鷹揚衛倉、留守左衛倉、豹韜左衛倉、府軍衛倉、府軍右衛西倉、羽林右衛復成橋倉、羽林右衛養虎倉、横海衛倉、應天衛倉。[一]

結合前文中《南京都察院志》對五城兵馬司各自轄域内軍衛倉的記載和分析，這十八個軍衛倉分别分布在五城兵馬司的中城、西城和北城轄域，現按照這些軍衛倉具體分布情況，分别叙述如下。

首先，錦衣衛烏龍潭倉、旗手東倉、旗手西倉、虎賁左衛倉、虎賁右衛倉、驍騎右衛倉、留守左倉、府軍衛倉、羽林右衛倉分布於中城兵馬司轄域，其所在鋪位分别是：

> 旗手東倉，貞字鋪。旗手西倉，坐字鋪。留守左倉，聽字鋪。虎賁左倉，推字鋪。錦衣大倉，朝字鋪。驍騎倉，終字鋪。虎賁右倉，唐字鋪……羽林右倉，若字鋪。府軍倉，今改鑄錢廠，端字鋪。[二]

上述中城轄域内的軍衛倉鋪位，在中城兵馬司轄域内的具體方位如下：

> 本城兵馬司爲中央；
> 羽林右衛，松字鋪、如字鋪、馨字鋪、篤字鋪、初字鋪，以上地方接東城崇禮街止，俱吏目分管地方；

[一]《國朝諸臣奏議》紙背文書所見倉計十九個，草場一個。其中，十九個倉中含南京長安門倉一處，不屬軍衛倉，故軍衛倉共計十八個。

[二]（明）施沛：《南京都察院志》卷二十一《中城職掌·倉》，《四庫全書存目叢書補編》第七十三册，齊魯書社，二〇〇一年，第五百九十九頁。

東南司前左……留守左衛……聽字鋪……以上地方直抵本城聚寶門裏城脚下左邊止，俱副兵馬分管地方；

驍騎右衛……終字鋪……以上地方直抵聚寶門城脚下右邊止……俱副兵馬分管地方；

西北司後左……虎賁左衛……推字鋪……府軍衛……端字鋪……以上地方直抵北城乾河岩止，俱副兵馬分管地方；

虎賁右衛……唐字鋪……坐字鋪、朝字鋪……以上地方直抵本城石城門裏井亭巷止，俱吏目分管地方；

旗手衛貞字鋪……以上地方直抵本城珍珠橋止，俱副兵馬分管地方。[一]

對應上文中的『《南京都察院志》所載軍衛倉圖標注』分别是十三、十七、十三、十一、十三、八、七、十二。然而，由於上文插圖中所標注的是《南京都察院志》中的全部軍衛倉，所用明朝都城圖比例較小且没有詳細的城區厢坊鋪位圖，造成同一區域内容無法做到更爲具體的標注，但可根據其它的軍衛倉位置或圖中所標進行大致的標注，如旗手衛東倉，應在旗手衛西倉以東，其位置應大致與旗手衛西倉相對，虎賁右衛倉應與虎賁左衛倉相對。因此，在僅對紙背文書所見南京軍衛倉進行區位復原時，筆者將在下文插圖中進行相對更爲精確具體的標注。

其次，鷹揚衛倉和豹韜左衛倉分布在西城兵馬司轄域内，具體分布情况是：『豹韜左倉，坐落孰字鋪，看守人夫八名……鷹揚倉，坐落稷字鋪，看守人夫十名。』[二] 這兩個軍衛倉所在鋪位的地理位置，據《南京都察院志·西城·輿地》載：『本城兵馬司爲中央，東北司左石城門外……鷹揚衛稷字鋪與中城佐字鋪[三]、北城陳字鋪相接……豹韜衛……敦字鋪。』[四]

由此來看，鷹揚衛倉和豹韜左衛倉均在西城兵馬司官署的東北方向。鷹揚衛倉所在位置與南城佐字鋪和北城陳字鋪相接，南城佐字鋪位置，據《南京都察院志·南城·輿地》載：『本城兵馬司爲中央……正西安德街……佐字鋪。』[五] 可知，佐字鋪在南城兵馬司官署正西安德街；北辰陳字鋪位置，據《南京都察院志·北城·輿地》載：『本城兵馬司爲中央……正南司……鷹揚

[一]（明）施沛：《南京都察院志》卷二十一《中城職掌·輿地》，《四庫全書存目叢書補編》第七十三册，齊魯書社，二〇〇一年，第五百九十六至五百九十八頁。

[二]（明）施沛：《南京都察院志》卷二十二《西城職掌·倉》，《四庫全書存目叢書補編》第七十三册，齊魯書社，二〇〇一年，第六百二十九頁。

[三] 原書有誤，應是與南城佐字鋪相接（（明）施沛：《南京都察院志》卷二十二《南城·輿地》，《四庫全書存目叢書補編》第七十三册，齊魯書社，二〇〇一年，第六百一十九頁）。

[四]（明）施沛：《南京都察院志》卷二十二《西城職掌·輿地》，《四庫全書存目叢書補編》第七十三册，齊魯書社，二〇〇一年，第六百二十八頁。

[五]（明）施沛：《南京都察院志》卷二十二《南城職掌·輿地》，《四庫全書存目叢書補編》第七十三册，齊魯書社，二〇〇一年，第六百一十九頁。

衛……陳字鋪。』[一] 可知，陳字鋪在北城兵馬司官署的正南方。結合前文『《南京都察院志》所載軍衛倉圖標注』，可進行更爲精確的定位復原，詳見下文插圖。

最後，金吾後衛東倉、金吾後衛南倉、金吾後衛西倉、府軍右衛西倉、應天衛倉、横海衛倉均分布在北城兵馬司轄域内，其各自的具體位置如下：

> 府軍右衛西倉，府軍左衛易字鋪，看守人夫十五名。
>
> 金吾後衛南倉，本衛組字鋪。金吾後衛東倉，本衛嘉字鋪。金吾後衛西倉，本衛林字鋪。以上三倉俱萬曆十九年革折，召種納租。
>
> 應天衛倉，在户部公署之右。
>
> 横海衛倉，在户部公署之右。[二]

北城兵馬司轄域内的四個軍衛倉的鋪位所在地理位置，據《南京都察院志・北城・輿地》載：

> 本城兵馬司爲中央。
>
> 正東司左……金吾後衛……林字鋪……國子監牌坊嘉字鋪……南倉巷……組字鋪……以上各鋪副兵馬管春秋二季，吏目管夏冬二季，本地方接中城旗手衛事字鋪止。
>
> 正南司前……府軍左衛青石橋……易字鋪……以上俱副兵馬分管地方。[三]

由此可知，金吾後衛東倉、金吾後衛南倉、金吾後衛西倉均在北城兵馬司官署的正東方向，其界綫接中城兵馬司旗手衛事字鋪止。但據筆者實際查閲得知，中城事字鋪並非位於旗手衛，《南京都察院志・中城・輿地》言『竹橋資字鋪、事字鋪』[四]，可見事字鋪應在中城兵馬司轄域内的竹橋附近。金吾後衛東倉在國子監牌坊嘉字鋪，其位置應在國子監附近；金吾後衛西倉在林字鋪，林字

〔一〕〔明〕施沛：《南京都察院志》卷二十二《北城職掌・輿地》，《四庫全書存目叢書補編》第七十三册，齊魯書社，二〇〇一年，第六百三十四頁。

〔二〕〔明〕施沛：《南京都察院志》卷二十二《北城職掌・倉》，《四庫全書存目叢書補編》第七十三册，齊魯書社，二〇〇一年，第六百三十六至六百三十七頁。

〔三〕〔明〕施沛：《南京都察院志》卷二十二《北城職掌・輿地》，《四庫全書存目叢書補編》第七十三册，齊魯書社，二〇〇一年，第六百三十四至六百三十五頁。

〔四〕〔明〕施沛：《南京都察院志》卷二十一《中城職掌・輿地》，《四庫全書存目叢書補編》第七十三册，齊魯書社，二〇〇一年，第五百九十八頁。

鋪後是『英靈坊貌字鋪』[二]，據此推測其位置應在英靈坊的西側；金吾後衛東倉則與金吾後衛西倉位置相對。府軍右衛西倉所在位置府軍左衛青石橋附近。結合前文『《南京都察院志》所載軍衛倉圖標注』，筆者對北城兵馬司轄域內的這四個軍衛倉的區位，進行更爲精確的復原，詳見插圖。

綜上，筆者對《國朝諸臣奏議》紙背文書中所見十八個軍衛倉具體位置進行了進一步梳理，但因筆者學力有限，僅確定了其中十四個軍衛倉的具體位置。因此，在結合上文對《南京都察院志》所載三十八個軍衛倉區位復原的基礎上，筆者對這批文書中可確定的十四個南京軍衛倉進行了更爲精確的區位復原，即下圖。

[二]〔明〕施沛：《南京都察院志》卷二十二《北城職掌·輿地》，《四庫全書存目叢書補編》第七十三册，齊魯書社，二〇〇一年，第六百三十四頁。

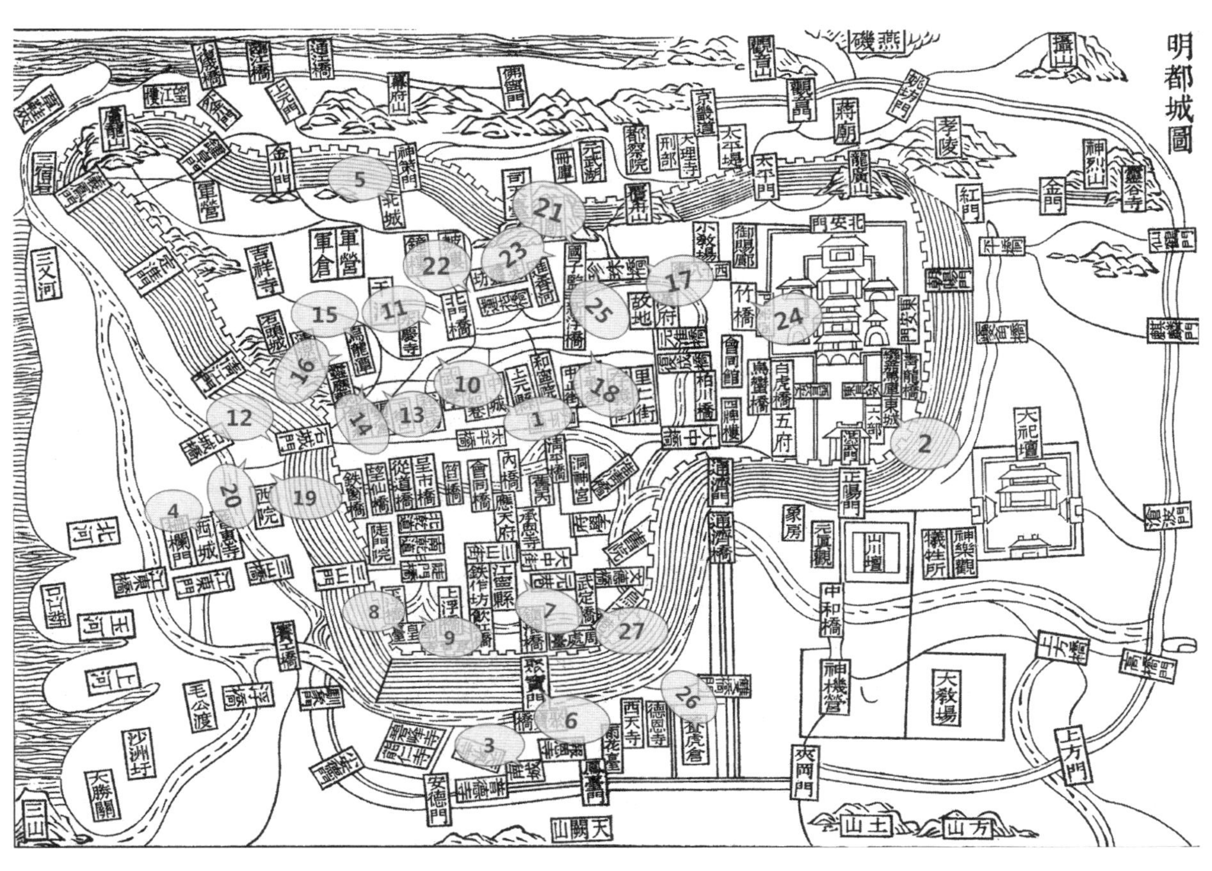

公文中南京軍衛倉區位復原圖

圖注和説明：

1 中城兵馬司官署　2 東城兵馬司官署　3 南城兵馬司官署

4 西城兵馬司官署　5 北城兵馬司官署　6 聚寶門

7 留守左衛倉　8 鳳凰臺

9 驍騎衛倉（驍騎右衛倉）　10 虎賁左衛倉　11 府軍衛倉

12 石城門　13 虎賁右衛倉　14 旗手衛西倉

15 烏龍潭　16 錦衣大倉（錦衣衛烏龍潭倉）

17 珍珠橋　18 旗手衛東倉　19 鷹揚衛倉

20 豹韜左衛倉　21 國子監　22 金吾後衛西倉

23 金吾後衛東倉　24 竹橋　25 金吾後衛南倉

26 養虎倉　27 武定橋

綜上所述，本文首先是根據《南京都察院志》對五城兵馬司各自職掌的記載，對五城兵馬司各自轄域内的南京軍衛倉進行了區位復原。爲了保證這些軍衛倉區位復原的準確性，文中的復原並非是筆者根據《南京都察院志》的記載進行手工繪圖，而是在搜尋到的明朝都城圖（南京）基礎上，結合《南京都察院志》中對南京軍衛倉地理位置的記載，進行大致位置的標注，標注過程中主要是以明朝都城圖中的城門、橋梁、衙門官署等地爲參照物，儘可能地進行較爲準確的區位復原。其次，據前文對這批南京軍衛倉文書梳理得知，天一閣藏《國朝諸臣奏議》紙背文書中共保存了十八個南京軍衛倉名稱，恰恰均包含於《南京都察院志》中所載三十八個軍衛倉中，繼而在復原《南京都察院志》所載南京軍衛倉地理位置的基礎上，筆者再次根據史籍記載，進一步分析了《南京都察院志》中有關南京軍衛倉的位置記載，參考明朝都城圖（南京）中所標明的城門、橋梁和衙門官署等具體位置，對紙背文書所見十四個南京軍衛倉進行了更爲精確的區位復原。文書中的南京軍衛倉經過區位復原後，更爲形象具體的展示予我們，而通過對大致復原的這些軍衛倉地理位置分析得知，在文書中出現的十八個南京軍衛倉中，有十個在南京城的西北方向，這對於進一步分析和研究明代南京軍事防禦等問題有着較爲重要的意義。

（本文爲首次刊發）

天一閣藏《國朝諸臣奏議》紙背文書所見明代江南府縣税糧馬草交納問題研究

宋坤

天一閣藏公文紙本《國朝諸臣奏議》爲明正德二年（一五〇七）南京長安門倉及各衛倉場相關文書刊印，紙背保存有大量明代税糧、馬草繳納過程中所産生的公文原件，對於研究明代南京倉場税糧馬草收納相關問題有着極爲重要的史料價值。本文即擬主要依據紙背文書的相關内容，對南京倉場的税糧馬草收納問題進行簡要探討。

一、文書所見各州縣交納糧草倉場相關問題

據統計，天一閣藏《國朝諸臣奏議》紙背現存文書中，所見税糧馬草來源包括南直隸及浙江、江西、湖廣三布政司所轄各府州縣，具體府縣現存直隸蘇州府吴縣、長洲縣、崑山縣、太倉州、吴江縣、嘉定縣，直隸松江府華亭縣、上海縣，直隸寧國府旌德縣、宣城縣、太平縣，直隸揚州府寶應縣、高郵州，直隸常州府武進縣、江陰縣，直隸滁州、全椒縣、來安縣，直隸徽州府、黟縣、休寧縣、歙縣，直隸安慶府潛山縣、懷寧縣、太湖縣；浙江湖州府德清縣、烏程縣、武康縣、孝豊縣、安吉縣、歸安縣，浙江杭州府臨安縣，浙江嘉興府嘉善縣、崇德縣，浙江紹興府嵊縣，浙江衢州府江山縣；江西南昌府進賢縣，江西饒州府德興縣、樂平縣，江西袁州府宜春縣、萬載縣，江西臨江府新喻縣，江西吉安府永新縣，江西瑞州府高安縣、上高縣，江西饒州府浮梁縣，江西撫州府金谿縣；湖廣沔陽州景陵縣、湖廣岳州府平江縣、湖廣長沙府茶陵縣、湖廣荆州府江陵縣、湖廣漢陽府漢川縣等五十二個州縣。其税糧馬草交納倉場則包含南京長安門倉、各軍衛倉、國子監、犧牲所、兵部會同館、中和橋馬草場等倉場，另有部分税糧需在南京河下水次兑軍。現分述如下。

（一）各軍衛倉

據史籍記載，明代南京倉場的大規模營建始於洪武三年（一三七〇），當時爲解決在京衛所糧草問題，朱元璋下令户部擴建

軍衛倉二十所，『各置官，司其事，自一至第二十依次以數名之』[一]。至洪武二十八年設置長安門倉、東安門倉、西安門倉和北安門倉等皇城四門倉，同年又『增設京師諸衛倉凡四十一。』[二] 明正德《會典》卷三十九《户部二十四·倉庾》載四十一所衛倉名稱如下：

> 錦衣衛烏龍潭倉、旗手衛倉、金吾前衛倉、金吾後衛倉、羽林左衛倉、羽林右衛倉、虎賁左衛倉、虎賁右衛倉、驍騎右衛倉、龍驤衛倉、鷹揚衛倉、神策衛倉、留守中衛倉、留守左衛倉、留守右衛倉、留守前衛倉、留守後衛倉、興武衛倉、豹韜衛倉、府軍衛倉、府軍左衛倉、府軍右衛倉、府軍後衛倉、龍虎衛倉、武德衛倉、和陽衛倉、鎮南衛倉、瀋陽左衛倉、瀋陽右衛倉、孝陵衛倉、廣洋衛倉、天策衛倉、江陰衛倉、水軍左衛倉、水軍右衛倉、應天衛倉、橫海衛倉、龍江左衛倉、龍江右衛倉、龍虎左衛倉、豹韜衛倉。[三]

萬曆《明會典》卷四十二《南京户部·倉庾》所載與此相同。[四] 南京草場的設置則有四處：中軍都督府中和橋馬草場、金川門馬草場、錦衣衛通濟門馬草場、錦衣衛通濟門象草場（後有所增革）。

《明會典》所載四十一所衛倉名稱中，有兩處『豹韜衛倉』，應有一處有誤。且其中所載四十一倉也並非是明代南京全部的軍衛倉名稱，如宣德十年（一四三五）南京都察院即曾上奏『南京諸衛倉六十餘處』[五]。

而天一閣藏《國朝諸臣奏議》紙背文書所見各府州縣交納税糧的軍衛倉名，多有不見於《明會典》記載者。據統計，紙背文書現存二十個南京倉場名稱，其中倉庫十九個，分别爲南京長安門倉、應天衛倉、南京錦衣衛烏龍潭倉、南京旗手衛東倉、南京旗手衛西倉、南京金吾後衛東倉、南京金吾後衛西倉、南京金吾後衛南倉、南京虎賁左衛倉、南京虎賁右衛倉、南京驍騎右衛倉、南京鷹揚衛倉、南京留守左衛倉、南京豹韜左衛倉、南京府軍衛倉、南京府軍右衛西倉、南京羽林右衛復成橋倉、南京羽林右衛養虎倉、橫海衛倉；草場一個，即南京中軍都督府中和橋馬草場。

其中，軍衛倉共計十八個，以此與《明會典》所載進行比較，可見兩者有以下幾處不同：

[一]《明太祖實録》卷五十四『洪武三年（一三七〇）秋七月丁酉』條，臺灣『中央研究院』歷史語言研究所校印本，一九六二年，第一千零六十二至一千零六十三頁。

[二]〔清〕張廷玉等：《明史》卷七十九《食貨三·倉庫》，中華書局，一九七四年，第一千九百二十四頁。

[三] 正德《明會典》卷三十九《户部二十四·倉庾》，汲古書院，一九八九年，第四百三十六至四百三十七頁。

[四] 萬曆《明會典》卷四十二《南京户部·倉庾》，《續修四庫全書·史部》第七八九册，上海古籍出版社，一九九五年，第七百三十八頁。

[五]《明英宗實録》卷十一『宣德十年（一四三五）十一月癸未』條，臺灣『中央研究院』歷史語言研究所校印本，一九六二年，第二百零八頁。

首先，《明會典》所載「旗手衛倉」，文書中則存「旗手衛東倉」和「旗手衛西倉」兩處倉場；

其次，《明會典》所載「金吾後衛倉」，文書中則存「金吾後衛東倉」「金吾後衛西倉」「金吾後衛南倉」等三處倉場；

再次，《明會典》中記載有兩處「豹韜衛倉」，但文書中則存一處「豹韜左衛倉」，故《明會典》中應有一處「豹韜衛倉」爲「豹韜左衛倉」之訛；

復次，《明會典》中記載有「府軍右衛倉」，而文書中存有「府軍右衛西倉」一名；

最後，《明會典》中記載「羽林右衛倉」，而文書中則記有「羽林右衛復成橋倉」「羽林右衛養虎倉」兩處。

關於文書中所見幾處不見於《明會典》記載的軍衛倉名稱，在《明實録》中則見有零星記載。如關於「金吾後衛西倉」，見於《明武宗實録》卷二十三「正德二年（一五〇七）二月乙酉」條：

> 正德二年二月乙酉，南京應天府常平倉大使、廣積庫副使、金吾後衛西倉副使，共三員。[一]

「旗手衛西倉」，見於《明憲宗實録》卷一七七「成化十四年（一四七八）夏四月丁未」條：

> 丁未，户部奏：南京旗手衛西倉火，延燒署字等廒。巡視倉糧南京御史郭經、監督主事林表及總督糧儲副都御史胡拱辰防範不嚴，俱宜逮問。[二]

「羽林右衛復成橋倉」則見於《明英宗實録》卷二三一「景泰四年（一四五三）秋七月辛未」條：

> 辛未添設南京羽林右衛復成橋倉，置副使一員。[三]

另，正德《明會典》卷四十一《南京户部》中「凡各處起運供應等項數目」條，記載有南京各軍衛倉每年收納南直隸、浙

[一]《明武宗實録》卷二十三「正德二年（一五〇七）二月乙酉」條，臺灣「中央研究院」歷史語言研究所校印本，一九六二年，第六百三十七頁。

[二]《明憲宗實録》卷一七七「成化十四年（一四七八）夏四月丁未」條，臺灣「中央研究院」歷史語言研究所校印本，一九六二年，第三千一百九十六頁。

[三]《明英宗實録》卷二三一「景泰四年（一四五三）秋七月辛未」條，臺灣「中央研究院」歷史語言研究所校印本，一九六二年，第五千零五十六頁。

江、江西、湖廣等繳納税糧額數如下：

浙江布政司，南京各衛倉秋糧米三十萬石……

常州府，南京各衛倉米四千七百二十七石二斗七升……

鎮江府，南京各衛倉秋糧米五千石……

太平府，南京各衛倉秋糧米二千六百石，黄豆二千石……

安慶府，南京各衛倉秋糧米一萬四千石……

寧國府，南京各衛倉豆一萬三千九百八十石，米一萬石……

滁州，南京各衛倉米二十石……

湖廣布政司，南京各衛倉米三十一萬石……

廣德州，南京各衛倉米五千石……

蘇州府……南京各衛倉米五萬九千四百一十二石……

江西布政司，南京各衛倉米四十七萬石……

應天府……南京各衛倉米三萬二千五百九十二石……

徽州府……南京各衛倉米三萬二千石……

淮安府，南京各衛倉米六百二十五石……

松江府……南京各衛倉米九千五十八石……

池州府……南京長安等四門倉米四千二百七十六石，南京各衛倉米一萬五千石、黑豆一萬四千五百二十四石……[二]

據此，南京各軍衛倉每年收納南直隸、浙江布政司、湖廣布政司、江西布政司等税糧約一百三十萬石。其中，需要注意的是，南直隸部分府縣不見有向南京軍衛倉交納税糧額數的記載，如『廬州府』每年起運供應額數爲南京御馬監細稻草一萬包，南京定場馬草二萬包；徐州則爲，京庫折銀草五萬包。與此相同的還有鳳陽府、揚州府等。

[二] 正德《明會典》卷四十一《南京户部·凡各處起運供應等項數目》，汲古書院，一九八九年，第四百六十七至四百七十二頁。

而紙背文書中所見與此大體相應，未見有廬州、徐州、鳳陽府等地向南京軍衛倉交納税糧的公文。而關於『揚州府』，正德《明會典》中載其每年需交納項目額數如下：

京庫折銀草二十二萬包，每包折銀三分；

南京定場草一十萬七千八十包；

南京錦衣衛馴象千户所、南京光禄寺夏税番麥六十石四斗八升四合五勺九抄五撮九圭二粟四微；

兩淮都轉運鹽使司、南京光禄寺樣鹽二千斤、青白鹽四萬斤，孝陵神宮監白鹽三千斤，南京内府供用庫青白鹽二萬斤。[一]

其中未見揚州府需向南京各衛倉交納税糧的記載，紙背中同樣未見有揚州府向各衛倉交納税糧的文書。紙背現存涉及揚州府的文書，均爲交納馬草文書，如第二册卷五十四第七葉紙背『明正德二年四月南京錦衣衛餘丁陶宣與執結爲賣到直隸揚州府高郵州厶名下馬草事殘件』：

1 南京錦衣衛餘丁陶宣今於

2 與執結爲賣到直隸揚州府高郵

3 南京中和橋馬草場交納，中間不敢插和破損在内，如違甘罪，執□□□[二]。

4 正德二年四月

此外，通過《國朝諸臣奏議》紙背文書可見，明代府縣在交納税糧之時，同一縣的税糧，並不是交納於同一個倉庫。例如《國朝諸臣奏議》第五册卷一二七第五葉紙背『明正德二年四月直隸松江府華亭縣主簿吴鸞告完狀爲部運華亭、上海二縣税糧事殘件』載：

1 告完狀人吴鸞，係直隸松江府華亭縣主簿，狀告蒙本府批差部運華亭、上海貳

[一] 正德《明會典》卷四十一《南京户部·凡各處起運供應等項數目》，汲古書院，一九八九年，第四百七十一至四百七十二頁。

[二] 據明代文書書寫格式可知，此處所缺文字應爲『結是實』。

2 南京户部告判各衛倉糧俱已上納完足，升合無欠外，今將納過糧數理合具

3 巡視倉場御史大人　施行。

4 計開：

5 華亭縣納完　虎賁左衛倉正米貳百捌拾柒石，府軍右衛東倉

6 旗手衛東倉正米陸百柒拾叁石，留守左衛倉正

7 上海縣納完　旗手衛西倉正米肆百伍拾捌石，豹韜左衛倉正

8 正德貳年肆月

第八册卷一四三第十一葉紙背『明正德二年四月直隸松江府華亭縣糧長王洪等告完狀爲送納正德元年份秋糧米事殘件』則載：

1 告完狀人王洪等，係直隸松江府華亭縣糧長，狀告送納正德元年分秋糧

2 南京羽林右衛養虎倉交納完足，具狀來告。

3 正德二年四月

據此兩件文書可見，由吳鸞、王洪二人解運的華亭縣税糧分別交納與了虎賁左衛倉、府軍右衛東倉、旗手衛東倉、留守左衛倉、南京羽林右衛養虎倉等五個軍衛倉，而上海縣税糧則分別交入了旗手衛西倉和豹韜左衛倉兩個軍衛倉。

（二）南京國子監、犧牲所、兵部會同館

《明會典》中記載，南直隸、浙江、湖廣、江西等地税糧，除了交納與南京各軍衛倉之外，還有相當部分税糧需要直接交納至各機構庫。正德《明會典》中所載接收倉糧庫各機構包括南京公、侯、駙馬、伯並五府、六部、都察院等衙門、内府供用庫、丙字庫、甲字庫、承運庫、光禄寺、神樂觀、國子監、犧牲所、内官監、南京倉、山川壇籍田祠祭署、南京庫、酒醋麵局、御馬監、南京寶鈔廣惠庫、京庫、孝陵神宮監、南京錦衣衛馴象千户所、兩淮都轉運鹽使司，等等。[二]

[二] 正德《明會典》卷四十一《南京户部・凡各處起運供應等項數目》，汲古書院，一九八九年，第四百六十七至四百七十二頁。

天一閣藏《國朝諸臣奏議》紙背文書中，現保存與南京國子監、犧牲所及兵部會同館等三處相關公文，現分述如下：

1. 南京國子監

紙背文書中所存至國子監交納税糧，均來源自直隸常州府解運，如第六册卷一三一第一葉紙背文書與同册同卷第七葉紙背文書綴合之『明正德二年四月直隸常州府武進縣糧長蔣鎮告完狀爲運到糧米豆事』載：

1　告完狀人蔣鎮，係直隸常州府武進縣糧長，運到糧米豆送赴
2　南京國子監交收完足。爲此，理合具狀來告
3　巡視倉場監察老爹　施行。
4　計開：
5　實收過正糧白粳米五百石，正糧糙粳米五百石，黄豆貳拾石。
6　正德二年四月　□[一]告　完　狀　人蔣鎮（背面簽押）

正德《明會典》載，常州府向南京國子監交納額數爲『南京國子監：白熟粳米三千五百石，糙粳米二千五百石，黄豆一百石』[二]，文書當中直隸常州府武進縣糧長解運税糧種類與《明會典》所載相同。

2. 南京犧牲所

正德《明會典》中，關於南京犧牲所收納税糧的記載如下：

常州府……南京犧牲所緑豆六百石……

太平府……南京犧牲所黄豆二百石……

滁州，南京犧牲所糙粳米七百二十石，稻穀五十石，准米二十五石……南京犧牲所細稻草一萬五千包；

和州，南京犧牲所糙粳米七百二十石……[三]

[一] 據文義及明代文書書寫格式可知，此處所缺文字應爲『日』。

[二] 正德《明會典》卷四十一《南京户部・凡各處起運供應等項數目》，汲古書院，一九八九年，第四百六十七頁。

[三] 正德《明會典》卷四十一《南京户部・凡各處起運供應等項數目》，汲古書院，一九八九年，第四百六十七頁。

紙背文書中，與犧牲所相關文書僅一件，即第五册卷一二三第四葉紙背『明正德二年二月南京犧牲所軍人仲仁與執結爲賣馬草事殘件』：

1　南京犧牲所軍人仲仁今於

2　　與執結爲賣馬草事。依奉如遇各府州

3　正德二年二月

從現存文書内容來看，本件文書應爲南京犧牲所軍人攬納馬草文書。天一閣藏《國朝諸臣奏議》紙背保存有多件相似文書，如第四册卷一一二第一葉紙背『明正德二年四月南京留守前衛餘丁鄧瓚與執結爲賣到直隸蘇州府崑山縣厶名下馬草事殘件』：

1　南京留守前衛餘丁鄧瓚今於

2　　與執結爲賣到直隸蘇州府崑山縣

3　南京中和橋馬草場交納，中間不敢插和湿草在内，如違甘罪，□□□□[一]。

4　正德二年四月

又如，第三册卷六十七第四葉紙背『明正德二年三月南京留守右衛餘丁蔣順與執結爲馱到湖廣荆州府江陵縣納户王成税糧事殘件』：

1　南京留守右衛餘丁蔣順今於

2　　與執結馱到湖廣荆州府江陵縣納户王成米貳千

3　南京旗手衛東倉交卸，中間不致疏失升合、多取脚錢，如違甘罪

[一] 據明代文書書寫格式可知，此處所缺文字應爲『執結是實』。

4　正德二年三月　　　日與

此兩件文書書寫格式基本相同，可以看作是同類文書。據第三册卷六十七第四葉紙背第三行『南京旗手衛東倉交卸，中間不致疏失升合、多取脚錢』一語可以判定，南京留守右衛餘丁蔣順代繳湖廣荆州府江陵縣納户王成税米的行爲應屬於攬納行爲，由此可以判定第五册卷一二三第四葉紙背文書中『南京犧牲所軍人仲仁』賣馬草應同屬於攬納。

可惜的是，因爲文書殘缺，目前並不能確定第五册卷一二三第四葉紙背文書中『南京犧牲所軍人仲仁』所賣馬草來源自何處。

3. 南京兵部會同館

南京兵部會同館，屬於南京六部衙門，《國朝諸臣奏議》紙背文書中現存至會同館交納税糧的文書共兩件，一是第三册卷七十三第一葉紙背文書與第六册卷一三一第十八葉紙背文書綴合之『明正德二年五月直隸蘇州府嘉定縣糧長丘鉞告到狀爲送納正德元年份秋糧米事』：

1　告到狀人丘鉞，係直隸蘇州府嘉定縣粮長，狀告送納正德□□[一]分秋糧米貳百陸拾石，前赴

2　南京兵部會同館交納，理合具告。

3　正德二年五月　**初五**　日告　到　狀　人　丘鉞（背面簽押）

一是第五册卷一二七第二葉紙背文書『明正德二年三月直隸蘇州府嘉定縣糧長陳燁告到狀爲送納税糧事殘件』：

1　告到狀人陳燁，係直隸蘇州府嘉定縣糧長，狀告

2　南京兵部會同館交納，理合具狀來告。

3　正德二年五月　**初五**

現存兩件文書所載交納税糧，均來源自蘇州府嘉定縣，正德《明會典》所載蘇州府向南京公、侯、駙馬、伯並五府、六部、都察

[一]　據文義及同書紙背相似文書推斷，此處所缺文字應爲『元年』。

院等衙門交納税糧額數爲米二萬七千九百五十二石[二]，此即應屬於當中的一部分。

（三）中和橋馬草場

據史籍記載，明代南京草場的設置共有四處，分别爲中軍都督府中和橋馬草場、金川門馬草場、錦衣衛通濟門馬草場、錦衣衛通濟門象草場。但天一閣藏《國朝諸臣奏議》紙背文書中僅保留有中軍都督府中和橋馬草場一處草場的相關文書。紙背現存文書中，所有府縣解運馬草交納倉場明確者，均爲至中和橋馬草場交納。

紙背文書所見交納馬草的府州縣計有直隸揚州府高郵州、直隸揚州府高郵州寶應縣、直隸安慶府桐城縣、直隸安慶府太湖縣、直隸安慶府懷寧縣、直隸寧國府太平縣、直隸滁州、直隸蘇州府崑山縣、浙江嘉興府嘉善縣、浙江嘉興府秀水縣、浙江湖州府德清縣、浙江湖州府武康縣、浙江湖州府安吉縣、浙江湖州府歸安縣等，主要涉及直隸揚州府、安慶府、寧國府、滁州、蘇州府及浙江布政司等。

正德《明會典》中所載上述直隸州府及浙江布政司每年交納馬草額數如下：

浙江布政司，南京各場馬草一十九萬包。

安慶府，南京光禄寺司牲司馬草三萬包，南京御馬監細稻草五千包，南京定場馬草三萬包。

寧國府，京庫折銀草五十七萬包，每包折銀三分；本色草二十萬包。

滁州，京庫折銀草一萬一千包，每包折銀三分，本色草一萬包；南京犧牲所細稻草一萬五千包。

蘇州府，南京定場草一十四萬包，南京内官監齊頭稻草一千束。

揚州府，京庫折銀草二十二萬包，每包折銀三分；南京定場草一十萬七千八十包。[三]

其中需要特别注意的一點是《明會典》中記載『滁州』所需交納的額數中，涉及馬草的其交納對象有二：一是折銀草，上交京庫；二是細稻草，上交南京犧牲所，未見有其於南京四處馬草場交納馬草的記載。但紙背文書中，所存關於滁州文書中，却見有其向中和橋馬草場交納馬草的告完狀，如第八册卷一四四第十二葉紙背『明正德二年三月直隸滁州解户吴璋告完狀爲送納正德元年份馬草事殘件』：

1　告完狀人吴璋，係直隸滁州解户，送納正德元年分馬草貳□

2　南京中軍都督府中和橋馬草場一早交納完足，具狀□□。

[二] 正德《明會典》卷四十一《南京户部·凡各處起運供應等項數目》，汲古書院，一九八九年，第四百六十九頁。

[三] 正德《明會典》卷四十一《南京户部·凡各處起運供應等項數目》，汲古書院，一九八九年，第四百六十七至四百七十二頁。

3　正德二年三月

由此可見，《明會典》所載明代各府州縣起運交納額數應有所缺失，文書正可補史籍記載之不足。

（四）南京河下水次兑軍

除上述軍衛倉、各衙門機構及馬草場外，天一閣藏《國朝諸臣奏議》紙背還存有部分水次兑糧的相關文書。例如第一册乙集目録第七葉紙背文書與第八册卷一三九第二十葉紙背文書綴合之『明正德二年五月浙江湖州府烏程縣糧長蔣張江告完狀爲解送正德元年份秋糧事』載：

1　告完狀人蔣張江，係浙江湖州府烏程縣粮長，狀告解送正德元年分秋糧正餘米一千一百五十三石五斗三合，赴

2　南京河下水次交充完足，理合具告。

3　正德二年五月　□□[一]　完　狀　人蔣張江（背面簽押）

又如第五册卷一二六第五葉紙背『明正德二年五月直隸徽州府休寧縣糧長孫以得告完狀爲送納正德元年份秋糧米事殘件』載：

1　告完狀人孫以得，係直隸徽州府休寧縣糧長，狀告送納正德元年分秋糧米

2　南京河下水次兑軍交納完足，理合來告。

3　正德二年五月　　日告

關於水次兑支，宣德年間即已出現，《漕船志》卷一載：

宣德間，議造江西、湖廣、浙江、江南直隸各總淺船，俱歸原衛，惟南京、鎮江、江北直隸諸衛，隸於清江。各就水次兑

[一] 據文義及明代文書書寫格式推斷，此處所缺文字應爲『日告』。

> 運，不專在淮安常盈倉支運，故歸原衛造船，以便物料。[一]

其中言『不專在淮安常盈倉支運』，指的是宣德四年（一四二九）時，平江伯陳瑄及尚書黄福等建議恢復支運法，『令江西、湖廣、浙江民運百五十萬石於淮安倉，蘇、松、寧、池、盧、安、廣德民運糧二百七十四萬石於徐州倉……令官軍接運入京、通二倉』[二]，此即爲明代的兑運。至成化年間，實行長運之法，『江南州縣運糧至南京，令官軍就水次兑支』[三]，已不必再全部運至淮安倉統一兑運了。

與文書密切相關的正德年間兑運相關規定，見《明武宗實録》卷七『弘治十八年（一五〇五）十一月庚戌』載：

> 初户部會議漕運巡撫等官所言事宜……南京運糧官軍行糧，舊例於南京各倉關支，移文造册，必半年而後得。是以，昔年建議將浙江、江西、蘇、松等處該運南京倉糧免民起運，令官軍即水次兑支，以爲行糧，每石加水脚米一斗三升，軍民兩便。宜通查南京二總行糧之數，自正德元年爲始，許令就彼兑支……從之。[四]

文書中所言『南京河下水次兑軍』，應即『該運南京倉糧免民起運，令官軍即水次兑支』之意。目前文書中現存於『南京河下水次兑軍』的府州縣包括直隸蘇州府吴縣、直隸蘇州府崑山縣、直隸蘇州府太倉州、直隸蘇州府長洲縣、浙江杭州府臨安縣、浙江嘉興府崇德縣、浙江湖州府烏程縣、直隸徽州府歙縣、直隸徽州府休寧縣等處。據此可見，正德年間，在南京河下進行水兑支運的府州縣，不僅限於《明武宗實録》所載浙江、江西、蘇、松等處，另有直隸徽州府的部分州縣也實行水兑法。

又，《南京都察院志》卷二十一《西城職掌》載：『水兑五六場，倒塌止存二三四場，每遇糧米到場，係臨場總甲看守，放畢聽止。』[五] 由此可知，文書中各縣水次兑軍的税糧交納場所應在南京西城的水兑場。

綜上，文書中所見各州縣交納税糧的倉場包含有南京長安門倉、各軍衛倉、各衙門倉、馬草場及水次兑軍，等等，基本涵蓋了史籍所載的各種類型。文書内容大體與史籍記載相應，但也有部分内容，如滁州也向中和橋馬草場交納馬草，徽州府的部分州縣也

[一]（明）席書編次、朱家相增修：《漕船志》卷一《建置》，《玄覽堂叢書初輯》第九册，臺北正中書局，一九八一年，第三十三至三十四頁。
[二]（清）張廷玉等：《明史》卷七十九《食貨志三》，中華書局，一九七四年，第一千九百一十六頁。
[三]（清）張廷玉等：《明史》卷七十九《食貨志三》，中華書局，一九七四年，第一千九百一十九頁。
[四]《明武宗實録》卷七『弘治十八年（一五〇五）十一月庚戌』條，臺灣『中央研究院』歷史語言研究所校印本，一九六二年，第二百三十三至二百三十四頁。
[五]（明）施沛：《南京都察院志》卷二十一《西城職掌》，《四庫全書存目叢書補編》第七十三册，齊魯書社，二〇〇一年，第六百二十九頁。

行水兑法，等等，補充了部分史籍所不載的細節内容。

二、文書所見各州縣糧草交納程序

天一閣藏《國朝諸臣奏議》紙背文書，從撰擬主體來看主要可分爲個人撰擬和機構撰擬兩大類。其中，機構撰擬公文，撰擬主體主要包含南京各倉場和南京兵馬指揮司兩類，且公文呈遞對象均爲『巡視倉場監察御史』。

而個人撰擬文書中，撰擬者身份包含以下五類：一是解運糧草人員，含各地糧長、里長、解户、納户及地方吏員，負責從地方解運糧草入南京倉場交納；二是攬納交糧人員，主要爲各衛所餘丁，負責馱到、賣到各縣糧長、納户等應繳税糧、馬草與南京倉場；三是各倉副使、攢典，主要涉及放支官軍俸糧、各馬場馬草支領及役滿考核給由等事；四是各倉堆夫，主要涉及堆垛馬草等事；五是鋪户，涉及出賣蘆席與倉場等事。個人撰擬文書大部分未明確載明呈遞對象，但凡是明確書寫有呈遞對象者，其呈文對象也均是『巡視倉場監察御史』，如第二册卷五十七第十五葉紙背『明正德二年四月直隸常州府江陰縣糧長許材告完狀爲運到糧米豆送赴南京國子監交納事殘件』：

1 告完狀人許材，係直隸常州府江陰縣糧長，運到糧米豆送赴

2 南京國子監交收完足。爲此，理合具狀來告

3 巡視倉場監察老爹　施行。

4 計開：

5 實收過正糧白粳米

6 正德二年四月

又如，第八册卷一四二第八葉紙背『明正德二年四月應天府上元縣賣席鋪户張源與領狀爲領到巡視倉場監察御史羅處蘆席價銀事殘件』：

1 應天府上元縣賣蓆鋪户張源等今於

2 與領狀。實領到

3 巡視倉場監察御史老爹羅　處蘆蓆價銀，不致冒領，所領是[實]。

4 計開：實領銀肆錢整。

5 正德二年四月

十三

由此結合機構撰擬公文推斷，我們可以確定，天一閣藏《國朝諸臣奏議》紙背個人撰擬文書，其呈遞對象也應全部爲『巡視倉場監察御史』。

在個人撰擬文書中，解運糧草人員所撰擬文書性質主要包含告到狀、告完狀、執結狀、領狀四大類，從内容可見，均屬交納税糧、馬草過程中所用公文。本文即主要擬據此結合史籍記載，對文書所反映的税糧交納程序做一初步探討。需要説明的是，因爲紙背文書全部屬呈遞給巡視倉場監察御史的公文，故其所反映的糧草交納程序，主要體現的是與南京都察院的互動，而對於南京户部在收糧過程中的作用，則反映較少。限於此，本文所探討的糧草交納程序，也僅限於糧草解運人員與南京都察院的互動方面。

從文書現存内容來看，南直隸、浙江、湖廣、江西等地税糧馬草交納過程中，需在南京都察院完成告到、報净、領餘、告完等四個程序，現分述如下。

（一）告到

《南京都察院志》卷十九《京倉事宜·見行事例》載：

> 凡江西、湖廣、浙江並南直隸各處起解南京户部米、麥、豆、穀等項本折錢糧到京，官解員役先執批赴院挂號，然後投部上納。[一]

由此可知，南直隸各地官解糧草到京之後，在交納之前，需先前往南京都察院報到挂號。另外，各縣糧長運糧到倉也需『赴院判到』，如《南京都察院志》載：『各倉凡糧米到倉，該倉官攢賫簿同糧長赴院判到，限日進完。』[二]

天一閣藏《國朝諸臣奏議》紙背即保留有大量糧長『赴院判到』所用文書，即紙背現存的『告到狀』。如，第三册卷七十三第一葉紙背文書與第六册卷一三一第十八葉紙背文書綴合之『明正德二年五月直隸蘇州府嘉定縣糧長丘鉞告到狀爲送納正德元

[一]〔明〕施沛：《南京都察院志》卷十九《京倉事宜》，《四庫全書存目叢書補編》第七十三册，齊魯書社，二〇〇一年，第五百二十六頁。

[二]〔明〕施沛：《南京都察院志》卷十九《京倉事宜》，《四庫全書存目叢書補編》第七十三册，齊魯書社，二〇〇一年，第五百二十六頁。

年份秋糧米事』：

1　告到狀人丘鉞，係直隸蘇州府嘉定縣糧長，狀告送納正德□□[一]分秋糧米貳百陸拾石，前赴

2　南京兵部會同館交納，理合具告。

3　正德二年五月　初五　日告　到　狀　人丘鉞（背面簽押）

又如，第一册乙集目録第四葉紙背文書與第一册丁集目録第四葉紙背文書綴合之『明正德二年三月直隸揚州府高郵州寶應縣糧長范林告到狀爲解送正德元年份馬草事』：

1　告到狀人范林，係直隸揚州府高郵州寶應縣糧長，狀告解送正德元年分□□[二]二十一包九斤一十一兩三錢柒分六厘，前赴

2　南京中和橋馬草場交納，理合具告。

3　正德二年三月　十四　日告　到　狀　人范林（背面簽押）

由史籍記載可知，此類公文是糧長、納户等在各倉官攢陪同下，一同前往南京都察院上呈，告到的要素則主要應包括告到人姓名、身份、送納税糧的年份及數量、交納地點、告到時間及申狀人簽押等方面。在都察院告到之後，纔可將糧草運到指定倉場交納。

（二）報净

據《南京都察院志》卷十九《京倉事宜·見行事例》載：

各倉凡糧米到倉，該倉官攢賫簿同糧長赴院判到，限日進完。以後報乾報净，具結稟請查同，聽候臨倉驗看，果净轉厫。[三]

[一] 據文義及同書紙背相似文書推斷，此處所缺文字應爲『元年』。

[二] 據文義推斷，此處所缺文字應爲『馬草』。

[三] （明）施沛：《南京都察院志》卷十九《京倉事宜》，《四庫全書存目叢書補編》第七十三册，齊魯書社，二〇〇一年，第五百二十六頁。

由此規定可知，糧長在告到之後，還需出具『報乾報浄』的『具結』，以便查同驗看。而此類『具結』應即《國朝諸臣奏議》紙背所保存的糧長、納户『執結狀』。如，第一册趙汝愚撰《乞進〈皇朝名臣奏議〉劄子》第二葉紙背文書與第八册卷一三九第十四葉紙背文書綴合之『明正德二年三月直隸常州府武進縣糧長蔣鎮與執結爲送納正德元年份秋糧米事』：

1　直隸常州府武進縣糧長蔣鎮今於
2　　與執結爲送納正德元年分秋粮□□[一]。依奉告納，中間並不敢插和作弊等情，如違甘罪，執結是實。
3　正德二年三月　　日與　　執　　結　　人蔣鎮（背面簽押）

又如，第四册卷一一二第十二葉紙背文書與第七册卷一三六第十一葉紙背文書綴合之『明正德二年三月直隸安慶府懷寧縣糧長汪華與執結爲送納正德元年份馬草事』：

1　直隸安慶府懷寧縣糧長汪華今於
2　　與執結送納正德元年分馬草事。依奉並不敢插和陳草在内，如違甘罪，執結是實。
3　正德二年三月　　日與　　執　　結　　人汪華（背面簽押）

從文書中所言『不敢插和作弊等情』（部分文書寫作『不敢插和稻碎在内』，如第二册卷五十五第五葉紙背『明正德二年程仕祥與執結爲交納税糧事殘件』）、『並不敢插和陳草在内』等語可知，此類執結狀主要是爲自己所交納税糧的品質作保，换言之即是在强調自己所交納糧草應爲『乾浄』糧草，故其應爲『報乾報浄』之『具結』。

關於報浄的日期，天啓年間南京都察院御史李希孔又建立了預約報納制度，規定：

各倉如遇篩米之時，約某日可以報浄，即先三日具禀本院（筆者按：都察院），以便預酌。及至報浄之日，照舊具查同手本，禀候批發，方准入厫。[二]

[一] 據文義及同書紙背相似文書推斷，此處所缺文字應爲『米事』。

[二] 〔明〕施沛：《南京都察院志》卷十九《京倉事宜》，《四庫全書存目叢書補編》第七十三册，齊魯書社，二〇〇一年，第五百二十六頁。

此爲天啓年間新規，正德時是否如此不明。

（三）領餘

《明會典》卷二十七《會計三・凡樣米》條載：

> 宣德十年（一四三五）題准：各處起運京倉大小米麥，先封乾圓潔淨樣米送部，轉發各倉收，候運糧至日，比對相同，方許收納。[一]

由此可知，在稅糧解運之前，各地就應先封樣米送户部，由户部轉發各倉，以便各倉收納稅糧之時進行比對。而在納户完成稅糧交納工作之後，此類樣米可由納户領回。例如《國朝諸臣奏議》第一册乙集目録第八葉紙背文書與第八册卷一三九第十九紙背文書綴合之『明正德二年五月浙江湖州府烏程縣糧長蔣張江與領狀爲領回原呈在官米樣事』：

1 湖州府烏程縣糧長蔣張江今於

2 與領狀。實領回原呈在官米樣，所領是實。

3 正德二年五月　日與　領　狀　人　蔣張江（背面簽押）

除了樣米之外，如果在稅糧交納之時，有剩餘或是篩下稻碎，也由納糧人員一併領回。如萬曆《明會典》卷四十二《糧儲》載嘉靖四十五年（一五六六）『又議准：各省解到南京倉糧，每百石除收正耗之外，有餘，盡令糧長領回，免收平斛米石。碎米亦令領回，不必扣給官攢』[二]。而糧長、納户等在領取剩餘稻碎之時，同樣需向都察院上呈領狀。如第二册卷五十六第十一葉紙背文書與第二册卷五十七第六葉紙背文書綴合之『明正德二年三月江西南昌府進賢縣納户樊日瀚與領狀爲領到在倉篩下稻碎事』：

1 江西南昌府進賢縣納户樊日瀚今於

2 與領狀。實領到在倉篩下稻碎，照数領出，□□[三]是實。

[一] 萬曆《明會典》卷二十七《會計三・凡樣米》，《續修四庫全書・史部》第七八九册，上海古籍出版社，一九九五年，第四百八十八頁。

[二] 萬曆《明會典》卷四十二《户部二九・糧儲》，《續修四庫全書・史部》第七八九册，上海古籍出版社，一九九五年，第七百四十三至七百四十四頁。

[三] 據文義及明代文書書寫格式推斷，此處所缺文字應爲『所領』。

3　正德二年三月　　日與 □ 狀　人　樊日瀚□[二]

由此可見，納糧人員在税糧交納入倉之後，會領回原呈米樣及剩餘稻碎，而領取完相應物品之後，需向都察院出具領狀報備。

（四）告完

上文曾言，在解運糧草到京之後，糧長及官解員役等，需先到都察院告到挂號，故而在税糧交納工作完成之後，相關人等還需向都察院告完銷號。《南京都察院志》即載：「事完，取有倉庫實收赴院銷號。如有官解員役逗留違限，行縣查究。」[三]

由此可知，在各糧長、解户及納户在全部税糧交納入倉之後，還需上報都察院納完，此即《國朝諸臣奏議》紙背文書中所保存的「納完狀」。如，第六册卷一三二第一葉紙背文書與同册同卷第七葉紙背文書綴合之「明正德二年四月直隸常州府武進縣糧長蔣鎮告完狀爲運到糧米豆事」：

1　告完狀人蔣鎮，係直隸常州府武進縣糧長，運到粮米豆送赴

2　南京國子監交收完足。爲此，理合具狀來告

3　巡視倉場監察老爹　　施行。

4　　計開：

5　　實收過正粮白粳米五百石，正糧糙粳米五百石，　黄豆貳拾石。

6　正德二年四月　　□[三]告　完　狀　人蔣鎮（背面簽押）

又如，第四册卷一一一第四葉紙背文書與第六册卷一三三第十五葉紙背文書綴合之「明正德二年五月直隸徽州府照磨所照磨范英告完狀爲送納休寧等陸縣弘治十八年份秋糧米事」：

1　告完狀人范英，係直隸徽州府照磨所照磨，狀告蒙本府批差總部休寧等陸□[四]弘治拾捌年分秋糧米共叁萬貳千碩正，

　前赴

[二] 據文義及明代文書書寫格式推斷，此處所缺文字應爲「樊日瀚」簽押。

[三] （明）施沛：《南京都察院志》卷十九《京倉事宜》，《四庫全書存目叢書補編》第七十三册，齊魯書社，二〇〇一年，第五百二十六頁。

[三] 據文義及明代文書書寫格式可知，此處所缺文字應爲「日」。

[四] 據文義推斷，此處所缺文字應爲「縣」。

2 南京户部告判錦衣等衛、烏龍潭等倉并水次兑夫，交納完足。爲此，具狀來□[一]。
3 計開：納完
4 休寧縣，米陸千玖百捌拾玖石正；　歙縣，米捌千壹百叁拾玖石正；
5 婺源縣，米柒千貳百肆拾石正；　黟縣，米貳千玖百捌拾肆石正；
6 祁門縣，米貳千玖百捌拾石正；　績溪縣，米叁千陸百陸拾捌石正。
7 正德貳年伍月　**初九**　日告　完　狀　人范英（背面簽押）

從此類文書中的『交收完足』『納完』等語可知，其應爲税糧交納完成之後上呈都察院的公文。需要注意的是，第四册卷一一第四葉紙背與第六册卷一三三第十五葉紙背綴合的文書爲直隸徽州府照磨所照磨范英所呈，其屬於官解員役。因爲《國朝諸臣奏議》紙背文書的殘缺，現存文書中未見有范英的告到狀，但從其出具告完狀來看，可知其也應出具告到狀，應符合上引《南京都察院志》所載『凡江西、湖廣、浙江并南直隸各處起解南京户部米、麥、豆、穀等項本折錢糧到京，官解員役先執批赴院挂號，然後投部上納』[二]之規定。

另外，據《南京都察院志》所載『取有倉庫實收赴院銷號』一句可知，納糧人員還需進行銷號工作。銷號的依據爲『倉庫實收』，即收糧倉庫所出具的收糧憑據。《明會典》卷二十一《倉庾一·凡糧食收支》條載：

〔宣德〕六年（一四三一）令南京及淮安、徐州、臨清各倉實收通關，户部刊印，仍置號簿，編寫内外字號，用半印，空填年月，每年量印幾千道，并外號簿，發監收官執掌。眼同該倉官攢，查明填寫實收米數，給付納户，原籍官司告繳、比對查考。[三]

據此可知，『倉庫實收』應即『實收通關』，其上爲半印，且年月、納糧數目空，在納户交納税糧之時，由收糧倉官攢等填寫年

[一] 據文義推斷，此處所缺文字應爲『告』。
[二] （明）施沛：《南京都察院志》卷十九《京倉事宜》，《四庫全書存目叢書補編》第七十三册，齊魯書社，二〇〇一年，第五百二十六頁。
[三] 萬曆《明會典》卷二十一《倉庾一·凡糧食收支》，《續修四庫全書·史部》第七八九册，上海古籍出版社，一九九五年，第三百五十二頁。

月、實收税糧數目，之後交給納户。納户在領取此實收通關之後，即可憑此前往都察院銷號，完成納糧工作。

《國朝諸臣奏議》紙背文書中保留有納糧人員領取此類倉庫實收的領狀，例如第四册卷一一二第十四葉紙背文書與第七册卷一三六第十三葉紙背文書綴合之『明正德二年四月江西吉安府永新縣糧長李乾秀爲領到納完糧米實收一紙事領狀』：

1　江西吉安府永新縣糧長李乾秀今於

2　與領狀。實領到納完糧米實收一紙，領回銷繳，所領是實。

3　正德二年四月　　日領　　狀　　人李乾秀（背面簽押）

另外，在某些領狀當中，有將領取原呈米樣及實收一紙合二爲一者，如第七册卷一三六第二十三葉紙背明正德二年五月直隸徽州府休寧縣糧長孫以得領狀：

1　直隸徽州府休寧縣糧長孫以得今於

2　與領狀。實領到原呈米樣一桶，并實收小票。今領回備照，所領是□[一]。

3　正德二年五月　　日糧□

由此可見領取原呈米樣和實收票據的時間應相同，兩者應同時領取，但領取後需同樣向都察院上呈領狀。

綜上，明代江南府縣於南京倉場交納税糧馬草，需在南京都察院完成告到挂號、報淨、領餘、告完銷號等工作。由此可見，都察院對於税糧收納工作監督之深入，幾乎全面介入了税糧收納的整個過程。

三、文書所見各州縣糧草在京攬納問題

天一閣藏《國朝諸臣奏議》紙背文書中，有一類撰擬主體爲各衛所餘丁的執結狀，均是爲馱到、賣到各縣糧長、納户等應繳税糧、馬草事出具的保結。如第六册卷一三四第七葉紙背文書與第八册卷一四一第九葉紙背文書綴合之『明正德二年三月南京

[一] 據明代文書書寫格式可知，此處所缺文字應爲『實』。

留守右衛餘丁李安爲駄到江西瑞州府上高縣納户李崇錦米事執結狀』：

1 南京留守右衛餘丁李安今於

2 　與執結駝到江西瑞州府上高縣納户李崇錦米貳拾捌石，赴

3 南京旗手衛西倉交卸，中途並不敢短少、多取脚錢使用，如違甘罪，執□[一]是實。

4 正德二年三月　　日執　　結　　人李安（背面簽押）

又如，第一册丙集目録第八葉紙背『明正德二年四月南京錦衣衛餘丁陶宣與執結爲賣到直隸安慶府太湖縣粮長陳源名下馬草事殘件』：

1 南京錦衣衛餘丁陶宣今於

2 　與執結爲賣到直隸安慶府太湖縣糧長陳源名下□

3 中和橋馬草場交納，中間並無破損在内，如違甘罪，執結是[實]。

4 正德二年四月□

由這些各衛所餘丁所出具的執結狀中『駄到某納户米』『賣到某馬草』及『中途並不敢短少、多取脚錢使用』等内容來看，這些餘丁在税糧交納過程中進行的應屬包攬活動。因其攬納同屬於税糧馬草的交納行爲，故本文擬在此對於紙背文書所見的攬納問題也進行一下簡要探討。

關於明代的攬納問題，學界探討頗多，如梁方仲《明代糧長制度》[二]、鈴木博之《明代における包攬の展開》[三]、汪聖鐸《攬

[一] 據文義及明代文書書寫格式推斷，此處所缺文字應爲『結』。

[二] 梁方仲：《明代糧長制度》，上海人民出版社，一九五七年。

[三]〔日〕鈴木博之：《明代における包攬の展開》，《東方學》第六十四號，一九八二年。

納試探》[二] 等均對此展開過論述，其中尤以高壽仙先生《明代攬納考論——以解京錢糧物料爲中心》[三] 一文研究較爲深入。高先生從攬納的活躍及其危害、攬納屢禁不絶的深層原因及輕賫、折收與攬納等三個方面對明代的攬納活動展開了詳細論述。高先生指出，就攬納活動發生的地點而言，明代的攬納分爲『本地攬納』和『在京攬納』。而天一閣藏《國朝諸臣奏議》紙背文書中所存攬納相關文書，從其内容來看，均應屬於『在京攬納』的範疇，且對於明代南京都察院對攬納活動的監管有所反映，可大體歸納爲以下幾個方面。

首先，關於明代在京攬納人員的身份，高壽先先生根據史籍總結出以下幾種：一是在京官豪勢要之家，及將軍、力士、厨役、校尉、軍旗人等，弟男、子侄、女婿、舍餘人等；二是都中積年猾棍；三是倉場官吏員役；四是積年庫夫、鋪户人等。[三] 而由《國朝諸臣奏議》紙背文書中，所見攬納人員基本屬於軍旗人丁和鋪户，例如上舉兩例中『南京留守右衛餘丁李安』『南京錦衣衛餘丁陶宣』均屬於衛所軍餘，鋪户攬納如第二册卷五十五第十六葉紙背『明正德二年四月應天府上元縣賣席鋪户張源與執結爲賣到直隸蘇州府太倉州糧長厶名下蘆席事殘件』：

1　應天府上元縣賣蓆鋪户張源等今於
2　　與執結爲賣到直隸蘇州府太[倉]州糧長
3　中和橋馬草場交納，中間並無破小蓆在内，如違甘[罪]，□□□□[四]。
4　正德二年四月

由此可見，正德年間在京攬納活動中，向倉庫交納税糧的行爲人，應以各衛軍餘及鋪户等人爲主。另外，《國朝諸臣奏議》紙背機構撰擬公文中，對於攬納行爲也有所限制，限制對象主要集中於『積年光棍』。如第一册總目第十三葉紙背文書與第四册卷一一五第十七葉紙背文書綴合之『明正德二年五月南京南城兵馬指揮司呈巡視倉場監察御史羅狀爲禁革奸弊事』載：

1　南京南城兵馬指揮司爲禁革奸弊事。案照先抄蒙

[二] 汪聖鐸：《攬納試探》，《文史》第十三輯，中華書局，一九八二年。
[三] 高壽仙：《明代攬納考論——以解京錢糧物料爲中心》，《中國史研究》二〇〇七年第三期。
[三] 高壽仙：《明代攬納考論——以解京錢糧物料爲中心》，《中國史研究》二〇〇七年第三期。
[四] 據明代文書書寫格式推斷，此處所缺文字應爲『執結是實』。

2　巡視倉場監察御史史　案驗前事，仰本司着落當該官吏，照依案驗内□[二]理，即便嚴督該管地方火甲人等用心緝訪，遇有前項積年光棍打攬倉場、挾詐糧納，即便擒拿

3　解院，以憑照例問發。及不時省諭附近居住軍民謹慎火燭，提防盜賊，不許牲畜作踐墻垣，壅塞水道。仍仰每月貳次具官吏并火甲人等，不致縱容隱匿結狀繳報。如

4　或不行嚴督用心緝捕，事發一体參究不恕。蒙此，依蒙案驗内事理，嚴□[三]該管地方火甲人等用心緝訪，遇有前項積年光棍、違犯之徒擒拿另解，及不時省諭附近居住

5　軍民謹慎火燭，一体遵依外。爲此，今將取到該倉地方火甲結狀，同本司官吏不扶執結，理合呈繳施行，須至呈者。

6　右　　呈

7　巡視倉場監察御史羅

8　正德二年五月（朱印）　　初二　　日指揮楊華　　副指揮魏□[三]　鄭□

9　禁革奸弊事　　□[四]目陶瑞

此文書爲南京南城兵馬指揮司呈巡視倉場監察御史狀，其中明確記載，巡倉御史要求兵馬司如發現有『遇有前項積年光棍打攬倉場、挾詐糧納』之行爲，即『擒拿解院，以憑照例問發』。

又如，第三册卷六十八第十葉紙背文書與第五册卷一二九第四葉紙背文書綴合之『明正德二年四月南京金吾後衛西倉申巡視倉場監察御史羅狀爲禁約事』載：

1　南京金吾後衛西倉爲禁約事。抄蒙

[二]　據文義及明代文書書寫格式推斷，此處所缺文字應爲『事』。

[三]　據文義推斷，此處所缺文字應爲『督』。

[三]　據第四册卷一一五第十一葉紙背文書可知，副指揮應爲『魏雲、鄭鶴』。

[四]　據第四册卷一一五第十一葉紙背文書可知，此處所缺文字應爲『吏』。

2 巡視倉場監察御史羅　案驗，該奉

3 南京都察院劄付，備仰本倉着落當該官攢，照依案驗内事理，今後但□[一]指稱本院家人、弟男、子姪、親故及皂隸、跟隨、書
辦、人役名色，在所屬倉場索取財物、借倩人夫、百計求爲，□[二]

4 積年光棍、攬頭、歇家、跟子、鋪行人等科斂誆騙，假以打點使用爲名者，不分真僞，許各該□□[三]就行捉拿送院，以憑問
發。蒙此，依蒙外，今將本倉官攢重甘結狀，理合粘連申繳施行，須至申者。

本日到

5 右　　申

6 巡視倉場場[四]監察御史羅

7 正德貳年肆月（朱印）　初一　　□[五]副使王海

8 禁約事

此文書爲南京金吾後衛西倉呈巡視倉場監察御史狀，其中所列禁約事包含兩方面内容：一是禁止都察院『家人、弟男、子姪、親故及皂隸、跟隨、書辦、人役名色，在所屬倉場索取財物、借倩人夫、百計求爲』，此類人員中『家人、弟男、子姪、親故』等基本屬於官豪勢要之家；二是禁止『積年光棍、攬頭、歇家、跟子、鋪行人等，假以打點使用爲名科斂誆騙』，其中雖將『攬頭、歇家、跟子、鋪行人等』與『積年光棍』並列，但此處需要注意的是，其禁止的是這些人『假以打點使用爲名科斂誆騙』的行爲，對於正常合規的攬納行爲並不禁止，這也應是紙背文書中，大量軍餘、鋪户人等攬納執結狀存在的原因之一。

其次，由紙背文書可見，各衛軍餘人等從事攬納行爲之時，其交納税糧馬草的倉場往往並非是其所屬衛所的倉場。例如上舉第六册卷一三四第七葉紙背文書與第八册卷一四一第九葉紙背文書綴合之『明正德二年三月南京留守右衛餘丁李安與執結爲馱

[一] 據文義推斷，此處所缺文字應爲『有』。
[二] 據文義推斷，此處所缺文字應爲『及』。
[三] 據第八册卷一四三第八葉紙背可知，此處所缺文字應爲『人員』。
[四] 據文義推斷，此『場』字應爲衍文。
[五] 據文義推斷，此處所缺文字應爲『日』。

到江西瑞州府上高縣納户李崇錦米事』中，從事攬納的『李安』爲南京留守右衛餘丁，其攬納税糧是交納至南京旗手衛西倉；又如上舉第一册丙集目録第八葉紙背『明正德二年四月南京錦衣衛餘丁陶宣與執結爲賣到直隸安慶府太湖縣糧長陳源名下馬草事殘件』中，從事攬納的餘丁陶宣屬南京錦衣衛，其攬納糧草是交納至中和橋馬草場。《國朝諸臣奏議》紙背的軍餘攬納文書，基本屬於此種情況，僅有一件鋪户文書屬於本場交納，即第四册卷一一三第十一葉紙背『明正德二年四月南京中和橋馬草場賣席鋪户唐清與執結爲賣到浙江湖州府武康縣糧長厶名下馬草事殘件』：

1 中和橋馬草場賣席鋪户唐清今於

2 與執結爲賣浙江湖州府武康縣糧□

3 本場交納，中間並無破損，執結是實。

4 正德二年四月　　日與

之所以如此，或許是爲了避免軍餘於所屬衛所倉場交納税糧，容易與倉場官吏通同作弊，故而都是前往其他倉場交納。而鋪户之所以可以從事攬納活動，是因其與倉場有生意往來，可以有一定便利條件，但其又不屬衛所人員，故而可以在相熟倉場交納。

最後，高壽仙先生曾在文中總結出明代攬納之所以大受詬病，其危害主要可以概括爲三個方面：一是從税户、解户那裏兜攬時，常常額外勒索，加重了解納者的負擔；二是攬納到手後，常常拖延不予上納，解納者被累不堪；三是攬納者常與倉場吏役勾結，以少爲多，以次充好，虧損國課。[一] 針對這些弊端，南京都察院及倉場也采取了相應措施。例如，針對攬納不及時上納的問題，南京倉場曾實行過『編立長單』制度。《南京都察院志》卷十六《立長單》條載：

> 積歇包攬或作弊乾判，或挪前攢後，或延哄坐守，至有二三年不完者……宜編立長單，糧到之時，照數付與旗甲填注：某日進倉，某日篩曬，某日給倉收。如有歇家、倉攢、包攬折乾勒索等弊，明注在單，以便拿究。約以十日爲限，取獲倉收呈驗，并單繳查。[二]

[一] 高壽仙：《明代攬納考論——以解京錢糧物料爲中心》，《中國史研究》二〇〇七年第三期。

[二]〔明〕施沛：《南京都察院志》卷十六《立長單》，《四庫全書存目叢書補編》第七十三册，齊魯書社，二〇〇一年，第四百五十五頁。

而針對攬納多索錢財、以少爲多、以次充好的行爲，則要求攬納人員在交納税糧之時，需出具執結狀，以爲自己行爲作保。這從《國朝諸臣奏議》紙背相關執結狀中有所體現，如上引第六册卷一三四第七葉紙背文書與第八册卷一四一第九葉紙背文書綴合之『明正德二年三月南京留守右衛餘丁李安爲馱到江西瑞州府上高縣納户李崇錦米事執結狀』：

1　南京留守右衛餘丁李安今於

2　　與執結駝到江西瑞州府上高縣納户李崇錦米貳拾捌石，赴

3　南京旗手衛西倉交卸，中途並不敢短少、多取脚錢使用，如違甘罪，執□[一]是實。

4　正德二年三月　　日執　　結　　人李安（背面簽押）

從第三行『中途並不敢短少、多取脚錢使用』一語可見，其執結重點有二：一是强調自己不敢有以少爲多、以次充好的行爲；二是强調自己不敢多取脚錢，即不敢額外勒索。其餘執結狀内容與此大體相同，由此可知巡倉御史還負有監督攬納行爲是否合規的職責。

當然，這些規定所起作用有限，攬納的危害及弊病一直到明後期仍然存在，但因不屬本文論述重點，且學界已有論述較多，在此不再贅述。

綜上所述，本文主要依據天一閣藏《國朝諸臣奏議》紙背文書，對明代南直隸、浙江、湖廣、江西等府州縣的税糧交納過程中涉及的交納倉場、交納程序及在京攬納等相關問題進行了簡要探討。而由分析可見，紙背文書作爲明代糧草交納過程中産生的原始公文，其反映的大都是明代税糧馬草交納的細節問題，可使我們對明代的税糧徵收有一個更形象具體的認知，這也是這批文獻最大的史料價值所在。

（本文爲首次刊發）

[一] 據文義及明代文書書寫格式推斷，此處所缺文字應爲『結』。

天一閣藏《國朝諸臣奏議》紙背文書所見明代巡倉御史職能簡析

宋坤、耿洪利

關於明代監察御史職能的研究，學界已有成果頗多，但其中關於『巡倉御史』的專題研究，則僅見連啓元先生《明代的巡倉御史》[一]一篇專論。連先生在文中，對明代巡倉御史的建置沿革進行了詳細梳理，並對其職掌權限，從查核錢糧、崔徵逋欠、清理河道、修繕倉廒、風憲糾劾等五個方面進行了論述，可謂用力頗深。

天一閣藏《國朝諸臣奏議》紙背文書，均爲明正德二年（一五〇七）二、三、四、五月南京各倉場相關文書，其呈文對象均爲『巡視倉場監察御史羅』，故而文書對於明代巡倉御史的職能權限多有所反映，可補史籍記載之不足。另，筆者還查找到河南省圖書館藏有一種公文紙本《樂書》，其紙背爲明成化九年（一四七三）南京各倉場相關文書，其中也多有涉及巡視倉場監察御史之處。故本文即擬以《國朝諸臣奏議》紙背文書爲主，結合《樂書》紙背文書，對文書所反映的明代巡視倉場監察御史職能權限進行一簡要分析。

一、南京巡倉御史建置沿革及文書所見御史考證

巡視倉場監察御史，又簡稱巡倉御史，屬於明代的專差御史。關於其設置，連啓元先生依據《明實録》及《天府廣記》等記載，考證出最早應不超過宣德八年（一四三三）三月之前。而南京地區倉場的巡視監察，則是原設有總督南京糧儲都御史一員及御史二員，分差監收草場糧草，並巡視南京錦衣等衛、烏龍潭等倉場。正統二年（一四三七）三月『癸丑，增南京户部主事監督草場。又主事監督内府諸監局並光禄寺，通委御史巡視』[二]之後，景泰六年（一四五五），『又令南京各倉止委御史及郎中等官巡視、監督，其本部巡倉官不必差委。成化四年，令推選年深老成廉幹郎中一員，公同監察御史巡視南京各倉，其員外郎、主事專

[一] 連啓元：《明代的巡倉御史》，《明史研究專刊》二〇〇三年第十四期。

[二] 〔明〕談遷：《國榷》卷二十三『正統二年（一四三七）三月癸丑』條，中華書局，一九五八年，第一千五百三十五頁。

一監督收放，俱從本衙門堂上官考察……（成化）十六年，令南京都察院委御史二員，一員巡視各衛倉糧，一員巡視象馬草場并光禄寺等衙門，原設總巡御史裁革。十八年奏准，南京都察院委御史二員，一員分管鼓樓以南一十九倉并中和橋草場及長安等四門倉糧草，一員分管鼓樓以北一十八倉并金川門馬草場、光禄寺犧牲所及各監局等衙門糧草』[一]。此後直至隆慶四年（一五七〇），裁革都御史，令南京户部侍郎帶管提督，仍差御史一員巡視。[二] 萬曆時期，則將原本巡視南京錦衣等衛的巡倉御史職務革除，改併於鳳陽巡倉。[三]

天一閣藏《國朝諸臣奏議》紙背文書，從撰擬主體來看主要可分爲個人撰擬和機構撰擬兩大類。其中，機構撰擬公文，撰擬主體主要包含南京各倉場和南京兵馬指揮司兩類，且公文呈遞對象均爲『巡視倉場監察御史』。而個人撰擬文書中，撰擬者身份包含以下五類：一是解運糧草人員，含各地糧長、里長、解户、納户及地方吏員，負責從地方解運糧草入南京倉場交納；二是攬納交糧人員，主要爲各衛所餘丁，負責馱到、賣到各縣糧長、納户等應繳税糧、馬草與南京倉場；三是各倉副使、攢典，主要涉及放支官軍俸糧、各馬場馬草支領及役滿考核給由等事；四是各倉堆夫，主要涉及堆垛馬草等事；五是鋪户，涉及出賣蘆席與倉場等事。個人撰擬文書大部分未明確載明呈遞對象，但凡是明確書寫有呈遞對象者，其呈文對象也均是『巡視倉場監察御史』。

該批紙背文書均形成於正德二年，據史籍記載，南京此時爲以鼓樓爲界，分置二御史巡視倉場時期，且文書撰擬機構中出現有長安門倉及中和橋馬草場，故可知，文書呈文對象『巡視倉場監察御史』的巡倉範圍應爲南京鼓樓以南一十九倉並中和橋草場及長安等四門倉。

關於『巡視倉場監察御史羅』，筆者檢索史籍所見有記載之正德年間羅姓南京監察御史僅『羅鳳』一人。如《明武宗實録》載：

> 正德元年十二月，甲戌，陞推官陳察、羅鳳，知縣李鑑、李春芳、吴蘭、何棐，行人喻文璧、王奎、張璉，國子監學録任賢，俱爲南京試監察御史。[四]

[一] 萬曆《明會典》卷四十二《户部二十九·南京户部·糧儲》，《續修四庫全書·史部》第七八九册，上海古籍出版社，一九九五年，第七百四十頁。

[二] 萬曆《明會典》卷四十二《户部二十九·南京户部·糧儲》，《續修四庫全書·史部》第七八九册，上海古籍出版社，一九九五年，第七百四十三頁。

[三]（明）談遷：《國榷》卷七十二『萬曆十一年（一五八三）閏二月己卯』條，中華書局，一九五八年，第四千四百三十八頁。

[四]《明武宗實録》卷二十『正德元年十二月甲戌（一五〇七年一月十二日）』條，臺灣『中央研究院』歷史語言研究所校印本，一九六二年，第五百八十九至五百九十頁。

據此，正德元年十二月，羅鳳被擢陞爲南京試監察御史。另，《明武宗實録》又載：

> 正德九年正月，丁卯，南京十三道御史羅鳳等言：『寧王自交通逆瑾，陳乞護衛，愈生驕恣，掊剋富室，侵奪腴田，淫刑酷法，動至滅族……』[一]

由此可知，正德九年時羅鳳依舊任職於南京十三道監察御史之一。可見，從正德元年至正德九年羅鳳應一直任職於南京監察御史。而這批公文撰擬時間爲正德二年，恰爲羅鳳陞爲南京監察御史後的第二年，故而公文中的『巡視倉場監察御史羅』極有可能爲羅鳳。

關於羅鳳生平，《貴州通志》載：

> 羅鳳，上元人，進士。嘉靖二年任鎮遠府，有善政，能詩。鳳舊與周瑛善，先後出守，作懷周堂，又建德禮堂。（《鎮遠府志》）
>
> 按：《江南志》載鳳字子文，弘治丙辰進士，官御史，出守兖州。正德中屬車屢動，傳言將有事泰山，東撫欲額外徵取，以備巡幸，鳳不應，遂被劾，改守貴州鎮遠。復忤巡方，再移石阡，致仕。[二]

另，《中國著名藏書家與藏書樓》載：

> 羅鳳（一四六五～？）：字子文，號印岡、簡翁，江蘇上元（今南京）人。明弘治九年（一四九六）進士，官南道御史。因事被貶改守鎮遠，致仕歸。家居二十餘年，悠游閑適，開延休堂以宴客，建芳瀾堂以儲書。博雅好古，所蓄書法名畫、金石遺刻數千種，工詩。著有《延休堂漫録》五十卷，編撰《金陵羅氏書目》四卷。[三]

[一] 《明武宗實録》卷一〇八『正德九年（一五一四）正月丁卯』條，臺灣『中央研究院』歷史語言研究所校印本，一九六二年，第二千二百至二千二百零一頁。

[二] 貴州省文史研究館點校：《貴州通志・宦迹志》，貴州人民出版社，二〇〇四年，第二百三十一頁。據查乾隆《鎮遠府志》卷二十三《名宦》載羅鳳任鎮遠知府時間爲嘉靖三年。

[三] 范鳳書編：《中國著名藏書家與藏書樓》，大象出版社，二〇一三年，第五十頁。

上述史料表明，羅鳳應生於明成化年間，於明弘治九年年考取進士功名，曾任職御史，後因事被貶貴州，改守鎮遠。結合《明實録》記載來看，羅鳳在考取進士功名後可能是任職某地推官，在正德元年十二月陞爲監察御史後，一直任職於南京監察御史，直到嘉靖二年被貶貴州鎮遠。

二、紙背文書所見明代巡倉御史職責權限

上文曾言，《國朝諸臣奏議》紙背文書從撰擬主體來看，主要包含個人撰擬及機構撰擬兩大類，其中個人撰擬公文大都與税糧馬草交納及倉場吏員役滿考核相關；機構撰擬公文則主要與倉場日常管理有關。其中所體現出的巡倉御史職責權限，可大體歸納爲以下幾個方面。

（一）税糧收納監察

《國朝諸臣奏議》紙背文書中存有大量南直隸、浙江、湖廣、江西等府州縣糧長、納户等交納税糧過程中産生的告到狀、執結狀、領狀及告完狀，等等，這些文書反映了糧長交納税糧過程中告到、報浄、領餘、告完的全過程。

例如，《南京都察院志》載：『各倉凡糧米到倉，該倉官攢賫簿同糧長赴院判到，限日進完。』[一]而《國朝諸臣奏議》紙背中即保存有糧長的『告到狀』，如第三册卷七十三第一葉紙背文書與第六册卷一三一第十八葉紙背文書綴合之『明正德二年五月直隸蘇州府嘉定縣糧長丘鉞告到狀爲送納正德元年份秋糧米事』：

1 告到狀人丘鉞，係直隸蘇州府嘉定縣糧長，狀告送納正德□□[二]分秋糧米貳百陸拾石，前赴
2 南京兵部會同館交納，理合具告。
3 正德二年五月　**初五**　日告　到　狀　人丘鉞（背面簽押）

又如，《南京都察院志》卷十九《京倉事宜·見行事例》載：

[一]（明）施沛：《南京都察院志》卷十九《京倉事宜》，《四庫全書存目叢書補編》第七十三册，齊魯書社，二〇〇一年，第五百二十六頁。
[二] 據文義及同書紙背相似文書推斷，此處所缺文字應爲『元年』。

各倉凡糧米到倉，該倉官攢賫簿同糧長赴院判到，限日進完。以後報乾報淨，具結稟請查同，聽候臨倉驗看，果淨轉廒。[一]

由此規定可知，糧長在告到之後，還需出具『報乾報淨』的『具結』，以便查同驗看。而此類『具結』即《國朝諸臣奏議》紙背所保存的糧長、納户『執結狀』，如第一册趙汝愚撰《乞進〈皇朝名臣奏議〉劄子》第二葉紙背文書與第八册卷一三九第十四葉紙背文書綴合之『明正德二年三月直隸常州府武進縣糧長蔣鎮與執結爲送納正德元年份秋糧米事』：

1 直隸常州府武進縣糧長蔣鎮今於

2 與執結爲送納正德元年分秋糧□□[二]。依奉告納，中間並不敢插和作弊等情，如違甘罪，執結是實。

3 正德二年三月　日與　執　結　人蔣鎮（背面簽押）

再如，萬曆《明會典》卷四十二《糧儲》載嘉靖四十五年（一五六六）『又議准：各省解到南京倉糧，每百石除收正耗之外，有餘，盡令糧長領回，免收平斛米石。碎米亦令領回，不必扣給官攢』[三]。《國朝諸臣奏議》紙背即保存有糧長、納户領取稻餘的領狀，如第二册卷五十六第十一葉紙背文書與第二册卷五十七第六葉紙背文書綴合之『明正德二年三月江西南昌府進賢縣納户樊日瀚與領狀爲領到在倉篩下稻碎事』：

1 江西南昌府進賢縣納户樊日瀚今於

2 與領狀。實領到在倉篩下稻碎，照数領出，□□[四]是實。

3 正德二年三月　日與　□　狀　人　樊日瀚□[五]

[一]（明）施沛：《南京都察院志》卷十九《京倉事宜》，《四庫全書存目叢書補編》第七十三册，齊魯書社，二〇〇一年，第五百二十六頁。

[二] 據文義及同書紙背相似文書推斷，此處所缺文字應爲『米事』。

[三] 萬曆《明會典》卷四十二《户部二九・糧儲》，《續修四庫全書・史部》第七八九册，上海古籍出版社，一九九五年，第七百四十三至七百四十四頁。

[四] 據文義及明代文書書寫格式推斷，此處所缺文字應爲『所領』。

[五] 據文義及明代文書書寫格式推斷，此處所缺文字應爲『樊日瀚』簽押。

最後，在糧長、納户交納税糧完成之後，還需上報「告完狀」，如《國朝諸臣奏議》第六册卷一三一第一葉紙背文書與同册同卷第七葉紙背文書綴合之「明正德二年四月直隸常州府武進縣糧長蔣鎮告完狀爲運到糧米豆事」：

1 告完狀人蔣鎮，係直隸常州府武進縣糧長，運到糧米豆送赴
2 南京國子監交收完足。爲此，理合具狀來告
3 巡視倉場監察老爹　施行。
4 　計開：
5 　實收過正糧白粳米五百石，正糧糙粳米五百石，黄豆貳拾石。
6 正德二年四月　□[一]告　完　狀　人　蔣鎮（背面簽押）

雖然，上舉《國朝諸臣奏議》紙背所見糧長、納户的告到狀、執結狀與領狀，未明確載明呈報對象爲「巡視倉場監察御史」，但結合同書紙背全部機構撰擬公文均申呈巡倉御史，且糧長、納户的「告完狀」也是申報巡倉御史來看，可以肯定這些告到狀、執結狀與領狀，申報對象也應爲巡倉御史。由此可見，巡倉御史幾乎介入了明代税糧馬草交納的整個過程，對其進行全程監督。除了對糧長、納户的納糧行爲進行監管之外，巡倉御史對於明代的攬納行爲也有監督之權。例如《國朝諸臣奏議》第六册卷一三四第七葉紙背文書與第八册卷一四一第九葉紙背文書綴合之「明正德二年三月南京留守右衛餘丁李安爲馱到江西瑞州府上高縣納户李崇錦米事執結狀」載：

1 南京留守右衛餘丁李安今於
2 　與執結駝到江西瑞州府上高縣納户李崇錦米貳拾捌石，赴
3 南京旗手衛西倉交卸，中途並不敢短少、多取脚錢使用，如違甘罪，執□[二]是實。
4 正德二年三月　日執　結　人　李安（背面簽押）

[一] 據文義及明代文書書寫格式可知，此處所缺文字應爲「日」。
[二] 據文義及明代文書書寫格式推斷，此處所缺文字應爲「結」。

從文書中『中途並不敢短少，多取脚錢使用』一句可以看出，南京留守右衛餘丁李安的納糧行爲應屬於攬納，而其向巡倉御史出具執結狀的行爲，則表明巡倉御史對於税糧攬納也具有監管之權。

（二）倉場日常管理監察

《國朝諸臣奏議》紙背機構撰擬公文，撰擬主體或爲南京各倉場，或爲南京五城兵馬指揮司，涉及事項包含『禁約事』『巡視倉場事』『看守倉糧事』『禁革奸弊事』等，而這正反映了巡倉御史對於倉場日常管理行爲的監察職責。

例如，《國朝諸臣奏議》第三册卷六十八第十葉紙背文書與第五册卷一一九第四葉紙背文書綴合之『明正德二年四月南京金吾後衛西倉中巡視倉場監察御史羅狀爲禁約事』載：

1 南京金吾後衛西倉爲禁約事。抄蒙

2 巡視倉場監察御史羅　案驗，該奉

3 南京都察院劄付，備仰本倉着落當該官攢，照依案驗内事理，今後但□[一]指稱本院家人、弟男、子姪、親故及皂隸、跟隨、書辦、人役名色，在所屬倉場索取財物、借倩人夫、百計求爲，□[二]

4 積年光棍、攬頭、歇家、跟子、鋪行人等科斂誆騙，假以打點使用爲名者，不分真僞，許各該□□[三]就行捉拿送院，以憑問發。蒙此，依蒙外，今將本倉官攢重甘結狀，理合粘連申繳施行，須至申者。

本日到

5 右　申

6 巡視倉場場[四]監察御史羅

7 正德貳年肆月（朱印）　初一　□[五]副使王海

[一] 據文義推斷，此處所缺文字應爲『有』。

[二] 據文義推斷，此處所缺文字應爲『及』。

[三] 據第八册卷一四三第八葉紙背可知，此處所缺文字應爲『人員』。

[四] 據文義推斷，此『場』字應爲衍文。

[五] 據文義推斷，此處所缺文字應爲『日』。

8　禁約事

其中清楚列明，倉場日常管理中，所需注意的各類『禁約事項』。另外，同書第四册卷一一六第十五葉紙背文書所載文書性質與上引文書同，其内容如下：

（前缺）

1　理遵守外。蒙此，依蒙本年三月初一日起至三十日止，本倉並無親故及皂隸、跟隨、書辦、人役名色，在於

2　點使用爲名，委無前項情弊緣由。爲此，今將通倉官攢不致扶同重甘結狀，合行粘連繳報施行，須至申者。

（後缺）

由第一行『本年三月初一日起至三十日止』一句可知，此類文書的申報應爲月報，據此可推斷，各倉向巡倉御史申報有無違背『禁約事項』，應屬日常行政事務。

再如，天一閣藏《國朝諸臣奏議》第四册卷一一一第十六葉紙背文書與同册卷一一五第十六葉紙背文書綴合之『明正德二年五月南京虎賁左衛倉與執結爲看守倉糧事』載：

1　南京虎賁左衛倉今於

2　與執結爲看守倉糧事。依奉管得本倉軍餘等，在倉提鈴敲梆，看守倉糧，謹防火盜。中間不致有違，執結是實。

3　正德貳年伍月（朱印）　日副　使　廖[二]

4　攢典宋礼太（背面簽押）

此文書據推斷，呈報對象也應爲巡倉御史。由此可見，各倉場日常看守倉場、謹防火盜是否到位，也需向巡倉御史出具執結，以作保證。

除了上述禁約、看守倉糧之外，各倉場日常糧草的晾曬、堆垛也需向巡倉御史出具執結，前者如河南圖書館藏《樂書》第二册卷十四第三葉紙背載：

1　南京豹韜衛西倉爲徵收成化八年秋糧事。今將本倉曬過糧米日期，合具揭帖，前赴

[二] 據文義及明代文書書寫格式推斷，此處所缺文字應爲副使姓名及簽押。

2 巡視倉場監察御史鄒　　處告稟施行。須至揭帖者。

3 計開：

4 　江西廣信府上饒縣糧長徐顒等米肆千石：

5 　　初二日曬，　初三日曬，　初四日曬。

（後缺）

後者如《國朝諸臣奏議》第二册卷五十四第二葉紙背文書與第二册卷五十六第六葉紙背文書綴合之『明正德二年四月南京中軍都督府中和橋馬草場堆夫洪茂等與執結爲搬運馬草事』：

1 南京中軍都督府中和橋馬草場堆夫洪茂等今於

2 　與執結爲搬運馬草事。依奉上年，如遇□□[一]州縣糧里人等，運納馬草到場，領給工銀，僱覓人夫搬運草蓆上堆，中間不致違悮，執結是實。

3 正德二年四月　　日與　　執　　結　　人　洪茂（背面簽押）

4 　　趙成（背面簽押）

5 　　黄春（背面簽押）

6 　　張福（背面簽押）

由此可見，明代倉場對於糧草的日常管理，也屬於巡倉御史的監察範圍。

需要特别注意的一點是，《國朝諸臣奏議》第一册總目第十三葉紙背文書與第四册卷一一五第十七葉紙背文書綴合之『明正德二年五月南京南城兵馬指揮司呈巡視倉場監察御史羅狀爲禁革奸弊事』載：

1 南京南城兵馬指揮司爲禁革奸弊事。案照先抄蒙

2 巡視倉場監察御史　案驗前事，仰本司着落當該官吏，照依案驗内□[二]理，即便嚴督該管地方火甲人等用心緝訪，遇

[一] 據文義及同書紙背其他相似文書推斷，此處所缺文字應爲『各府』。

[二] 據文義及明代文書書寫格式推斷，此處所缺文字應爲『事』。

有前項積年光棍打攬倉場、挾詐粮納，即便擒拿

3 解院，以憑照例問發。及不時省諭附近居住軍民謹慎火燭，提防盜賊，不許牲畜作踐墻垣，壅塞水道。仍仰每月貳次具官
吏并火甲人等，不致縱容隱匿結狀繳報。如

4 或不行嚴督用心緝捕，事發一体參究不恕。蒙此，依蒙案驗内事理，嚴□[二]該管地方火甲人等用心緝訪，遇有前項積年光
棍、違犯之徒擒拿另解，及不時省諭附近居住

5 軍民謹慎火燭，一体遵依外。爲此，今將取到該倉地方火甲結狀，同本司官吏不扶執結，理合呈繳施行，須至呈者。

6 右　　呈

7 巡視倉場監察御史羅

8 正德二年五月（朱印）　　初二　　日指揮楊華　　副指揮魏□[三]　鄭□

9 禁革奸弊事　　□[三]目陶瑞

明代南京南城兵馬指揮司爲明代南京五城兵馬司之一，據史籍記載其職責權限包含『巡捕盜賊，疏理街道溝渠及囚犯、火禁之事。凡京城内外各畫境而分領之。境内有游民、奸民則逮治。若車駕親郊，則率夫里供事』[四]。文書中所言『嚴督該管地方火甲人等用心緝訪，遇有前項積年光棍打攬倉場、挾詐糧納，即便擒拿解院，以憑照例問發。及不時省諭附近居住軍民，謹慎火燭，提防盜賊，不許牲畜作踐墻垣，壅塞水道』等，正是其『巡捕盜賊，疏理街道溝渠及囚犯、火禁之事』等職責的具體體現。而上述文書爲南京南城兵馬指揮司呈巡視倉場監察御史羅狀，由此可見，南城五城兵馬司職權中涉及倉場治安、消防、市政等職能，同樣屬於巡倉御史的監管範疇。其監管方式是要求五城兵馬指揮司『每月貳次具官吏并火甲人等，不致縱容隱匿結狀繳報。如或不行

[二] 據文義推斷，此處所缺文字應爲『督』。

[三] 據第四册卷一一五第十一葉紙背文書可知，副指揮應爲『魏雲、鄭鶴』。

[三] 據第四册卷一一五第十一葉紙背文書可知，此處所缺文字應爲『吏』。

[四] 〔清〕張廷玉等：《明史》卷七十四《職官三》，中華書局，一九七四年，第一千八百一十四至一千八百一十五頁。

嚴督用心緝捕，事發一体參究不恕。」

（三）倉場糧草收支監察

連啓元先生在《明代的巡倉御史》一文中曾指出巡倉御史負有查核錢糧的職責，且認爲此爲巡倉御史最主要的職務。[一] 而文書中對此也有所反映，例如《樂書》第二册卷十四紙背載：

（前缺）

1 巡視倉場監察御史陳　處告稟施行。須至揭帖者。

2 　計開：

3 　　成化九年七月初貳等日判送江西饒州等府鄱陽等縣糧納江貴等送納□

4 　　　年秋糧米玖百柒拾陸石肆斗。

5 　　前件　七月三十日收米捌百玖拾壹石肆斗，

6 　　　　　掛欠米捌拾伍石。

7 　江西饒州府鄱陽縣：

8 　　糧長江貴米壹百柒拾肆石，

9 　　前件　已收完；

10 　　糧長王塤米壹石，

11 　　前件　已收完；

12 　　糧長高偉孫米叁百玖拾柒石，

13 　　前件　已收米叁百壹拾柒石，　掛欠米捌拾石；

（後略）

由此可見，各倉場對於各地税糧的已收、挂欠數量，需及時向巡倉御史告稟。又如，《樂書》第十一册卷一六六紙背載：

（前缺）

1 揭帖前赴

[一] 連啓元：《明代的巡倉御史》，《明史研究專刊》二〇〇三年第十四期。

2 巡視倉場監察御史陳　　處告稟施行，須至揭帖者。
3 計開：
4 舊管成化九年柒月二十八日在倉米麥豆貳拾壹[一]柒千壹拾壹石玖斗捌升貳合柒勺陸□□
5 撮玖圭，
6 新收成化八年秋粮米肆千貳百肆拾捌石柒升肆合，
7 開除成化五年夏税米叁千捌百捌石玖升伍合陸勺，
8 實在成化九年八月十三日在倉米麥豆貳拾壹萬柒千肆百伍拾壹石玖斗陸□□
9 合壹勺陸抄捌撮玖圭：
10 米壹拾玖萬肆千柒百貳拾捌石壹斗陸勺叁抄捌撮玖圭，
11 麥陸千壹百肆拾石，
12 黄豆壹萬陸千伍百捌拾叁石捌斗陸升伍勺叁抄。
13 成化九年八月（朱印）　十三　日副　使趙
14 攢典陳

另同書卷一七四第二葉紙背内容與此大體相同，且同爲八月十三日上呈，其文書抬頭爲『南京豹韜左衛倉爲月報糧解事』。

據此可知，各倉場需每月向巡倉御史上報所管糧草的舊管、新收、開除、實在數目，以憑核查。同時，各倉場的糧草放支也屬於巡倉御史監察之下。例如，《國朝諸臣奏議》第二册卷五十八第四葉紙背與第三册卷七十一第二葉紙背『明正德二年四月南京豹韜左衛倉把門攢典黄永興與執結爲官軍俸糧事』載：

1 南京豹韜左衛倉把門攢典黄永興今於
2 與執結爲官軍俸糧事。依奉管得本倉於本年四月初五日坐放□□□[二]守中衛吏旗軍舍餘張志雄等共支補米

[一] 應脱一『萬』字。
[二] 據文義推斷，此處所缺文字應爲『南京留』。

一千九百三十一石，本攢司把門餘丁王鳳等五名時常在倉搜檢，不□□[二]

3　頭進倉打攪，亦不許軍餘人等夾帶銅錢進倉買求扒揀好米，如違甘罪無詞，□□□□[三]。

4　正德二年四月　□[三]　攢　典　黃永興（背面簽押）

又如，《國朝諸臣奏議》第一册甲集目録第十六葉紙背載：

1　南京旗手衛西倉捉斛副使吴永泰今於

2　與執結爲馬匹草料事。依奉除將本倉放支本年五月分□

3　正德二年五月　十二　日捉　□[四]

綜上可見，明代南京倉場的日常糧草收支，均屬於巡倉御史的監察權限。且依據上引『明正德二年四月南京豹韜左衛倉把門攢典黃永興與執結爲官軍俸糧事』中『不□□頭進倉打攪，亦不許軍餘人等夾帶銅錢進倉買求扒揀好米』等語可知，對於俸糧的放支，巡倉御史監察重點在於是否有『夾帶銅錢進倉買求扒揀好米』這種違規行爲的發生這一方面。

（四）倉場官吏日常監察

巡倉御史屬於風憲官，因而對於官員的行爲操守具有監察之責，連啓元先生文中就梳理了巡倉御史糾劾不法官員的多件事例。但從紙背文書來看，巡倉御史對於倉場官吏的監察，並不僅僅限於不法行爲上，而是涉及倉吏着役、更替、調撥，官攢的請假、役滿考核等許多方面。現分别舉例如下。

各倉關於倉吏軍餘到倉着役的申報，如《樂書》第七册卷一〇二第一葉紙背：

（前缺）

1　張積王，年貳拾七歲，係南京留守前衛左千户所百户方鑑下軍，成化四年九月三十日到倉着□。

[二] 據文義推斷，此處所缺文字應爲『許倉』。

[三] 據文義及明代文書書寫格式可知，此處所缺文字應爲『執結是實』。

[三] 據文義及明代文書書寫格式可知，此處所缺文字應爲『日與　執　結』。

[四] 據明代文書書寫格式可知，此處所缺文字應爲『斛　副　使吴永泰（背面簽押）』。

2 萬億，年五十四歲，係南京府軍衛中中千户所百户辛亮下軍，成化四年十月十七日到倉着□。
3 李虎，年二十九歲，係
4 □□□前千户所百户謝敬下軍，成化四年十一月十五日到倉着役。
5 許來興，年二十七歲，係南京羽林左衛右千户所百户田秀下軍，成化五年正月二十日到倉着役。
6 張聚，年五十一歲，係南京鷹揚衛前千户所百户缺下軍，成化五年正月二十六日到倉着役。
7 陳潑養，年四十八歲，係南京金吾後衛前千户所百户張昇下軍，成化五年閏二月十一日到倉着□。
8 張囤囤，年三十八歲，係南京虎賁右衛中千户所百户缺下軍，成化五年四月十七日到倉着□。
9 江澄，年三十九歲，係南京豹韜左衛中千户所百户張林下軍，成化五年六月初三日到倉着役。
10 成化六年分軍斗四名：
11 馬十四，年四十三歲，係南京龍虎左衛後千户所百户梁洪下軍，成化六年八月初二日到倉着役。

（後略）

《南京都察院志》卷十九載各倉軍餘、軍斗到倉着役之時，需『造册報院，開明各役於某年月日到倉，應於某年月日役滿』[二]，由上引文書可見，此類倉吏役册的呈報對象應爲巡倉御史，且申報内容需載明軍餘軍斗姓名、年齡、出身及到倉着役日期等。

關於倉吏的日常更替，如《樂書》第一册目録第六葉紙背：

1 揭帖
2 南京錦衣衛烏龍潭倉把門辦事官李寬爲更替把門、听事軍餘事。蒙
3 督糧儲都察院右副都御史黄　鈞旨，着令即將把門、听事軍餘逐月更替。蒙此，依蒙外，今將替過
4 听事軍餘姓名，合具揭帖，前赴
5 巡視倉場監察御史鄒　處告禀施行。須至揭帖者。
6 計開：替過把門軍餘五名：
7 宋亮替王海，　張洪替郭宗，　劉旺替李玉，　孫康替黄俊，　吴能替沈友。

[二]〔明〕施沛：《南京都察院志》卷十九《京倉事宜》，《四庫全書存目叢書補編》第七十三册，齊魯書社，二〇〇一年，第二百五十七頁。

8　听事軍餘一名：　袁勝替郭支。

9　成化九年九月　初一　日辦　事　官李□

由此可見，這種倉吏的更替，屬於逐月更替，而且每次更替結果均需向巡倉御史告稟。

倉吏的調撥，如《樂書》第二册卷七第七葉紙背載：

1　南京府軍左衛西倉爲公務事。成化九年八月十八日抄蒙

2　南京户部主事馬　紙牌，前事仰後項倉分即照定去數目，每日撥軍餘三名，赴東倉公用。蒙此，除依□

3　外，合具揭帖，前赴

4　巡視倉場監察御史陳　處告稟施行。須至揭帖者。

5　成化九年八月（朱印）　二十　日守　支　副　使趙

6　辦　事　官羅

7　攢典吴

由此可見，各倉軍餘的調撥也均需向巡倉御史進行報備。

各倉官員的患病痊愈，也需向巡倉御史進行告稟，如《樂書》第三册卷二十九第三葉紙背載：

1　□京興武衛北倉爲患病痊可事。今將本倉患病痊可姓名合具揭帖，前赴

2　□視倉場監察御史鄒　處告稟施行。須至揭帖者。

3　計開：本倉患病痊可官一員：

4　收糧經歷郭宗。

5　成化九年十一月（朱印）　初一　日守　支　副　使

6　攢典

各倉攢典等役滿考核，也需向巡倉御史呈遞供狀，如《國朝諸臣奏議》第七册卷一三六第八葉紙背載：

1　供狀人王誥，年二十九歲，四川成都府内江縣人，狀供先以農民在外充吏，兩考役滿給由□

2　部蒙撥辦事外，弘治十八年六月初九日撥參錦衣衛烏龍潭倉攢典，自正德元年六月□

3　正德二年三月　　日供□

由上所舉各件文書可見，巡倉御史對於各倉官吏的日常監察極爲全面，凡是在倉官吏發生變動，都需向巡倉御史告禀，以便監察。

綜上所述，學界關於明代監察御史的研究成果雖多，但關於巡倉御史的專題研究却極少。已有研究，大都通過對傳世典籍的梳理，在宏觀層面對巡倉御史的沿革、職權及與其他各部臣的關係進行梳理勾畫。而通過對公文紙本《國朝諸臣奏議》和《樂書》紙背保存的大量明代成化、正德年間上呈巡倉御史公文梳理可見，巡倉御史的監管權限其實是包含了各倉場稅糧收納、日常管理、糧草放支、官吏變動等方方面面，且五城兵馬指揮使日常負責的涉及倉場治安、消防、市政等工作，也歸屬於巡倉御史監管，這無疑使我們對明代巡倉御史的職權及工作内容有了更進一步的瞭解，也使得我們對明代的監察制度有了更深的認知。

（本文爲首次刊發）

天一閣藏《國朝諸臣奏議》紙背文書所見明代軍户餘丁糧草運輸管理職能略論

陳瑞青、宋坤

天一閣藏公文紙印本《國朝諸臣奏議》爲宋淳祐十年（一二五〇）史季温福州刻、元明遞修本，現存目録六卷、正文四十三卷，共八册，總計八百九十葉，其中帶有公文内容的紙張共四百二十七葉，約占百分之四十八左右。文書撰擬時間均爲正德二年（一五〇七）二、三、四、五月份，内容則大體包含兩大類：一是南直隸、浙江、湖廣、江西等地所轄府州縣糧長、里長、納户、解户等交納税糧、馬草公文；二是南京各倉場及倉場官攢倉役人等爲倉場日常事務呈巡視倉場監察御史狀，是研究明代軍事衛所、税糧制度、倉場管理的珍貴資料。在這批明代紙背文獻中有二十七葉文書涉及軍隊中的餘丁，爲探討明代基層餘丁的地位、職能等問題提供了新材料。

軍户『餘丁』是相對於『正丁』和『正軍』而言的，是存在於明代軍户之中的一種丁員形式，屬於正軍的預備役。明代餘丁除了是正軍預備役外，還要到衛所承擔各種雜役。關於明代軍户餘丁問題，最早進行研究的是王毓銓先生，他在《明代的軍户》一文中指出，明代軍户户出一丁，赴預先指定的衛所去當兵，即爲旗軍。旗軍按職能又分爲操守旗軍和屯種旗軍，都屬於正軍。除正軍以外，每一軍户還出餘丁一名，隨同正軍到衛，在營生理，佐助正軍，供給軍裝。軍户下還要保留一丁，以備供給在營正軍。同時，軍户户下必須預備一丁爲『繼丁』。遇正軍事故逃亡，就勾解繼丁應差。[一] 其後，李龍潛先生《明代軍户制度淺論》一文也涉及明代軍户餘丁問題，指出：『按照明代軍户制度規定，每一軍户由長子充當衛所軍隊的士卒，叫做「正軍」，其餘家庭成員如次子、三子……等，稱爲「貼軍」，或「軍餘」和「餘丁」。他們在原籍居住的，稱爲郡縣軍户。他們的户籍，隸於兵部下屬的都督府，與民户列籍於户部不同。每當編造黄册的時候，軍户與民户，分別列册，軍户入軍黄册，民户入民黄册，向上報送。軍户是世襲的，一人充軍，世代相承，永遠不能脱籍。正軍死亡，餘丁頂補。全家死亡，便從原籍勾族人頂充。』[二] 以上兩位學者的論文主要是在探討明代軍户問題時，涉及軍户餘丁問題，目前學界尚未有專門研究明代軍户餘丁的論著。同時，在探討中，兩位學者

[一] 王毓銓：《明代的軍户》，《歷史研究》一九五八年第八期。
[二] 李龍潛：《明代軍户制度淺論》，《北京師範學院學報》一九八二年第六期。

更多的關注餘丁爲正軍兵員來源問題，對軍户餘丁承擔雜役情況則研究不足。有鑒於此，筆者不揣淺陋，試對這批「餘丁」文書進行解讀，重點探討明代軍户餘丁的差役問題，不當之處，敬請方家指正。

一、紙背文書所見軍户餘丁税糧運輸職能

天一閣藏《國朝諸臣奏議》紙背涉及明代衛所「餘丁」的文書中，有二十五葉文書爲各衛所餘丁爲「馱到糧米」和「賣到馬草」等事所呈執結狀。由於這批文書在文字内容上有相當大的重複性，故本文只選擇較有代表性的兩件文書謄録如下。

軍衛餘丁「馱到糧米」文書，如第六册卷一三四第七葉紙背文書與第八册卷一四一第九葉紙背文書綴合之「明正德二年三月南京留守右衛餘丁李安與執結爲馱到江西瑞州府上高縣納户李崇錦米事」：

1 南京留守右衛餘丁李安今於

2 　　與執結駝到江西瑞州府上高縣納户李崇錦米貳拾捌石，赴

3 南京旗手衛西倉交卸，中途並不敢短少、多取脚錢使用，如違甘罪，執□[一]是實。

4 正德二年三月　　日執　　結　　人　李安（背面簽押）

軍衛餘丁「賣到馬草」文書，如第一册丙集目録第七葉紙背「明正德二年四月南京錦衣衛餘丁周昹與執結爲賣到浙江嘉興府嘉善縣糧長李昌名下馬草事殘件」：

1 南京錦衣衛餘丁周昹今於

2 　　與執結爲賣到浙江嘉興府嘉善縣糧長李昌

3 中和橋馬草場交納，中間並無破損在内，如違甘罪，執結是□[二]。

4 正德二年四月

[一] 據文義及明代文書書寫格式推斷，此處所缺文字應爲「結」。
[二] 據明代文書書寫格式推斷，此處所缺應爲「實」。

學術界最早對《國朝諸臣奏議》紙背文獻進行研究的是孔繁敏先生，他在《明代南京倉場及殘存的公文資料》一文，認爲明代軍制中，『軍兵單立户籍，軍籍由家族世襲。現任衛所軍隊的士兵稱正軍或旗軍，正軍子弟稱軍餘、餘軍或餘丁。正軍亡故由餘軍繼承，全家亡故則由原籍勾族人頂充。朝廷通過軍籍制强迫士兵承擔國家的軍事徭役。一般來説，正軍備戰守，餘軍服雜役』[一]。該文對『餘丁』的解釋存在一定的疏漏，如稱『正軍子弟稱軍餘、餘軍或餘丁』，顯然是錯誤的。王毓銓、李龍潛先生的研究，均指出一般由正軍兄弟充當餘丁，而非子弟。關於這批文書的性質，孔繁敏先生認爲是『與執結』公文，這一判斷是十分準確的。《漢語大詞典》中關於『執結』的解釋是『舊時對官署提出表示負責的字據』，並引明何良俊《四友齋叢説・史三》中的材料加以説明：『若里長有業户不到，而朦朧量報者，許人告首，處以重罪，亦要取業户連名執結。』孔繁敏先生認爲這批文獻中的『執結』人皆爲南京衛所的『餘丁』，這一判斷是錯誤的，《國朝諸臣奏議》紙背文獻中的『執結人』，除各衛所餘丁外，尚有各地糧長、里長、納户等人，如《國朝諸臣奏議》第一册趙汝愚撰《乞進〈皇朝名臣奏議〉劄子》第二葉紙背文書與第八册卷一三九第十四葉紙背文書綴合之『明正德二年三月直隸常州府武進縣糧長蔣鎮與執結爲送納正德元年份秋糧米事』：

1 直隸常州府武進縣糧長蔣鎮今於

2 　與執結爲送納正德元年分秋糧□□[二]。依奉告納，中間並不敢插和作弊等情，如違甘罪，執結是實。

3 正德二年三月　日與　執　結　人　蔣鎮（背面簽押）

又如，第一册乙集目録第十九葉紙背文書與第一册丙集目録第二十五葉紙背文書綴合之『明正德二年四月浙江湖州府德清縣解户戴楊、馬顒與執結爲送納正德元年份秋糧事』：

1 浙江湖州府德清縣解户戴楊、馬顒今於

2 　與執結爲徵收正德元年秋糧事。依奉送納糧米到倉交納，中間並不敢□□[三]稻碎在内，執結是實。

3 正德二年四月　日與　執　結　人　戴楊、馬顒（背面簽押）

再如，第一册丁集目録第十八葉紙背『明正德二年三月直隸滁州全椒縣里長張廣慶與執結爲送納正德元年份糙粳米事

[一] 孔繁敏：《明代南京倉場及殘存的公文資料》，《文獻》一九八八年第二期。

[二] 據文義及同書紙背相似文書推斷，此處所缺文字應爲『米事』。

[三] 據文義及同書紙背相似文書推斷，此處所缺文字應爲『插和』。

殘件』：

1　直隸滁州全椒縣里長張廣慶今於

2　與執結送納正德元年分糙粳米[事][illegible]

3　正德二年三月[illegible]

除此之外，《國朝諸臣奏議》紙背文獻中還有納户、堆夫、倉場副使、攢典的執結狀，在此不再一一舉例。但由上引幾件文書可見，凡是參與税糧解運的人員都要向有關部門出具『執結狀』。

在《國朝諸臣奏議》紙背涉及衛所餘丁的文書中，除上述引用的『南京留守右衛餘丁李安』和『南京錦衣衛餘丁周昪』之外，另見有第一册丙集目録第八葉紙背『南京錦衣衛餘丁陶宣』、第二册卷五十五第十五葉紙背『南京留守前衛餘丁盛鸞』、第三册卷六十七第三葉紙背『南京留守右衛餘丁沈全』、第三册卷六十七第四葉紙背『南京留守右衛餘丁蔣順』、第三册卷七十第三葉紙背『南京留守右衛餘丁潘亮』、第三册卷七十第四葉紙背『南京留守右衛餘丁潘英』、第四册卷一一二第一葉紙背『南京留守前衛餘丁鄧瓚』、第四册卷一一二第二葉紙背『南京錦衣衛餘丁劉剛』、第四册卷一一四第七葉紙背『南京留守前衛餘丁盛鑑』、第五册卷一二五第一葉紙背『南京留守右衛餘丁包亮』、第五册卷一二六第二葉紙背『南京留守右衛餘丁尹福』、第六册卷一三二第十一葉紙背『南京府軍左衛餘丁邵俊』、第六册卷一三四第八葉紙背『南京府軍右衛餘丁夏忠』、第七册卷一三七第二十四葉紙背『南京留守前衛餘丁高全』、第八册卷一四二第十四葉紙背『南京金吾前衛餘丁錢達』等來自六個衛所的十七名餘丁，表明明代南京守備部隊中普遍存在『餘丁』。這與正史中的記載是相吻合的，如《明史・吕經傳》稱『每軍一，佐以餘丁三』[一]，説明明代軍隊中配備有數量巨大的『餘丁』，以配合正軍作戰。

南京各衛所餘丁是正軍兵員的重要補充，明世宗嘉靖三十四年十二月（一五五六年一月），南京新設振武營：『選南京各衛餘丁補正軍三千，以都督段堂領之，使防守京城。又選孝陵衛餘丁共三千人，以豐潤伯曹松領之，使拱護陵寢。』[二] 明熹宗天啓五年（一六二五），巡視南京營務禮科給事中楊棟朝向朝廷彙報南京衛所各營實在官旗軍、舍餘、餘丁馬匹數量：『大教場實在官旗軍、舍餘、餘丁共五千九百三十七員名，馬五百三十五匹；小教場實在官旗軍、舍餘、餘丁共八千二百五十九員名，馬八百二十九

[一]〔清〕張廷玉等：《明史》卷二〇三《吕經傳》，中華書局，一九七四年，第五千三百六十八頁。

[二]《明世宗實録》卷四三〇『嘉靖三十四年十二月癸巳（一五五六年一月十四日）』條，臺灣『中央研究院』歷史語言研究所校印本，一九六二年，第七千四百二十五頁。

匹；神機營實在官旗軍、舍餘、餘丁共二千四百六十七員名，馬一百七十一匹；新江口營實在官旗軍、舍餘、餘丁共五千九百二十五員名，馬二百三十六匹；浦子口營實在官旗軍、舍餘、餘丁共二千二百八十四員名，馬九十四匹；池河新營實在官旗軍、舍餘、餘丁共二千六百二十二員名，馬一百五十匹；巡邏營并外城游巡實在官旗軍、舍餘、餘丁共四千七百五十四員名，馬一百七十五匹；標營實在官旗軍共三千一百八十九員名。』[一] 這條材料中所提到的餘丁，主要是在衛所協助正軍服役的餘丁。材料中『餘丁』與『馬匹』同時出現，筆者推測很可能是協助馬軍駐防和作戰的餘丁。除衛所『餘丁』外，《國朝諸臣奏議》第二册卷五十八第四葉紙背文書與第三册卷七十一第二葉紙背文書綴合之『明正德二年四月南京豹韜左衛倉把門攢典黄永興與執結爲官軍俸糧事』中還出現了『舍餘』：

1 南京豹韜左衛倉把門攢典黄永興今於

2 與執結爲官軍俸糧事。依奉管得本倉於本年四月初五日坐放□□□[二]守中衛吏旗軍舍餘張志雄等共支補米

一千九百三十一石，本攢[司]把門餘丁王鳳等五名時常在倉搜檢，不□□[三]

3 頭進倉打攪，亦不許軍餘人等夾帶銅錢進倉買求扒揀好米，如違甘罪無詞，□□□□[四]。

4 正德二年四月 □[五]　攢　典　黄永興（背面簽押）

關於『舍餘』，《譚襄敏奏議》稱：『掌印捕盜官，編定精壯食糧官軍，署名防守。如或老弱，即爲汰革，另選餘丁精壯者補之。其不食糧軍餘、舍餘，既有身家，亦要一體編派協助。』[六] 舍餘多以軍人家屬應募，應不屬於『丁』的範疇。

史籍記載，南京衛所餘丁還要承擔各種雜役。南京兵部尚書陰武卿總結南京衛所餘丁差役一共有十八種之多，其中最主要的是負責馬船、快船以運輸軍馬、輜重，『次則有黄船、有運糧、有軍斗、有小職字、有長巡、有夜巡、有修倉、有看倉、有夜歇、有看守草

[一]《明熹宗實録》卷五十五『天啓五年（一六二五）正月辛未』條，臺灣『中央研究院』歷史語言研究所校印本，一九六二年，第二千五百一十一頁。

[二] 據文義推斷，此處所缺文字應爲『南京留』。

[三] 據文義推斷，此處所缺文字應爲『許倉』。

[四] 據文義及明代文書書寫格式可知，此處所缺文字應爲『執結是實』。

[五] 據文義及明代文書書寫格式可知，此處所缺文字應爲『日與　執　結』。

[六]〔明〕譚綸：《譚襄敏奏議》卷一《倭寇暫寧條陳善後事宜以圖治安疏》，文淵閣四庫全書本，第四二九册，臺灣商務印書館，一九八六年，第六百頁。

庫、有跟隨巡捕、有守内外城門、有内府幼匠、有工部燒窑、有供應機户摻簡、有御馬監養馬、有武學聽事」[二]。

天一閣藏《國朝諸臣奏議》紙背衛所餘丁「馱到糧米」和「賣到馬草」文書所體現的主要是其協助糧長、納户交納税糧、馬草。如《國朝諸臣奏議》第一册丙集目録第八葉紙背「明正德二年四月南京錦衣衛餘丁陶宣執結狀殘件」稱：「與執結爲賣到直隸安慶府太湖縣糧長陳源名下……/中和橋馬草場交納，中間並無破損在内，如違甘罪，執結是[實]。」又如《國朝諸臣奏議》第三册卷六十七第三葉紙背「明正德二年三月南京留守右衛餘丁沈全執結狀殘件」稱：「與執結馱到江西袁州府萬載縣納户周……/南京旗手衛東倉交卸，中途並不敢疏失升合、多取脚錢。」從中可以看出，糧長、納户所繳納馬草多由餘丁協助運輸和出賣，並交付南京倉場。《明會典》記載了南京草場一共有四處，分别是中軍都督府中和橋馬草場、金川門馬草場、錦衣衛通濟門馬草場和錦衣衛通濟門象草場。《明一統志》稱：「中和橋，在上方橋西。」[三] 而上方橋在南京正陽門外。除中和橋草場外，文書中還出現了南京旗手衛東倉、南京旗手衛西倉、南京金吾後衛南南、南京金吾後衛東倉、南京虎賁左衛倉、南京錦衣衛烏龍潭倉、南京府軍衛倉、南京國子監等名稱，除南京國子監外，其餘均爲軍衛倉庫。

由紙背文書見，衛所餘丁在協助糧長交納糧草過程中，又有「馱到」和「賣到」的區别。所謂「馱到」，即指衛所餘丁僅僅協助運輸糧草；而所謂「賣到」則與餘丁攬納糧長糧草有關。所謂攬納，也稱包攬，即由歇家、攬頭等中間包辦人承攬、代繳糧長、納户的賦税[三]。攬納興於唐代晚期，盛行宋、金、元諸朝，到明代時仍然十分活躍。明朝初期的賦役制度主要以徵收實物爲主，其中田賦分爲夏税、秋糧，夏税徵麥，秋糧徵米，部分地區還要交納草料。明朝規定：「民間錢糧親自送納，其有無賴包攬者，處以重刑，籍没其家。」[四] 但由於路途遥遠，納户親自解納田賦，十分不便，因此明代攬納現象頗爲普遍。明代攬納人的成分多樣，明初的攬納户，多爲投機性很大的無賴，但到嘉靖、隆慶以後，「包攬人的成分，已從明初『無籍之徒』轉而爲世家大户的成員了」[五]。史籍中見有關衛所旗舍參與攬納的記載，如正統元年（一四三六），「太僕寺卿于伯恭等，縱令旗舍攬納税糧」[六]。所謂「旗舍」，即衛所中的旗軍、舍餘。史籍中没有南京衛所餘丁參與攬納糧草的記載，但通過《國朝諸臣奏議》紙背文獻可以看出，南京衛所餘丁包攬各地糧長的糧草，並負責將這些糧草解運到南京指定倉場。之所以會出現餘丁攬納糧草的現象，主要與納户解

[二]《明神宗實録》卷一九二「萬曆十五年（一五八七）十一月丙戌」條，臺灣「中央研究院」歷史語言研究所校印本，一九六二年，第三千六百零七頁。
[三]《明一統志》卷六《南京》，文淵閣四庫全書本，第四七二册，臺灣商務印書館，一九八六年，第一百六十六頁。
[三] 高壽仙：《明代攬納考論——以解京錢糧物料爲中心》，《中國史研究》二〇〇七年第三期。
[四]《明英宗實録》卷一八七「景泰元年（一四五〇）正月辛丑」條，臺灣「中央研究院」歷史語言研究所校印本，一九六二年，第三千八百頁。
[五] 梁方仲：《明代糧長制度》，上海人民出版社，一九五七年，第十八頁。
[六]《明英宗實録》卷十九「正統元年（一四三六）閏六月壬申」條，臺灣「中央研究院」歷史語言研究所校印本，一九六二年，第三百七十一頁。

納糧草存在一定的困難有關。史籍載『各處歲運南京倉糧，臨船兑支，三月積出餘米，令實于缺糧倉并常平倉，而納户守候月久，復令搬運，人情不堪』[二]。而餘丁本來就負擔有運糧的雜役，因此在納户和餘丁之間就形成一定的利益關係，納户將糧草賣與餘丁，再由餘丁負責交納到南京各處倉場。

當然，在包攬過程中也存在一定的欺詐行爲，如在馬草中摻水，在糧食中『插和沙土、糠粃』[三]等。爲防止作弊，餘丁在交納糧草時，需要向有關部門書寫『執結狀』，作爲有司禁革奸弊的證據。明朝還多次下令禁止攬納行爲，『各處巡按御史轉行所屬訪察，如有包攬里長之徒，究問如律，照包攬水夫等項事例，民與餘丁發附近衛充軍，軍發邊衛常川守哨，旗校俱發邊衛充軍』[三]。但由於民解税糧的困難一直未能得到有效解決，故明代的攬納行爲一直都有存在。

運糧餘丁一般只負責税糧的運輸，由衛所發放一定的補助。據《明孝宗實録》記載：『南京各衛每差餘丁送船，既支行糧三斗。』[四]『行糧三斗』並非一次性補助，而是按月發放的。

二、紙背文書所見軍户餘丁税糧管理職能

明代衛所餘丁除了負擔有協助糧長、納户等交納税糧、馬草的役責之外，部分軍餘還會被撥到軍衛倉場服役，參與税糧馬草的看守管理工作。據《明穆宗實録》載：『錦衣衛、烏龍潭等三十六倉，每倉有看倉餘丁，少者十名，多或二十名，月餼不給。宜仿正統十四年例，每丁准月糧三斗，於各倉耗米内支給，以示優恤。』這些倉場服役餘丁原無月糧，『晝夜在官，艱苦多端，衣食不給，以致多逃』。在這種情况下，朝廷纔下令『今後餘丁半年一换，每月支口糧三斗』[五]。

天一閣藏《國朝諸臣奏議》紙背也保存有少量倉場餘丁文書，例如第二册卷五十八第四葉紙背文書與第三册卷七十一第二葉紙背文書綴合之『明正德二年四月南京豹韜左衛倉把門攢典黄永興與執結爲官軍俸糧事』載：

1　南京豹韜左衛倉把門攢典黄永興今於

[二]《明孝宗實録》卷三十三『弘治二年（一四八九）十二月丙申』條，臺灣『中央研究院』歷史語言研究所校印本，一九六二年，第七百二十五頁。
[三]《明世宗實録》卷十二『嘉靖元年（一五二二）三月壬戌』條，臺灣『中央研究院』歷史語言研究所校印本，一九六二年，第四百三十六頁。
[三]《明孝宗實録》卷一〇八『弘治九年（一四九六）正月丁未』條，臺灣『中央研究院』歷史語言研究所校印本，一九六二年，第一千九百八十七頁。
[四]《明孝宗實録》卷二一三『弘治十七年（一五〇四）六月丁亥』條，臺灣『中央研究院』歷史語言研究所校印本，一九六二年，第四千零十七頁。
[五]《明憲宗實録》卷三十四『成化二年（一四六六）九月丙子』條，臺灣『中央研究院』歷史語言研究所校印本，一九六二年，第六十七頁。

2　與執結爲官軍俸糧事。依奉管得本倉於本年四月初五日坐放□□□[一]守中衛吏旗軍舍餘張志雄等共支補米

一千九百三十一石，本攢司把門餘丁王鳳等五名時常在倉搜檢，不□□[二]

3　頭進倉打攪，亦不許軍餘人等夾帶銅錢進倉買求扒揀好米，如違甘罪無詞，□□□□[三]。

4　正德二年四月　□[四]　攢　典　黄永興（背面簽押）

又如，第八册卷一四〇第十四葉紙背『明正德二年三月南京羽林右衛養虎倉把門副使潘洪與執結爲禁革奸弊事殘件』載：

1　南京羽林右衛養虎倉把門副使潘洪今於

2　與執結爲禁革奸弊事。依奉帶領餘丁王紀等管得　□

3　正德二年三月　卅　日把　□

此外，筆者在搜集整理公文紙本古籍紙背文獻過程中，還發現一種公文紙本古籍紙背文獻也爲明代倉場文書，即河南圖書館藏公文紙印本《樂書》，該書紙背公文均爲明成化九年（一四七三）南京各倉場文書，其中也包含有大量涉及倉場餘丁的公文。例如《樂書》第四册卷四十六第一葉紙背文書載：

1　南京羽林右衛復成橋倉爲倉糧事。今將本倉官攢員名並把門坐鋪軍餘姓名，合具揭帖開報施

2　行。須至揭帖者。

3　計開：

4　副使四員：　張庸、　秦用卿、　聶貴、　魯昇。

5　把門官一員：吴正新。

6　攢典五名：　歐欽、　張鑑、　何禮、　蒙澄、　柯滿。

7　成化四年軍斗五名：陳玉、　杜春、　夏旺、　陳剛、　孫干兒。

[一] 據文義推斷，此處所缺文字應爲『南京留』。

[二] 據文義推斷，此處所缺文字應爲『許倉』。

[三] 據文義及明代文書書寫格式可知，此處所缺文字應爲『執結是實』。

[四] 據文義及明代文書書寫格式可知，此處所缺文字應爲『日與　執　結』。

8 成化五年軍斗四名：陳还、張得林、曹通、曾婆兒。
9 成化六年軍斗四名：俞轉二、秦貴、彭五十、張林。
10 成化七年軍斗六名：王勝、翁旺、張六十、楊洪、徐秀、陸子成。
11 成化八年軍斗六名：陳貴、邵懷弟、湯仁得、張永祥、汪祥、卞玫。
12 坐鋪餘丁一班八名：王桂、刘全、戴雄、余歪兒、孫剛、馬能、王剛。
13 　　二班七名：王忠、戴通、陳海、戴鑑、刘景、朱廣、張達。
14 听事餘丁三名：左通、胡良、刘政。
15 　成化九年八月（朱印）日副　使　魯　昇（背面簽押）
16 　　　　　　　　　　　攢典柯滿（背面簽押）

該件文書所開列的南京羽林右衛復成橋倉官攢及把門坐鋪軍餘姓名中，除了餘丁之外，還開列有成化四年至成化八年的軍斗姓名。關於明代倉場軍斗，《明英宗實録》中載，正統十四年（一四四九），南京都察院右副都御史張純曾上奏言：『南京各衛軍倉斗級，俱用各衛有丁精壯軍人八百餘名，散在各倉收支糧米，此輩又非官府公心僉點，盡是用財買求應當。』[二] 由此結合《樂書》紙背文書，可確知明代倉場軍斗均是從各衛所正軍中簽派，主要負責倉糧的守支工作。這與本文論述的重點軍户餘丁有所區別，擬另撰專文探討，在此不再贅述。

從《樂書》紙背關於倉場軍餘的文書來看，成化年間的倉場軍餘大都屬於把門辦事官管理調撥，例如《樂書》第八册卷一一八第五葉紙背文書載：

1 揭帖
2 南京户部委把南京興武衛南倉門辦事官李秉爲看守倉糧事。今將把門、坐鋪軍餘
3 姓名，合具揭帖開報施行。須至揭帖者。
4 　計開：

[二]《明英宗實録》卷一八三『正統十四年（一四四九）九月甲辰』條，臺灣『中央研究院』歷史語言研究所校印本，一九六二年，第三千五百九十九頁。

5 把門軍餘伍名：
6 吴玉、聶海、楊和、陳亨、劉毛兒。
7 坐鋪軍餘一十三名：
8 壹班：
9 徐達、劉華、李祥、楊裕、劉鑑、陳能、徐拜住；
10 貳班：
11 張忠、付剛、龍瓚、楊潑養、樊信、官海。
12 廳事貳名：胡能、殷祥。
13 成化九年八月　日辦　事　官李

又如，《樂書》第一册目録第六葉紙背文書載：

1 揭帖
2 南京錦衣衛烏龍潭倉把門辦事官李寬爲更替把門、听事軍餘事。蒙
3 督糧儲都察院右副都御史黄　鈞旨，着令即將把門、听事軍餘逐月更替。蒙此，依蒙外，今將替過
4 听事軍餘姓名，合具揭帖，前赴
5 巡視倉場監察御史鄒　處告禀施行。須至揭帖者。
6 計開：替過把門軍餘五名：
7 宋亮替王海，張洪替郭宗，劉旺替李玉，孫康替黄俊，吴能替沈友。
8 听事軍餘一名：袁勝替郭支。
9 成化九年九月　初一　日辦　事　官李寬

而《國朝諸臣奏議》紙背所見正德年間的倉場餘丁，則大都由把門副使、把門攢典等帶領，且《國朝諸臣奏議》紙背文書中，未見一件載有『把門辦事官』的文書，由此可知，或許成化年間的倉場把門辦事官的職能到正德年間變爲由倉場副使或是攢典來承擔了。

由《樂書》紙背文書可見，倉場餘丁依據職責不同，又細分爲把門餘丁、坐鋪餘丁和聽事餘丁。而《國朝諸臣奏議》紙背中所見把門副使和把門攢典所帶領餘丁均爲「把門餘丁」。如上引《國朝諸臣奏議》第二册卷五十八第四葉紙背文書與第三册卷七十一第二葉紙背文書綴合之「明正德二年四月南京豹韜左衛倉把門攢典黄永興與執結爲官軍俸糧事」載，在放支官軍俸糧的過程中，「本攢司把門餘丁王鳳等五名時常在倉搜檢，不□□頭進倉打攬，亦不許軍餘人等夾帶銅錢進倉買求扒揀好米，如違甘罪無詞」。由此可見，倉場把門餘丁負擔有在放支官軍俸糧過程中，防範被人打攬或是進倉「扒揀好米」的職責。

另外，《國朝諸臣奏議》第二册卷五十六第五葉紙背文書與第四册卷一一二第十七葉紙背文書綴合之「明正德二年四月南京金吾後衛東倉與執結爲禁約事」載：

1　南京金吾後衛東倉今於

2　與執結爲禁約事。依蒙案驗内事理，嚴督軍餘□[一]等晝夜在倉提鈴敲梆，看守倉糧，謹防火盜。通倉官攢，並無阿□[二]扶同作弊。中間不致有違，□[三]

3　結是實。

4　正德貳年肆月（朱印）　日副　使　葉紳（背面簽押）

5　攢典梁昇（背面簽押）

從該件文書可以看出，倉場餘丁的職責是「晝夜在倉，提鈴敲梆，看守倉糧，謹防火盜」。綜上所述，倉場把門餘丁最主要的職責是應是看守倉糧，而這種看守又分爲日常看守的「晝夜在倉，提鈴敲梆，謹防火盜」和官軍俸糧放支過程中的「在倉搜檢，不許攬頭進倉打攬，亦不許軍餘人等夾帶銅錢進倉買求扒揀好米」。

餘丁作爲正軍的預備役，在軍隊糧草運輸和倉庫管理中也起到了十分重要的作用。而糧賦、馬草又事關軍政大體，因此各衛所對餘丁在運輸過程中是否造成糧食疏失升合、多取脚錢；是否造成馬草破損或插和濕草等進行嚴格的監督。《國朝諸臣奏議》紙背文書中保留的大量執結狀，即是餘丁協助納户、糧長交納官糧、馬草後書寫的保證書，反映了明代倉庫管理制度的嚴密性。同

[一] 據文義推斷，此處所缺文字應爲「人」。

[二] 據文義推斷，此處所缺文字應爲「縱」。

[三] 據文義及明代文書書寫格式推斷，此處所缺文字應爲「執」。

時，紙背文書對於在倉服役的軍餘職責也多有反映。總之，《國朝諸臣奏議》紙背文書中的『餘丁』文書爲研究明代軍户餘丁的職能和作用提供了十分珍貴的材料。

（本文曾以《論明代軍户餘丁在糧草運輸和管理中的職能——以天一閣藏〈國朝諸臣奏議〉紙背文獻爲中心》爲名刊發於《軍事歷史研究》二〇一六年第一期，因收入之時有改動，故改稱現名。）

天一閣藏《國朝諸臣奏議》紙背新見明五城兵馬指揮司呈文復原及價值初探

孫繼民、耿洪利

明代五城兵馬指揮司（亦稱五城兵馬司）是東、西、南、北、中五個兵馬指揮使司的合稱。元末朱元璋攻剋集慶（即後來的南京）後曾『置兵馬指揮司譏察姦僞』[一]，定都南京後，又於洪武元年十二月壬午（一三六九年一月二十四日）『詔中書省命在京兵馬指揮司并管市司，每三日一次校勘街市斛斗、秤尺，稽考牙儈姓名，時其物價。在外，府州各城門兵馬，一體兼領市司』[二]。五城兵馬指揮司成爲了職掌京城巡捕盜賊、疏理街道溝渠、管理火禁、校勘街市斛斗秤尺、稽考牙儈姓名、查察物價等事的社會治安管理機構。[三] 五司各按劃定的京城內外區域，行其職權，各城門均備有兵馬待命。目前我國學術界對五城兵馬指揮司的研究存在一共同缺陷，即缺乏對這一機構相關原始文獻的挖掘和研究。本文即擬依據新發現的寧波市天一閣所藏明代公文紙印本《國朝諸臣奏議》紙背文獻中有關兵馬指揮司的文書，在對其進行整理和考釋的基礎上，嘗試還原明代南京南城兵馬指揮司公文原貌，以期推動明代五城兵馬指揮司制度研究的深入。

一、《國朝諸臣奏議》紙背所見明代五城兵馬指揮司文書

天一閣所藏明代公文紙印本《國朝諸臣奏議》爲宋淳祐十年（一二五〇）史季温[四]福州刻、元明遞修本，是明代以官府廢棄公文背面印刷的古籍。該印本由兩部殘本合編而成，一爲范氏所藏二十八卷殘本，共六册；另一殘本爲藏書家馮貞群所捐，計一十五卷，共二册。[五] 根據筆者統計，全書現存八册含目録六卷、正文四十三卷，背面有字的公文紙張四百二十七葉，占紙張總數

[一]《明太祖實録》卷四『丙申（一三五六）秋七月己卯』條，臺灣『中央研究院』歷史語言研究所校印本，一九六二年，第四十六頁。

[二]《明太祖實録》卷三十七『洪武元年十二月壬午（一三六九年一月二十四日）』條，臺灣『中央研究院』歷史語言研究所校印本，一九六二年，第七百四十四頁。

[三] 明洪武年間，五城兵馬指揮司雖不屬於衛所範圍，其統轄的士兵、弓兵和火甲也與衛所軍卒不同，但它也屬京城的軍事機構。

[四] 史季温，時爲福建轉運使。

[五] 孔繁敏：《明代南京倉場及殘存的公文資料》，《文獻》一九八八年第二期。實際上孔繁敏先生只統計了正文，未統計目録，該書第一册還存有目録六卷。

近一半。每葉現存公文篇幅長短不一，長者達十行之多，少者僅有一行。公文内容主要圍繞明正德二年（一五〇七）二、三、四、五月南京各倉場收納南直隸各州縣税糧、馬草及倉場的日常管理等事展開，文體多爲『執結狀』『領狀』『告到狀』『告完狀』『申狀』等。筆者在整理這批文書的過程中，發現了四葉明代南京南城兵馬指揮司和西城兵馬指揮司的文書，分别見於第一册總目部分第十三葉紙背、第四册卷一一五第十一葉紙背、第四册卷一一五第十七葉紙背和第八册卷一四二第二十三葉紙背。考慮到這四葉文書在明代新出公文紙背文獻中較爲稀見，具有一定特殊性，對研究明代五城兵馬司具有重要價值，因此特摘出加以整理並考釋。

第一册總目第十三葉紙背文書現存文字九行，第八、九行鈐朱印一枚，印文爲『南城兵/馬指揮/司之印』。文書殘存内容如下：

1 南京南城兵馬指揮司爲禁革奸弊事。案照先抄蒙

2 巡視倉場監察御史　案驗前事，仰本司着落當該官吏照依案驗内

3 解院，以憑照例問發。及不時省諭附近居住軍民謹慎火燭，提防盗賊，不

4 或不行嚴督用心緝捕，事發一体參究不恕。蒙此，依蒙案驗内事理，嚴

5 軍民謹慎火燭，一体遵依外。爲此，今將取到該倉地方火甲結狀，同本司官吏

6 右　　　呈

7 巡視倉場監察御史羅

8 正德二年五月（朱印）　初二　日指揮楊華　副指揮 魏□[一] 鄭□

9 禁革奸弊事

第四册卷一一五第十一葉爲雙面文書，紙背文書現存文字六行，内容如下：

（前缺）

[一] 據同書第四册卷一一五第十一葉紙背文書可知，副指揮應爲『魏雲、鄭鶴』。

1 □內事理，即便嚴督，該管地方火甲人等用心緝訪，遇有前項積年光棍打攬倉場、挾詐糧納，

2 □許牲畜作踐墻垣，壅塞水道。仍仰每月二次具官吏并火甲人等，不致縱容隱匿結狀繳報。

3 □該管地方火甲人等用心緝訪，遇有前項積年光棍、違犯之徒擒拿另解，及不時省諭附近

4 □司官吏執結，理合粘連呈繳施行，須至呈者。

（中缺）

5 □　　指揮　魏雲
　　　　　　鄭鶴

6 　　吏目陶瑞

古籍正面天頭處存公文一行，內容如下：

1 司吏蒲壁字無洗補

第四冊卷一一五第十七葉紙背文書，現存文字五行，內容如下：

（前缺）

1 □理，即便嚴督該管地方火甲人等用心緝訪，遇有前項積年光棍打攬倉場、挾詐糧納，即便擒拿

2 □許牲畜作踐墻垣，壅塞水道。仍仰每月貳次具官吏并火甲人等，不致縱容隱匿結狀繳報。如

3 □該管地方火甲人等用心緝訪，遇有前項積年光棍、違犯之徒擒拿另解，及不時省諭附近居住

4 □不扶執結，理合呈繳施行，須至呈者。

（中缺）

5 □[二]目陶瑞

第八冊卷一四二第二十三葉紙背現存文字八行，第七、八行鈐朱印一枚，印文爲『西城兵/馬指揮/司之印』。文書殘存內容如下：

1 南京西城兵馬指揮司爲禁革奸弊事。抄蒙

[二] 據第四冊卷一一五第十一葉可知，此處所缺文字應爲『吏』。

2 巡視倉場監察御史史　　案驗前事，仰本司着落當該官吏照依
3 院，以憑照例問治。及不時省諭附近居住軍民謹慎火燭，提防盜賊，不許牲
4 不恕。蒙此，依蒙案驗内事理，嚴督倉場地方火甲人等用心巡訪，如有積年
5 右　　呈
6 巡視倉場監察御史羅
7 正德二年四月（朱印）　　初二　　日副使指揮耿
8 禁革奸弊事

以上四葉文書，從殘存内容來看，第一册總目第十三葉紙背文書和第八册卷一四二第二十三葉紙背文書，均屬一件完整公文的上半部，其中前者撰擬主體爲南京南城兵馬指揮司，後者撰擬主體爲南京西城兵馬指揮司。

第四册卷一一五第十一葉紙背文書和第四册卷一一五第十七葉紙背文書，均屬一件完整公文的下半部，内容高度相同，且其中均出現了『吏目陶瑞』之名，故可肯定其應屬於同一機構爲同一事件撰擬的公文殘件。此兩件文書殘件雖撰擬主體缺失，但卷一一五第十一葉紙背存『指揮魏雲、鄭鶴』兩名，而此兩名正與第一册總目第十三葉紙背文書第八行『副指揮魏□、鄭□』姓氏相同。另外，筆者查閲《國朝諸臣奏議》原書之時，曾仔細比對過上引四件文書的筆迹墨色，發現第一册總目第十三葉紙背文書、第四册卷一一五第十一葉紙背文書及卷一一五第十七葉紙背文書等三件文書殘件書寫筆迹、文字墨色、文書行距相同，應該出於一人之手，而第八册卷一四二第二十三葉紙背文書在書寫筆迹和文字墨色上則有明顯區别。由此可以斷定，第四册卷一一五第十一葉和第十七葉紙背文書殘件，應與第一册總目第十三葉紙背文書一樣，同屬南京南城兵馬指揮司文書殘件。

二、南京南城兵馬指揮司公文復原

三件屬同一機構公文，一件爲文書上半部，兩件爲文書下半部，且從内容來看，上、下兩部分的文書内容又存在較大的關聯性，這就爲文書綴合復原提供了可能性。通過對比可見，第一册總目第十三葉紙背文書第八行官員署押部分，現存『副指揮魏□、鄭

□』，而第四册卷一一五第十一葉紙背文書第五行官員署押位置，則存『指揮魏雲、鄭鶴』等文字，如若兩者綴合，此處無疑衝突；而卷一一五第十七葉紙背官吏署押，僅存『目陶瑞』，據卷一一五第十一葉紙背文書可知應爲『吏目陶瑞』，其之上的指揮署名全缺，正可與第一册總目第十三葉紙背文書綴合補全。由此可以確定，第一册總目第十三葉紙背文書與第四册卷一一五第十七葉紙背文書可綴合成爲南京南城兵馬指揮司一件完整呈文。

從綴合後的文書來看，部分行綴合之處，還缺文字一字，而所缺文字可參考四册卷一一五第十一葉紙背文書相同内容補齊。現將綴合補完後的完整文書録如下，其中所補缺字加□表示：

1 南京南城兵馬指揮司爲禁革奸弊事。案照先抄蒙

2 巡視倉場監察御史史　案驗前事，仰本司着落當該官吏，照依案驗内[事]理，即便嚴督該管地方火甲人等用心緝訪，遇有
前項積年光棍打攪倉場、挾詐糧納，即便擒拿

3 解院，以憑照例問發。及不時省諭附近居住軍民謹慎火燭，提防盜賊，不許牲畜作踐墻垣，壅塞水道。仍仰每月貳次具官
吏并火甲人等，不致縱容隱匿結狀繳報。如

4 或不行嚴督用心緝捕，事發一体參究不恕。蒙此，依蒙案驗内事理，嚴[督]該管地方火甲人等用心緝訪，遇有前項積年光
棍、違犯之徒擒拿另解，及不時省諭附近居住

5 軍民謹慎火燭，一体遵依外。爲此，今將取到該倉地方火甲結狀，同本司官吏不扶執結，理合呈繳施行，須至呈者。

6 右　呈

7 巡視倉場監察御史羅

8 正德二年五月（朱印）　初二　日指揮楊華　副指揮 魏[雲] 鄭[鶴]　[吏]目陶瑞

9 禁革奸弊事

由復原後文書可見，其應爲明正德二年南京南城兵馬指揮司爲禁革奸弊事呈巡視倉場監察御史羅狀。完整公文共九行，其結構可分爲三部分：第一部分爲一至五行，是南京南城兵馬指揮司呈文的主體内容；第二部分爲六至七行，所載爲公文呈報對象；

第三部分爲八至九行，爲官吏署押及公文事由。

在第一部分中，第一行的『南京南城兵馬指揮司爲禁革奸弊事』爲文書的行文主體和事由。『南京南城兵馬指揮司』是該件文書行文的主體，『爲禁革奸弊事』是該件文書行文的事由。第一行『案照先抄蒙』至第四行『事發一體參究不恕』，是南京南城兵馬司引述巡視倉場監察御史史所下達指令的內容。第四行『蒙此』至第五行『須至呈者』，是南城兵馬司根據巡視倉場監察御史史的指令而采取的行動，除了『嚴督該管地方火甲人等用心緝訪，遇有前項積年光棍、違犯之徒擒拿另解，及不時省諭附近居住軍民謹慎火燭，一體遵依外』，又『今將取到該倉地方火甲結狀，同本司官吏不扶執結』一同『呈繳施行』。

第二部分『右呈巡視倉場監察御史羅』，説明呈文對象爲巡視倉場監察御史羅。

第三部分是交代行文的時間、南京南城兵馬指揮司官員的署名簽押和文書呈文事由。『正德二年五月初二日』即行文時間，『指揮楊華、副指揮魏雲、鄭鶴』和『吏目陶瑞』即南京南城兵馬指揮司官吏，『禁革奸弊事』一語則是公文事由。

由此可見，該件文書的性質，應爲南京南城兵馬指揮司向巡視倉場監察御史羅報告落實相關指令情況並呈繳『地方火甲結狀同本司官吏不扶執結』的呈文。

三、新見復原文書對明代五城兵馬指揮司制度研究之意義

明代北京和南京二京城，各設有中、東、西、南、北五城兵馬指揮司，文書中的南京南城兵馬指揮司爲南京五城兵馬指揮司之一。新發現的文書，對深化、細化南京南城兵馬指揮司和明代的五城兵馬指揮司制度研究具有較爲重要的史料價值。其價值，可大體歸納爲以下幾個方面。

第一，文書提供了明代南京南城兵馬指揮司的公文實物原件，使我們在時隔五百多年後得以窺見明正德二年五城兵馬指揮司公文的原始面貌。目前學界已公布的明代大宗檔案文獻彙編有《中國明朝檔案總匯》《明清徽州社會經濟資料叢編》《徽州千年契約文書》《徽州文書》《安徽師範大學館藏徽州文書》《曲阜孔府檔案史料選編》等。此外，近年出版的清水江文書資料集也有一定數量的明代文書。但是這些文獻彙編中均無明代五城兵馬指揮司公文，因此，《國朝諸臣奏議》紙背文書提供的南京南城兵馬指揮司公文實物彌足珍貴。

第二，文書揭示了明代五城兵馬指揮司呈報巡視倉場監察御史的公文用語格式、撰擬簽署順序、年款用印位置等公文書式要素的原貌，反映了五城兵馬指揮司呈文的標準書式。中國唐宋時期的公文上行文，其官員的簽署順序多是自卑而尊，官職較低的居前，較高的居後。而新見南京南城兵馬指揮司呈文却是自尊而卑，指揮居前而吏目居後。應該説，該文書的發現爲今後判斷

《國朝諸臣奏議》其它紙背文獻以及其它明代古籍紙背文獻所見同類公文的性質提供了相關書式的參考標準。

第三，文書記録了不同於史籍所載的明代五城兵馬指揮司官吏配置情況，提供了研究明代五城兵馬指揮司官制的新史料。從呈文第八行和第九行可知，正德二年五月初二日南京南城兵馬指揮司的指揮爲楊華，副指揮爲魏雲、鄭鶴，吏目爲陶瑞。有關五城兵馬指揮司的官吏配置和員額，《明史》卷七十四《職官三》載：

（北京）中、東、西、南、北五城兵馬指揮司。各指揮一人（正六品），副指揮四人（正七品），吏目一人。指揮巡捕盜賊，疏理街道溝渠及囚犯、火禁之事。凡京城内外各畫境而分領之。境内有游民、姦民則逮治。若車駕親郊，則率夫里供事。（凡親、郡王妃父無官者，親王授兵馬指揮，郡王授副指揮，不管事。）

明初，置兵馬指揮司，設都指揮、副都指揮、知事。後改設指揮使、副指揮使，各城門設兵馬。洪武元年（一三六八），命在京兵馬指揮司並管市司，每三日一次校勘街市斛斗、秤尺，稽考牙儈姓名，時其物價。五年，又設兵馬指揮司分司於中都。十年，定京城及中都兵馬指揮司秩俱正六品（先是秩正四品），改爲指揮、副指揮，職專京城巡捕等事，革知事。二十三年，定設五城兵馬指揮司（惟中城止稱中兵馬指揮司），俱增設吏目。建文中，改爲兵馬司，改指揮、副指揮爲兵馬、副兵馬。永樂元年（一四〇三）復舊。二年，設北京兵馬指揮司。嘉靖四十一年（一五六二），詔巡視五城御史，每年終，將各城兵馬指揮會本舉劾。隆慶間，御史趙可懷言：『五城兵馬司官，宜取科貢正途，職檢驗死傷，理刑名盜賊，如兩京知縣。不職者，巡城御史糾劾之。』[一]

《明史》卷七十五《職官四》載：

（南京）五城兵馬司。指揮各一人，副指揮各三人，吏目各一人。（萬曆中，革副指揮每城二人。）[二]

萬曆《明會典》卷二二五《五城兵馬指揮司》也載：

[一]（清）張廷玉等：《明史》卷七十四《職官三》，中華書局，一九七四年，第一千八百一十四至一千八百一十五頁。

[二]（清）張廷玉等：《明史》卷七十五《職官四》，中華書局，一九七四年，第一千八百三十五頁。

> 國初置兵馬指揮使司，設都指揮、副都指揮、知事。後改兵馬指揮司，爲正四品衙門，設指揮使、副指揮、知事，各門設兵馬。洪武十年（一三七七），定正六品衙門，設指揮、副指揮，職專京城巡捕等事，革知事。二十三年，定設五城兵馬指揮司，惟中城止稱中兵馬指揮司，俱添設吏目。今每司設指揮一員、副指揮五員、吏目一員。[二]

比較《國朝諸臣奏議》紙背呈文與《明史·職官志》、萬曆《明會典》的相關記載可見，它們對五城兵馬指揮司的官吏配置記載是一致的：在兵馬指揮司中，指揮、副指揮和吏目並置。但是在副指揮的員額上，却明顯不同：呈文所顯示的副指揮員額只有魏雲和鄭鶴二人，而《明史·職官志》稱北京的五城兵馬司各置副指揮四人，南京的五城兵馬司各置副指揮三人；萬曆《明會典》則稱，萬曆年間『今每司設指揮一員、副指揮五員、吏目一員』。呈文屬於第一手史料，其不僅記載了與史籍所載不同的官吏配置員額，而且還提供了明正德二年南京南城兵馬指揮司官吏的具體姓名，這一發現，無疑爲明代五城兵馬指揮司官制研究提供了新綫索。

第四，文書揭示了明代南京南城兵馬指揮司在國家倉場管理方面的具體職能。關於五城兵馬指揮司的職能，上引《明史》卷七十四《職官志三》和萬曆《明會典》卷二二五《五城兵馬指揮司》均有記載，萬曆《明會典》所記甚多。但五城兵馬指揮司的職能在城市各區、各個部門的日常管理中如何體現，明代史料雖稱浩繁但也有諸多不詳之處，而上述文書爲我們提供了南京南城兵馬指揮司在官府倉場管理方面履行職能的具體材料。如前所述，復原後的文書『案照先抄蒙』至『事發一體參究不恕』，是南京南城兵馬指揮司引述巡視倉場監察御史下達指令的內容；『蒙此』至『一體遵依』是南城兵馬指揮司向巡視倉場監察御史報告依令而采取的具體行動。此二者在文字表述上似乎差不多，內容實際上也都涉及南京南城兵馬指揮司的職能。不過一個是引述指令內容，一個是報告執行情況，二者內涵明顯不同。嚴格意義上講，監察御史的指令更能全面準確地反映南城兵馬指揮司的職能。指令所談兵馬指揮司的職能實際上包括了三句話：第一句是『仰本司着落當該官吏照依案驗內事理，即便嚴督該管地方火甲人等用心緝訪，遇有前項積年光棍打攬倉場、挾詐糧納，即便擒拿解院，以憑照例問發』；第二句話是『不時省諭附近居住軍民，謹慎火燭，提防盜賊』；第三句話是『不許牲畜作踐墻垣，壅塞水道』。這三句話概括了南城兵馬指揮司三個方面的職能。第一句話的意思是説兵馬指揮司要切實履行職責，嚴格監督所屬轄區內的火甲等社區組織，對其所屬人員用心緝查和搜尋。所謂『遇有積年光棍打攬倉場、挾詐糧納，即便擒拿解院』，意思是説發現長期憑藉暴力强行包攬倉場糧納的無賴光棍，要及

[二] 萬曆《明會典》卷二二五《五城兵馬指揮司》，《續修四庫全書·史部》第七九二册，上海古籍出版社，一九九五年，第六百五十三頁。

時擒拿解送察院；所謂『以憑照例問發』，即是要根據有關規定追究治罪。由此可見，南城兵馬指揮司負有維護倉場糧納秩序，對擾亂秩序的不法分子采取强制措施實施抓捕的職責。這是南城兵馬指揮司倉場管理職能的具體體現。第二句話的意思是要南城兵馬指揮司告喻倉場附近居住的軍民謹慎管理火源、防止火災，並提防盜賊，可見南城兵馬指揮司負責倉場附近的消防與治安，這是其消防管理職能和城市治安管理職能的具體體現。第三句話的意思是南城兵馬指揮司負責與倉場有關的城墻保護和河道暢通，這是南城兵馬指揮司市政工程管理職能的具體體現。這些職能在《明史》和《明會典》没有反映而見於新發現的上述文書，正體現了該文書的獨特價值。

第五，文書披露了巡視倉場監察御史對南京南城兵馬指揮司進行監管的諸多具體細節。從制度層面看，明代五城兵馬指揮司只設於北京、南京兩京地區，屬於中央機構。因此在《明史·職官志》中，北京的五城兵馬指揮司與太醫院、上林苑監等並列，南京的五城兵馬指揮司與行人司、欽天監、太醫院等並列。但是，這樣一個負責兩京地區治安和城市管理的中央機構平時是如何被監管的，史籍對此又語焉不詳。上引《明史》卷七十四《職官三》稱：『嘉靖四十一年（一五六二），詔巡視五城御史，每年終，將各城兵馬指揮會本舉劾。隆慶間，御史趙可懷疏言：「五城兵馬司官，宜取科貢正途，職檢驗死傷，理刑名盜賊，如兩京知縣。不職者，巡城御史糾劾之。」』[二]可見，對五城兵馬指揮司的日常監管是通過巡視五城御史來實現的。而上述新發現的文書提供了以往不爲人知的有關巡倉監察御史監管五城兵馬指揮司的諸多具體細節。由文書可見，對南京南城兵馬指揮司下達指令的是『巡視倉場監察御史』，要檢查的內容是南城兵馬指揮司對倉場的管理情況，檢查之後要形成正式報告，即『仍仰每月貳次具官吏並火甲人等，不致縱容隱匿結狀繳報』[三]。如果達不到要求，還要實行懲罰，即『如或不行嚴督、用心緝捕，事發一體參究不恕』。這説明，巡視倉場監察御史平時對南京南城兵馬指揮司進行監管的基本程序是就具體的專項事務（如『禁革奸弊』）等，向南京南城兵馬指揮司下達指令，要求南京南城兵馬指揮司履行有關職能，並在規定的限期內（如『每月貳次』）將本部門官吏和轄區內有關機構部門的工作情況以及保證報告屬實的『結狀繳報』呈送巡視倉場監察御史。上述所反映的南京南城兵馬指揮司的工作流程，無疑爲瞭解整個巡視五城御史對兩京五城兵馬指揮司的監管以及二者之間的互動關係提供了具體入微的細節。

[二]（清）張廷玉等：《明史》卷七十四《職官三》，中華書局，一九七四年，第一千八百一十五頁。

[三] 所謂『結狀繳報』，就是南城兵馬司匯總轄區內各部門機構有關管理措施實施情况的報告（即結狀），呈交給『巡視倉場監察御史』。在《國朝諸臣奏議》紙背文書中除了相當部分以個人名義形成的有關糧納的告到狀、告完狀、執結狀、領狀、供狀之外，還有一部分以南京城內各衛倉及衛倉官攢爲撰擬主體的文書，這些文書除了報告檢查落實各項事務之外，往往還要加上保證辭，成爲『執結』。例如南京錦衣衛烏龍潭倉的執結最後即稱：『今將本倉官攢不致扶同重甘結狀，合行粘連申繳施行，須至申者。計繳執結一紙。』

兵馬指揮司的設置可追溯至中國唐朝前期，當時已有『兵馬使』一職。[一] 唐後期開始出現指揮使、都知兵馬使和都指揮使等軍職，[二] 一直延至元代。自元代設大都路都指揮使司『掌京城盜賊姦僞鞫捕之事』[三] 以後，都指揮使司開始由純粹的軍事機構向具有城市治安管理職能的專門機構演變。如果説朱元璋在元末戰争環境下於至正十六年（一三五六）設立的兵馬指揮司還具有濃重的軍事色彩的話，那麽他在建立明王朝不久即下令擴大兵馬指揮司職權：除了治安管理之外，還兼管市場交易、監控物價、管理商人等，此時京城設置的兵馬指揮司（包括以後的兩京五城兵馬指揮司）顯然已經不再是一個單純的管理治安的軍事機構，而是一個以治安管理爲主兼有市場和市政管理以及消防職能的綜合性城市管理部門，從而初步完成了由單純的軍事部門到城市管理部門的歷史轉變。可以説，明正德二年南京南城兵馬指揮司的這一呈文恰好爲人們展現了明代五城兵馬指揮司在完成職能轉變後履行城市管理部門職能的一幅生動圖景，這也爲我們研究明代這一特殊的機構提供了新的視角。

目前我國史學界對中國城市史的關注和興趣持續增强，城市史研究領域持續擴大，作爲明代城市管理機構的五城兵馬指揮司自然愈發受到學者的青睞，相關研究成果陸續推出。這些成果都或多或少地推動了明代五城兵馬指揮司相關研究的深人，也爲全面認識明代城市史提供了多維視角。而新發現的明代南京南城兵馬指揮司呈文，無疑爲進一步深化中國古代城市史研究提供了新綫索。

（本文曾以《明代五城兵馬指揮司研究的新綫索——明正德二年南京南城兵馬指揮司呈文的發現及意義》爲名刊發於《軍事歷史研究》二〇一六年第一期，因收入之時有改動，故改稱現名。）

[一] 學界已有研究多將五城兵馬指揮司的設置追溯至金元時期，如李小慶的《五城兵馬司治安與明代京師治安管理》一文（東北師範大學碩士學位論文，二〇一二年），對明代五城兵馬指揮司的來龍去脈進行了梳理，將五城兵馬指揮司的起源追溯至金元，認爲『兵馬司』這一官署名最早見於《遼史》，屬於執掌兵事的軍事機構，金代諸總管府節鎮設兵馬司，主要職責爲巡捕盜賊，提控禁夜等，『與明之兵馬司相近，可以看作兵馬司設置的源頭』，明代兵馬司之設是直接『仿元制而來』。筆者認爲兵馬指揮司的設置還可以追溯到更早時期，唐代杜佑《通典》卷一四九《兵典·雜教令》已見『兵馬使』名稱，可以證明唐代前期已有此職。《遼史》所見的『兵馬司』應是承自晚唐、五代時期。

[二] 杜文玉《晚唐五代都指揮使考》一文稱：『都指揮使作爲一種高級軍職自晚唐出現以來，經五代得到充分發展，至北宋作爲重要軍職仍在使用。』（見《學術界》一九九五年第一期）

[三] （明）宋濂等：《元史》卷九十《百官六》，中華書局，一九七六年，第二千三百零一頁。

附録

上海圖書館藏《勸忍百箴考注》紙背新見明代勾軍文册初探

宋坤

明代實行軍籍世襲基礎上的衛所軍制，作爲保障兵源的清勾制度是這一軍制的重要組成部分。『清勾』，即清軍與勾軍的合稱。在明代，當衛所軍士出現缺額時，對缺額軍士進行清查，即『清軍』；由軍户出丁一名到指定衛所服役，叫作正軍，當正軍本人老疾或逃故時，則要勾取其户下其他丁員或族人補役，此即爲『勾軍』。勾軍又分爲『根補』與『勾補』：根捉逃軍本人，叫作根補；若因故無法根補逃軍本人或本人死亡，則勾取其户下其他壯丁補役，叫作勾補。[一] 由於清軍與勾軍往往結合進行，且負責這一工作的官員被稱爲『清軍官』，所以在明代的史料中，清軍與勾軍往往被混淆並提，有時就被簡稱爲『清勾』。目前學界對明代清勾制度的研究，大多依據傳世史料，偏重於從整體上描述清勾制度的産生、發展、演變及其失敗，這對於從宏觀上把握明代清勾制度有着重要意義。[二] 但現有研究成果涉及清勾制度的細節問題較少，缺乏微觀層面的具體研究。筆者依據在上海圖書館新發現的與明代勾軍有關的史料——《勸忍百箴考注》紙背文獻，試對明代勾軍文册進行解析，以揭示明代清勾制度的具體細節問題，進而推動明代軍制研究的細化與深入。

[一] 許賢瑶：《明代的勾軍》，《明史研究專刊》一九八三年第六期。

[二] 目前學界關於明代清勾制度的研究成果主要有吴晗《明代的軍兵》，收於《讀史劄記》，生活·讀書·新知三聯書店出版社，一九七九年，第九十二至一百四十一頁；于志嘉《試論族譜中所見的軍户》，《歷史語言研究所集刊》，臺灣『中央研究院』歷史語言研究所，一九八六年第五十七本第四分，第六百三十五至六百六十七頁；曹國慶《試論明代的清軍制度》，《史學集刊》一九九四年第三期；顧誠《談明代的衛籍》，《北京師範大學學報》（哲學與人文科學）一九八九年第五期；許賢瑶《明代的勾軍》，《明史研究專刊》一九八三年第六期；馮志華《明代衛所軍制下的清勾制度》，厦門大學碩士學位論文，二〇〇七年；何慶平《論明代世軍制下清勾制度的失敗及其原因》，東北師範大學碩士學位論文，二〇〇九年。

一、《勸忍百箴考注》紙背文獻及其内容

上海圖書館藏《勸忍百箴考注》爲明正統十四年（一四四九）周恂如[一]刻本，四卷四册，每卷一册，共計二百二十一葉，其中除第四册第四十一葉背面（此處所謂背面是相對《勸忍百箴考注》内容作爲正面而言）無文字、無朱印之外，其餘紙背均帶公文或朱印。通過實際查閲得知，刊印該書所用公文紙原應爲綫裝簿册形式，現仍可見原裝訂痕迹。在原綫訂痕迹附近均刷有紅色長塊，部分紙張上還存有用紙編號，位於原裝訂綫以裏的位置。印書之時，應是將原來册簿拆開，並將原紙縱向一分爲二，原來的每半葉作爲印刷書籍時的一葉使用，公文文字與正面刊印書籍文字成經緯狀，故現存兩葉可以綴合復原爲原册簿的一葉。由綴合後内容可見，每葉原存文字二十行，紅色長塊位於完整紙張的首尾兩端。經測量，《勸忍百箴考注》長 26.4 厘米，寬 16.5 厘米，所以原來的册簿一葉完整紙張應是長 52.8 厘米，寬 33 厘米左右。[二]

從内容來看，該書紙背應爲嘉靖三十年（一五五一）十二月杭州府仁和縣的勾軍文册，主要涉及核查後的挨無名册和户絶名册兩類，[三]現各舉一例。

挨無名册，第二册卷二第五葉紙背與第十四葉紙背可綴合爲完整一葉，内容如下：

（前略）

嘉靖貳拾伍年分

挨無名籍：

兵部順差浙江紹興府上虞縣知縣汪燁賫單。

直隸天津右衛：

一名童真兒，第貳橋社人，於洪武肆年蒙靖海候充山東青州右衛，永樂伍年貳月改調天

津右衛後所百户楊廉、總旗趙寬、小旗缺下軍，逃；户丁童輝、童

昇、童有補役，逃；户丁童杲、童月補役，逃；户丁童先兒補役，嘉

[一] 周恂如，名忱，字恂如，號雙崖，江西吉水人，永樂二年（一四〇四）進士，宣德年間任工部右侍郎，巡撫江南，正統十四年（一四四九）遷户部尚書，後改工部。景泰年間以工部尚書致仕，有《雙崖集》傳世。

[二] 此處的長寬是展開後一張完整紙張的長寬，但形成文册裝訂的時候，須將紙張從中折疊，故原文册應是長 22 厘米，寬 26.4 厘米。

[三] 『挨無』指的是經過查對，原籍並無所勾補軍士的户籍信息；『户絶』則是指原籍雖記載有勾補軍士的户籍信息，但其原籍户下已無人丁。

12 靖貳拾叁年柒月内逃。
13 前件行據本縣羲和等坊隅壹等都圖里老陳江、黄袍等勘得，本軍自發單
14 到縣，吊查洪武以來軍黄貳册，逐一挨查，並無姓名來歷，已經結勘伍
15 次回答外，嘉靖叁拾年柒月内類册送蒙
16 浙江按察司副使陳　　會審，册開通挨；
17 浙江布政司右布政使汪　　會審，册開詳勘通挨；另報
18 欽差巡按浙江監察御史霍　　會審，册開仰照例通挨造報。隨於本年拾貳月内蒙本縣縣丞黄尚賓
19 覆勘挨無，具結造册登答外，節蒙本縣清軍縣丞黄尚賓、劉
20 淮、顧於道、錢隆清審挨無，理合回答。

（朱色右半無文字戳印）[二]

（後略）

文書第五至十行爲第五葉紙背所存内容，第十一至二十行爲第十四葉紙背所存内容，兩葉紙背字迹相同，内容相關，可以綴合。綴合後爲天津右衛童真兒的勾補情况，其勾補結果爲經查證『挨無名籍』，即在童真兒的原籍仁和縣的户口册中查找不到童真兒的户籍信息。

户絶名册，第四册卷四第七葉紙背文書與第十八葉紙背文書可以綴合爲完整一葉，内容如下：

1 嘉靖貳拾捌年分

（朱色左半無文字戳印）

2 丁盡户絶：
3 兵部順差浙江寧波府慈谿縣知縣龔愷賫單。
4 直隸通州左衛：
5 一名沈肆，係浙江杭州府仁和縣東里坊人，洪武貳拾伍年爲事問發河南開封府祥符
6 縣金梁站運鹽，永樂陸年充通州左衛左所百户連福、總旗戴良、
7 小甲周福下軍，故；户丁沈元補役，宣德伍年肆月逃。在營無
8 次丁，合行勾補。

[二] 此無文字的朱色戳印，應爲標注公文紙大小，防止揭改之用。

9 前件行據本縣東里坊肆圖里老張紀等勘得，本軍先於洪
10 武貳拾伍年爲不應事充通州左衛軍，原籍户下並無丁
11 産户籍，永樂拾年除豁。已經結申貳次回答外，先奉嘉
12 靖貳拾捌年單勾，節蒙府縣清審丁盡户絶，嘉靖叁
13 拾年柒月内類册送蒙
14 浙江按察司副使陳　　會審，册開審户絶；
15 浙江布政司右布政使汪　　會審，册開户絶無丁審同；
16 欽差巡按浙江監察御史霍　　會審，册開丁盡户絶。本年拾貳月内蒙本縣黄縣丞清審本
17 里，已將本軍户絶緣由，具結造册登答外，未及次數存單
18 未繳，節蒙本縣清軍縣丞黄尚賓、劉淮、顧於道、錢隆清
19 審丁盡户絶，理合回報。

（後略）

文書第一至十行爲第七葉紙背所存内容，第十一至十九行爲第十八葉紙背所存内容，兩葉紙背字迹相同，内容相關，可以綴合。綴合後爲一完整的通州左衛沈肆的勾補情況，其勾補結果爲經查證『丁盡户絶』，即在沈肆原籍仁和縣的户籍文册中，沈肆户下已經無人丁可以勾補。

《勸忍百箴考注》其它各葉紙背，除勾補軍士的姓名、充軍改調來歷不同之外，其餘内容基本與上舉兩例相同。由此可見，刊印《勸忍百箴考注》所用文册原應爲仁和縣的勾軍文册，所載内容爲經過核查，原籍或是『挨無』，或是『户絶』的兩類軍士的相關信息。

二、紙背勾軍文册書式復原與解讀

依據《勸忍百箴考注》紙背文獻，筆者對此勾軍文册書式進行了大體復原，復原結果如下：

嘉靖厶年分
挨無名籍：

兵部順差浙江厶府（厶縣）厶官賫單。
厶衛：
一名厶，係（或原籍）浙江布政司杭州府仁和縣厶都（隅、鄉、坊）人，［本軍充軍改調來歷］，［接補户丁狀況］，厶年月（逃、故、老疾），名伍見缺，合行勾補。
前件行據本縣義和等坊隅壹等都圖里老陳江、黄袍等勘得本軍自發單到縣，吊查洪武以來軍黄二册，逐一挨查，並無本軍姓名來歷，已經結勘伍次回答外，嘉靖叁拾年柒月内類册送蒙
浙江按察司副使陳　　　會審，册開通挨；
浙江布政司右布政使汪　　　會審，册開詳勘通挨；另報（或會審册開本軍曾有勾補，豈應挨無，合研勘實報）
欽差巡按浙江監察御史霍　　會審，册開仰照例通挨造報（或挨無名籍）。隨於本年拾貳月内蒙本縣縣丞黄尚賓覆勘挨無，具結造册登答外，節蒙本縣清軍縣丞黄尚賓、劉淮、顧於道、錢隆清審挨無，理合回答。
一名厶……
兵部順差浙江厶府（厶縣）厶官賫單。
厶衛：
……
丁盡户絶：
兵部順差浙江厶府（厶縣）厶官賫單。
厶衛：
一名厶，係（或原籍）浙江布政司杭州府仁和縣厶都（隅、鄉、坊）人，［本軍充軍改調來歷］，［接補户丁狀況］，厶年月（逃、故、老疾）名伍見缺，合行勾補。
前件行據厶圖里老厶勘得，［本軍充軍改調來歷］，［接補户丁狀況］，原籍並無以次人丁，亦無贅繼兒男，田糧在里户籍，厶年除豁。已經結申［次數］回答在官外，厶年厶衛單勾，節蒙府縣清審户絶，嘉靖叁拾年柒月内類册送蒙
浙江按察司副使陳　　　會審，册開户絶；

浙江布政司右布政使汪　會審，册開户絶無丁審同；

欽差巡按浙江監察御史霍　會審，册開丁盡户絶。於本年拾貳月内蒙本縣黄縣丞覆審本里，已將本軍户絶緣由，具結造册登答外，未及次數存單未繳，節蒙本縣清軍縣丞黄尚賓、劉淮、顧於道、錢隆清審户絶，理合回報。

一名厶……

……

該復原書式中第一行『嘉靖厶年分』，所載應爲仁和縣接到勾軍清單的年份，現存文書中共見有嘉靖二十三年（一五四四）至二十八年等六個年份，其中嘉靖二十八年這一年份出現過兩次。第三行『兵部順差浙江厶府（厶縣）厶官賚單』，其中的『單』應即『清軍單』。這種『清軍單』的出現始於嘉靖十一年（一五三二），是由原來的『逃故册』簡化而來。據史籍載：

> 合行各該衛所，自嘉靖十一年爲始，除宣德四年（一四二九）以前逃故軍士，已經題准住勾外，其宣德四年以後，嘉靖十年以前，該勾逃故軍士不必每年造册發清，聽本部（筆者按：指兵部）定奪，軍單式樣令照式刊刷。備將宣德四年以後，嘉靖十年以前逃故軍士，每名用堅白厚紙填單一張，用印鈐記，隸本部者徑送，隸都司者類送本部，挂號轉發各司、府，照名清勾。仍照舊以司、府、州、縣相屬，攢造底册一本送部存照。以後年分，止將本年逃故軍士，造册填單，送部施行。發單者，俱免再造。[一]

文中所謂厶官賚單，即應指此種清軍單。而『兵部順差浙江厶府（厶縣）厶官』，則指從兵部派送清軍册單的相關官員。此種官員，在嘉靖十一年之前，並無特殊限定。據萬曆《明會典》載：

> （嘉靖）三年題准：凡清軍册，預分司府，封記本數，候各處進表官員事畢，責令賚回。若日期在前，遇有公差回還，

[一] 王憲：《計處清軍事宜》，《皇明經世文編》卷九十九《彭王二公疏》卷一，《續修四庫全書·集部》第一六五六册，上海古籍出版社，第二百六十四頁。

告討脚力者，就便搭配公文，責令帶領。係各省者，布政司交割；係南北直隸府州者，該府州交割。[二]

而到了嘉靖十一年之後，則對派送清軍册單官員的身份有所限定。據載：

> （嘉靖十一年）又題准：凡賫領軍册人員，移咨吏部，每季於新陞除司府官及州縣正官，每布政司選委一人，直隸各照巡按地方選委一人，開送過部。將該季所有册單，盡數給與，順帶前去各省送布政司，直隸送巡按御史，交割轉發清理。[三]

據此可知，嘉靖十一年之後，從兵部領取清軍單派送到地方的官員或爲新陞除司府官，或爲州縣正官，因屬於將册單順路帶回，故稱『兵部順差』。現存文册中，所見此類官員有浙江布政司布政使，浙江按察司按察使、副使、僉事，浙江衢州府、台州府等府知府，浙江湖州府、金華府等府通判，浙江紹興府、台州府、杭州府、寧波府、金華府等府推官，浙江杭州府同知，浙江歸安縣、諸暨縣、上虞縣、青田縣、仁和縣、鄞縣、餘姚縣、山陰縣、黄岩縣、海寧縣、金華縣、龍游縣、富陽縣、烏程縣、嘉善縣、桐鄉縣、浦江縣、慈谿縣、義烏縣等縣知縣。另有江西臨江府同知陳得，河南按察司僉事戴兩人。其選差範圍嚴格控制在浙江各司府官及州縣正官之中，但江西臨江府同知和河南按察司僉事兩人的存在，説明嘉靖十一年之後仍存在『公差回還……就便搭配公文』的情況，但這種就便差人，也應是限定在司府官及州縣正官之中。另外，在各賫單官員中，許多官員出現過兩次，均是因其所賫清軍單中所載逃故軍士，經過查勘既有挨無，也有户絶，故該官員賫單分别出現在挨無名册和户絶名册之中。

第四行厶衛，則爲出現軍士逃故，需要清勾的衛所名稱。現存文册中見有騰驤右衛、通州左衛、永清右衛、宣武衛、神武中衛、武驤右衛、義勇右衛、隆慶右衛、保安衛、天津右衛、天津左衛、定州衛、盧龍衛、富裕衛、潼關衛、新安衛、瀋陽中屯衛、南京神策衛、南京留守左衛、南京留守右衛、南京錦衣衛、徐州衛、蘇州衛、金山衛、淮安衛、寶慶衛、彭城衛、金鄉衛、處州衛、海寧衛、定海衛、寧波衛、磐石衛、杭州右衛、衢州守禦千户所、山西太原前衛、汾州衛、潞州衛、漢中衛、山東登州衛、萊州衛、任城衛、陝西鞏昌衛、綏德衛、寧夏右屯衛、寧夏群牧千户所、肅府儀衛司、河南弘農衛、宣武衛、滄州守禦千户所、湖廣銅鼓衛、承天衛、廣東廣州右衛、福建汀州衛、貴州普安衛、雲南楚雄衛、大理衛、騰衝衛、雲南右衛、木密關守禦千户所、四川小河守禦千户所、中都留守司長淮衛，等等。

[二] 萬曆《明會典》卷一五五《兵部三十八・册單》，《續修四庫全書・史部》第七九一册，上海古籍出版社，一九九五年，第六百二十二頁。

[三] 萬曆《明會典》卷一五五《兵部三十八・册單》，《續修四庫全書・史部》第七九一册，上海古籍出版社，一九九五年，第六百二十二頁。

其中，以彭城衛和騰驤右衛兩衛逃故軍士數量最多。

從『一名厶』到『理合回答』或『理合回報』（『挨無名册』中爲『理合回答』，『丁盡户絶』中則爲『理合回報』）爲一完整的清勾核查情況説明。現存文册所載均爲被勾補軍士中經過核查確定爲『挨無』或是『户絶』的軍士相關信息。其中一名軍士『挨無』或『户絶』的情況説明，又可以分爲兩部分：第一部分爲從『一名厶』到『合行勾補』，此應爲轉引清軍單的内容，主要包含被勾補軍士的充軍改調來歷和接補户丁狀況，此部分内容在挨無名册和户絶名册中基本相同。其中所載本軍充軍改調來歷，除少數幾人是因事被問發充軍，時間較晚之外，其餘絶大部分均是明朝立國前或立國之初即歸附的軍士。對接補户丁狀況，某些記載較爲詳盡，詳細記載了每一個接補户丁的補役年月，但大多記載較爲簡略，僅記載了接補户丁姓名及是否逃故老疾。最後一名户丁則均記載其逃故或老疾的年月時間，因其也是衛所出現缺伍的時間，故需記載清楚。按，上文引文曾提到，在嘉靖十一年將『逃故册』簡化爲『清軍單』時，曾規定：『自嘉靖十一年爲始，除宣德四年以前逃故軍士，已經題准住勾外，其宣德四年以後，嘉靖十年以前，該勾逃故軍士，不必每年造册發清，聽本部定奪軍單式樣，令照式刊刷。』[一] 由此可見，從嘉靖十一年開始，宣德四年以前已經住勾即停止勾補的逃故軍士將不再被列入清軍單中。現存文册中，宣德四年之前逃故軍士僅見一例，爲彭城衛右所軍士淩叁，永樂二年（一四〇四）故；其餘勾補軍士逃故或老疾的年月均爲宣德四年之後，最早爲正統七年（一四四二），最晚爲嘉靖二十五年，基本與嘉靖十一年的規定相符合。政府還在對永樂二年亡故的淩叁進行勾補，或是因爲其屬於非住勾軍士，即因爲各種原因，仍須將其列於勾補的軍士名單當中。但因爲文册内容的限制，其仍被勾補的原因不明。

第二部分内容則爲仁和縣根據接到的清軍單進行勾補核勘的情況回報。此部分内容在挨無名册和户絶名册中有所不同，不同之處主要有二：其一，户絶名册中，回報内容中多出了對本軍充軍、改調來歷及接補户丁情況的説明，此説明係根據州縣軍黄册記載核定，大都比清軍單所載更爲詳盡；而挨無名册中因州縣未找到本軍相關户籍記載，故無此部分内容。其二，結勘次數不同，在挨無名册中，不論州縣接清軍單年份爲何年，也不論軍士逃故時間爲何年，其結勘次數均爲固定的五次，由此可知，在明代勾軍過程中，州縣在某一年核查挨無户册的軍士，其結勘次數是固定的；而户絶名册中，結勘次數有所不同，根據軍户户絶開豁時間，在核查中，結勘次數從三次到四十次不等。

另外，在挨無名册的此部分中還提到：『前件行據本縣義和等坊隅壹等都圖里老陳江、黄袍等勘得本軍自發單到縣，吊查洪武以來軍黄二册。』其中的軍黄二册應是軍册和民黄册兩者的合稱。萬曆《明會典》載：

[一] 王憲：《計處清軍事宜》，《皇明經世文编》卷九十九《彭王二公疏》卷一，《續修四庫全書·集部》第一六五六册，上海古籍出版社，一九九五年，第二百六十四頁。

（成化）十一年（一四七四）題准：各處清軍御史，及兵部委官，督各衛所，將原管旗軍，不分見在、逃故，備開充軍改調來歷，并節次補役姓名，每布政司、每直隸府攢造一處，各一樣二本送部。一本存留備照，一本送御史查對……以後遇發到清勾文冊，只將前冊查對清理。

又令各處清軍御史，將兵部發去各衛所造報旗軍文冊，對查軍民二冊，以防欺隱。其冊，府、州、縣各謄一本備照。[一]

據此可知，在核查過程中，相關人員需將兵部發到的清軍單對照府、州、縣之前所藏軍冊及民黄冊，進行查對勾補。

在清勾過程中，負責清勾的人員主要包括『里老』『浙江按察司副使陳』『浙江布政司右布政使汪』『欽差巡按浙江監察御史霍』及清軍縣丞等。其中，『巡按監察御史霍』即爲主管清勾事務的『清軍官』。關於明代『清軍官』的設置演變，許賢瑶《明代的勾軍》一文曾有過詳細考證，大體而言在宣德以前『清軍官』是由各衛所自行差遣旗軍擔任，後來因爲『衛所勾軍，州縣多不以實，無丁之家誅求不已，有丁之户行賄得免』，爲了肅清這種弊端，宣德以後就時常派遣給事中、御史到各地清軍。一般南北直隸及十三布政使司均由御史負責，而專門負責清勾的御史，就稱『清軍御史』。『清軍御史』的派遣，始於宣德元年十一月，至萬曆二年閏十二月『罷差清軍御史』結束。各地的清軍御史『例不常設』，常由巡按御史或是巡按監察御史兼理。[二] 此文冊中，即由巡按監察御史兼理清軍御史。而各地方的清軍官，則主要包括布政司的布政使、參政、參議，按察司的副使、僉事，以及府、州、縣的清軍同知、縣丞等人。其中，按察司的副使又被稱爲清軍副使，而布政司的右布政使，則是從嘉靖三年之後，開始專門負責相關清勾軍士事務。

三、新見勾軍文冊對明代清勾制度研究之意義

上海圖書館藏《勸忍百箴考注》紙背文獻爲明嘉靖年間杭州府仁和縣的勾軍文冊。明代勾軍最主要的依據即是清勾冊籍，因此政府極爲重視相關冊籍的編造。據萬曆《明會典》卷一五五《兵部三十八·冊單》載：

[一] 萬曆《明會典》卷一五五《兵部三十八·冊單》，《續修四庫全書·史部》第七九一冊，上海古籍出版社，一九九五年，第六百一十九頁。

[二] 許賢瑶：《明代的勾軍》，《明史研究專刊》一九八三年第六期。

> 國初令衛所有司各造軍册，遇有逃故等項，按籍勾解。其後編造有式，賫送有限。有户口册，有收軍册，有清勾册。[一]

其中所謂户口册，即『軍黄册』，洪武十六年（一三八三）明太祖朱元璋『命給事中潘庸等及國子生、各衛舍人分行天下都司衛所清理軍籍』[二]，至二十一年乃詔：『自今衛所，以亡故軍士姓名、鄉貫編成圖籍送兵部，然後照籍移文取之，毋擅遣人，違者坐罪。』尋又詔：『天下郡縣以軍户類造爲册，具載其丁口之數，如遇取丁補伍，有司按籍遣之。』[三] 這是明代編造全國軍黄册的開始，『軍黄册』包括了衛所編造的『逃故册』和郡縣編造的『軍户口册』。

『收軍册』是記載各地軍户出丁到相關衛所服役的登記册。『清勾册』則包含兩種册籍，一種是衛所編造的缺伍軍士名册，即『清軍文册』，用於按籍勾取；一種是州縣所造『勾軍文册』，即對勾軍情况的回答説明。據上文復原書式中『理合回答』『理合回報』等語，可以判定刊印《勸忍百箴考注》所用文册應即嘉靖三十年杭州府仁和縣勾軍文册。此勾軍文册的發現，對於研究明代的清勾制度具有着重要意義。

首先，其提供了明代州縣編造勾軍文册的實例，還原了明代縣級勾軍文册諸多實相，彌補了清勾制度相關史籍記載的缺失。許賢瑶先生曾指出：明代清勾册籍的編訂始於洪武二十一年編訂『逃故軍册』，但宣德之前，並未制定嚴格的勾軍條例，故而當時軍户逃避軍役的方式主要是賄賂衛所旗官，而宣德初年之後，經過兩次全國性大規模清軍，明政府開始施行嚴格的勾軍條例，此時通過行賄旗官避役的方式已不易實行，故而軍户開始轉爲通過買通里胥更改册籍的方式來逃避軍役。[四] 周經[五]曾言：

> 清軍之弊，洪熙以前在旗校，宣德以後在里胥。弊在旗校者，版籍猶存；若里胥則並版籍而淆亂之。[六]

[一] 萬曆《明會典》卷一五五《兵部三十八·册單》，《續修四庫全書·史部》第七九一册，上海古籍出版社，一九九五年，第六百一十八頁。

[二]《明太祖實録》卷一五六『洪武十六年九月戊辰』條，臺灣『中央研究院』歷史語言研究所校印本，一九六二年，第二千四百三十四頁。

[三]《明太祖實録》卷一九三『洪武二十一年八月戊戌』條，臺灣『中央研究院』歷史語言研究所校印本，一九六二年，第二千九百零七頁。

[四] 許賢瑶：《明代的勾軍》，《明史研究專刊》一九八三年第六期。

[五] 周經，字伯常，天順四年（一四六〇）進士，成化年間歷任侍讀、中允，後晋陞太常少卿兼侍讀。弘治二年（一四八九）陞禮部右侍郎，後改調吏部左侍郎。弘治九年任户部尚書，正德三年（一五〇八）任禮部尚書，正德五年故，追贈太保，謚號文端。引文出自其任吏部左侍郎時所上書内容。

[六]〔清〕張廷玉等：《明史》卷一八三《周經傳》，中華書局，一九七四年，第四千八百五十八至四千八百五十九頁。

爲了清除這種積弊，明政府極爲重視清勾册籍的編訂。萬曆《明會典》卷一五五《册單》中即彙集了各種清勾册籍的編寫規定，包括洪武年間的『逃故册』『軍黄册』，宣德十年（一四三五）開始編訂的包含舊管、新收、開除、實在、清勾五項内容的『花名册』，正德六年（一五一一）根據黄册編訂的『格眼圖册』，嘉靖十年的『總會軍册』，嘉靖十一年的軍單，嘉靖三十一年開始編訂的『兜底册』『類姓册』『類衛册』，萬曆元年（一五七三）開始編訂的『簡明清册』，等等。關於這些清勾册籍，學界已有研究中多有提及，筆者在此不再贅述。但總的來看，上舉各種册籍均屬於兵部或衛所、府司編造的清軍文册，主要記載各軍籍貫、充軍改調來歷、繼補户丁狀況等，而對於清勾過程中州縣所造勾軍文册，則記載較少。萬曆《明會典》卷一五五載：

> 嘉靖元年題准：凡各司府回答勾軍文册，照軍衛文册例，限次年五月到部，違限者照例究問。[一]

此處僅記載了司府勾軍文册的繳部時間，對於其編寫樣式及内容則未記載。

另，萬曆《明會典》還載：

> 凡各司府將清解過軍丁，獲有批收者，類造開注小册，每布政司、每直隸府各一樣二本。其兩京各衛、各都司，將所屬衛所解到軍丁及出給批收年月，類造小册，分別司府，亦一樣二本，俱付各該進表官賫送兵部，一本存照，一本同取到京衛給過批收册封固。[二]

此處所提到的類造小册，也可以看作是一種勾軍文册，但它是關於勾追到了繼補户丁之軍户的回答文册，對於清勾中挨無或户絶的軍户回答文册則未記載。而《勸忍百箴考注》紙背文册正是明代縣一級行政機構編訂的關於勾軍中，經查證爲『挨無』和『户絶』兩類軍户的回答文册，可以補充史籍記載的缺失，並且據此可對明代嘉靖三十年左右的縣一級勾軍文册的編寫内容要素進行分析確認。

通過上文復原書式可見，這一時期明代縣級關於『挨無』和『户絶』兩類軍士的勾軍文册是以接到兵部清軍單的年份爲綱編寫，每年份下分列『挨無名籍』和『丁盡户絶名籍』兩目，每一目按照各官賫送清軍單編寫，清軍單下又按照衛所分別記録逃

[一] 萬曆《明會典》卷一五五《兵部三十八・册單》，《續修四庫全書・史部》第七九一册，上海古籍出版社，一九九五年，第六百二十一頁。

[二] 萬曆《明會典》卷一五五《兵部三十八・册單》，《續修四庫全書・史部》第七九一册，上海古籍出版社，一九九五年，第六百二十一頁。

故軍士情況。其大體編寫綱目爲：年份，『挨無』或『户絶』，某官賫送清軍單，衛所，逃故軍士。在記載逃故軍士相關情況時，則是先抄録清軍單中逃故軍士充軍改調來歷、繼補户丁及最後一名服役軍士的逃故年月，之後再填寫本縣里老勘核情況及向清軍官回報情況。這無疑可深化我們對明代清勾册籍編寫的認識和瞭解。

其次，此勾軍文册反映了明代清勾程序的具體細節，有助於促進我們對明代清勾制度的微觀認識。對於明代清勾程序，何慶平《論明代世軍制下清勾制度的失敗及其原因》一文曾從制定軍籍圖册、對清勾官吏的考查、重點查對衛所軍士和文册等三個方面進行了大體勾畫[一]；馮志華《明代衛所軍制下的清勾制度》一文則在對明代清勾制度的演變過程進行探討時也有所論及。[二] 但這些討論都屬於宏觀描述，對於清勾過程，尤其是勾軍過程具體程序的細節則未加涉及。關於勾軍程序，《天下郡國利病書》中載：

> 國初，軍役多取於歸附、投充之衆，其後又多以罪謫發，本縣各都、圖軍户見在共二百三十户，俱有籍册可查。其清理之法，有因逃故而解補者，有户無壯丁而以幼丁紀録者，有原逃不在而挨解者，有在營有丁而解查者，有丁盡户絶者，有挨無名籍者，有改調别衛而誤勾者，有同名同姓而冒勾者，有分析在前而充軍在後、充軍在前而分析在後者，有以義男、女婿而冒替者。每年本縣拘各里里老清審具結造册送府，本府又行清審造册送清軍御史及布、按二司查照。其應解者，本縣就僉里長押解，取具批回附卷。[三]

據此，再結合上文復原書式及其它相關史籍記載，基本可還原明代的清勾流程：清勾之時，先由各衛所將逃故軍士填寫清軍單呈繳兵部，之後兵部順差司府官或是州縣正官將清軍單派送各布政司（直隷送巡按御史），再由布政司分發到縣。各縣在接單之後，召集里老核勘洪武以來軍黄二册，根據核查情況，編寫各種類册呈送本府。所謂類册，即不同類目的文册，據上引《天下郡國利病書》内容可知，此時編造的類册包含因逃故而解補、户無壯丁而以幼丁紀録、原逃不在而挨解、在營有丁而解查、丁盡户絶、挨無名籍、改調别衛而誤勾、同名同姓而冒勾、分析在前而充軍在後或充軍在前分析在後、以義男女婿而冒替等幾大類。本府將類册依次送呈按察副使、布政司右布政使及清軍御史清審。再之後，無繼補户丁可解者，由縣里清軍縣丞等人再次核勘之後，造册回

[一] 何慶平：《論明代世軍制下清勾制度的失敗及其原因》，東北師範大學碩士學位論文，二〇〇九年。
[二] 馮志華：《明代衛所軍制下的清勾制度》，厦門大學碩士學位論文，二〇〇七年。
[三]〔清〕顧炎武：《天下郡國利病書》原編第二十二册《浙江下》，《續修四庫全書·史部》第五九七册，上海古籍出版社，一九九五年，第九十二至九十三頁。

答；其應解者，則由本縣就僉里長押解，取具批回付卷。同時，各司府還要將清解過軍士類造小册一樣二本，呈繳兵部。由此亦可見明代清勾在制度規定上之嚴密。

最後，該勾軍文册中關於軍户充軍改調來歷的記載，證實了明代清勾册籍中切實存在錯訛、作弊的現象，有助於研究明代清軍失敗之因。明代清勾制度，雖然規定嚴密細緻，但成效並不理想，總體上看屬於一種失敗的軍事制度。成化十一年（一四七五）頒布的清軍賞罰條例記載：

> 凡清軍以十分爲率，能清三分以上，不枉平民者，御史及兩司官，兵部奏請奬擢；府、州、縣官量加俸級。[一]

清軍清出十分之三，即可受到奬賞，但絶大部分省份僅能清出十分之二或者不到十分之一。弘治六年（一四九三），馬文昇任兵部尚書時，曾統計各省清軍結果，以十分爲率：

> 陝西約有三分以上，雲南、貴州、湖廣二分以上，廣東、（廣）西、山東、（山）西、江西、四川、福建、河南、北直隷俱不及二分，浙江、南直隷俱不及一分。[二]

由此可見明代清軍效果之差。

清軍效果不理想，雖然最主要的原因還是明代軍役最苦，軍户紛紛想法逃避，但清勾册籍的混亂和錯訛，也是清軍失敗的重要原因之一。馬文升在弘治元年的奏疏中曾言：

> 惟我太祖高皇帝創制之初，設衛籍兵，天下之軍共有數百餘萬，即今百十餘年，而逃亡死絶者過半，蓋由里老埋歿而無册籍之可查，衛所作弊而無文卷之可憑。雖有清軍御史，而清出者百無二三……[三]

[一] 萬曆《明會典》卷一五五《兵部三十八·清理》，《續修四庫全書·史部》第七九一册，上海古籍出版社，一九九五年，第六百一十七頁。

[二] 《明孝宗實録》卷七十三「弘治六年（一四九三）三月乙酉」條，臺灣「中央研究院」歷史語言研究所校印本，一九六二年，第一千三百七十一頁。

[三] （明）馬文升：《端肅奏議》卷三《足兵戎以禦外侮》，景印文淵閣《四庫全書》第四二七册，臺灣商務印書館，第七百三十六頁。

弘治十一年，兵部郎中何孟春也在《應詔陳言疏》中對由册籍錯訛造成的清軍不易，有過詳細論述，其言：

> 軍固不易清也。清軍官異境之人，在任不久，豈能備知本軍充調來歷。里書作弊，動曰文册無稽。敝紙千百之中，展轉查閲，幸得查出一二。起解之際，又非親丁。即解親丁，亦不得其正妻同解。所解去者，乃其義男、女婿，及臨期掠賣之妾婢。此類到衛，其有不逃者乎？[一]

由此可見，清勾册籍的正確與否，在很大程度上影響了清軍的效果。以往我們僅能根據傳世史籍記載，知道明代清勾册籍中存在各種錯訛、作弊現象，但未有更進一步的清晰、具體的認知，而《勸忍百箴考注》紙背的勾軍文册則爲我們提供了這方面鮮活、具體的實例。例如，第二册卷二第十五葉紙背所載彭城衛軍士沈旺充軍改調來歷：

一名沈旺，係浙江杭州府仁和縣清和坊人，丙午年孫院判下充軍，洪武拾肆年改
河南左護衛，永樂拾玖年起取赴京，洪熙元年開設本衛後所先百
户田寬、總旗殷旺、小旗陳受、今百户曹英下軍，弘治伍年陸月逃。
營無次丁，合行勾補。

（後略）

文書中的『丙午年』爲元至正二十六年（一三六六），此時沈旺從軍，若假定他當時有十五歲，則到弘治五年，其起碼應在一百四十歲以上。這種不符合常理的記載還見於第三册卷三第十葉紙背所載神武右衛于勝的從軍來歷，其文云：

（前略）

神武右衛
一名于勝，原籍浙江杭州府仁和縣似蘭隅人，洪武貳年叁月内歸附華山衛，洪武貳
拾陸年叁月内改西安左護衛，宣德五年正月内改調神武
右衛右所百户陳松、總旗缺、小旗趙臨川下軍，嘉靖貳拾伍
年玖月内逃。在營挨無次丁，合行勾補。

[一]〔明〕何孟春：《應詔陳言疏》，清高宗敕選：《明臣奏議》卷九，中華書局，一九八五年，第一百六十二頁。

（後略）

洪武二年（一三六九）于勝歸附華山衛，也同樣假定他當時有十五歲，則到『嘉靖貳拾伍』（一五四六），其此時也已經一百九十二歲左右，絶不可能被記録爲『仍逃』，其記載必有錯訛。

又如，第一册卷一第四十六葉紙背所載南京神策衛沈翰，其充軍改調及繼補户丁記載：

（前略）

5 南京神策衛
6 一名沈輔，係本縣在城昇平坊人，丙午年湯大夫下歸附從軍，充前羽林左衛軍，洪
7 武拾陸年爲年深軍，併陞今本所先百户劉斌下小旗，洪武貳拾
8 玖年故；曾伯祖沈鑾兒仍併小旗，永樂柒年征進西洋等國，永
9 樂拾肆年陞總旗，宣德拾年故；曾祖沈彦良暫役，殘疾；祖沈斌
10 仍併總旗，天順貳年故；祖沈旺補併總旗，弘治拾肆年老；將父沈
11 剛補併總旗，年老；將沈輔補併總旗，故；將男沈僧保，年叁歲具告

（後缺）

從記載内容來看，沈輔在洪武年間故去後，其曾伯祖父承襲其小旗一職，並陞任總旗，之後其曾祖、祖、祖父、父親等人分别承襲總旗一職。據史料記載，不論是軍役的勾補還是武職的承襲，一般均是由上到下，即由兄到弟或由父到子進行勾補或承襲，未見有父祖輩承襲子孫輩武職的記載，且承襲子孫輩武職的父祖輩，其年齡一般也比已故去的子孫輩的年齡要大，這不符合情理，此處記載應存在錯訛。

此勾軍文册中的軍士充軍、改調來歷，均是抄録自兵部清軍單，兵部清軍單則是由各衛所制定，故此類錯訛的産生應是因衛所制定清軍文册有誤。由此可見，雖然明代制定了嚴格的清勾條例，政府也極爲重視清勾册籍的編造，但在實際執行過程中，相關條例和制度並未得到徹底執行，尤其是册籍在編造過程中錯訛頗多。這些錯訛的産生可能是由於年久日深、户籍不易釐清的緣故，也有極大可能是册籍編造吏員的作弊所致。但不管怎樣，由清勾册籍錯訛之離奇，也可見清軍之不易。

除了以上三點之外，此勾軍文册對於研究明代衛所軍户的充軍、改調來歷、衛所的演變等，也有着重要的史料價值。例如，明代軍户的來源主要有從征、歸附、謫發三種，彭超先生《從兩份檔案材料看明代徽州的軍户》一文曾根據徽州文書中的祁門鄭氏《英才公租簿》和休寧縣《三十都三圖絶、活軍户名册》兩份材料，分析指出明代徽州地區的軍户多爲『謫發』，『從征』『歸附』較少。而此勾軍文册中所載各軍充軍來歷則多爲『從征』『歸附』，『謫發』反而極少，顯示出與徽州地區明顯不同的特

點，據此也可對明代浙江地區的軍户來源有一個更明確的認知。但限於學力和篇幅，在此不再一一展開論述。

總之，明代的清勾制度雖然是一種失敗的軍事制度，但它畢竟是明代軍制的重要組成部分，對其展開探討，可以深化對明代軍制的認識與研究。上海圖書館藏《勸忍百箴考注》紙背嘉靖三十年杭州仁和縣勾軍文册，是明代縣一級行政機構編訂的關於勾軍中挨無和户絶兩類軍户的回答册，提供了有關明代清勾制度的諸多不見於傳世史籍記載的新信息，也開拓了明代清勾制度研究的新視野，更有助於明代軍制的微觀化研究。本文結合明代軍制，在復原該文册的基礎上，僅對其文獻價值進行了簡要分析，意在拋磚引玉，希望有越來越多的學者投入到對這批珍貴史料的研究之中，推動明代軍制研究的深入。

（本文曾以《新見明代勾軍文册初探》爲名刊發於《軍事歷史研究》二〇一六年第一期，收入之時有改動。）

紙背文獻新見明代北方賦役黃册簡述

宋坤

衆所周知，賦役黃册制度是明代户籍與賦役管理之法的一項基本制度，並與明朝統治相始終。明王朝通過編訂黃册來記載和管理全國户口、土地、税糧徵收、差役僉充等。從洪武十四年（一三八一）至崇禎十五年（一六四二），十年一造，共計攢造二十七次。每次攢造，黃册一式四份，一份上送户部，其餘布政司、府、縣各存一份。上送户部黃册保存在南京後湖的專門檔案庫房『後湖黃册庫』中。史籍記載，『後湖者，洪武時置黃册庫其中，令主事、給事中各一人守之，百司不得至』[一]。明代所造黃册數量巨大，以『後湖黃册庫』所收黃册而言，洪武年間建立之初，後湖黃册庫中就收入『直隸府、州、縣並十三布政司黃册，共五萬三千三百九十三本』[二]。至崇禎十五年，全國範圍共攢造黃册二十七次，後湖黃册庫的册庫增至九百六十間，所藏黃册數量達到了二百萬本以上[三]，可稱是當時世界範圍内規模最大的國家級專門檔案館。

可惜的是，在朝代更迭中，布政司、府、縣等地方所藏黃册，基本已散失殆盡，後湖黃册庫也在明清易代中遭遇了毁滅。史籍記載，清順治二年（一六四五），清軍攻陷南明『國都』南京之時，南明小朝廷爲抵抗清軍，將黃册庫册籍搬運出來，有些用以修堵城墻、隘口漏洞，有些則被用以製作士兵鎧甲和火藥引信。

入清後，剩餘黃册也未能逃過劫難。中國第一歷史檔案館所藏順治十八年的一件户科檔案中載：

> 查江寧後湖存貯明季黃册，先任督餉侍郎厫童、馬鳴佩咨報，約計一百七十九萬七千餘本。今工部變賣過五十五萬五千五百三十斤……又工部發給靖南王耿繼茂造甲用過黃册七十二萬八千五百斤……今查該按册載總督馬國柱取造火藥、火箭等項及工部發過總漕蔡士英、提督管效忠黃册，共五十八萬一千斤……又操江巡撫陳錦等衙門取過黃册五十四

[一]（清）張廷玉等：《明史》卷三〇四《蔣琮傳》，中華書局，一九七四年，第七千七百八十五頁。

[二]（明）趙官編：《後湖志》卷二《事迹二·黃册數目》，南京出版社，二〇一一年，第十頁。

[三] 欒成顯：《賦役黃册與明代等級身份》，《中國社會科學院研究生院學報》二〇〇七年第一期。

萬五千四百九十五斤……再查應賠盜去册二千一百二十四本，據該按所報重四千二百四十八斤，該價值銀一百二十七兩四錢四分。查如許册籍，所值價銀太少，相應一併請下該撫、按備查巡撫陳錦等各衙門取去黄册作何使用，並值價銀兩，據實題報。其各處取用黄册，徹底清查，是否與原報本數相合，此外有無隱漏，一併查明具題，以憑查核具覆。[一]

順治十四年，桐城詩人方文即曾在南京三山街，目睹了將黄册作廢紙來賣的情形，作《負版行》一詩：

數年不到三山街，今春偶到多感懷。不知是何大書册，路傍堆積如蘆柴。行人紛紛來買此，不論何書只秤紙。官價每斤錢七十，多買少買隨人耳。借問此是何版圖，答云出自玄武湖。天下户口田畝籍，十年一造貢皇都。玄武湖心絶炊爨，永無火患及鼠患。洪永至今三百年，收藏不知幾千萬。一從世變陵谷新，此圖廢閣空埃塵。有司上言請變價，聽民自取輸官銀。官召吏人估其直，十四萬金可立得。富民争買入私家，零賣與人取微息。有一老翁立路傍，俯首見之神暗傷。曾爲州椽寫此册，一字錯誤憂彷徨。豈知今日廢無用，口不敢言心自痛。也買一册負之歸，看是何年何地貢。其中户口久凋殘，田畝荒蕪不忍看。若逢魯國驅車叟，憑軾而趨鼻更酸。[二]

經此明末戰亂和朝代更迭，數量巨大的明代黄册消失於歷史長河之中，至今明代黄册原件更是難得一見。欒成顯先生在《明代黄册研究》一書[三]中曾對目前存世黄册遺存文書進行過統計，共統計得十二種相關文書，但其中可確定爲明代黄册原件的僅兩種，分别爲上海圖書館藏『嘉靖四十一年嚴州府遂安縣十八都下一圖六甲黄册原本』和國家博物館藏『崇禎休寧縣黄册』。而且，十二種已知存世黄册遺存文書，僅涉及祁門、歙縣、嘉興、遂安、休寧等五縣，其全部屬於南方地區，北方黄册一件未見。

幸運的是，近幾年筆者在進行公文紙本古籍整理過程中，發現了兩種消失已久的北方黄册，使得北方黄册失而復得。尤其難能可貴的是，公文紙本古籍紙背所發現的兩種北方黄册，一屬縣裏所藏，一出自後湖黄册庫，均爲明代黄册原件。現對其簡述如下。

屬縣裏所藏黄册，見於上海圖書館藏公文紙本《趙元哲詩集》紙背。該書爲明代賦役黄册刊印，共四册，計一百一十葉。其

[一] 轉引自趙踐：《記明代賦役檔案——黄册的最後遭遇》，《山西檔案》一九八七年第五期。（原件存中國第一歷史檔案館）
[二] （清）方文：《嵞山集》卷三《負版行》，清初方氏古懷堂刻本。
[三] 欒成顯：《明代黄册研究》，中國社會科學出版社，一九九八年，第四十六至九十二頁。

紙背黄册中多處出現『壹户某某，係山東兗州府東平州東阿縣……』等字樣，如第一册後序第二葉背載：

（前缺）

人口：男婦貳口。

男子成丁壹口：

本身，年拾伍[歲]。

婦女大壹口：

男婦王氏，年拾[陸]□。

事産：

房屋：

民草房壹間。

甲首：

下户：

壹户劉彦實，係山東兗州府東平州東阿縣□

舊管：

人口：男子壹口。

新收：

人口：男婦伍口。

男子成丁肆口：

劉彦實，年拾陸[歲]；□

劉君相，年拾捌[歲]；□

婦女大壹口：

男婦鹿氏年拾[伍]□。

（後缺）

又如，第二册第二葉紙背載：

（前缺）

實在：

人口：男婦貳口。

男子成丁壹口：

本身，年拾玖歲；

婦女大壹口：

妻孫氏年拾捌歲。

甲首：

下户：

壹户寇君仁，係山東兖州府東平州東阿縣西姚家□

舊管：

人口：男婦貳口。

男子壹口，

婦女壹口。

事産：

房屋：

民草房貳間。

新收：

人口：男婦貳口：

男子成丁壹口：

寇君仁，年拾柒歲。

婦女大壹口：

妻路氏，年拾陸歲。

（後缺）

據此可知，上海圖書館藏《趙元哲詩集》紙背應爲山東東阿縣攢造黄册。另，該書第二册第四葉紙背第一行載：「……縣尚德鄉壹都第壹圖車站户，充萬曆拾玖年甲首。」同册第二十一葉紙背第八行載：「……□山屯驢夫户，充萬曆拾陸年甲首。」如所周知，明代黄册十年一造，排定之後十年間的里長、甲首輪役次序，據此並結合明代黄册大造之年推斷，可知該批黄册應爲萬曆十年（一五八二）所造。

此《趙元哲詩集》爲明萬曆十年朱應轂刻公文紙印本。朱應轂，明萬曆五年進士，萬曆十年前後任東阿縣知縣，纂修《東阿縣志》。[二]《趙元哲詩集》應即其任東阿縣知縣之時刻板。但印刷時間應該晚於萬曆十年，因其用萬曆十年攢造黄册刷印，必得等到此批黄册作廢成爲廢册之後方可。但由該書刻印地點可知，此批黄册應爲東阿縣縣裹所藏黄册。

出自後湖黄册的北方黄册，爲山西汾州南郭西厢關厢黄册，見於上海圖書館藏明末毛氏汲古閣刻公文紙本《樂府詩集》紙背。該書共十六册，計一千三百三十三葉，紙背帶文字者一千三百一十五葉，均爲明代黄册，但非同一批。就目前所見，其中含『永樂二十六年甲首』『成化十三年甲首』『弘治十三年甲首』『正德十七年甲首』『嘉靖四十八年甲首』等字樣，結合明代大造黄册時間可知，其分屬於永樂二十年（一四二二）、成化八年（一四七二）、弘治五年（一四九二）、正德七年（一五一二）、嘉靖四十一年（一五六二）等五次攢造黄册。而這幾批黄册涉及地域則包含直隸揚州府泰州、直隸蘇州府崑山縣、汀州府永定縣、台州府臨海縣、山西汾州南郭西厢關厢等地。將如此多的不同時間、不同地域的黄册廢册用來刊印同一本書籍，且其刻印時間爲明末，則這些黄册只能是出自後湖黄册庫。按，該書第一册目録第十一葉背載：

（前缺）

1 房屋：瓦房壹間。

2 壹户田友，係山西汾州南郭西厢關厢第拾壹圖□

3 舊管：

4 人丁：計家男婦柒口。

（中缺二行）

5 事産：

6 本圖雷家民平地壹畝捌分玖厘，共□

[二] 雷嘉玉、劉玉新主編：《東阿縣方志輯要》，山東省聊城地區新聞出版局，一九九七年，第一百五十九頁。

7 房屋：瓦房壹間。

8 開除：

9 人口：正除死亡男婦陸口：

10 男子不成肆口：

11 田受，於嘉靖□

12 田廣，於嘉靖□

13 婦女大貳口：

14 田友妻阿焦，□

15 新收無。

16 實在：

17 人口：男子不成丁壹口：本身，年壹百壹□

18 事産：

（後缺）

該黄册殘葉第二行載『壹户田友，係山西汾州南郭西厢關厢第拾壹圖』，第九至十二行載『開除：/人口：正除死亡男婦陸口/男子不成肆口：/田受，於嘉靖……/田廣，於嘉靖……』，據此，結合上文推斷可知，此『山西汾州黄册』應爲嘉靖四十一年攢造。

萬曆十年山東東阿縣和嘉靖四十一年山西汾州黄册的發現，填補了我國現存明代黄册中，北方黄册缺失的空白，使得消失已久的北方黄册重回學者研究視綫。此兩種北方黄册的發現，無疑對於研究明代黄册制度有着重要價值。

首先，此兩種北方黄册的發現，爲研究明代黄册制度的演變提供了寶貴資料。明洪武十四年（一三八一）在全國推行賦役黄册制度之前，曾在部分地區試行了小黄册之法。欒成顯先生曾指出，小黄册圖之法『與洪武十四年在全國推行的黄册制度相比，在每圖所編人户數，所置里長、甲首數，以及里甲的職責等方面，均有差異或不同。但從將應役人户編排在里甲組織之中，十年一周，輪流應役等方面來看，小黄册之法無疑已具備了黄册制度的基本框架』[二]。通過對比小黄册和新發現的北方黄册，我們可

[二] 欒成顯：《明代黄册制度起源考》，《中國社會經濟史研究》一九九七年第四期。

對明代黄册制度的演變，有一更爲明確的認識。例如，上海圖書館藏公文紙本《後漢書》紙背爲明洪武三年處州府小黄册原件，其中在每里的里長、甲首人户下，均有一類『帶管外役人户』，這些外役人户身份：禁子、弓兵、鋪兵、水站夫、遞運夫、驛夫等。從小黄册中可見，此類外役人户，不設里長甲首，均是歸入相近里長下帶管。而萬曆十年山東東阿縣黄册中，此類人户的應役發生了改變。如《趙元哲詩集》第一册第三十葉背載：『……懷城屯馬站户，充萬曆拾肆年甲首。』第二册第四葉紙背載：『……縣尚德鄉壹都第壹圖車站户，充萬曆拾玖年甲首。』由此可見，在明後期的賦役黄册編排中，雜役人户已由原來的不設里長、甲首，演變爲被納入里甲體系，同樣也需負擔里甲差役了。這無疑是黄册制度的一大演變。

其次，爲研究明代北方地區的税糧種類及税糧科則提供了具體史料。在已知的明代賦役黄册中，其登載的明代税糧種類基本爲夏税麥、絲、綿，秋糧米、黄豆，而新發現的北方黄册，則爲我們瞭解明代的税糧種類提供了新資料。《趙元哲詩集》第一册第七葉紙背載：『夏税地肆拾畝貳分／麥每畝科正麥伍升，每斗帶……／絲綿每畝科叁分，共該壹……／秋糧地玖拾叁畝捌分／米每畝科正米伍升，每斗帶耗……／馬草每畝科捌厘柒毫，共該□……／綿花地壹畝捌分柒厘陸毫／花絨每畝科肆兩，共該柒兩……』其中的馬草、棉花徵收，在賦役黄册記載中爲首次發現。由此，我們不僅可對明代後期北方地區的税糧徵收種類的認識有所加深，同時還對明代北方地區，尤其是山東地區的作物種植有了更進一步的瞭解。

最後，爲瞭解明代中後期賦役黄册制度的敗壞提供了具體實例。明代初期所定的賦役黄册制度，發展到明後期，逐漸演變爲了『因仍苟且，徒事虚文』的『祖宗故事』。王世貞通過統計明洪武至正德年間户口登耗的異常，指出明中後期『有司之造册，與户科、户部之稽查，皆僅兒戲耳』[一]。顧炎武曾記嘉靖《寧波府志》所載黄册在登載民户田地内容上的造假情況稱：『又況猾民作姦，乃有飛灑、詭寄、虚懸諸弊，故無田之家而册乃有田，有田之家而册乃無田，其輕重多寡皆非的數，名爲黄册，其實僞册也。』[二] 嘉靖《雲陽縣志》則指出了黄册在登載丁口上的僞濫狀況：『十年一大造版籍，奉行者拘於額外新增之制，窘迫以法。故民徒苟且支吾，規避刑戮。甚至未生先名，百歲在册；女口充作男丁，一人而名稱三四。』[三] 通過黄册本身，我們很難發現其中田地登載，何者屬於作弊的情況，但北方黄册卻爲我們提供了明中後期人口登載造假的實例。例如，《樂府詩集》第一册目録第九葉背載：『壹户劉子澄，係山西汾州南郭西厢關厢第……／舊管實在：／人口：男婦叁口／男子貳口：／成丁壹口：本身，

[一]（明）王世貞撰，吕浩校點，鄭利華審訂：《弇山堂别集》卷十八『户口登耗之異』，上海古籍出版社，二〇一七年，第四百一十九頁。
[二]（清）顧炎武著，黄坤等點校：《顧炎武全集·天下郡國利病書（四）》之《浙江備録下·寧波府志·田賦書》，上海古籍出版社，二〇一二年，第二千五百二十二頁。
[三] 嘉靖《雲陽縣志》卷上《食貨·户口》，《天一閣藏明代方志選刊》，上海古籍書店，一九六三年。

年陸拾玖歲／不成丁壹口：劉子澄，年玖拾壹[歲]。』按，據黄册編寫格式可知，其中的『本身』應即户主『劉子澄』，但該户却登載兩個『劉子澄』，一者六十九歲，一者九十一歲，且《明史・食貨志》中載：『民始生，籍其名曰不成丁，年十六曰成丁。成丁而役，六十而免。』[二] 而黄册中劉子澄『陸拾玖歲』仍爲成丁，此必然錯訛。又如，第十一葉背所載山西汾州『田友』户，其中云：『實在：／人口：男子不成丁壹口：本身，年壹百[壹]……』第二十四葉紙背山西汾州『曹壯壯』户，『舊管實在：／人口：男子不成丁壹口：本身，年壹百捌拾玖[歲]』；同葉『李鄭』户，『舊管實在：／人口：男子不成丁：本身，年壹百伍拾叁歲』；『任收兒』户，『舊管實在：／人口：男子不成丁壹口，本身年壹百叁拾歲』，此三户人口年齡均不合常理，即《雲陽縣志》所云『百歲在册』，且此三户下均無田地，也無開除、新收内容，明顯爲虚報人户。北方黄册中的錯訛記載，爲我們提供了瞭解明中後期黄册攢造僞濫的具體實例，使我們可對這一時期的黄册『虚應故事』有一個更爲清楚直觀的認識。

總之，北方黄册的失而復得，彌補了明代黄册僅有南方地區遺存的遺憾，同時爲我們瞭解明代黄册攢造的演變、北方地區税糧的徵收及明後期黄册攢造的僞濫，提供了真實生動的具體史料，其寶貴價值不言而喻。

（本文曾以《北方黄册填補空白》爲名發表於《光明日報・史學理論版》二〇一七年八月二十一日，收入之時有改動。）

[二]〔清〕張廷玉等：《明史》卷七十八《食貨二・賦役》，中華書局，一九七四年，第一千八百九十三頁。

天一閣藏公文紙本《國朝諸臣奏議》紙背所見人員信息索引

姓名	身份	《國朝諸臣奏議》卷葉	整理編頁碼
吳朝	攢典	《國朝諸臣奏議跋》第一葉背； 丁集目録第一葉背。	六 三五
蔣鎮	直隸常州府武進縣糧長	《乞進〈皇朝名臣奏議〉劄子》第一葉背、第二葉背； 卷一三一第一葉背、第七葉背； 卷一三九第十四葉背。	六 二四〇、二四三 三一三
張椿	直隸蘇州府吳縣糧長	總目第十一葉背、第十二葉背。	八
羅（鳳）	巡視倉場監察御史	總目第十三葉背； 卷五十四第十三葉背； 卷六十第八葉背； 卷六十七第十五葉背； 卷六十八第七葉背、第八葉背； 卷七十一第五葉背； 卷七十二第八葉背； 卷一二三第十一葉背； 卷一二五第七葉背； 卷一二八第九葉背； 卷一二九第四葉背； 卷一三五第十九葉背； 卷一三八第九葉背； 卷一四〇第四葉背；	九 五三 九四 一〇五 一〇七、一〇八 一二六 一三三 一八五 一九七 二二〇 二二七 二八四 三〇一 三一七

（續表）

姓名	身份	《國朝諸臣奏議》卷葉	整理編頁碼
		卷一四二第七葉背、第八葉背、第十五葉背、第二十三葉背； 卷一四三第七葉背、第八葉背； 卷一四四第十七葉背。	三三〇、三三一、三三三、三三七 三四〇、三四一 三五五
史某	巡視倉場監察御史	總目第十三葉背； 卷一四二第二十三葉背。	九 三三七
楊華	指揮	總目第十三葉背。	九
戴楊	浙江湖州府德清縣解户	甲集目録第三葉背； 乙集目録第十九葉背； 丙集目録第二十五葉背； 卷五十四第十五葉背； 卷一三〇第十五葉背。	一一 二五 三三 五五 二三八
馬顋	浙江湖州府德清縣解户	甲集目録第三葉背； 乙集目録第十九葉背； 丙集目録第二十五葉背； 卷五十四第十五葉背； 卷一三〇第十五葉背。	一一 二五 三三 五五 二三八
尹恂	缺	甲集目録第四葉背	一二
氾某	缺	甲集目録第十三葉背	一二
鄒璧	把門攢典	甲集目録第十四葉背	一三
俞彦斌	直隸寧國府旌德縣糧長	甲集目録第十五葉背	一四
吴永泰	南京旗手衛西倉捉斛副使	甲集目録第十六葉背； 卷一三四第九葉背。	一四 二七四

（續表）

姓名	身份	《國朝諸臣奏議》卷葉	整理編頁碼
葛勗	缺	甲集目録第二十九葉背； 卷一三〇第二十葉背。	一五 二三九
沈浩	浙江湖州府烏程縣解户	乙集目録第一葉背、第二葉背； 卷五十四第十一葉背； 卷一三九第三葉背。	一六、一七 五二 三〇九
范林	直隸揚州府寶應縣糧長	乙集目録第三葉背、第四葉背； 丁集目録第三葉背、第四葉背。	一七、一八 三五、三六
王潘	浙江湖州府孝豐縣解户	乙集目録第五葉背； 丁集目録第九葉背（左側）； 卷一三七第十七葉背； 卷一三八第十一葉背。	一九 四〇 二九八 三〇二
許七	浙江湖州府孝豐縣解户	乙集目録第五葉背； 丁集目録第九葉背（左側）； 卷一三七第十七葉背； 卷一三八第十一葉背。	一九 四〇 二九八 三〇二
曹福	局長	乙集目録第六葉背。	一九
張玉	局長	乙集目録第六葉背。	一九
王欽	局長	乙集目録第六葉背。	一九
柳春	局長	乙集目録第六葉背。	一九
蔣張江	浙江湖州府烏程縣糧長	乙集目録第七葉背、第八葉背； 卷一三一第六葉背； 卷一三九第十九葉背、第二十葉背。	二〇、二一 二四二 三一四

（續表）

姓名	身份	《國朝諸臣奏議》卷葉	整理編頁碼
趙佛保	缺	乙集目録第九葉背； 卷一三三第十一葉背。	二二 二六五
周晟	缺	乙集目録第十葉背。	二三
段鳳儀	湖廣沔陽州景陵縣納户	乙集目録第十三葉背、第十四葉背； 卷一四一第五葉背。	二三、二四 三二二
胡文昇	缺	乙集目録第十六葉背。	二五
蘇良浩	南京府軍衛倉官攢	乙集目録第二十葉背； 丙集目録第二十一葉背。	二六 三二
楊杉	浙江湖州府烏程縣糧長、納户	乙集目録第二十三葉背、第二十四葉背； 卷一三二第四葉背（右側）。	二七 二五二
周昪	南京錦衣衛餘丁	丙集目録第七葉背； 卷五十四第八葉背、第十五葉背。	二九 五一、五五
李昌	浙江嘉興府嘉善縣糧長、解户	丙集目録第七葉背； 卷五十五第三葉背、第四葉背。	二九 五九、六〇
李昌	攢典	卷一一六第十五葉背、第十六葉背。	一七八、一七九
陶宣	南京錦衣衛餘丁	丙集目録第八葉背； 卷五十四第七葉背、第十六葉背； 卷一二八第七葉背。	三〇 五〇、五六 二一九
陳源	直隸安慶府太湖縣糧長	丙集目録第八葉背； 卷一一三第十二葉背。	三〇 一六二

（續表）

姓名	身份	《國朝諸臣奏議》卷葉	整理編頁碼
樊日瀚	江西南昌府進賢縣納户	丙集目録第十二葉背； 卷五十六第九葉背、第十一葉背、第十二葉背； 卷五十七第五葉背、第六葉背； 卷七十一第三葉背； 卷一二六第十一葉背； 卷一三三第十二葉背； 卷一三五第七葉背、第八葉背。	三〇 七〇、七一、七二 七七、七八 一二四 二〇七 二六六 二七九、二八〇
任奎	直隸蘇州府崑山縣糧長	丙集目録第十九葉背、第二十葉背。	三一、三二
李和	缺	丙集目録第二十一葉背。	三二
程欽	攢典	丙集目録第二十一葉背。	三二
焦景	缺	丙集目録第二十六葉背。	三四
韋璇	浙江湖州府烏程縣糧長	丁集目録第七葉背、第八葉背； 卷一三三第二葉背。	三八、三九 二六〇
王洪	直隸松江府華亭縣糧長	丁集目録第九葉背（右側）； 卷一四三第十一葉背、第十二葉背。	三九 三四三
杭俊	缺	丁集目録第十葉背（左側）。	四二
葉琳	江西饒州府德興縣糧長	丁集目録第十一葉背、十二葉背； 卷一一一第十二葉背。	四二、四三 一四九
徐銓	直隸蘇州府長洲縣糧長	丁集目録第十五葉背、十六葉背。	四四
徐席珎	江西饒州府樂平縣納户	丁集目録第十七葉背； 卷五十九第十葉背。	四五 八八

（續表）

姓名	身份	《國朝諸臣奏議》卷葉	整理編頁碼
張廣慶	直隸滁州全椒縣里長	丁集目録第十八葉背。	四六
張瑞	浙江湖州府歸安縣解户	丁集目録第十九葉背； 卷一二六第七葉背； 卷一三三第十四葉背； 卷一三六第五葉背。	四六 二〇五 二六七 二八七
曲信	南京中軍都督府中和橋馬草場堆夫	卷五十四第一葉背； 卷一二九第十葉背； 卷一三四第二葉背。	四八 二二九 二七二
余隆	南京中軍都督府中和橋馬草場堆夫	卷五十四第一葉背； 卷一二九第十葉背。	四八 二二九
王林	南京中軍都督府中和橋馬草場堆夫	卷五十四第一葉背； 卷一二九第十葉背。	四八 二二九
李成	南京中軍都督府中和橋馬草場堆夫	卷五十四第一葉背； 卷一二九第十葉背。	四八 二二九
孫喜	南京中軍都督府中和橋馬草場堆夫	卷五十四第一葉背； 卷一二九第十葉背。	四八 二二九
袁達	南京中軍都督府中和橋馬草場堆夫	卷五十四第一葉背； 卷一二九第十葉背。	四八 二二九
楊禹	南京中軍都督府中和橋馬草場堆夫	卷五十四第一葉背； 卷一二九第十葉背。	四八 二二九
葉斌	南京中軍都督府中和橋馬草場堆夫	卷五十四第一葉背； 卷一二九第十葉背。	四八 二二九

姓名	身份	《國朝諸臣奏議》卷葉	整理編頁碼
洪茂	南京中軍都督府中和橋馬草場堆夫	卷五十四第二葉背； 卷五十六第六葉背； 卷一一四第十葉背； 卷一三四第一葉背； 卷一四〇第六葉背。	四九 六九 一六八 二七一 三一九
趙成	南京中軍都督府中和橋馬草場堆夫	卷五十四第二葉背； 卷一一四第十葉背； 卷一四〇第六葉背。	四九 一六八 三一九
黄春	南京中軍都督府中和橋馬草場堆夫	卷五十四第二葉背； 卷一一四第十葉背； 卷一四〇第六葉背。	四九 一六八 三一九
張福	南京中軍都督府中和橋馬草場堆夫	卷五十四第二葉背； 卷一一四第十葉背； 卷一四〇第六葉背。	四九 一六八 三一九
朱昂	直隸揚州府高郵州糧長	卷五十四第八葉背； 卷一三一第九葉背。	五一 二四五
丁鎧	浙江湖州府烏程縣解户	卷五十四第十二葉背； 卷一一六第十一葉背、第十二葉背。	五二 一七七
周仁	缺	卷五十四第十九葉背。	五七
孫某	缺	卷五十五第一葉背。	五八
黄清	缺	卷五十五第二葉背。	五八

（續表）

姓名	身份	《國朝諸臣奏議》卷葉	整理編頁碼
程仕祥	缺	卷五十五第五葉背； 卷六十九第十一葉背、第十二葉背。	六〇 一一三、一一四
汪華	直隸安慶府懷寧縣糧長	卷五十五第六葉背； 卷一一二第十二葉背； 卷一一三第三葉背； 卷一三六第十一葉背、第十二葉背； 卷一四一第七葉背、第八葉背。	六一 一五四 一五八 二九一、二九二 三二二、三二三
全某	缺	卷五十五第九葉背、第十葉背。	六二、六三
楊蘭	缺	卷五十五第十三葉背。	六三
盛鸞	南京留守前衛餘丁	卷五十五第十五葉背； 卷五十八第五葉背、第六葉背。	六五 八四
張源	應天府上元縣賣席鋪户	卷五十五第十六葉背； 卷一四二第八葉背。	六五 三三一
張源	直隸蘇州府太倉州糧長	卷一二八第二葉背； 卷一三八第十三葉背。	二一七 三〇四
范榮	浙江湖州府烏程縣糧長	卷五十六第三葉背； 卷一一六第十九葉背； 卷一二七第七葉背、第八葉背。	六七 一八〇 二一一、二一二
陸璋密	浙江湖州府烏程縣糧長	卷五十六第四葉； 卷一三六第一葉背、第二葉背。	六八 二八六
裘廷美	缺	卷五十六第十四葉背； 卷五十八第十葉背（左側）； 卷一一三第四葉背。	七三 八六 一五九

（續表）

姓名	身份	《國朝諸臣奏議》卷葉	整理編頁碼
張潮貴	浙江湖州府歸安縣納户	卷五十七第一葉背（左側）； 卷五十七第二葉背（左側）； 卷一三二第十二葉背（右側）； 卷一四〇第十三葉背。	七五 七七 二五五 三二〇
陳廷奇	湖廣岳州府平江縣納户	卷五十七第十四葉背。	八〇
許材	直隸常州府江陰縣糧長	卷五十七第十五葉背。	八一
趙廣	缺	卷五十八第三葉背。	八二
黄永興	把門攢典	卷五十八第四葉背； 卷七十一第二葉背； 卷一三〇第十三葉背（左側）。	八三 一二四 二三五
張志雄	舍餘	卷五十八第四葉背。	八三
王鳳	把門餘丁	卷五十八第四葉背。	八三
陳玉潤	湖廣長沙府茶陵縣納户	卷五十八第九葉背。	八五
周璲	直隸蘇州府吴江縣糧長	卷五十八第十葉背（右側）。	八六
蔡杲	南京虎賁右衛倉捉斛副使	卷六十第一葉背。	九〇
張逵	南京旗手衛東倉副使	卷六十第二葉背。	九〇
張靖	缺	卷六十第三葉背。	九一
肖奉宣	缺	卷六十第四葉背。	九二
劉求壽	某倉守支副使	卷六十第六葉背。	九三
劉瑄	指揮僉事	卷六十第六葉背。	九三

（續表）

姓名	身份	《國朝諸臣奏議》卷葉	整理編頁碼
陳紀	把門餘丁	卷六十第六葉背。	九三
沈江	直隸蘇州府吴江縣糧長	卷六十第七葉背； 卷一二四第七葉背； 卷一三〇第七葉背。	九四 一九一 二三三
楊守約	直隸徽州府黟縣糧長	卷六十第十一葉背、十二葉背； 卷一二八第十一葉背。	九五、九六 二二三
陳景浩	江西饒州府樂平縣納户	卷六十第十五葉背、第十六葉背； 卷一三四第五葉背。	九七、九八 二七二
沈全	南京留守右衛餘丁	卷六十七第三葉背。	九九
周某	江西袁州府萬載縣納户	卷六十七第三葉背。	九九
丁蔣順	南京留守右衛餘丁	卷六十七第四葉背。	一〇〇
王成	湖廣荆州府江陵縣納户	卷六十七第四葉背； 卷七十第七葉背、第八葉背； 卷一二八第十四葉背（左側）。	一〇〇 一一九、一二〇 二二六
孫芳	直隸安慶府潛山縣糧長	卷六十七第五葉背、第六葉背； 卷一三〇第十六葉背。	一〇〇、一〇一 二三八
葉惠	直隸蘇州府吴江縣糧長	卷六十七第八葉背、第十四葉背； 卷一二六第四葉背（右側）； 卷一三六第七葉背（右側）； 卷一四一第十葉背。	一〇二、一〇四 二〇二 二八八 三二五
張鳳	缺	卷六十七第十一葉背； 卷一一五第十二葉背。	一〇三 一七二

（續表）

姓名	身份	《國朝諸臣奏議》卷葉	整理編頁碼
李昇	江西袁州府宜春縣糧長	卷六十七第十三葉背； 卷七十三第七葉背； 卷一二三第三葉背。	一〇四 一四〇 一八一
王某	副使	卷六十八第九葉背。	一〇九
陳某	副使	卷六十八第九葉背。	一〇九
項某	副使	卷六十八第九葉背。	一〇九
田某	副使	卷六十八第九葉背。	一〇九
陳某	攢典	卷六十八第九葉背。	一〇九
蔡某	攢典	卷六十八第九葉背。	一〇九
何某	攢典	卷六十八第九葉背。	一〇九
李某	攢典	卷六十八第九葉背。	一〇九
何某	攢典	卷六十八第九葉背。	一〇九
王海	副使	卷六十八第十葉背。	一一〇
周寅苟	江西袁州府萬載縣納户	卷六十九第五葉背、第六葉背； 卷一四三第五葉背、第六葉背。	一一一、一一二 三三九、三四〇
陳嘉今	南京旗手衛東倉攢典	卷六十九第十四葉背。	一一五
邵禮	浙江湖州府烏程縣糧長	卷六十九第十五葉背、第十六葉背； 卷一一五第九葉背。	一一六 一七〇

（續表）

姓名	身份	《國朝諸臣奏議》卷葉	整理編頁碼
金希銘	直隸徽州府休寧縣糧長	卷六十九第十七葉背。	一一七
潘亮	南京留守右衛餘丁	卷七十第三葉背。	一一八
潘英	南京留守右衛餘丁	卷七十第四葉背。	一一八
甘成	湖廣岳州府平江縣納户	卷七十第四葉背。	一一八
馮端	直隸蘇州府吴江縣糧長	卷七十第九葉背、第十葉背； 卷一二三第十七葉背、第二十葉背； 卷一三八第十二葉背。	一二〇、一二一 一八八、一八九 三〇三
郭德	江西臨江府新喻糧長	卷七十一第四葉背； 卷七十三第九葉背（右側）、第九葉背（左側）、第十葉背（右側）； 卷一一二第十一葉背。	一二五 一四一、一四二、一四三 一五三
陶輔	副使	卷七十一第五葉背。	一二六
汪希仁	直隸徽州府歙縣糧長	卷七十一第九葉背、第十葉背。	一二八
蔣仁	直隸寧國府宣城縣糧長	卷七十一第十一葉背、第十二葉背。	一二九、一三〇
孫某	缺	卷七十二第一葉背、第二葉背。	一三一、一三二
錢達	南京金吾前衛餘丁	卷七十二第十一葉背； 卷一一四第六葉背； 卷一二四第二葉背； 卷一四二第十四葉背。	一三四 一六四 一九一 三三二
周瓊	缺	卷七十二第十二葉背。	一三五

（續表）

姓名	身份	《國朝諸臣奏議》卷葉	整理編頁碼
熊壯	南京羽林右衛復成橋倉委官副使	卷七十二第十三葉背； 卷一一一第十五葉背。	一三六 一五〇
丘鉞	直隸蘇州府嘉定縣糧長	卷七十三第一葉背； 卷一三一第八葉背、第十八葉背。	一三七 二四四、二四八
張麟	缺	卷七十三第二葉背。	一三八
朱廣	南京留守左衛舍餘	卷七十三第五葉背。	一三八
顔鵬	浙江湖州府安吉縣解户	卷七十三第六葉背。	一三九
謝某	缺	卷七十三第八葉背。	一四一
汪鸞	某倉把門攢典	卷七十三第十葉背（左側）； 卷一一四第十四葉。	一四四 一六九
葛春	直隸滁州里長	卷七十四第三葉背； 卷一二八第五葉背、第六葉背； 卷一三一第十葉背、第十七葉背。	一四五 二一八 二四五、二四八
田孟明	缺	卷七十四第四葉背。	一四六
陳某	攢典	卷七十四第七葉背（右側）。	一四六
吴傣	經紀人	第四册内封。	一四七
范英	直隸徽州府照磨所照磨	卷一一一第四葉背； 卷一三三第十五葉背。	一四八 二六八
蔡怡	浙江湖州府烏程縣糧長	卷一一一第十一葉背。	一四九

（續表）

姓名	身份	《國朝諸臣奏議》卷葉	整理編頁碼
鄧瓚	南京留守前衛餘丁	卷一一二第一葉背； 卷一一四第一葉背、第七葉背、第八葉背。	一五二 一六三、一六五、一六六
劉剛	南京錦衣衛餘丁	卷一一二第二葉背。	一五三
李乾秀	江西吉安府永新縣糧長	卷一一二第十四葉背； 卷一一四第九葉背； 卷一三六第十三葉背、第十四葉背； 卷一三七第十一葉背、第十八葉背； 卷一四一第十一葉背、第十二葉背。	一五五 一六七 二九三 二九八、二九九 三二六
薛釗	副使	卷一一二第十六葉背； 卷一二七第十二葉背。	一五五 二一四
蒲永敬	攢典	卷一一二第十六葉背； 卷一二七第十二葉背。	一五五 二一四
葉紳	副使	卷一一二第十七葉背。	一五六
梁昇	攢典	卷一一二第十七葉背。	一五六
樊鉞	缺	卷一一三第一葉背。	一五八
焦進祥	直隸寧國府太平縣解户	卷一一三第九葉背； 卷一二三第六葉背。	一六〇 一八三
唐清	南京中和橋馬草場賣席鋪户	卷一一三第十一葉背。	一六一
貢鋙	直隸寧國府宣城縣糧長	卷一一四第五葉背； 卷一二六第三葉背（右側）； 卷一四二第十三葉背。	一六四 二〇一 三三二

（續表）

姓名	身份	《國朝諸臣奏議》卷葉	整理編頁碼
閻鑌	檢校	卷一一四第十三葉背。	一六八
魏雲	副指揮	總目第十三葉背； 卷一一五第十一葉背。	九 一七〇
鄭鶴	副指揮	總目第十三葉背； 卷一一五第十一葉背。	九 一七〇
陶瑞	吏目	卷一一五第十一葉背、第十七葉背。	一七〇、一七三
蒲璧	司吏	卷一一五第十一葉背。	一七〇
廖某	副使	卷一一五第十六葉背。	一七二
宋礼太	攢典	卷一一五第十六葉背。	一七二
崔鸞	缺	卷一一六第八葉背。	一七五
陳彦德	缺	卷一一六第九葉背； 卷一二七第十葉背。	一七五 二一二
張楚	缺	卷一一六第十葉背。	一七六
王宗會	副使	卷一一六第十六葉背； 卷一三八第九葉背； 卷一四三第八葉背。	一七九 三〇一 三四一
李時	副使	卷一一六第十六葉背。	一七九
宋倫	副使	卷一一六第十六葉背。	一七九
薛大乾	攢典	卷一一六第十六葉背。	一七九

（續表）

姓名	身份	《國朝諸臣奏議》卷葉	整理編頁碼
蕭漕	攢典	卷一一六第十六葉背。	一七九
胡疇傑	攢典	卷一一六第十六葉背。	一七九
蔡廷魁	攢典	卷一一六第十六葉背； 卷一四四第十五葉背。	一七九 三五二
王誥	錦衣衛烏龍潭倉攢典	卷一一六第十六葉背； 卷一三六第八葉背（右側）。	一七九 二九〇
仲仁	南京犧牲所軍人	卷一二三第四葉背。	一八二
耿通	缺	卷一二三第五葉背。	一八二
黄久住	缺	卷一二三第九葉背。	一八四
魏必賢	缺	卷一二三第十葉背。	一八四
儲巏	欽差總督南京粮儲都察院左僉都御史	卷七十二第八葉背； 卷一二三第十一葉背； 卷一二五第七葉背； 卷一三八第九葉背； 卷一四〇第四葉背。	一三三 一八五 一九七 三〇一 三一七
彭讓	江西饒州府樂平縣糧長	卷一二三第十五葉背、第十六葉背。	一八七
李惠	直隸滁州來安縣里長	卷一二四第一葉背； 卷一二八第十二葉背； 卷一二九第十四葉背； 卷一三六第十八葉背； 卷一三九第一葉背、第二葉背。	一九〇 二二三 二三〇 二九四 三〇八、三〇九

（續表）

姓名	身份	《國朝諸臣奏議》卷葉	整理編頁碼
邵俊	南京府軍左衛倉餘丁	卷一二四第八葉背， 卷一三二第十一葉背。	一九二 二五四
盛鳳	缺	卷一二四第十三葉背。	一九三
朱進	某縣糧長	卷一二四第十四葉背。	一九三
鄧語	缺	卷一二四第十四葉背。	一九三
包亮	南京留守右衛餘丁	卷一二五第一葉背。	一九五
郭某	湖廣漢陽府漢川縣納户	卷一二五第一葉背。	一九五
郭倫	湖廣漢陽府漢川縣納户	卷一二五第二葉背； 卷一三四第十三葉背。	一九五 二七五
羅志彰	湖廣岳州府平江縣納户	卷一二五第三葉背、第四葉背。	一九六、一九七
劉關四	江西瑞州府高安縣糧長	卷一二六第一葉背。	二〇〇
尹福	南京留守右衛餘丁	卷一二六第二葉背。	二〇〇
付辰孫	江西瑞州府上高縣糧長	卷一二六第二葉背。	二〇〇
何綸	缺	卷一二六第三葉背。	二〇一
梁萬春	缺	卷一二六第四葉背（左側）； 卷一三六第七葉背（左側）、第八葉背（左側）； 卷一四三第十三葉背、第十四葉背。	二〇三 二八九、二九〇 三四四、三四五
孫以得	直隸徽州府休寧縣糧長	卷一二六第五葉背； 卷一三六第二十三葉背。	二〇四 二九五

（續表）

姓名	身份	《國朝諸臣奏議》卷葉	整理編頁碼
黄文顯	直隸徽州府休寧縣糧长	卷一二六第六葉背。	二〇四
沈璠	缺	卷一二六第九葉背、第十葉背。	二〇六
陳燁	直隸蘇州府嘉定縣糧長	卷一二七第一葉背、第二葉背。	二〇八
陸文	直隸蘇州府太倉州糧長	卷一二七第四葉背； 卷一四二第二十一葉背、第二十二葉背。	二〇九 三三六
吴鸞	直隸松江府華亭縣主簿	卷一二七第五葉背。	二一〇
鄭伯玉	直隸徽州府歙縣糧長	卷一二七第六葉背。	二一〇
李宗	副使	第一二七第十一葉背； 第一四三第七葉背。	二一三 三四〇
田玉	攢典	第一二七第十一葉背。	二一三
張光	缺	卷一二八第一葉背。	二一六
竇勝	南京中軍都督府中和橋馬草場散钱夫	卷一二八第八葉背。	二二〇
王寬	南京留守左衛倉攢典	卷一二八第十三葉背。	二二四
陽弁	南京中軍都督府中和橋馬草場攢典	卷一二八第十四葉背。	二二五
呼泰	缺	卷一三〇第五葉背。	二三二
周曉	缺	卷一三〇第六葉背。	二三三
卞禮	缺	卷一三〇第八葉背。	二三四

（續表）

姓名	身份	《國朝諸臣奏議》卷葉	整理編頁碼
陳哲	南京金吾後衛西倉攢典	卷一三〇第十三葉背（右側）。	二三五
柳琛	副使	卷一三〇第十三葉背（左側）。	二三五
方某	副使	卷一三〇第十三葉背（左側）。	二三五
謝芳	副使	卷一三〇第十三葉背（左側）。	二三五
梁紹	攢典	卷一三〇第十三葉背（左側）。	二三五
鍾某	攢典	卷一三〇第十三葉背（左側）。	二三五
何某	攢典	卷一三〇第十三葉背（左側）。	二三五
王紹	攢典	卷一三〇第十三葉背（左側）。	二三五
林某	攢典	卷一三〇第十三葉背（左側）。	二三五
李璟	廣東瓊州府瓊山縣上東岸都民	卷一三〇第十四葉背（右側）。	二三五
沈宗善	直隸常州府江陰縣糧長	卷一三一第二葉背； 卷一三八第十九葉背、第二十葉背。	二四一 三〇五、三〇六
錢沈敏	某縣解户	卷一三一第五葉背； 卷一三九第四葉背。	二四二 三一〇
沈瓚	浙江湖州府烏程縣解户	卷一三一第十五葉背。	二四六
王延榮	江西饒州府樂平縣糧長	卷一三一第十六葉背。	二四七
徐惠	缺	卷一三二第一葉背。	二五〇
張聰	缺	卷一三二第二葉背。	二五〇

（續表）

姓名	身份	《國朝諸臣奏議》卷葉	整理編頁碼
李鎮	江西饒州府浮梁縣納户	卷一三二第三葉背。	二五一
孫仁	缺	卷一三二第四葉背（左側）。	二五二
李榮	缺	卷一三二第七葉背。	二五三
金祥	缺	卷一三二第八葉背。	二五四
楊奇	江西瑞州府上高縣	卷一三二第十一葉背； 卷一三三第十六葉背。	二五四 二六九
徐天錫	直隸蘇州府長洲縣糧長	卷一三二第十七葉背。	二五六
潘璠	浙江湖州府烏程縣解户	卷一三二第二十三葉背； 卷一三五第十六葉背。	二五七 二八二
金寧	缺	卷一三三第一葉背。	二六〇
康申	南京驍騎右衛倉攢典	卷一三三第三葉背。	二六二
鄧以仁	南京府軍衛倉攢典	卷一三三第四葉背（右側）。	二六二
熊緝裕	某右衛倉攢典	卷一三三第四葉背（左側）。	二六三
范靦	缺	卷一三三第九葉背。	二六四
儲全	缺	卷一三三第十三葉背。	二六七
李安	南京留守右衛餘丁	卷一三四第七葉背； 卷一四一第九葉背。	二七三 三二四
李崇錦	江西瑞州府上高縣納户	卷一三四第七葉背。	二七三

（續表）

姓名	身份	《國朝諸臣奏議》卷葉	整理編頁碼
夏忠	南京府軍右衛餘丁	卷一三四第八葉背；卷一三九第十三葉背。	二七四 三一二
富翼	直隸松江府上海縣糧長	卷一三四第十四葉背。	二七六
郭純	南京中軍都督府中和橋馬草場小堆夫	卷一三四第十八葉背。	二七六
陳銘	南京旗手衛西倉捉斛副使	卷一三四第十九葉背。	二七七
萬卓	副使	卷一三五第十三葉背、第十九葉背。	二八一、二八四
王志静	攢典	卷一三五第十三葉背。	二八一
尹慶	缺	卷一三五第十八葉背。	二八三
黄雲瞻	江西瑞州府上高縣糧長	卷一三六第六葉背。	二八八
高全	南京留守前衛餘丁	卷一三七第二十四葉背。	三〇〇
章杲	經紀人	第八册内封。	三〇七
丁永寧	缺	卷一三九第四葉背。	三一〇
汪濂	江西吉安府永新縣糧長	卷一三九第七葉背、第八葉背。	三一一
潘洪	南京羽林右衛養虎倉把門副使	卷一四〇第十四葉背。	三二〇
王紀	餘丁	卷一四〇第十四葉背。	三二〇
朱通	缺	卷一四一第十葉背。	三二五

（續表）

姓名	身份	《國朝諸臣奏議》卷葉	整理編頁碼
郎鑾	浙江杭州府臨安縣糧長	卷一四一第十三葉背。	三二七
梁廷	南京金吾後衛南倉把門攢典	卷一四一第十四葉背。	三二八
王德誠	浙江嘉興府崇德縣典史	卷一四二第七葉背。	三三〇
唐順常	軍餘	卷一四二第十七葉背。	三三四
劉聰	缺	卷一四二第十八葉背。	三三五
厶彦德	缺	卷一四二第十八葉背。	三三五
耿某	副使指揮	卷一四二第二十三葉背。	三三七
全炫祖	江西撫州府金谿縣糧長	卷一四四第一葉背。	三四六
郝聰	某倉副使	卷一四四第五葉背。	三四七
林繼	攢典	卷一四四第五葉背。	三四七
秦宗	直隸蘇州府長洲縣糧長	卷一四四第七葉。	三四八
沈永錫	直隸蘇州府長洲縣糧長	卷一四四第八葉背。	三四九
張昌	直隸滁州全椒縣里長	卷一四四第十一葉背。	三五〇
吴璋	直隸滁州解户	卷一四四第十二葉背。	三五一
周宏英	缺	卷一四四第十五葉背。	三五二
蕭漕	南京錦衣衛烏龍潭倉攢典	卷一四四第十六葉背（右側）。	三五三
石昆	缺	卷一四四第十六葉背（左側）。	三五四

天一閣藏公文紙本《國朝諸臣奏議》紙背所見倉場信息索引

倉場名稱	《國朝諸臣奏議》卷葉	整理編頁碼
南京長安門倉	卷七十一第一葉背、第五葉背、第六葉背。	一二三、一二六、一二七
錦衣衛烏龍潭倉	卷六十九第十七葉背； 卷一二六第一葉背； 卷一三二第十一葉背； 卷一三六第八葉背（右側）； 卷一三八第九葉背； 卷一四三第八葉背； 卷一四四第十六葉背。	一一七 二〇〇 二五四 二九〇 三〇一 三四一 三五四
旗手衛東倉	卷五十六第十四葉背； 卷六十第二葉背； 卷六十七第三葉背、第四葉背； 卷六十九第六葉背、第十四葉背； 卷一二五第一葉背、第二葉背； 卷一二七第五葉背； 卷一四二第十七葉背。	七三 九〇 九九、一〇〇 一一二、一一五 一九五 二一〇 三三四
旗手衛西倉	甲集目録第十六葉背； 卷五十七第十三葉背； 卷一二七第五葉背； 卷一三四第七葉背、第九葉背、第十九葉背； 卷一四三第七葉背。	一四 八〇 二一〇 二七三、二七四、二七七 三四〇

（續表）

倉場名稱	《國朝諸臣奏議》卷葉	整理編頁碼
金吾後衛東倉	丁集目録第五葉； 卷五十六第五葉； 卷七十一第十二葉背； 卷一二五第七葉、第八葉背 卷一三四第八葉背； 卷一三八第十四葉。	三七 六八 一三〇 一九七、一九八 二七四 三〇五
金吾後衛南倉	卷七十第三葉； 卷一二三第二十葉； 卷一二五第四葉； 卷一三七第四葉； 卷一四一第十四葉； 卷一四四第十七葉。	一一八 一八九 一九七 二九七 三二八 三五五
金吾後衛西倉	卷六十九第十三葉背； 卷一一三第十葉背； 卷一二九第四葉背； 卷一三〇第十三葉背（右側）。	一一四 一六〇 二二七 二三五
虎賁左衛倉	卷一一一第十六葉背； 卷一二六第二葉背； 卷一二七第四葉背、第五葉背； 卷一四二第十五葉背； 卷一四四第二葉背。	一五〇 二〇〇 二〇九、二一〇 三三三 三四六
虎賁右衛倉	卷六十第一葉背； 卷六十八第七葉背； 卷一一一第十一葉背； 卷一二三第十一葉背、第十二葉背；	九〇 一〇七 一四九 一八五、一八六

（續表）

倉場名稱	《國朝諸臣奏議》卷葉	整理編頁碼
	卷一三三第二十三葉背； 卷一三七第三葉背； 卷一四〇第三葉背、第四葉背。	二七〇 二九六 三一六、三一七
驍騎右衛倉	卷一三三第三葉背（左側）； 卷一三五第十九葉、第二十葉背。	二六二 二八四、二八五
鷹揚衛倉	卷六十第八葉背； 卷一三五第十四葉背； 卷一三六第十八葉背。	九四 二八二 二九四
留守左衛倉	卷六十七第十五葉背； 卷一二七第五葉背； 卷一二八第十三葉背（左側）。	一〇五 二一〇 二二四
豹韜左衛倉	卷五十四第十三葉背、第十四葉背； 卷七十一第二葉背； 卷一二七第五葉背。	五三、五四 一二四 二一〇
府軍衛倉	乙集目録第二十葉背； 丁集目録第六葉背； 卷一二八第十二葉背； 卷一三三第四葉背（右側）； 卷一四二第十四葉背。	二六 三七 二二三 二六二 三三二
府軍右衛西倉	丁集目録第十七葉背； 卷六十七第七葉背； 卷七十一第四葉背；	四五 一〇二 一二五

（續表）

倉場名稱	《國朝諸臣奏議》卷葉	整理編頁碼
	卷一三二第二十四葉背； 卷一三五第四葉背。	二五八 二七八
府軍右衛東倉	丁集目録第十葉背（右側）； 卷一二三第十六葉背； 第一二七第五葉背； 第一三二第三葉背。	四一 一八七 二一〇 二五一
羽林右衛復成橋倉	卷六十八第八葉背； 卷七十二第七葉背、第八葉背、第十三葉背； 卷一一一第十五葉背。	一〇八 一三二、一三三、一三六 一五〇
羽林右衛養虎倉	卷一二四第七葉背； 卷一四〇第十四葉背； 卷一四三第十一葉背。	一九一 三二〇 三四三
横海衛倉	卷一二七第六葉背。	二一〇
應天衛倉	卷一二八第十一葉背。	二二三

圖書在版編目(CIP)數據

新見明代南京倉場文書：天一閣藏公文紙本《國朝諸臣奏議》紙背文獻整理與研究 / 宋坤編著. -- 上海：上海書店出版社，2025.5

(新出公文紙本古籍紙背文獻整理與研究)

ISBN 978-7-5458-2383-7

Ⅰ.①新… Ⅱ.①宋… Ⅲ.①奏議—研究—中國—明代 Ⅳ.①K248.065

中國國家版本館 CIP 數據核字(2024)第 109165 號

特約編輯 解永健
責任編輯 趙　婧
裝幀設計 汪　昊

·新出公文紙本古籍紙背文獻整理與研究·

新見明代南京倉場文書

天一閣藏公文紙本《國朝諸臣奏議》紙背文獻整理與研究

宋　坤　編著

出　　版 上海書店出版社
(201101　上海市閔行區號景路 159 弄 C 座)
發　　行 上海人民出版社發行中心
印　　刷 江陰市機關印刷服務有限公司
開　　本 890×1240　1/16
印　　張 38.5
版　　次 2025 年 5 月第 1 版
印　　次 2025 年 5 月第 1 次印刷
ISBN 978-7-5458-2383-7/K.501
定　　價 350.00 圓